<u>dtv</u>

Die ‚Cautio Criminalis' erschien 1631 und ein Jahr später in einer vermehrten Ausgabe als mutiger Appell zur sofortigen Abschaffung der Hexenprozesse und Replik auf jene Schriften, die die Hexenverfolgungen befürworteten und zu legitimieren versuchten. Der Jesuitenpater, den auch eigene Erfahrungen bewogen, den unglücklich Verfolgten beizustehen, mußte den Text anonym veröffentlichen, handelte aber vermutlich mit Wissen seiner Ordensoberen. In seiner berühmten Schrift, die in mehreren lateinischen Ausgaben und Übersetzungen Verbreitung fand, diskutiert Spee in fünfzig Fragen und Antworten die unrechtmäßige und unmenschliche Praxis der Prozesse, um selbst ein Reformprogramm vorzulegen, das nachweislich bei einigen fürstlichen Adressaten ein milderes Vorgehen bewirkte. Sein Kampf gegen die Folter und für die Rechte der Angeklagten sind rechtsgeschichtlich bis hin zur Erklärung der Menschenrechte wegweisend.

Friedrich (von) Spee, nach dem Familienzweig auch *Spee von Langenfeld* genannt, wurde 1591 in Kaiserswerth b. Düsseldorf geboren und starb 1635 in Trier. Der Sohn eines adeligen Amtmanns trat 1610 in den Jesuitenorden ein. Nach Lehrtätigkeit an Schulen und Universitäten lernte er als Seelsorger die Nöte der durch die Inquisitionsprozesse Verfolgten kennen. Neben seiner noch heute mitreißend zu lesenden ‚Cautio Criminalis' gilt Spee mit der ‚Trutz-Nachtigall' und anderen geistlichen Liedern als größter katholischer Lyriker des Barock, vorbildhaft für die Dichter der deutschen Romanik.

Friedrich von Spee
Cautio Criminalis

oder
Rechtliches Bedenken wegen
der Hexenprozesse

Mit acht Kupferstichen aus der
‚Bilder-Cautio'

Aus dem Lateinischen übertragen
und eingeleitet von
Joachim-Friedrich Ritter

Deutscher Taschenbuch Verlag

Unveränderter Nachdruck der ersten vollständigen deutschen Übersetzung von Joachim-Friedrich Ritter, erstmals erschienen im Böhlau Verlag, Weimar 1939. Einleitung und Anhang wurden vom Übersetzer für die Taschenbuchausgabe neu bearbeitet.
Neu aufgenommen wurde ein Aufsatz von Gunther Franz über den Druck der ‚Cautio‘.

November 1982
7. Auflage Februar 2003
Deutscher Taschenbuch Verlag GmbH & Co. KG,
München
www.dtv.de
© 2000 Joachim-Friedrich Ritter
Umschlagkonzept: Balk & Brumshagen
Umschlagbild: Holzstich nach einer Zeichnung
von Ferdinand Piloty (© AKG Berlin)
Gesamtherstellung: Druckerei C. H. Beck, Nördlingen
Gedruckt auf säurefreiem, chlorfrei gebleichtem Papier
Printed in Germany · ISBN 3-423-30782-X

INHALT

Einleitung VII
Faksimile des Titelblattes der Cautio XXXVI
Vorwort des Herausgebers zur zweiten Auflage . XXXVIII
Vorrede des Verfassers XL
Cautio Criminalis
oder Rechtliches Bedenken wegen der Hexenprozesse . 1
Anhang. Was Folter und Denunziationen vermögen . . 290
Anhang zur Taschenbuchausgabe 297
   Anmerkungen des Übersetzers 297
   Zu den Bildtafeln 301
   Das Geheimnis um den Druck 303

EINLEITUNG

Wer ein Buch über die Hexenprozesse aufschlägt, darf ein düsteres Gemälde menschlichen Leids, menschlicher Torheit und menschlicher Niedertracht erwarten. Wer zur ‚Cautio Criminalis' greift, dem berühmtesten Werke der Zeit neben der um siebzig Jahre jüngeren Schrift ‚Von dem Laster der Zauberey' des Christian Thomasius, der wird sich in diesen Erwartungen nicht enttäuscht sehen. Er wird sich aber zugleich erhoben fühlen durch die noch heute beglückende unmittelbare Zwiesprache mit einem edlen Menschen und wahrhaften Christen: Friedrich von Spee.

Wir wissen nicht mit Sicherheit zu sagen, wann und wo der uns vor allem als Dichter von Kirchenliedern und als Verfasser des geistlichen Gedichtbandes ‚Trutz-Nachtigal' bekannte Spee seine staunenswerte Kenntnis der umfangreichen Literatur und der Praxis der Hexenprozesse erworben hat. Es ist viel über diese Frage geschrieben worden, aber das meiste beruht auf Vermutung, und nur weniges kann die Forschung sicher belegen. Während Persönlichkeit und Wesen Spees in dem schönen, beim Gymnasial- und Stiftungsfonds Köln befindlichen Porträt und in seinen Werken überzeugend vor uns aufstehen, müssen wir es hinnehmen, daß sein Leben nur ganz allmählich und in groben Umrissen erkennbar wird. Manches ist noch immer dunkel und wird sich, angesichts des Verlustes vieler Dokumente, nicht mehr aufhellen lassen.

Friedrich von Spee wurde am 25. Februar 1591 auf der Feste Kaiserswerth geboren, der Residenz seines Vaters, des wegen seiner mutigen Wahrheitsliebe gerühmten kurkölnischen Burgvogts und Amtmanns Peter von Spee aus dem Hause Langenfeld, einer dann mit Friedrich und seinen jüngeren Brüdern Adolf und Arnold ausgestorbenen freiherrlichen Linie des erst 1739 in den Reichsgrafenstand erhobenen, uradeligen niederrheinischen Geschlechts der heutigen Grafen von Spee.

Nach dem Besuch des von Jesuiten geleiteten Montanergymnasiums in Köln trat er im Jahre 1610 neunzehnjährig als Scholastikernovize in das Trierer Noviziat der Gesellschaft Jesu ein. Wie wir aus einem später geschriebenen Brief an den Ordensgeneral wissen, war dieser gegen den Wunsch seiner Eltern gefaßte Entschluß durch den von früher Jugend an gehegten Wunsch veranlaßt, sich der Heidenmission im Fernen Osten zu widmen.

In Fulda, wohin wegen des Ausbruchs der Pest in Trier das Noviziat hatte verlegt werden müssen, legte er im Herbst 1612 die ersten Ordensgelübde ab. Nach Abschluß der ersten zwei Noviziatsjahre wurde er zum Studium an die Universität Würzburg geschickt. Nach dreijährigem Philosophiestudium erwarb er hier die akademische Würde eines Magister Artium.

Gemäß dem Gebrauch des Ordens waren nun die Studien zu unterbrechen, um an den unteren Gymnasialklassen das Lehramt zu versehen. Spee leistete diesen Dienst im Jahre 1616 in Speyer und 1617 und 1618 in Worms. Hier in Worms war es, wo er den Brief an den Ordensgeneral schrieb, um sich für die Heidenmission zu bewerben, und hier erhielt er, wenige Monate vor dem Beginn des Dreißigjährigen Krieges, den am 14. April 1618 datierten Ablehnungsbescheid: Der Ordensgeneral ließ ihm mitteilen, daß er in Deutschland notwendiger gebraucht werde und er gewiß sein könne, dereinst von Gott keinen geringeren Lohn zu erhalten, als diejenigen, die im Gehorsam dort in Indien arbeiteten, wenn er sich mit gleicher Hingabe um die Bekehrung der Ketzer abgemüht haben werde.

Es folgten vier weitere Jahre im Schuldienst in den Lateinklassen des Jesuitengymnasiums in Mainz während deren er Theologie studierte. Im Herbst 1620 empfing er die Priesterweihe, und jetzt wäre nach den Vorschriften des Ordens endlich das dritte Noviziatsjahr, das der Ausbildung als Seelsorger dienende „Tertiat", abzuleisten gewesen. Spee wurde jedoch für vordringlichere Ordensaufgaben benötigt.

Von nun an führen ihn die Ordenskataloge als Katecheten

zu St. Pankraz in Paderborn und zugleich als Professor der Philosophie an der dortigen Jesuiten-Universität, und zwar für 1624 als Professor der „Logik", für 1625 als Professor der „Physik" und für 1626 als Professor der „Metaphysik", wie es den Abschnitten des ganzen, in drei Jahre eingeteilten Kurses der Philosophie entsprach. Während wegen des Auftretens der Pest in Paderborn im Jahre 1626 die Dozenten auf andere Kollegien der Ordensprovinz verteilt wurden, sah sich Spee im Herbst dieses Jahres nach Speyer versetzt, um nun sein „Tertiat" zu bestehen. Unmittelbar nach dem Jahr in Speyer erscheint sein Name in der Präsenzliste der Beichtväter in Wesel, aber noch im selben Monat wurde ihm vertretungsweise die Leitung der obersten Gymnasialklasse seiner alten Schule, des Dreikronengymnasiums in Köln, anvertraut.

Für Spees Ordensobere bestand nach Beendigung der Vertretungszeit keine Veranlassung mehr, ihn in Köln zu belassen, wo er das Mißfallen des Ordensprovinzials Pater Baving, erregt hatte, weil er, wie Baving an den Ordensgeneral berichtete, „über die Armut im Orden und über andere Dinge abwegige Meinungen hege". Er erhielt im November 1628 einen Auftrag im Dienste der damals „Religions-Reformation" genannten Gegenreform und wurde als Missionar in das schon 1520 protestantisch gewordene, mit 30 Dörfern zum Hochstift Hildesheim gehörige Städtchen Peine geschickt, um es dem katholischen Glauben zurückzugewinnen. Bereits im April 1629 wurde dort ein offenbar nie aufgeklärter Mordversuch an ihm begangen; die dabei erlittenen schweren Kopfverletzungen machten es nötig, daß er nach elfwöchigem Krankenlager zur Erholung in das unweit von Corvey gelegene Stiftsgut Falkenhagen, ein ehemaliges Benediktinerinnenkloster, entsandt wurde. Hier scheint er an seinem schon in Köln begonnenen ‚Güldenen Tugend-Buch' gearbeitet zu haben. Im Herbst 1629 konnte er seine Arbeit wieder in Paderborn aufnehmen, wo er 1630 den Lehrstuhl der Moraltheologie innehatte. Der Ordenskatalog von 1631 aber bezeichnet ihn, nachdem ihm der Rektor des Paderborner Jesuitenkollegs im Januar, mitten im Schuljahr 1630/31, seinen Lehrauftrag entzogen hatte, nur noch als Beichtvater.

Im April 1631 erschien ohne die vorgeschriebene Druckerlaubnis der Ordensoberen, die ‚Cautio Criminalis', gedruckt vom Universitätsbuchdrucker Peter Lucius in Rinteln an der Weser, anonym und nur mit einem Nachwort des gleichfalls ungenannten Herausgebers versehen, der berichtet, er habe sich, da der Verfasser nicht zum Druck zu bewegen gewesen sei, zu einem „frommen Diebstahl" entschlossen, das Manuskript entwendet und kurzerhand zum Drucken an die Weser geschickt.

Während der Name des Autors der Öffentlichkeit erst um die nächste Jahrhundertwende bekannt wurde, wußte man im Orden sogleich, daß dies die Gemüter allseits in höchste Erregung versetzende Buch von Spee verfaßt war. Im Juli 1631 bestätigte der Ordensgeneral dem Provinzial der niederrheinischen Ordensprovinz den Empfang eines aus dem Mai datierten Briefes über einen vom Pater Spee verfaßten, aber ohne sein Wissen veröffentlichten Traktat; er wünschte zu wissen, welche Schuld Spee treffe und wie der Buchdrucker in den Besitz des Manuskripts gekommen sei. Die Antwort scheint nicht ungünstig ausgefallen zu sein: Am 18. Oktober schrieb der General, da nicht hinreichend zu beweisen sei, daß Spee die Drucklegung des Buches veranlaßt habe, könne auch keine Bestrafung wegen Verletzung der Zensurvorschriften erfolgen; er möge aber ernstlich ermahnt werden, in Zukunft seine Schriften besser zu verwahren, um in der Folge jeden Verdacht eigener Verfehlung zu vermeiden. Gleichwohl erhoben sich innerhalb und außerhalb des Ordens erbitterte Gegner gegen Spee und sein Buch. Es wurde auch damit gedroht, die ‚Cautio' auf den Index der verbotenen Bücher setzen zu lassen. Der Ordensgeneral gab jedoch Weisung, von der Zensur des Buches abzusehen und Spee nicht weiter zu behelligen.

Während die Unruhe über das Buch noch anhielt, erschien bereits ein Jahr später im Juni oder Juli 1632 eine „Editio Secunda" der ‚Cautio Criminalis' in Frankfurt am Main. Auch diese zweite Auflage ist anonym und unter Verschweigung des Druckers von einem Herausgeber veranstaltet, der sich eines Pseudonyms „Johannes Gronaeus I. C." bedient. Gleich am

Anfang, noch vor dem Vorwort des Verfassers, wendet sich hier der Herausgeber in einem Grußwort an den Leser: Die erste Auflage der ‚Cautio Criminalis' habe so viel Aufsehen erregt, daß sie innerhalb weniger Monate verkauft worden und um keinen Preis mehr ein Stück von ihr zu haben sei; Mitglieder sogar des Reichskammergerichts und des kaiserlichen Hofes hätten eine baldige Neuauflage für ratsam gehalten. Deshalb habe er das Buch unter Verwendung eines ihm in Marburg von einem Freunde übergebenen Manuskripts auf seine Kosten neu herausgegeben.

Wir kennen diesen „Vir amicissimus" ebensowenig wie den Herausgeber selbst und wissen auch nicht, was für ein Manuskript er seiner Neuauflage zugrunde gelegt hat. Es muß ein anderes als das für die Rintelner Ausgabe verwendete gewesen sein. Spee hat seine Arbeiten, Bücher wie Gedichte, niemals als endgültig vollendet angesehen. Er hat sein ganzes Leben lang an ihnen herumgefeilt und neue Manuskripte mit Veränderungen oder Erweiterungen angefertigt. So darf wohl angenommen werden, daß neben dem für die Ausgabe von 1631 verwendeten noch mindestens ein weiteres Autograph existiert hat, das dann in den Besitz einer hochgestellten Persönlichkeit gelangt ist, die es als „Zweite Auflage" drucken ließ.

Obwohl Spee bestritt, mit dieser Neuauflage etwas zu tun gehabt zu haben, aber auch nichts in seinem Buche zurücknehmen wollte, begann jetzt sogar der ihm wohlgesonnene Ordensgeneral an seiner Aufrichtigkeit zu zweifeln. Hinzu kamen weitere Streitigkeiten mit dem Rektor des Kölner Jesuitenkollegs, so daß der General wegen der innerhalb und außerhalb des Ordens entstandenen Unzuträglichkeiten erwog, Spee aus dem Orden auszustoßen, was noch möglich gewesen wäre, da Spee nicht zu den letzten, unlöslichen Gelübden zugelassen worden war. Mit Rücksicht auf die vom Ordensprovinzial Pater Nickel mit mancherlei Gründen erhobenen Bedenken gegen eine so harte Maßnahme, gab er schließlich Weisung, Spee zum freiwilligen Ausscheiden aus dem Jesuitenorden zu bewegen. Er sollte in allen Ehren auf eigenen Antrag entlassen werden und eine Pfründe erhalten, die ihm seine Existenz außerhalb des Ordens sicherte.

Spee ging auf diesen Vorschlag nicht ein, er blieb im Orden, bat aber, da ihm der Boden in Köln zu heiß geworden war, um Versetzung in eine andere Ordensprovinz. Er erklärte sich bereit, auf sein Lehramt zu verzichten und in das von den Schweden besetzt gehaltene Mainz überzusiedeln. Dort war die Pest ausgebrochen und Spee wollte bei der Pflege und Seelsorge der wegen der tödlichen Ansteckungsgefahr von vielen gemiedenen Kranken mithelfen. Statt dessen versetzte ihn noch im selben Jahr 1632 sein Provinzial mit ausdrücklicher Zustimmung des Ordensgenerals mit einem neuen Lehrauftrag für Moraltheologie nach Trier. Hier im Jesuitenkolleg verbrachte er die wenigen ihm noch verbleibenden Lebensjahre unter Freunden. Er arbeitete an einer neuen Fassung seines ‚Güldenen Tugend-Buchs' und an der Fertigstellung der ‚Trutz-Nachtigal': Wir besitzen zwei in Einzelheiten von einander verschiedene eigenhändige Niederschriften dieses geistlichen Gedichtbandes aus dem Jahre 1634.

Als dann zu Beginn des folgenden Jahres die Stadt in den Strudel des seit Jahren das Land verheerenden Krieges hineingezogen und zum Zankapfel zwischen den vom Kurfürsten und Erzbischof von Trier ins Land gerufenen Franzosen und den kaiserlichen Truppen wurde, stand Spee in den nächtlichen Straßenkämpfen des 26. März 1635 den Verwundeten und Sterbenden bei. Bei der Pflege der Soldaten in den Hospitälern der Stadt wurde er schließlich von einer im Hochsommer ausbrechenden pestartigen Seuche selber ergriffen und starb nach kurzem Krankenlager am 7. August 1635 im Alter von 44 Jahren. Noch am selben Tage wurde er in der Krypta der Jesuitenkirche, der heutigen Dreifaltigkeitskirche, begraben.

Man wird in diesem Lebenslaufe eine Angabe über Ort und Zeit der Entstehung der ‚Cautio Criminalis' vermissen. Sie ist das einzige seiner Werke, dessen Veröffentlichung noch zu Lebzeiten Spees erfolgt ist, und doch ist anscheinend mit der Angabe des Erscheinungsjahres 1631 und 1632 ein Anhaltspunkt für die Entstehungsgeschichte des Buches nicht gegeben. Spee deutet dies selbst an, wenn er bemerkt: „Deshalb will ich auch dieses schon längst von mir verfaßte Warnungsbuch nicht im Druck veröffentlichen, sondern teile es unter Geheimhaltung meines Namens nur einigen wenigen Freunden mit." Man hat aus dieser Stelle schließen zu müssen geglaubt, daß tatsächlich die ‚Cautio' von langer Hand schriftlich die Runde unter seinen Freunden gemacht habe, ehe sie dann 1631 auf Grund eines dieser im Umlauf befindlichen Exemplare zum ersten Mal im Druck erschienen sei. Diese Annahme hält jedoch einer genauen Prüfung nicht stand.

Zunächst kommt als allerfrühester Beginn der Erstfassung des uns vorliegenden Textes das Jahr 1628 in Betracht. Die ‚Cautio' ist fast von den allerersten Seiten an durchzogen von Hinweisen auf einen Ordensbruder Spees, den Professor der Theologie an der Universität Innsbruck, Pater Adam Tanner S. J. (1575–1632), und den dritten Band seiner ‚Universalis Theologia scholastica, speculativa, practica'. Spee spricht von diesem Buche als von einem ihm seit langem bekannten Werk, das Anhänger gefunden, Widerlegungsversuche hervorgerufen und gar seinem Verfasser die erbitterte Feindschaft einzelner Inquisitoren zugezogen habe. Alles dieses spricht nun dafür, daß Spee hier nicht eine ganz neu erschienene Schrift zitiert, sondern vielmehr eine, seit deren Veröffentlichung bereits geraume Zeit verstrichen war. Zieht man dem gegenüber in Betracht, daß eben dieser dritte Band der Tannerschen ‚Theologia' erst im Jahre 1627 erschien, so kann der oben mit 1628 angegebene früheste Zeitpunkt für die Niederschrift der ‚Cautio Criminalis' gewiß nicht zu spät angesetzt sein; ein früherer Termin ist schlechthin undenkbar.

Darüber hinaus läßt sich aus dem uns vorliegenden Text aber noch feststellen, daß er mindestens von S. 217 ab, also noch innerhalb des dritten Viertels des ganzen Werkes, nicht vor dem Jahre 1630 entstanden sein kann. Spee berichtet dort, von der Schrift eines Pater Jordanaeus ‚Proba stigmatica' gehört zu haben, die ihrerseits erst 1630 erschienen ist. In die gleiche Richtung weist auch die auf S. 226 einsetzende noch zweimal aufgenommene Polemik gegen das 1630 in Rinteln herausgegebene Buch des dortigen Professors Goehausen ‚Processus iuridicus contra sagas'. Hiernach kann – wie für den Beginn frühestens das Jahr 1628 angenommen werden darf – die Vollendung unseres Textes nicht vor die Jahre 1630/31 gesetzt werden.

Wenn nun aber feststeht, daß die ‚Cautio' bereits 1631 in erster Auflage erschienen ist, wie steht es da mit der erwähnten Angabe Spees, daß er seine Schrift „schon längst" verfaßt habe? Sie muß durchaus mit den dargelegten, aus dem Texte selbst gewonnenen Ergebnissen unvereinbar erscheinen – es sei denn, man fände einen Ausweg aus dieser Schwierigkeit durch Annahme einer älteren, nicht in den Druck gelangten Fassung der ‚Cautio'. Sie würde ohne die Goehausen- und Jordanaeus-Zitate und womöglich auch ohne die Bezugnahme auf Tanner eine uns verlorene Ur-Cautio darstellen.

Zur Stützung einer solchen Hypothese ließe sich vielleicht auf die vor allem in der älteren Literatur vertretene Tradition über die Entstehung der ‚Cautio' zurückgreifen. Danach soll Spee zu Anfang des Jahres 1627 auf Wunsch des Würzburger Bischofs Philipp Adolf von Ehrenberg, der damals die Hexenverfolgungen in besonderem Maße aufnahm, als Professor der Universität und Hexenbeichtiger nach Würzburg geschickt worden sein. Und wenn er auch bereits 1628 in Köln gewesen sei, wie aus von dort datierten Briefen erweislich, so habe er doch in Würzburg als Beichtvater der verurteilten Hexen die ganzen Schrecken des Hexenprozesses kennengelernt und noch womöglich während dieser Tätigkeit sein außerordentliches Werk verfaßt oder doch wenigstens begonnen.

Diese Überlieferung geht auf Leibniz zurück, der als erster einem weiteren Kreise Auskunft über den ungenannten Verfasser und die Entstehung der ‚Cautio' gab. Er teilte sein Wissen dem Herausgeber des ‚Theatrum Anonymorum et Pseudonymorum' Vincentius Placcius in einem Briefe mit, von dem dieser in seinem Werke im wesentlichen das Folgende als Auszug aus einem Briefe Leibnizens, geschrieben zu Hannover am 26. April 1697, abdruckt:

„Wer der Verfasser, des mit Recht berühmten, ‚Cautio criminalis in processu contra sagas' betitelten Buches gewesen ist, habe ich aus dem Munde des Hochwürdigsten Kurfürsten Johann Philipp von Mainz erfahren. Es war Friedrich Spee, Priester der Gesellschaft Jesu, aus einer adligen Familie Westfalens und ein Mann von besonderer Frömmigkeit und Gelehrsamkeit ... Dieser große Mann versah im Fränkischen das Amt des Beichtvaters gerade damals, als im Würzburger und Bamberger Gebiet viele Angeklagte unter der Beschuldigung, verbrecherische Hexerei getrieben zu haben, verbrannt wurden. Johann Philipp von Schönborn, später Bischof von Würzburg und nachmals Kurfürst von Mainz, ... wurde als junger Mensch gelegentlich mit ihm bekannt, und als der Jüngling fragte, woher der gute Pater graueres Haar habe als seinem Alter zukomme, da sagte jener, das habe er von den Hexen bekommen, die er zum Scheiterhaufen geleitet habe. Da Schönborn sich verwunderte, löste Spee ihm das Rätsel. Er habe mit vielem Eifer nachgeforscht, auch Macht und Einfluß der Beichte aufgeboten und doch bei keinem von all denen, die er zum Holzstoß begleitet habe, irgend etwas entdeckt, das ihn davon hätte überzeugen können, daß sie zu Recht der Hexerei beschuldigt waren. Die Einfältigeren von ihnen hätten sich, wenn er sie in der Beichte ausgefragt habe, zuerst aus Furcht, erneuten Folterqualen ausgeliefert zu werden, als Zauberer bezeichnet; nachdem sie aber Vertrauen gefaßt hätten, da sie merkten, daß sie von ihrem Beichtiger nichts Derartiges zu fürchten brauchten, hätten sie dann alles ganz anders geschildert. Alle hätten sie mit schrecklichem Wehklagen entweder die Unwissenheit oder die Bosheit der Richter sowie ihr eigenes Elend bejammert und hätten noch sterbend Gott zum Zeugen ihrer Unschuld angerufen. Dies jammervolle, so viele Male wiederholte Schauspiel habe ihn so sehr erschüttert, daß er vor der Zeit gealtert sei. Da er im Laufe der Zeit mit Schönborn vertrauter geworden sei, habe er auch nicht verheimlicht, daß er der Verfasser jenes Buches sei."

Die auf dieser Erzählung Leibnizens fußende Überlieferung von einer Beichtigertätigkeit Spees in Würzburg ist jedoch nicht aufrechtzuerhalten. Es ist urkundlich belegt, daß er in den Jahren 1626 bis 1628 sein Tertiat in Speyer zu bestehen hatte, vertretungsweise eine Gymnasialklasse in Köln leitete und schließlich nach Peine versetzt worden ist. Für einen längeren Aufenthalt in Würzburg ist in diesen Jahren, wie überhaupt in seinem ganzen Leben, kein Platz. So vermag die Tradition der Würzburger Tätigkeit als in sich selbst unhaltbar auch nicht die Annahme einer älteren, einer Urfassung der ‚Cautio‘ zu begründen.

Weiter ist darauf hingewiesen worden, daß Spee – auch falls er bereits so weitgehende Erfahrungen in den Kerkern der gefangenen Hexen erworben haben sollte – vor 1630/31 in seinem von Studien, Reisen und Lehraufträgen angefüllten Leben kaum Zeit gefunden haben kann, sich die der ‚Cautio‘ zugrundeliegende außerordentliche Kenntnis der umfangreichen Literatur zu erwerben und sie auszuwerten. Gelegenheit und Muße hierzu dürfte sich erst in seiner Paderborner Zeit 1630/31 geboten haben, zumal er ja dort sehr bald seines Lehramts enthoben und nur als Beichtvater verwendet wurde. In dieser Eigenschaft muß er hier auch hinreichende Möglichkeit – nicht geringer als Würzburg um 1627 sie geboten hätte – gehabt haben, seine vielleicht schon andernorts gemachten Erfahrungen im Hexenprozeß abschließend zu vertiefen und seine Meinung von diesen Prozessen endgültig zu formen. Gerade um das Jahr 1630 kamen die Hexenprozesse im Bistum Paderborn wie im ganzen Westfalen in grauenhaftem Umfange auf. Ohne Unterschied des Standes, Alters und Geschlechts wurden zahllose Unglückliche, Laien wie Geistliche, zum Scheiterhaufen geschleppt; von einem einzigen Hexenrichter des Herzogtums Westfalen wird berichtet, daß er allein nahezu 500 Zauberer zum Tode verurteilt haben soll.

In dieser Zeit und in dieser Gegend hat Spee das Amt des Beichtvaters versehen; und dies in der Zusammenschau mit den übrigen Stationen seines Lebens legt einigermaßen zwingend den Schluß nahe, daß Plan und Ausführung seines

Werkes – gleich ob in der uns bekannten oder einer etwa verlorenen Fassung – erst um 1630/31 in Paderborn gereift sein können. Nun muß aber in eben diese Zeit bereits die Vollendung des uns vorliegenden, 1631 in erster Auflage veröffentlichten Textes gesetzt werden. Damit bleibt für eine ältere, von dieser Rintelner Ausgabe abweichende Ur-Fassung der ‚Cautio' zeitlich überhaupt kein Raum. Sie kann nicht existiert haben; was wir in der Ausgabe von 1631 in Händen halten, muß die erste und älteste Fassung des Buches sein.

Ungeklärt bleibt damit freilich die Angabe Spees, daß es sich um ein „schon längst" verfaßtes Manuskript handele, wenn sie auch nicht völlig unerklärbar ist. Zunächst ist es, ohne dem Wahrheitswillen Spees Abbruch zu tun, durchaus möglich, in diesem „schon längst" eine bloße literarische Einkleidung zu erblicken. Es entspricht seinem Stil und Geschmack, Zeitangaben mit einem gewissen Übergewicht zu betonen. Zudem mag auch eine leise taktische Absicht darin verborgen liegen. Beim Lesen der ‚Cautio' kann man sich zuweilen des Eindrucks nicht erwehren, daß Spee in geradezu moderner Weise die durch die Verhältnisse gebotene Anonymität sowohl des Verfassers als der im Text erwähnten Personen und Orte als Minderung der Überzeugungskraft des Werkes empfunden habe. Aus diesem Grunde stellt er grundsätzlich als Beispiel erzählte Greuel, Bosheiten und Irrtümer des Hexenprozesses als in allerneuester Zeit, „kürzlich" oder „neulich" geschehen, die Erkenntnis dieser Mängel dagegen als schon längst errungen und fundiert dar. So würde es durchaus nicht außerhalb der Argumentationsweise Spees liegen, wenn er hier nicht ganz zutreffend die Abfassung der ‚Cautio' als schon längst beendet bezeichnet haben sollte. Er durfte dies um so eher tun, als er glaubhafterweise beim Schreiben dieser Stelle nicht mit einer Drucklegung in absehbarer Zeit rechnete. Die ganze, durch die Ereignisse überholte Stelle geriet dann mit in den Satz, was bei der ersten, ohne Spees Mitwirkung veranstalteten Ausgabe kaum ausbleiben konnte und auch bei der zweiten unschwer durch ein Versehen zu erklären ist. Keinesfalls kann diese Stelle etwas an dem Ergebnis ändern, daß die Entstehung der ‚Cautio Criminalis' in die Zeit von Spees Aufenthalt in Paderborn 1630/31 zu setzen ist.

In der Frankfurter Ausgabe von 1632 besitzen wir dann einen verbesserten und in bescheidenem Umfange auch vermehrten Text, dessen Grundlage nichts anderes als ein von Spee selbst aufgesetztes Manuskript gewesen sein kann.

Diese Jahre 1630 bis 1632 bezeichnen in der politischen Geschichte Deutschlands einen dramatischen Höhepunkt des Krieges, der schon so lange das Land verwüstete. Es sind die Jahre des meteorhaft jäh beginnenden und wieder endenden Siegeszuges des Schwedenkönigs Gustav Adolf: Im Juni 1630 landet er mit seinen Truppen an der pommerschen Küste, schlägt Tilly im September 1631 vernichtend bei Breitenfeld, zieht im Mai 1632 als Sieger in München ein und wird am 16. November 1632 in der Schlacht bei Lützen von der tödlichen Kugel getroffen. Der letzte Akt des großen Krieges hebt an.

Und doch sind es nicht allein die sich hier beispielhaft zu einem reißenden Wirbel zusammendrängenden kriegerischen Ereignisse, die die besten Kräfte der Nation aufgesogen und ihr geistiges Leben in beschämendem Maße hatten verkümmern lassen. Der Krieg vollendete nur, was sich bereits seit der Mitte des 16. Jahrhunderts angebahnt hatte. Zu der gleichen Zeit, da sich in Frankreich, England, den Niederlanden ein neuer Geist zu erheben begann, da Montaigne, Baco von Verulam und Hugo Grotius die Grundlagen zu einer völligen Erneuerung der Wissenschaft durch freie Forschung legten – zu dieser Zeit bewahrheitete sich in Deutschland die trübe Ahnung Luthers, daß nach seinem Tode für brave Leute und ordentliche Studien bald kein Raum mehr sein werde. Das Reich war in zwei Teile zerfallen, von denen der protestantische bestrebt war, das ganze Land zu erobern, der katholische das verlorene Gebiet zurückzugewinnen suchte. Die Verquickung der politischen Machtbestrebungen mit der religiösen Auseinandersetzung aber sicherte der Theologie die allgemeine und ausschließliche Anteilnahme. Sie bestätigte bei Katholischen wie bei Protestanten die das ganze Geistesleben beherrschende Stellung der Theologie, der auf der anderen Seite die Anschauung entsprach, daß die Wissenschaft die Magd der Theologie sein müsse. Die Philosophie durfte nur dazu dienen, die Wahrheit der Religion zu erweisen, sie war nichts als die Anleitung zu scholastisch-spitzfindigen theologischen Disputationen. Notwendig aber ergab sich hieraus auch, daß Philosophie und Naturwissenschaften gezwungen waren, sich ausschließlich innerhalb der von biblischer Offenbarung und theologischer Lehre gesetzten Schranken zu betätigen. So mußte sich Kepler im Jahre 1612 vom Konsistorium „seines Fürwitzes halber" verwarnen und ermahnen lassen, sich aller Dinge nach Gottes Wort zu regulieren. Die Unrichtigkeit seiner Lehre wurde mit dem Bericht des Buches Josua über das Stillestehen der Sonne bewiesen. Die Bibel, auch in rein weltlichen Dingen als unbedingt bindend anerkannt, galt als Quelle aller Erkenntnis und letzte Autorität. Auf ihr Gebot, „die Zauberer sollst du nicht leben lassen", durften sich die fanatischen Hexenverfolger berufen, ohne eine Widerlegung fürchten zu brauchen. Hier wie sonst war Widerspruch gleich Atheismus und ein todeswürdiges Verbrechen. Vor dem Vorwurfe, ein Gottesleugner und Ketzer zu sein, war man nur gesichert, wenn man sich auf die Heilige Schrift und eine möglichst große Zahl von Autoritäten berufen konnte. So lag die Wissenschaft darnieder, von Autoritäten und Aberglauben beherrscht, und es konnte nicht ausbleiben, daß selbständig forschende Geister wie Kepler, Althusius und Comenius vereinzelte Erscheinungen blieben.

Gewiß zeigen diese Männer den Anbruch eines neuen Zeitalters auch für Deutschland an, das Zeitalter der Aufklärung, die in anderen Ländern bereits die Gebildeten begeisterte. Doch sie waren nur die Vorboten der großen geistigen Befreiung, nur voneinander unabhängige gleichzeitige Anfänge der neuen Geisteshaltung. Von der Aufklärung als einer ihrer selbst bewußten allgemeinen Geistesbewegung, wie sie hernach in Deutschland von dem erst 1632 geborenen Pufendorf, von Thomasius und Leibniz heraufgeführt wurde, war in diesen Jahren der tiefsten Not und Zerrissenheit noch nichts zu spüren. Nicht nach wissenschaftlicher Erkenntnis ging das gemeinsame Streben der Geister. Es war in scholastisch-theologischen Zänkereien ermüdet. Noch hatte die Theologie den Primat inne, aber man sehnte sich nach einem anderen, vom Dogmatismus lange verdrängten innerlichen Erlebnis der Religion. Man suchte Trost in mystischer Abkehr von der jammerzerrissenen Welt, in pietistisch anmutender Frömmigkeit, in der Übung der christlichen Tugenden des Glaubens, der Hoffnung und der Liebe. Und dies ist auch der Grund, auf dem die Werke Spees, die ‚Cautio' nicht ausgeschlossen, entstanden sind.

In der Tat schien ja die gerichtliche Verfolgung der vermeintlichen Zauberer nicht lediglich ein politisches, sondern fast noch mehr ein theologisches Anliegen der Zeit zu sein. Wir können hier nicht eingehen auf die vielverzweigte Herkunft des Hexenwahns und auf die umstrittene Frage nach der Schuld der christlichen Kirchen an der Ausbreitung des dann so beherrschend gewordenen Glaubens an Magie und Teufelsspuk. Es genügt festzustellen, daß es erst seit dem Ausgange des 15. Jahrhunderts förmliche Hexenprozesse im strengen Sinne gegeben hat und daß das mit ihnen verfolgte crimen magiae, das „Laster der Zauberey", im Abschluß eines Paktes mit dem in körperlicher Gestalt erscheinenden Teufel bestand, durch den sich der Mensch gegen Gewährung gewisser Vorteile verpflichtete, den Satan anzubeten, mit seiner Hilfe andren Schaden zuzufügen und endlich im Tode Leib und Seele der Hölle auf ewig zu übergeben. Die Reichsgesetzgebung der Peinlichen Gerichtsordnung Kaiser Karls V. hatte zwar den eigentlichen Deliktstatbestand nur in den Fällen nachweislichen Schadens verwirklicht sehen wollen, wissenschaftliche Lehrmeinung und gerichtliche Praxis jedoch begnügten sich nichtsdestoweniger mit dem Aufsuchen allein des Teufelsbündnisses und erklärten beim vermeintlichen Beweis seines Vorliegens die Todesstrafe für verwirkt, auch wenn eine Schadenszufügung nicht darzutun war. Spee berichtet, daß das Verwerfliche der strafbaren Hexerei vornehmlich in dem Abfall der Zauberer von Gott und in ihrem Haß gegen ihn erblickt wurde. Desgleichen beschreibt Christian Thomasius, der andere große Streiter im Kampfe gegen die Hexenprozesse, auf Grund der allgemeinen Anschauung eine Hexe als „ein Weib, so einen ausdrücklichen Bund mit dem Teuffel mit Abschwerung des Glaubens macht, auch bey demselben schlafft und in der solennen Zusammenkunfft derer Hexen denselben in der Gestalt eines Bockes oder dergleichen erscheinend auf eine garstige und schändliche Weise anbetet".

Es ging also bei der Hexerei in Wirklichkeit nicht um ein Vergehen gegen Menschen und menschliche Ordnungen, sondern wie bei der ebenfalls todeswürdigen Ketzerei – aus der sich auch tatsächlich das crimen magiae als ein besonderes Verbrechen herausspezialisiert hatte –, um eine gegen Gott und sein Gesetz gerichtete Tat. Wenn die weltliche Obrigkeit sich die Verfolgung eines solchen Delikts angelegen sein ließ, noch gar unter Außerachtlassung der durch Reichsgesetz empfohlenen besonderen Einschränkung, so fand das seine Rechtfertigung in einer bis aufs äußerste durchgeführten Bindung des Staates an die Kirche. Es mag fraglich erscheinen, ob zu jener Zeit allmählichen Verblassens des alten Reichsgedankens das Christentum noch in seiner Funktion als staatsschöpferisches, staatserhaltendes Element begriffen wurde und deshalb der Abfall vom Glauben zugleich das Gewicht eines Hochverrats haben mußte. Gewiß ist, daß die Staatsgewalt ihre Machtbefugnis von einem göttlichen Auftrag herleitete, der sie gleichzeitig zum Vollstrecker des Willens Gottes auf Erden bestellte. Dieser göttliche Wille war vor allem in der Bibel ausgesprochen, und ihre Gesetze banden Gesetzgeber und Richter unmittelbar und bedingungslos. Der Fürst als von Gott eingesetzte Obrigkeit war auf das strengste gehalten, Gesetze zu geben, die den Geboten der Heiligen Schrift entsprachen. Ließ er eine Tat straflos, welche die Bibel unter Strafe stellte, so wurde er zum Verbrecher am Gesetz Gottes, die Tat wurde ihm selbst zugerechnet, und es stand gar zu fürchten, daß das ganze Volk dafür büßen mußte. Der Richter aber hatte ohne weiteres auf die nach mosaischem Recht gültigen Strafen zu erkennen, falls das Staatsgesetz von diesem abwich, denn man mußte Gott mehr gehorchen als den Menschen, und ein irdischer Richter durfte Gottes Gesetze nicht aufheben. Dem Gebot des 2. Buches Mosis, Kap. 22, Vers 18, „die Zauberer sollst du nicht leben lassen" gegenüber konnte es demnach keine Ausnahme und keine Rücksicht auf irdische Dinge geben. Es war auch nur folgerichtig, wenn man alle Vorsorge Gott überließ und den Grundsatz aufstellte und befolgte, daß es besser sei, zehn Unschuldige hinzurichten, als einen Schuldigen entkommen zu lassen.

Und doch war der göttliche Befehl hier im Grunde kaum mehr als ein willkommener Vorwand. Dummheit und Aberglauben im Verein mit Neid und Mißgunst waren nach Spees Urteil die wirklichen Beweggründe des ganzen Unwesens. Die Hexenverfolgungen hatten ja für alle, die sich an ihnen als Jäger und als Antreiber beteiligten, sehr irdische Vorteile. Die Obrigkeit bereicherte sich an den eingezogenen Gütern der Zauberer; Richter und Inquisitoren erhielten Kopfgelder nach der Zahl der Verurteilten; das Handwerk der Scharfrichter und Folterknechte blühte, und es konnte kein wirksameres Mittel geben, sich eines Feindes oder sonst lästigen Mitbürgers zu entledigen, als ihn der Hexerei zu verdächtigen. All dies aber durfte sich mit dem Gehorsam gegen das Gesetz Gottes schmücken, das die unnachsichtige Ausrottung der Magier zur Gewissenspflicht machte.

Dieser Mißbrauch der Schrift war es, wogegen sich Spee wandte, indem er dem Buchstaben, der hier wirklich tötete, den Geist des Christentums entgegensetzte. Nicht wissenschaftliches Interesse an einem juristischen Problem, sondern Hirtenpflicht und christliche Nächstenliebe sind, wie er immer wieder betont, die Antriebe seines Auftretens. Sein Priesteramt ist es, das ihm zu reden befiehlt: „Es gebührt mir nicht, unter denen zu sein, die der Prophet stumme Hunde heißt, die nicht zu bellen wissen."

Für ihn ist die Liebe diejenige Tugend, die als einzige die Kraft hat, auch ohne die Dazwischenkunft der katholischen Kirche die Sünden auszulöschen, den Sünder mit Gott zu versöhnen. Die Werke der Liebe kann man nie genug üben; als ihrer eines bittet darum Spee in dem von der Liebe handelnden dritten Teil des ‚Güldenen Tugend-Buchs' sein Beichtkind, all der unschuldig Gefangenen zu gedenken und bereit zu sein, ihnen mit Trost und Hilfe beizustehen, sie aus Schmerzen, Angst und Not zu befreien. Er gibt hier auf wenig Seiten zusammengedrängt die dann in der ‚Cautio' ausführlich gegebene Schilderung der Leiden der gefangenen Hexen: Wie man ihnen ihre Unschuld nicht glauben will und sie um jeden Preis schuldig sein müssen. Wie man sie mit unmenschlich grausamen Martern immer von neuem foltert, bis sie endlich sterben oder Verbrechen gestehen, an die sie niemals auch nur gedacht hatten. Wie man sie als unbußfertige, verstockte Sünder noch qualvoller hinrichtet, weil der Teufel sie stärke und ihnen die Zunge festhalte, wenn sie nicht bekennen und doch die Folter überleben. Wie unwissende Beichtväter, die nur auf ein Schuldbekenntnis dringen, sie innerlich ärger peinigen als selbst die Folterknechte es können. Wie niemand ist, der ihnen Trost bringen darf, und sie aus Verzweiflung sich umbringen oder dem Satan verschreiben. Wenn er sie damit alle befreien könnte, dann wolle er gern alsbald niederknien und sich den Kopf abhauen lassen, versichert Spee und schließt:

„O du allermiltester Herr Jesu / wie kanstu leyden daß deine Creaturen also gepeiniget werden? Ich bitte dich durch das rosenfarbe blut / so auß deinem zarten Fronleichnam für vns arme sünder geflossen ist / komme doch zu hülff allen vnschuldigen / betrangten / daß sie nit verzweifflen: vnd erleuchte die Obrigkeit / daß sie wol zusehen was sie machen / vnnd die Gerechtigkeit nit in eine grausamkeit vnd Gottlosigkeit verkehret werde. Ich wollte auch / es were also gelegen vnd beschaffen / daß ich zu allen Kerckern herumb gehen möchte / vnd die arme verhaffte Leuth besuchen. O mein Gott / wie wolte ichs so gern thun; wie wolte ich sie alle so hertzlich trösten: wie wolte ich jhnen einen muth einsprechen / vnnd alle mügliche lieb um Christi meines Herrn willen erzeigen? Ich weiß sie würden jhre händ zu samen legen / vnd Gott vnseren Vatter loben der im Himmel ist: welches ich dan suche."

Die Nächstenliebe verzehrt ihn und brennt wie Feuer in

seinem Herzen. Sie treibt ihn an, sich mit allem Eifer dafür
ins Mittel zu legen, daß kein Unschuldiger verbrannt werde.
Das ist der Urgrund der ‚Cautio': die Charitas christiana,
die christliche Nächstenliebe um Gottes willen. Und sie ist
auch der letzte, oberste Maßstab, an dem Spee Recht und
Unrecht abmißt. Hier ist bereits die noch lange nach Spee
herrschende Anschauung von der unbedingt wörtlichen Geltung der biblischen Gebote auch in weltlichen Dingen zugunsten einer viel vergeistigteren Auffassung aufgegeben.
Nicht der tote Buchstabe der Bibel entscheidet, sondern der
Geist des Christentums.

Daneben treten dann als weitere Maßstäbe das Jus Naturale und die Recta Ratio. Wie kaum anders zu erwarten,
findet sich in der ‚Cautio' nirgends eine Bestimmung dessen,
was als natürliches Recht angesprochen wird. Der uralte Begriff wird ohne großes Gewicht und eigentlich recht formelhaft verwendet, ganz offenbar in dem überkommenen Sinne,
wie er seine Grundlage in der Stelle des Römerbriefes Kap. 2,
Vers 15 von dem Rechte fand, das Gott den Völkern ins Herz
geschrieben habe. Es ist ein von Gott gegebenes, die Grundbedingungen menschlicher Existenz festlegendes Gesetz, das
neben dem in der Heiligen Schrift geoffenbarten göttlichen
Gesetz steht.

Dementsprechend bedeutet hier auch die Recta Ratio noch
nicht die souveräne, auf sich selbst gestellte „gesunde Vernunft" der späteren Aufklärungszeit. Sie ist das von Gott
gegebene natürliche Licht zur Erkenntnis des natürlichen
Gesetzes. Es ist ein alter schulmäßiger Begriff, und doch
klingt unverkennbar eine Nebenbedeutung mit: Die gesunde
Vernunft ist auch ganz einfach der logisch überlegende, selbständig forschende Verstand des urteilsfähigen Menschen.
Wenn nach dem Worte Kants das Sapere aude! Habe Mut,
dich deines eigenen Verstandes zu bedienen! der Wahlspruch
der Aufklärung ist, so ist Spee dieser großen Geistesbewegung
nicht weniger zugehörig als alle, die nach ihm kamen, auch
wenn er allein und nur auf sich selbst gestellt war. Ihm gefallen die Geister, die nicht immer alles für unzweifelhaft
wahr halten, woran das gemeine Volk glaubt. Er beklagt die

Blindheit und Beschränktheit der Gelehrten und verlangt von seinem Leser, daß er sich selbst ein Urteil bilde. Er glaubt nicht, was er nicht mit eigenen Augen sieht, er befragt Ärzte, ob das Nichtbluten der Gefolterten nicht auch natürliche Ursachen haben könne. Seinem mündig gewordenen Verstande genügen Bibel- und Autoritätenbeweis nicht mehr. Er will nicht auf Autoritäten gestützt eine Meinung verfechten, sondern mit vernünftiger Überlegung die Dinge prüfen. Das hindert ihn nicht, selbst auch die Menge der Doktoren anzuführen, wo es zweckmäßig ist, um darzutun, daß er gar nichts Neues, nur das von Gesetz und richtiger Lehre immer Geforderte will. Im Vordergrunde steht trotzdem die eigene Forschung und Erfahrung.

Er hat keine Mühe gescheut, die Wahrheit zu entdecken, hat Akten und Indizien durchforscht, den Verhören beigewohnt und Freunde als heimliche Beobachter angestellt. Er ist in Kerkern und Gerichtsstuben ein- und ausgegangen, er hat die Gefangenen ausgeforscht und sich mit Richtern und Inquisitoren ausgesprochen, hat sich nicht mit den landläufigen Redensarten zufriedengegeben und hat nicht mit Fragen abgelassen, bis er den Dingen wirklich auf den Grund gekommen ist. Mit dem ungetrübten Auge des Außenstehenden überschaut er da den unheilvollen Mechanismus des Hexenprozesses und schonungslos – aber doch mit einer Würde, die auch heikle Dinge sachlich und ernst zu behandeln vermag – deckt er seine Mängel auf. Er zeichnet die Psychologie der Angeber und Hetzer sowie die der unglücklichen Opfer, die sich keinen Rat wissen, als sich und andere grundlos zu beschuldigen. Er prangert die Sorglosigkeit an, mit der man darauf vertraut, Gott werde schon Sorge dafür tragen, daß kein Schuldloser in Gefahr geriete, und die Leichtfertigkeit, mit der Fürst und Beamter die Verantwortung ablehnen und einander gegenseitig zuschieben. Er zeigt, wie es den Richtern daran gelegen sein muß, recht viele Hexen zu verbrennen, da sie kein festes Gehalt, sondern Kopfgelder nach der Anzahl der Verurteilten erhalten. Er weist nach, wie die Mittelbarkeit des Prozesses, d. h. die Gewohnheit, alle wichtigen Entscheidungen von einer Stelle treffen zu lassen, die den ganzen Fall und seine Behandlung nur aus dem toten Schriftwerk der Akten oder gar bloß einem zusammenfassenden Bericht kennt, im Verein mit der Vieldeutigkeit der fremden Fachausdrücke den Richtern jeden Übergriff gestattet. Wie sie, um nur ja keinen freilassen zu müssen, den Angeklagten jede Verteidigung versagen und wie sie nach freiem Ermessen willkürlich verfahren. Wie keine Rechtfertigung gehört wird und das albernste Schuldindiz gut genug ist, den Verdächtigen auf die Folter zu bringen, und wie diese, schrankenlos und mit unerträglicher Grausamkeit angewandt, jedes gewünschte Bekenntnis und stets neue Denunziationen weiterer Opfer erreichen kann. Er zeigt, wie der Hexenprozeß, auf eine Folge von Zirkelschlüssen und Dilemmen aufgebaut, ein unheimliches Netz ist, aus dem es kein Entrinnen mehr gibt, so daß die Richter selbst nicht anzugeben wissen, was denn ein wirklich Unschuldiger tun könne, um freizukommen. Bei aller gebotenen Vorsicht beweist Spee zwingend, daß notwendig eine Unzahl Schuldloser in diesem Verfahren umgebracht werden müssen, und bekennt, noch keine verurteilte Hexe zum Scheiterhaufen geleitet zu haben, von der er unter Berücksichtigung aller Gesichtspunkte hätte sagen können, sie sei wirklich schuldig gewesen.

Dies läßt nun freilich die Möglichkeit offen, daß nicht alle verbrannten Zauberer unschuldig gewesen seien, und in der Tat hat man mit einer einzigen Ausnahme – der des Thomasius – stets angenommen, Spee habe den Aberglauben seiner Zeit an Hexen und Teufelspakte geteilt. Bei aufmerksamem Lesen der ‚Cautio' wird man indes zu einer anderen Meinung kommen müssen. Gewiß beginnt er sein ganzes Buch mit einer unumwundenen Bejahung der Frage, ob es wirklich Hexen, Zauberer und Unholde gebe, und legt wiederholt auch seinen späteren Ausführungen diese Anschauung zugrunde. Er bezeichnet auch in der 3. Frage die Hexerei als ein besonders abscheuliches, schweres Verbrechen und begründet das schulmäßig unter Berufung auf Delrio. Noch im selben Satze jedoch kündigt er eine besondere Untersuchung hierüber in einem anderen, noch zu schreibenden Buche an:

Die Sache bedürfe neuer und genauer Prüfung. Er geht aber noch weiter, indem er gesteht, daß er schon längst nicht mehr wisse, wieviel er dem Remigius, Binsfeld, Delrio und den anderen noch glauben solle, da ihre ganze Lehre sich ja nur auf mancherlei Ammenmärchen und mit der Folter herausgepreßte Geständnisse stütze. Während es ihm früher niemals eingefallen sei zu bezweifeln, daß es viele Hexen auf der Welt gebe, sei er nun, wo er tieferen Einblick in die Prozesse gewonnen habe, nach und nach dahin gekommen, daran zu zweifeln, ob es überhaupt welche gebe.

Dies ist bedeutungsvoll genug, zumal wenn man es zusammenhält mit jener Stelle des ‚Güldenen Tugend-Buchs', wo abermals das Elend der Gefangenen in deutlicher Anlehnung an die ‚Cautio' geschildert, aber zugleich vorausgesetzt wird, daß sie sämtlich unschuldig seien. Hinzu kommen jedoch noch die zahlreichen – nicht selten durch das Zeichen NB am Rande als besonders wichtig hervorgehobenen – geheimnisvollen Andeutungen, er wisse noch mehr und Entscheidenderes zu sagen, es sei jedoch zu gefährlich und die Zeit noch nicht gekommen, es auszusprechen. Die Mehrzahl dieser Stellen kann schlechterdings auf gar nichts anderes deuten als darauf, daß Spee der Meinung war, die ganze von Delrio und anderen Schriftstellern zusammengetragene Lehre von dem Verbrechen der Zauberei sei nichts als ein abergläubischer Wahn.

Schließlich ist auch kaum zu übersehen, wie lahm und konventionell im Vergleich mit dem Stil der übrigen Darlegungen der ‚Cautio' die Begründung der auf die erste Frage erteilten Antwort ist, es gebe wirklich Hexen. Hierauf hat schon Thomasius hingewiesen und der Überzeugung Ausdruck gegeben, der Verfasser der ‚Cautio' habe sich nur so gestellt, als ob er an die Hexen und Teufelspakte Delrios glaube. Es ist dem Thomasius sicherlich noch weiter zuzustimmen, wenn er meint, dies Zurückhalten der letzten Erkenntnis werde taktische Gründe gehabt haben: Wenn die ‚Cautio' es vermied, durch offenes Leugnen der Existenz des crimen magiae Anstoß zu erregen und ihrem Verfasser den andernfalls unvermeidlichen Vorwurf des Atheismus zu-

zuziehen, konnte sie auf viel willigeres Gehör und weitere
Verbreitung rechnen, als wenn sie den zu dieser Zeit noch
aussichtslosen Kampf gegen den Hexen- und Teufelsglauben
selbst aufnahm. Deshalb tut Spee diese ganze Frage nach
einem kurzen Hinweis auf die herrschende Lehre mit den
Worten ab: „es ist nicht unsere Aufgabe, hierbei zu verweilen." (S. 1) Gleichzeitig versichert er wiederholt, er trage
gewiß nichts Anstößiges vor, er wolle nur die Aufmerksamkeit der Gelehrten auf das im Hexenprozeß übliche Verfahren
lenken und zeigen, wie wertlos die dabei verwendeten Indizien und Beweismittel seien; er wolle kein Verbrechen straflos ausgehen lassen, aber er wolle zur Vorsicht mahnen, um
zahllose Unschuldige vor einem schrecklichen Schicksal zu
bewahren.

Die ‚Cautio Criminalis' hat bis ins 18. Jahrhundert hinein
weite Verbreitung gefunden. Nach einer freien Bearbeitung
in deutscher Sprache (Erfurt 1635) ist in dem zum König-
reich Polen gehörigen Posen der Rintelner Druck in den
Jahren 1645 und 1647 neu aufgelegt worden. Eine der Königin von Schweden und allen Offizieren des schwedischen
Heeres gewidmete, gekürzte deutsche Übersetzung dieses
ersten Textes erschien im Jahre 1647 in Bremen, während
im selben Jahr in Posen auch eine neue Ausgabe des lateinischen Frankfurter Textes von 1632 herauskam. Zwei Jahre
später, 1649, erschien in Frankfurt a. Main eine dem Grafen
Moritz von Katzenellenbogen, Generalleutnant in Diensten
der Vereinigten Niederlande, Gouverneur von Wesel, kur-
fürstlich Brandenburgischer Statthalter über Cleve, Mark
und Ravensburg, gewidmete, nahezu vollständige deutsche
Übersetzung der „Editio Secunda". Die nächsten Übersetzungen entstanden alle außerhalb der Grenzen des Heiligen
Römischen Reiches Deutscher Nation: In Amsterdam, 1657,
eine holländische, 1660 in Lyon eine französische und im
Jahre 1680 in Posen eine polnische, die 1714 noch einmal
aufgelegt wurde. Bis auf diese letzte Übersetzung, die den
Namen des Verfassers mit „Frédéric Spée" angibt, sind alle

Ausgaben anonym, einschließlich des Sulzbacher lateinischen Neudrucks von 1695.

Auch die letzte lateinische Ausgabe ist dann nicht mehr anonym: ‚R. P. Friderici Spee, é Soc. Jesu. Cautio Criminalis seu ...' Sie erschien 1731 mit der Lizenz der Ordensoberen in Augsburg und enthält ein Vorwort des Herausgebers mit einem kurzen Lebenslauf des Verfassers. Sie ist zugleich um ein ganzes Kapitel erweitert. Nach Spees eigenem Anhang: „Was Folter und Denunziationen vermögen", folgt – unter der laufenden Kapitelnummer LIII im Register angezeigt – eine vielleicht unter dem Einfluß der ‚Cautio Criminalis' im Jahre 1657 in Rom entstandene „Anweisung über das in Prozessen gegen Hexen, Wahrsager und Unholde anzuwendende Verfahren". Die Instruktion stellt fest, daß erfahrungsgemäß in derlei Prozessen ständig die gröbsten Rechtsverstöße begangen werden und kaum einer von ihnen korrekt und gesetzmäßig durchgeführt wird; sie macht den Hexeninquisitoren äußerste Vorsicht zur Pflicht; Gerüchte dürfen nicht als Verdachtsmerkmale verwendet werden; die Verteidigung der Angeklagten ist zu gewährleisten; die Anwendung der Folter soll eingeschränkt werden; Denunziationen von Mitschuldigen darf nicht geglaubt werden, usw. Nicht mehr mit abgedruckt sind hier aus der Frankfurter Ausgabe von 1632 das Zitat aus dem Ecclesiastes: „Ich sah unter der Sonne Gottlosigkeit an der Stätte des Gerichts und Unrecht an der Stätte der Gerechtigkeit" und der Weckruf des Psalmisten: „Jetzt, Ihr Könige, erkennet ..." Die Senecastelle: „... Einer, der die Wahrheit sagt", ist beibehalten. Die ‚Cautio Criminalis' hatte nun, einhundert Jahre nach ihrem allerersten Erscheinen, ihr Werk getan.

Johannes Gronaeus Austrius, der pseudonyme Veranstalter der zweiten, Frankfurter Ausgabe, hatte freilich den Mund wohl etwas voll genommen, als er schon 1632 in seiner Vorrede behauptete, es hätten bereits etliche Nationen und Fürsten nach der Lektüre und sorgfältigen Prüfung des Buches ihre Hexenprozesse abgebrochen. Das ist so nicht nachweisbar. Tatsächlich hat nur Johann Philipp von Schönborn, derselbe, der Leibniz seinerzeit erzählte, daß er in seiner

Jugend den Verfasser der ‚Cautio' kennengelernt habe, nach 1642 als Fürstbischof von Würzburg und nach 1647 als Kurfürst von Mainz die Hexenprozesse in seinen Territorien verboten. Es kann auch angenommen werden, daß die Königin Christine von Schweden unter dem Einfluß der ihr und den Offizieren der schwedischen Armee gewidmeten deutschen Übersetzung der ‚Cautio' des Johann Seifert von 1647 stand, als sie in ihrem Reskript von 1649 die sofortige Einstellung aller laufenden Prozesse, das Ende jeder Inquisition und die Freilassung aller in Haft befindlichen Hexen befahl. Friedrich II. von Preußen, der alsbald nach seiner Thronbesteigung, 1740, die Tortur in seinem Land abschaffte, schrieb jedoch das Verdienst daran, daß nun das weibliche Geschlecht in Frieden alt werden und sterben könne, dem Thomasius zu. Dessen im Zeichen der Vernunft geführter Kampf gegen Hexenwahn und Hexenprozesse ist, so wie er begonnen und zum siegreichen Ende geführt worden ist, ohne die ‚Cautio Criminalis' aber nicht denkbar.

Vereinzelten Widerspruch gegen die Hexenprozesse hatte es schon lange immer wieder gegeben. Solange aber tagaus, tagein an den verschiedensten Orten zahllose Angeklagte sich der Teilnahme an Hexensabbaten, der Unzucht mit dem Teufel, eines Paktes mit ihm und darauf gegründeter verderblicher Zauberei schuldig bekannten und Denunziationen zu Protokoll gaben, konnten die wenigen, die das alles für frei erfunden erklärten und die übermäßige Strenge der Richter beklagten, kein Gehör finden. Sie stießen auf erbitterte Feindschaft der Theologen und Juristen, sie wurden mit wortreicher Gelehrsamkeit bekämpft oder schnell zum Schweigen gebracht und unterdrückt.

So war Johannes Wier, der Leibarzt des Herzogs Johann Wilhelm von Jülich und Cleve, der in seinem 1563 und 1568 in Basel erschienenen Buch: ‚Von den Blendwerken der Dämonen, von Zauberei und Hexerei' den Hexenglauben als Erzeugnis krankhafter Phantasie abgetan und das Prozeßverfahren als ungerecht verurteilt hatte, am Ende selber beschuldigt worden, die Gemütskrankheit des Herzogs durch Zauberei verursacht zu haben; er mußte, um einem Prozeß zu entgehen, aus Düsseldorf flüchten. Ein katholischer Priester, Cornelius Loos, der in einer im Geburtsjahr Spees heimlich in Köln zum Druck gegebenen Schrift: ‚Von wirklicher und vorgetäuschter Zauberei' die Berichte von den leiblichen Ausfahrten der Hexen zum Hexensabbat für bloße Einbildungen und Aberglauben, die Geständnisse der Angeklagten als von der Folter erpreßt erklärt hatte, wurde sogleich zum Widerruf gezwungen und starb als Gefangener im Trierer St. Maximinus Kloster. Sogar noch 1692 wurde der Amsterdamer reformierte Pastor Balthasar Bekker von der Synode zu Alkmar seines Amtes enthoben, weil er mit dem Bestreiten der hergebrachten Lehre von der Körperlichkeit und Macht des Teufels in seinem Buch: ‚De betoverte Wereld' zugleich den wahren Glauben an Gott geleugnet habe.

Andere Wege hatten inzwischen in Frankreich der spätere Direktor der von Kardinal Mazarin gegründeten Bibliothek im Institut de France, Gabriel Naudé (Naudaeus), und im Süden des Reichs der Innsbrucker Jesuit und Professor der Theologie Adam Tanner eingeschlagen. In seiner ‚Apologie pour tous les grands personnages qui ont esté soupçonnez de magie' (Paris 1625) wies Naudé auf Grund historischer Untersuchungen nach, daß alle großen Persönlichkeiten der französischen Geschichte, die als Zauberer den Scheiterhaufen besteigen mußten, unschuldige Opfer von übler Nachrede und Neid gewesen waren. In zwei getrennten Abschnitten im ersten und dritten der vier Bände der ‚Universalis Theologia scholastica, speculativa, practica' (1626/27) Adam Tanners wurde zunächst eingeräumt, daß tatsächlich Hexensabbate und Schadenzauber vorkomme, dann aber viel ausführlicher auf einzelne Mängel des üblichen Prozeßverfahrens hingewiesen, die Voreingenommenheit der Richter, die Wertlosigkeit der auf der Folter erpreßten Geständnisse und der Denunziationen; es wurden Fälle berichtet, wo solche Selbstbezichtigungen sich als unwahr erwiesen haben, und Reformvorschläge gemacht.

Spee war während der Vorarbeiten zur ‚Cautio' auf Tanners Buch aufmerksam geworden; er hat es eingehend studiert und fand sich in seinen eigenen Beobachtungen bestätigt und zugleich ermutigt, die Lehre vom crimen magiae, wie sie von den großen Autoritäten Jean Bodin, Nicolaus Remigius, Martin Delrio und all den anderen ausgebildet war, nicht offen zu bestreiten, sondern – vor dem Vorwurf des Atheismus und der Häresie bewahrt – seinen Angriff allein gegen das Verfahren und seine Ungerechtigkeit zu richten. Indem er so die Mängel und die Grausamkeit der Prozeßpraxis schonungslos bloßlegte, erschütterte er die Glaubwürdigkeit der Geständnisse und Denunziationen und entkräftete das gewichtigste Argument der Befürworter der Hexenprozesse: Die Hexenverfolgung konnte nicht mehr mit den Geständnissen und Denunziationen der Verurteilten gerechtfertigt werden. Von hier aus wurde es dann in der Folgezeit möglich, die ganze Lehre vom Verbrechen der Zauberei aus dem Dunkel abergläubischer Voreingenommenheit zu lösen und dem hellen Licht vernunftgemäßer Kritik auszusetzen.

Es währte freilich noch bis an die Jahrhundertwende, ehe die ‚Cautio Criminalis' dem Thomasius in die Hände kam – damals schon ein einflußreicher Naturrechtslehrer und Philosoph, Mitbegründer der Universität Halle und, als Herausgeber der von ihm geschaffenen Monatsschrift: ‚Scherz- und ernsthafte, vernünftige und einfältige Gedanken über allerhand lustige und nützliche Bücher und Fragen', der erste Publizist Deutschlands. Welchen Eindruck Spees Buch auf ihn machte, hat er selbst noch viele Jahre später berichtet: Mit den Lehren des großen Strafrechtlers Benedict Carpzov (1595–1666) aufgewachsen, der den ganzen Hexenwahn mit vielen Gründen zu rechtfertigen gesucht und die Leipziger Schöppenstuhlurteile in Hexensachen aus vierzig Jahren veröffentlicht hatte, die auf die Geständnisse der Angeklagten gegründet waren, hätte er, Thomasius, sich für die herrschende Meinung über die Verbrechen der Hexen totschlagen lassen. ,,Nachdem ich aber des Naudaei seine Apologia derjenigen, die man fälschlich der Zauberei beschuldigt, nebst dem Authore Cautionis Criminalis und sonderlich in diesem das zwanzigste dubium" – es ist die 20. Frage: Was von der Folter oder Peinlichen Frage zu halten ist? Ob es wahrscheinlich ist, daß sie häufig auch für Unschuldige Gefahren birgt? – „mit Attention durchlesen hatte, fiel mir das obgemeldte praejudicium gleichsam als Schuppen von den Augen meines Verstandes." Statt der vielen Kautelen Spees hat er nur noch eine einzige anzuraten, nur einen einzigen Reformvorschlag zu machen: Diese Hexenprozesse müssen verboten werden.

Daß noch viel zu tun blieb für Juristen und Philosophen, für Theologen, Historiker und Mediziner, daß erst nach 1775 in keinem Teil des Deutschen Reiches die Strafbestimmungen gegen Zauberer und Hexen mehr angewandt wurden, sie sogar in einigen deutschen Ländern bis in das 19. Jahrhundert hinein formell in Kraft blieben – nichts von alledem vermag, über die rechtshistorische Bedeutung des Buches Friedrich von Spees hinaus, an seiner geistesgeschichtlichen Bewertung etwas zu ändern: Vom Nächstenliebegebot des Evangeliums hervorgerufen, hat die ‚Cautio Criminalis' einen unentbehrlichen Beitrag geleistet zu der großen Auseinandersetzung mit uraltem Aberglauben und mittelalterlicher Autoritätshörigkeit, die das Zeitalter der Aufklärung einleitete.

Im Sommer 1982   Joachim-Friedrich Ritter

CAVTIO CRIMINALIS

Seu

DE PROCESSIBVS
CONTRA SAGAS
Liber.

AD MAGISTRATVS
Germaniæ hoc tempore necessarius,
Tum autem
CONSILIARIIS, ET CONFESSARIIS
Principum, Inquisitoribus, Iudicibus, Aduocatis,
Confessariis Reorum, Concionatoribus,
cæterisq́ lectu vtilissimus.

AVCTORE
INCERTO THEOLOGO ROMANO

EDITIO SECVNDA.

FRANCOFVRTI,
Sumptibus Ioannis Gronaei Austrij.
Anno MDCXXXII.

CAUTIO CRIMINALIS

Oder

RECHTLICHES BEDENKEN
WEGEN DER HEXEN=PROZESSE

FÜR DIE OBRIGKEITEN
Deutschlands gegenwärtig notwendig,
Aber auch
FÜR DIE RATGEBER UND BEICHTVÄTER
der Fürsten, für Inquifitoren, Richter, Advokaten,
Beichtiger der Angeklagten, Prediger,
und andere sehr nützlich zu lesen.

VON
EINEM UNGENANNTEN RÖMISCHEN
THEOLOGEN
ZWEITE AUFLAGE.

FRANKFURT,
Bei Johannes Gronaeus Austrius.
1632

GRUSS DEM LESER
Zur vorliegenden zweiten Auflage

Die erste Auflage dieses Buches, die ehedem der Universitätsbuchdrucker Peter Lucius in Rinteln mit Genehmigung der dortigen Juristischen Fakultät veranstaltet hatte, hat bei vielen frommen und auch gelehrten Männern Aufsehen erregt und sie zu der Überzeugung gebracht, daß die Frage der vielen Hexen in Deutschland eingehender und unvoreingenommener Prüfung bedarf und daß die Obrigkeiten nach dem Beispiele Daniels künftig die noch im Gange befindlichen Prozesse gründlich zu beaufsichtigen haben. Es hat auch manchen Nationen und Fürsten das Gewissen geschlagen, und sie haben nach der Lektüre und sorgsamer Prüfung des Buches ihre Prozesse abgebrochen, vor allem, weil ihnen darin vorgehalten wurde, wie wenig manche ihrer Kommissarien und Richter sich an die Peinliche Halsgerichtsordnung Kaiser Karls V. halten, und zwar gerade bei gewissen besonders wichtigen Punkten, was bisher fast niemand bemerkt hat. Aus diesen Gründen haben viele, sogar auch etliche Mitglieder des Reichs-Kammergerichts zu Speier und des kaiserlichen Hofes, eine baldige Neuauflage für ratsam gehalten, um dadurch den Weg zu weiterer Prüfung und Erforschung der Wahrheit zu bereiten. Und das besonders, weil es hier um Menschenleben und das Ansehen nicht nur Deutschlands sondern auch des katholischen Glaubens geht. Schließlich auch, weil alle Exemplare der ersten Auflage innerhalb weniger Monate so rasch verkauft worden sind, daß um keinen Preis mehr eines zu bekommen ist. Darum habe ich, um die Wünsche weiter Kreise zu befriedigen, auf meine Kosten eine Neuauflage veranstaltet unter Zugrundelegung eines mir in Marburg von einem Freunde übergebenen Manuskripts. Nun bediene dich des Buches, lieber Leser, und lebe wohl!

Johannes Gronaeus Austrius
I. C.

EPITOME
Oder
SUMME DIESES BUCHES

ICH SAH UNTER DER SONNE AN DER STÄTTE DES GERICHTS GOTTLOSIGKEIT UND AN DER STÄTTE DER GERECHTIGKEIT UNRECHT.
So spricht der Prediger Salomo Kap. 3. v. 10.

UND NUN IHR KÖNIGE! VERSTEHET; LASST EUCH WEISEN, DIE IHR RICHTER SEID AUF ERDEN. *So spricht David Psalm 2. v. 10.*

VORREDE DES VERFASSERS

Den Obrigkeiten Deutschlands habe ich dies Buch gewidmet; vor allem denen, die es nicht lesen werden, weniger denen, die es lesen werden. Denn welche Obrigkeit so gewissenhaft ist, daß sie sich verpflichtet fühlt, zu lesen, was ich hier über die Hexenprozesse geschrieben habe, die hat bereits das, um dessentwillen das Buch gelesen werden sollte, nämlich Gewissenhaftigkeit und Sorgfalt bei der Prüfung dieser Fälle. Sie braucht es darum nicht erst zu lesen und solche Eigenschaften aus ihm zu lernen. Welche Obrigkeit aber so sorglos ist, daß sie es nicht lesen will, die hat es dringend nötig, das Werk zu lesen und aus ihm Sorgfalt und Behutsamkeit zu lernen. Darum sollen es die lesen, die es nicht wollen. Die es lesen wollen, brauchen es nicht erst zu tun.

Ob nun aber einer mein Buch lesen will oder nicht, so wünschte ich doch, daß jeder wenigstens die letzte „Frage" liest und sorgfältig bedenkt. Ja, es wird sogar nicht nutzlos und gegen die Anordnung der Gedanken sein, diesen Abschnitt vor allen übrigen zuerst zu lesen.

VERZEICHNIS
der Fragen dieses Buches

1. Ob es wirklich Hexen, Zauberinnen oder Unholde gibt? 1
2. Ob es in Deutschland mehr Hexen und Unholde als anderorts gibt? 2
3. Was die Hexerei oder Zauberei für ein Verbrechen ist? 5
4. Ob die Hexerei zu den Sonderverbrechen gehört? 5
5. Ob im Verfahren gegen Sonderverbrechen nach Gutdünken vorgegangen werden darf? . . . 6
6. Ob die deutschen Fürsten recht daran tun, daß sie strenge gegen die Hexerei einschreiten? 7
7. Ob durch solche scharfen Maßregeln das Hexenunwesen ausgerottet werden kann, und ob das auf andere Weise möglich ist? 9
8. Wie vorsichtig die Fürsten und ihre Beamten im Verfahren gegen die Hexerei sein sollen? 10
9. Ob die Fürsten ihr Gewissen genügend entlasten, wenn sie sich selbst nur wenig bemühen und die ganze Arbeit auf ihre Beamten abschieben? 16
10. Ob zu glauben ist, Gott werde jemals zulassen, daß auch Unschuldige in die Hexenprozesse hineingeraten? 27
11. Ob zu glauben ist, Gott habe tatsächlich schon zugelassen, daß auch Unschuldige in die Hexenprozesse hineingerieten? 30
12. Ob man also mit der Hexeninquisition aufhören soll, wenn doch feststeht, daß tatsächlich viel Unschuldige mit hineingeraten? 35
13. Ob die Verfolgung der Schuldigen selbst dann

		Seite
	zu unterbleiben hat, wenn ganz ohne unser Verschulden Unschuldige in Gefahr geraten sollten?	38
14.	Ob es gut ist, Fürsten und Obrigkeiten zur Hexeninquisition anzutreiben?	42
15.	Was es im wesentlichen für Leute sind, die immer die Fürsten gegen die Hexen anspornen?	45
16.	Wie man sich bei den Hexenprozessen davor hüten kann, daß Unschuldige in Gefahr geraten?	50
17.	Ob man in Fällen von Hexerei den Gefangenen die Verteidigung gestatten und ihnen einen Rechtsbeistand bewilligen soll?	59
18.	Welche Ergebnisse aus dem vorher Gesagten abzuleiten sind?	65
19.	Ob man diejenigen, die wegen Hexerei gefangen sind, alsbald für unbedingt schuldig halten soll?	72
20.	Was von der Folter zu halten ist? Ob es wahrscheinlich ist, daß sie häufig auch für Unschuldige Gefahren birgt?	79
21.	Ob ein der Hexerei Beschuldigter mehrmals gefoltert werden darf?	97
22.	Warum heute viele Richter die Angeklagten ungern freilassen, auch wenn sie sich in der Folter gereinigt haben?	103
23.	Unter welchem Vorwand man wohl behaupten kann, die Folter dürfe ohne neue Indizien wiederholt werden?	105
24.	Wie ein ängstlicher Richter, der nicht ohne neue Indizien zu foltern wagt, leicht welche finden kann?	110
25.	Ob der Schweigezauber ein neues Indiz zu weiterer Folterung abgibt?	113
26.	Welche Anzeichen die Böswilligen und Unwissenden für den Schweigezauber vorzubringen pflegen?	118
27.	Ob die Folter ein taugliches Mittel ist, die Wahrheit an den Tag zu bringen?	123
28.	Welches die Argumente derer sind, die alles	

		Seite
	als wahr ansehen, was die Angeklagten auf der Folter gestanden haben?	126
29.	Ob die Tortur, da es doch so eine gefährliche Sache mit ihr ist, abgeschafft werden soll?	133
30.	Welches wir für die wichtigsten Anweisungen halten, die den Hexenbeichtigern zu erteilen sind?	136
31.	Ob es gut ist, den Weibern vor der Tortur durch den Henker die Haare abscheren zu lassen?	154
32.	Aus welchen Gründen man zur Tortur schreiten darf?	157
33.	Wer zu entscheiden hat, welche Indizien im Einzelfall als annähernd volle Beweise anzusehen sind?	159
34.	Ob ein Gerücht allein, ohne durch andere einleuchtende, zuverlässige Beweismittel gestützt zu sein, ein Indiz für die Tortur abgibt?	163
35.	Ob die Obrigkeit gegenwärtig verpflichtet ist, von sich aus, ohne daß jemand darauf dringt, gegen die Ehrabschneider und Verleumder einzuschreiten?	171
36.	Ob ein gesetzmäßig erwiesenes Gerücht wenigstens dann allein zur Tortur ausreicht, wenn es sich um Sonderverbrechen und schwer zu beweisende Vergehen handelt?	176
37.	Ob im allgemeinen Beweismittel, die bei gewöhnlichen Vergehen nicht ausreichen, bei Sonderverbrechen und heimlichen, schwer nachweisbaren Verbrechen hinreichend sind?	181
38.	Ob der Rechtssatz überhaupt nicht richtig ist, daß man bei heimlichen, schwer nachweisbaren Verbrechen leichter zur Tortur schreiten dürfe als bei anderen?	187
39.	Ob eine Angeklagte, die auf der Folter nichts gestanden hat, verurteilt werden darf?	190
40.	Ob dem auf dem Richtplatz erklärten Widerruf des Schuldbekenntnisses irgendeine Bedeutung beizumessen ist?	196
41.	Was man von den Angeklagten halten soll, die im Kerker tot aufgefunden werden?	207

	Seite
42. Wann man mit gutem Gewissen annehmen darf, ein im Kerker aufgefundener Toter sei von eigener Hand oder vom Teufel erdrosselt?	212
43. Von den Hexenmalen, ob sie ein Indiz zur Folterung und zur Verurteilung abgeben?	213
44. Ob beim Verbrechen der Hexerei auf die Denunziationen Mitschuldiger viel zu geben ist?	218
45. Ob man den Denunziationen nicht wenigstens um der Reue der Denunziantinnen willen glauben soll?	231
46. Ob man den Denunziationen wenigstens dann glauben soll, wenn es unfehlbar sicher ist, daß die Denunziantinnen sich ehrlich bekehrt haben und die Wahrheit sagen wollen?	236
47. Ob der Teufel die Anwesenheit Unschuldiger auf den Hexensabbaten vorspiegeln kann?	240
48. Welches die Argumente derer sind, die zu beweisen suchen, daß der Teufel auf dem Hexensabbat keine Unschuldigen erscheinen lassen könne noch wolle?	243
49. Welches die Argumente derer sind, die meinen, man müsse den Denunziationen der Hexen Glauben schenken, und behaupten, sie seien ausreichend, die Denunzierten daraufhin zu foltern?	256
50. Ob ein Richter sich unbesorgt eine der beiden Meinungen zu eigen machen kann, die unsrige, die die Denunziationen mißachtet, oder die der anderen, die ihnen große Bedeutung beimißt?	276
51. Wie eine kurze Übersicht des heutzutage bei vielen im Hexenprozeß gebräuchlichen Verfahrens aussieht, die es wert wäre, daß der verehrungswürdige Kaiser sie kennenlernte und das deutsche Volk sie sorgfältig betrachtete?	279
Anhang. Was Folter und Denunziationen vermögen?	290

SENECA lib. 6. de beneficiis
cap. 30.

*Ich will dir zeigen, was den gro-
ßen Herren mangelt, und was
denen fehlt, die alles besitzen:*

EINER, DER DIE WAHR-
HEIT SPRICHT.

CAUTIO
CRIMINALIS
ODER
Rechtliches Bedenken wegen der Hexenprozesse

1. FRAGE

*Ob es wirklich Hexen, Zauberinnen
oder Unholde gibt?*

ch antworte: Ja. Zwar weiß ich wohl, daß das von manchen, auch Katholiken und Gelehrten, auf deren Namen es hier nicht ankommt, bezweifelt worden ist; wohl wird auch manch einer nicht von ungefähr meinen können, daß es in der Geschichte der Kirche einstmals Zeiten gegeben hat, wo man nicht an Hexensabbate glaubte; und wohl bin ich endlich selbst, da ich in den Kerkern mit verschiedenen dieses Verbrechens Beschuldigten häufig und aufmerksam, um nicht zu sagen wißbegierig, umging, des öfteren in solche Verwirrung geraten, daß ich zuletzt kaum mehr wußte, was ich von der Sache halten sollte. Wenn ich dann aber das Ergebnis dieser widerstreitenden Überlegungen zusammenfasse, so glaube ich trotz allem daran festhalten zu müssen, daß es wirklich etliche Zauberer auf der Welt gibt und nur Leichtfertigkeit und Torheit dies leugnen können. Man lese da die Schriftsteller nach, die darüber berichten: Remigius, Delrio, Bodinus und andere; es ist nicht unsere Aufgabe, hierbei zu verweilen. Daß es aber so viele und alle die

sind, die seither in Glut und Asche aufgegangen sind, daran glaube ich, und mit mir auch viele fromme Männer, nicht. Es wird mich so leicht auch keiner zu solchem Glauben bekehren, der nicht mit mir in lärmendem Ungestüm und mit dem Gewicht von Autoritäten streiten sondern mit vernünftiger Überlegung die Frage prüfen will. Und das ist's, worum ich den Leser inständig bitte um der Liebe willen, die unser Gesetzgeber Christus so leidenschaftlich unter seinen Anhängern zu entfachen wünschte. Wer ungestüm und über das Verbrechen der Hexerei empört ist, der mag sich einstweilen bezähmen und zur Leidenschaft die Weisheit und Besonnenheit hinzunehmen, die ihm vielleicht noch fehlt. Nicht jeder Eifer rührt von der Tugend her, es gibt auch solchen, der seinen Ursprung in der bloßen Natur hat. Die Tugend ist maßvoll und bescheiden, sie läßt sich gern belehren und fürchtet darum nicht, geringer zu werden, wenn sie unterrichteter wird. Wenn wir uns voller Eifer überstürzen und, da wir alles schon zu wissen wähnen, nichts lernen wollen, ist es da ein Wunder, wenn uns in vielen Dingen die Wahrheit verborgen bleibt? So folge mir denn, mein Leser, unvoreingenommen und gefügig, wohin ich dich behutsam an meiner Hand führen will. Es soll dich einmal nicht gereuen, viele Dinge schön langsam und eingehend durchdacht zu haben.

2. FRAGE

Ob es in Deutschland mehr Hexen und Unholde als anderorts gibt?

Ich antworte: Das weiß ich nicht. Aber ich will, um keine Zeit zu vertun, kurz sagen, wie sich mir die Sache darstellt. Danach scheint es jedenfalls so und wird es angenommen, daß sich in Deutschland mehr Hexen finden als woanders.

Man weiß ja, daß es besonders in Deutschland allerorts von Scheiterhaufen raucht, die diese Pest vertilgen sollen, und das ist doch gewiß ein überzeugender Beweis

Bild 1

dafür, wie sehr man alles für verseucht hält. Das geht so weit, daß der Ruf Deutschlands nicht wenig an Glanz bei unsern Feinden eingebüßt hat, und, wie die Heilige Schrift (2. Mos. 5. v. 21) sagt, wir unsern Geruch haben stinkend gemacht vor Pharao und seinen Knechten.

Dieser Glaube an eine Unmenge von Hexen in unserem Lande wird aus zwei wichtigen Quellen genährt.

Deren erste heißt Unwissenheit und Aberglauben des Volkes. Alle Naturforscher lehren, daß auch solche Erscheinungen auf ganz natürlichen Ursachen beruhen, die bisweilen ein wenig vom gewöhnlichen Lauf der Natur abweichen, und die man als außerordentlich bezeichnet, wie beispielsweise ein übermäßiger Platzregen, besonders starker Hagel und Frost, ein übergewaltiger Donnerschlag und Ähnliches.

Es lehren auch die Mediziner, daß das Vieh nicht minder als die Menschen seine Krankheiten hat; daß bei Mensch und Tier häufig mancherlei neue Leiden auftreten, die von den Ärzten noch nicht genügend erforscht sind; daß die Natur viel Wunderbares birgt, das dann zum Erstaunen derer ans Tageslicht kommt, die nichts ahnen von ihrem Reichtum; und daß auch die größten Gelehrten der vergangenen Jahrhunderte nicht den ganzen Umfang ihrer Kräfte haben ermessen können. Aber laß einmal irgend so etwas in Deutschland, besonders unter der Landbevölkerung, sich zeigen; bewölkt sich der Himmel, und stürmt es einmal heftiger als gewöhnlich; kennt einmal der Arzt nicht eine neue Krankheit, oder weicht ein altes Leiden nicht gleich unter seiner Behandlung; — kurz, laßt irgendein Unglück sich ereignen, das ungewöhnlich erscheint, — und schon überläßt man sich Gott weiß welchem Leichtsinn, Aberglauben und Unsinn, denkt nur an Hexenwerk und schiebt die Schuld auf die Zauberer. Da behauptet man denn, den wahren Schlüssel in der Hand zu halten. Sah man sodann vielleicht jemanden unterdes vorbeigehen, in der Nähe herumstehen oder kommen, der dies oder das sagte oder tat (irgend etwas muß ja doch immer vorhergegangen, gleichzeitig oder hinterher geschehen sein), so legt man alles übel aus, erklärt ihn für den Schuldigen und trägt in seiner Nichtswürdigkeit die Verdächtigung in der ganzen Nachbarschaft umher. Da ist es denn kein Wunder, wenn das immer mehr um sich greifende Gerede uns in wenig Jahren Hexen in so reichlicher Anzahl schafft, zumal Prediger und Geistliche nichts hiergegen unternehmen, sondern eher noch selbst mit schuld daran sind, und sich, soviel ich weiß, noch keine Obrigkeit in Deutschland gefunden hat, die ihr Augenmerk auf diese unseligen Klatschereien gerichtet hätte. (Vgl. dazu auch unten 35. Frage.) In anderen Ländern ist man da vorsichtiger, und wir sollten uns schämen, ihnen hierin nachzustehen. Denn wenn dort ein Kind oder ein Stück Vieh krank wird, ein Baum vom Blitz getroffen wird, die Ernte mißrät, die Witterung eine Not verursacht, Heuschrecken oder Mäuse die Felder kahl fressen, — so suchen sie des ganzen Unglücks Ursprung bei Gott oder in der Natur und führen dann einzig nur das auf Zauberei zurück, was unverkennbar und nach dem Urteil der Wissenschaft den Gesetzen der Natur widerspricht.

Die **zweite** Quelle des Glaubens an die unzähligen Hexen heißt **Neid und Mißgunst des Volkes**. In jedem anderen Land wird man zugeben, daß es immer wieder Leute gibt, die der Herrgott ein wenig reichlicher mit irdischen Gütern gesegnet hat, die ihre Waren rascher absetzen, mit mehr Glück einkaufen, kurz, eher zu Einfluß und Reichtum kommen als andere. Geschieht dies aber einmal im deutschen Volk, so stecken gleich ein paar Nachbarn, denen das Glück weniger hold ist, die Köpfe zusammen und setzen, von Hexerei raunend, haltlose Verdächtigungen in die Welt. Die verdichten sich dann, wenn einer von denen, die man beneidet, besondere Andacht in der Kirche merken läßt, wenn er seinen Rosenkranz außerhalb der Kirche betet, wenn er vielleicht auf dem Felde oder in seiner Schlafkammer zum Beten niederkniet, und so fort. Nichtswürdig ist so etwas und in andern Ländern ganz unbekannt! Sie haben diese beiden

Quellen verstopft, und deshalb gibt es dort weniger Zauberer als bei uns. Indessen will ich nicht behaupten, daß es bei uns gar keine wirklichen Hexen gebe. Ich gebe zu, daß es welche gibt, aber ich sage weiter, ein besonnener Leser wird leicht aus dem, was ich noch zu sagen habe, ersehen, wie bei dem Verfahren, das ich nun beschreiben will, es ganz unvermeidlich ist, daß unter der gewaltigen Menge seither verbrannter Hexen viele Unschuldige sind, und wie in Deutschland nichts zweifelhafter ist, als die Zahl der wirklich Schuldigen.

3. FRAGE
Was die Hexerei oder Zauberei für ein Verbrechen ist?

Ich antworte: Sie ist ein besonders ungeheuerliches, schweres und abscheuliches Verbrechen, denn in ihr treffen die schlimmsten Vergehen zusammen, wie Abfall von Glauben, Ketzerei, Religionsfrevel, Gotteslästerung, Mord, ja sogar Vatermord, oft auch widernatürliche Unzucht mit einem Geschöpf der Geisterwelt und Haß gegen Gott, welches die denkbar gräßlichsten Verbrechen sind. So steht es bei Delrio lib. 5. sect 1; indessen will ich das in einer anderen Abhandlung eingehender untersuchen. Die Frage bedarf erneuter sorgfältiger Prüfung, und man könnte sagen wie Dan. 13. v. 49: „Richtet noch einmal."

4. FRAGE
Ob die Hexerei zu den Sonderverbrechen gehört?

Ich antworte: Ja. Man muß nämlich beachten, daß die Juristen zwei Arten von Verbrechen unterscheiden. Einmal die gemeinen, gewöhnlichen, wie Diebstahl, Mord und ähnliche; zweitens die abscheulicheren und schwereren, die mehr unmittelbar auf eine Schädigung des Gemeinwesens ausgehen und die Staatssicherheit besonders merklich gefährden. Das sind die Verbrechen der Majestätsbeleidigung (l. fin. C. de accusationibus, et l. quoniam liberi, C. de testibus etc.), der Ketzerei (cap.

in fidei favorem, l. 6. de haereticis), der Hexerei, (l. fin.
C. de maleficis et mathematicis), des Verrats, (l. penult.
et fin. C. ad legem Iuliam Maiestatis), der Verschwörung
(c. fin. de testib. cog.), der Falschmünzerei (l. fin. C.
de fals. monet.), des Raubmordes, (l. D. Adrianus,
ff. de custodia et exhibit. reor. et l. penult. C de feriis).
Diese Verbrechen heißen Sonderverbrechen, weil sie nicht
den gewöhnlichen Gesetzesbestimmungen unterliegen, sodaß man sich bei ihnen nicht an das Prozeßverfahren zu
halten braucht, das die Gesetze für die übrigen Vergehen
vorschreiben. Da diese Verbrechen dem Staat besonders
gefährlich werden und ihm außerordentlich schaden, so
scheint es ja nur billig, sie auch mit außerordentlichen
Mitteln zu bekämpfen.

5. FRAGE

*Ob im Verfahren gegen Sonderverbrechen nach
Gutdünken vorgegangen werden darf?*

Ich antworte: Nein. Denn wenngleich das Verfahren
gegen sie, wie gesagt, nicht an positive menschliche
Gebote gebunden ist, so muß es doch den Geboten der
menschlichen Vernunft und des Naturrechts genügen.
Sowie daher gegen solche Verbrechen eingeschritten wird,
ganz gleich, ob gemäß den allgemeinen Gesetzesbestimmungen oder nicht, so darf doch nichts geschehen, was
mit der gesunden Vernunft unvereinbar ist. Das ist ohne
weiteres einleuchtend und bedarf keines Beweises, denn
es wird niemand behaupten wollen, man dürfe etwas tun,
was der Vernunft widerspricht. Trotzdem erinnere ich
daran, weil ich sehe, daß manche Richter, wenn sie einen
Fall von Hexerei zu untersuchen haben, selbstherrlicher
verfahren, als zweckmäßig, und alles damit entschuldigen,
daß es sich ja um ein Sonderverbrechen handele. Wenn sie
nur ganz haltlose Indizien gehabt haben, wenn sie übermäßigen Gebrauch von der Folter gemacht haben, wenn
sie zu leichtgläubig gewesen sind, keine Verteidigung zugelassen haben und Ähnliches, was gegen die gesunde

Vernunft ist, — immer schützen sie ein und dasselbe wie einen Schild vor: Es habe sich um ein Sonderverbrechen gehandelt und bei solchen sei weitgehendstes Ermessen gestattet. Ich werde darauf noch wiederholt zurückkommen. Wenn wir demgegenüber der Ungerechtigkeit nicht Tür und Tor öffnen wollen, so muß jeder Richter es sich ein für allemal zum Grundsatz und zur unumstößlichen Regel machen, **daß bei keiner Straftat, sei sie ein Sonderverbrechen oder nicht, anders verfahren werden darf, als die gesunde Vernunft es zuläßt.** Es trifft auch ferner durchaus nicht zu, daß im Verfahren gegen Sonderverbrechen schlechthin von jeder gesetzlichen Bestimmung abgewichen werden darf. Vielmehr darf nur von manchen Vorschriften abgewichen werden, nicht von allen. So zeigt sich hier deutlich die Unwissenheit vieler Richter und wie recht Farinacius hat, wenn er (q. 37 n. 90) ausführt, diese Lehre, daß bei Sonderverbrechen man sich nicht an das Gesetz zu halten brauche, sei einfach falsch oder habe doch nur von der Strafe zu gelten; wenn nämlich die Untersuchung abgeschlossen und das Verbrechen erwiesen sei, so dürfe die Bestrafung härter ausfallen, als sie sonst regelmäßig vom Gesetz vorgeschrieben sei; und das sei auch die Meinung vieler Gelehrter, die er anführt, die wir aber um der Kürze willen hier übergehen. Man lese dazu auch Mascardus vol. 3. concl. 1311. Aber wie dem auch sei, ich will mich hierbei nicht aufhalten; das eine steht fest: Auch im Verfahren gegen Sonderverbrechen darf nichts geschehen, was der gesunden Vernunft widerspricht.

6. FRAGE

Ob die deutschen Fürsten recht daran tun, daß sie strenge gegen die Hexerei einschreiten?

Ich antworte: Es sei ferne von mir, daß ich den Obrigkeiten einen Vorwurf machte, weil sie energische Maßnahmen gegen dies Verbrechen ergreifen. Nach Gottes

Willen haben sie zu befehlen, und wir zu gehorchen. Sie haben auch ihre Gründe für ihr Einschreiten, die ihre Ratgeber ihnen vorhalten, nämlich diese:

I. Grund. Sie säubern (wie sie sagen) den Staat von einer großen Plage, die sich wie Krebsschaden weiterfrißt und durch Ansteckung verbreitet.

II. Grund. Sie verhindern mancherlei Schaden und Unheil, die diese Teufelsknechte stets anzurichten suchen.

III. Grund. Sie tun, was ihres Amts und Berufes ist, denn so spricht der Apostel im Römerbrief Kap. 13 von der Obrigkeit: ,,Denn nicht umsonst trägt sie das Schwert; denn sie ist Gottes Dienerin, eine Rächerin zur Bestrafung für den, der das Böse tat." Wenn sie deshalb ohne rechtlichen Grund zum Nachteil des Staates die Übeltäter nicht bestrafen, so versündigen sie sich aufs schwerste, machen sich mitschuldig am Verbrechen (siehe c. 1. de offic. et potest. Iudicis de leg. sowie Innocentius, Baldus, Decius, Barbatius, Panormitanus und die übrigen Gelehrten) und sind zur Wiedergutmachung allen Schadens verpflichtet, der dadurch dem Staat oder seinen Bürgern entsteht. Das ergibt sich aus dem erwähnten Gesetz c. de offic. de leg. und entspricht der allgemeinen Lehre der Theologen, Thomas 2. 2 q. 26, Sylvester, Caietanus in summa V. restitutio, Dominicus Sotus, de iustitia et iure lib. 4. q. 7 a. 3, Medina in Cod. de rebus restituendis und anderer, die ich nicht alle anführen kann.

IV. Grund. Sie beweisen ihren Eifer, für die Ehre Gottes zu wachen, wenn sie mit Strang und Feuer gegen seine Hauptfeinde vorgehen. Sie tun also recht und brauchen sich deswegen nicht tadeln zu lassen, zumal überdies die heilige Schrift gebietet: ,,Die Zauberer sollst du nicht leben lassen." (2. Mos. 22).

7. FRAGE

Ob durch solche scharfen Maßregeln das Hexenunwesen ausgerottet werden kann, und ob das auf andere Weise möglich ist?

Ich antworte: Soviel die Fürsten auch noch verbrennen mögen, sie werden es doch nicht ausbrennen, sofern sie nicht alles verbrennen. Sie verwüsten ihre Länder mehr als jemals ein Krieg es tun könnte, und richten doch nicht das allergeringste damit aus: Es ist, um blutige Tränen darüber zu vergießen! Nun gibt es aber Gelehrte, die gelindere Mittel empfehlen. Unter ihnen hat sich — das ist von jeher meine Meinung gewesen — der hervorragende Theolog Tanner S. J. in seiner Theologia Band 3. disput. 4. de Justitia, quaest. 5. dub. 5. nu. 123 ff. an Urteilskraft und Besonnenheit hervorgetan. Sicherlich würde es dem Staate von Nutzen sein, wenn die Fürsten darauf hören wollten, welche Maßnahmen er vorschlägt. Um aufrichtig von mir selbst zu reden: Ich habe viel darüber nachgedacht und es zu ergründen versucht, und ich weiß auch, wie viele andere Menschen Seufzer und Gebete zu Gott hinaufgeschickt haben, auf daß er einen Lichtstrahl herabsende und uns zeige, wie das Dunkel zerstreut werden könnte. Aber ich sehe, so ist der Geist der Zeit: Falls sich etwas fände, das zu diesem Ziele hinführen könnte, so würde sich doch in Deutschland keine Obrigkeit finden, die es der Beachtung wert hielte. Darum habe ich mich bisher auch nicht entschließen können, öffentlich etwas auszusprechen, von dem ich nicht weiß, wie die Machthaber es aufnehmen werden. Fände sich aber doch eine hohe Obrigkeit, die Mut und Wißbegier genug besitzt, ein neues Verfahren kennen zu lernen und als erste zu erproben, mit dem sie in etwa Jahresfrist ihr ganzes Land von dieser allgemeinen Plage so gründlich reinigen könnte, daß dann die Hexerei das seltenste NB Verbrechen in ihren Grenzen sein sollte, — fände sich, wie gesagt, eine Obrigkeit, die ernstlich lernen und ausprobieren will und meint, es könnte solcher Versuch zur

Erleichterung ihres Gewissens und für ihr Land gut sein:
So weiß ich einen Freund, einen Geistlichen, der sie ein
solches von ihm erdachtes Verfahren lehren könnte und
sein Leben dafür einsetzen wollte, daß es nicht versagte.
Ich habe es durchgesehen und geprüft und habe nach
bestem Wissen keinen Fehler entdecken können. Vielmehr
würde es ganz gewiß zu dem ersehnten Ziele führen
können, und ich habe mich nicht wenig gewundert, daß
noch nicht Mehrere darauf verfallen sind. Doch jetzt
genug davon; es ist besser, zu verschweigen und geheim-
zuhalten, was nur für willige Ohren bestimmt ist. Der
* Heiland hat uns gelehrt, daß des Tages zwölf Stunden
sind und daß es guten Boden und unfruchtbaren Boden
gibt. Und so du Samen in unfruchtbare Erde säest, so
ist es ebenso, wie wenn du ihn in die Wellen des weiten
Meeres würfest. Wenn aber die rechte Stunde da ist und
sich guter Boden findet, so soll nicht mit der Saat gekargt
werden. Vielleicht werde ich jedoch bis dahin noch in
dieser Schrift einiges sagen, was die Klugen verstehen.
Die Sache ist leicht und einfach, unbedeutend und doch
groß, allen bekannt und doch allen unbekannt.

8. FRAGE

*Wie vorsichtig die Fürsten und ihre Beamten im
Verfahren gegen die Hexerei sein sollen?*

Ich antworte: So recht die Fürsten daran tun, gegen
die Hexerei energisch einzuschreiten, so sehr unrecht tun
sie, wenn es nicht mit der äußersten Vorsicht, Besonnenheit und Umsicht geschieht. Darum darf man dies Verbrechen nicht selbstherrlicher und nachlässiger behandeln
als andere, weil es ein Sonderverbrechen ist, sondern es
muß sogar mit viel größerer Sorgfalt und Aufmerksamkeit darüber gewacht werden, daß nicht gesetz- und ver-
nunftwidrig verfahren wird. Ich will also zwar zugeben,
daß bei der Hexerei als einem Sonderverbrechen in
manchen Punkten anders verfahren werden darf, als es
gewöhnlich für die andern Vergehen vorgeschrieben ist,

*) [Randbemerkung] *Damascenus in vita Barlaā.*

aber ich bestreite, daß hier weniger vorsichtig und behutsam prozediert werden darf als bei den gewöhnlichen Vergehen. Gerade hier bedarf es viel größerer Sorgfalt, Aufmerksamkeit, Besonnenheit und Umsicht im Prozeß als bei irgendeinem anderen Verbrechen. Aus folgenden Gründen.

I. Grund. Die Hexerei ist, wie jedermann versichert, ein ganz verborgenes, heimliches Verbrechen. Zumeist wird es bei Nacht, in Finsternis und Vermummung begangen. Es braucht deshalb großer Klugheit und Besonnenheit, es ans Licht zu bringen.

II. Grund. Wir sehen immer wieder, wie ein einmal begonnener Hexenprozeß sich durch mehrere Jahre hinzieht und die Zahl der Verurteilten derart anwächst, daß ganze Dörfer ausgerottet werden, während doch nichts ausgerichtet wird, als daß sich die Protokolle mit den Namen weiterer Verdächtiger anfüllen. Wenn das weiter so fortgehen soll, so ist kein Ende der Hexenverbrennungen abzusehen, bis nicht das ganze Land menschenleer geworden ist. So hat noch jeder Fürst zuletzt die Prozesse abbrechen müssen; bis zum heutigen Tage mußte jedem solchen Verfahren durch einen Machtspruch ein Ende gemacht werden, niemals fand es von selbst einen Abschluß. Sollte man angesichts der Wichtigkeit und ungeheuren Tragweite dieser Dinge nicht die äußerste Sorgfalt aufwenden, um einen Irrtum zu verhüten, durch den auch Unschuldige in die Schlingen geraten könnten? Besonders da, wenn erst einmal ein Unschuldiger hinein verwickelt ist, notwendig fortwährend unzählige andere mit hineingezogen werden, wie ich unten noch zeigen will.

III. Grund. Falls infolge eines unbesonnenen Prozesses auch Unschuldige von diesem Unglück getroffen werden, so wird das unermeßlichen Schaden für den Staat nach sich ziehen: Nämlich unzweifelhaft widerrechtliche Hinrichtungen zahlloser Menschen und Schmach und Schande nicht nur angesehenster Familien, sondern auch der katholischen Religion, die (wie Tanner richtig bemerkt) vor unsern Feinden nicht wenig bloßgestellt wird, wenn auch diejenigen in diesen verheerenden Strudel herabgerissen werden, die ganz offenbar frömmer sind als andere. Erst kürzlich habe ich von einflußreichen Leuten hören müssen, es sei in manchen Gegenden zu solch übler Gesinnung gekommen, daß schon jeder in den Verdacht der Hexerei gerät, der es wagt, nach frommer Katholikenart ein wenig fleißiger den Rosenkranz zu beten oder ihn auch nur bei sich zu tragen, wer es wagt, sich etwas häufiger mit Weihwasser zu besprengen, eifriger in der Kirche betet, oder auch nur eine Spur wirklicher Andacht merken läßt; ganz so, als ob nur diejenigen sich um besondere Frömmigkeit bemühten, die diesem Verbrechen verfallen sind, oder — wie es auch heißt — der Teufel ihnen anders keine Ruhe ließe. So kommt es denn, daß in einer gewissen benachbarten Gegend unter einem vortrefflichen, ausgezeichneten Fürsten sich jeder ängstlich vor dem geringsten Anschein von Frömmigkeit hütet, und daß Priester, die sonst täglich die heilige Messe lasen, es jetzt überhaupt nicht mehr tun oder es nur heimlicherweise hinter verschlossenen Kirchentüren zu tun wagen, damit nur ja das Volk nicht von Hexerei zu raunen beginne. Wenn wir daher unter dem Schein des Rechts leichtfertig verfahren, dann öffnen wir der Unfrömmigkeit und Gottlosigkeit Tür und Tor. So ist es dringend nötig, die Obrigkeit zu besonderer Wachsamkeit zu ermahnen, um dem vorzubeugen.

IV. Grund. In der Regel sind es Frauen, denen der Prozeß gemacht wird, aber was für welche? Schwachsinnige sind es, Wahnsinnige, Gewissenlose, Schwatzhafte, leicht Beeinflußbare, Niederträchtige, Verlogene, Meineidige, und wenn sie gar wirklich schuldig sind, so sind sie vom Teufel, ihrem Meister, zu jeder Schandtat abgerichtet. Will man nicht unendliche Unruhe und Irrtümer hervorrufen, so bedarf es, wenn sie verhört und abgeurteilt werden sollen, einer außerordentlichen Achtsamkeit. Ein angesehener Jurist hat mir in diesen Tagen erzählt, es türmten sich täglich soviel Schwierigkeiten aus diesem einen Grunde vor ihm auf, daß, falls er sich nur einmal diesen Widerwärtigkeiten entziehen könnte, er sich niemals wieder damit abgeben würde, und er keinem Fürsten raten könnte, sich so leicht auf ein derart hoffnungslos verwickeltes Unternehmen einzulassen.

V. Grund. Ich höre, daß an manchen Orten als Gehalt für die von den Fürsten für diese Prozesse eingesetzten Richter und Inquisitoren eine nach der Kopfzahl der Verurteilten bestimmte Summe festgesetzt ist, so z. B. vier oder fünf Taler für jeden Schuldigen. Wer sieht hier nicht, wie sorgfältig schon allein aus diesem Grunde darüber gewacht werden muß, daß nicht die Hoffnung auf Gewinn das Verfahren beeinflußt. Denn es wird einer umso leichter für schuldig angesehen, weil eine große Zahl von Verurteilten für den Geldbeutel angenehmer ist, als eine kleine. Sehr bedenklich und gefährlich! Nicht alle von uns sind Heilige und von so starkem Charakter, daß ihn die Habsucht nicht wanken machen und wenn auch nicht ins Gegenteil verkehren, so doch wenigstens in schwere Versuchungen bringen könnte.

VI. Grund. Es sollte wohl nichts die Fürsten mehr anspornen, für sachgemäße Prozeßführung zu sorgen, als das Bewußtsein, daß ein einmal begangener Fehler schwerlich wieder gut zu machen ist. Auf anderen Gebieten findet sich fast stets ein Weg auf Erden, einen Irrtum noch zu berichtigen. Hier aber ist es anders. In anderen Fällen nämlich gibt es beinahe immer jemand, der ohne seine eigene Ehre aufs Spiel zu setzen rücksichtsvoll und sachgemäß auf einen Irrtum aufmerksam machen kann. Einzig auf dem Gebiet der Hexenprozesse sehe ich keine Möglichkeit hierzu. Denn wer hier in Wort oder Schrift ein Versehen aufdecken wollte, und sei er noch so vorsichtig und zurückhaltend, der wird für immer einen Makel an sich tragen, als ob er schon für sich selbst, für Frau und Kinder oder andere Angehörige zu fürchten hätte oder sich für die Verbrennung eines der Seinen rächen wollte. Er wird auch solche nichtswürdigen Urteile hören müssen: „Das heiße ja, den scheußlichsten

Verbrechen einen Freibrief geben, heiße zahllose mächtige Fürsten des Irrtums zeihen, heiße zahllose Gerichte der Ungerechtigkeit beschuldigen und sie beschimpfen." Ja, er wird sich auch die Ungnade manches großen Herren zuziehen, dem die Schmeichler alles entstellt hinterbringen. Wer ist so mutig und unbekümmert um Ruf und Ehre, daß er ungeachtet solcher Schande und der Gefahr, sich selbst ins Unglück zu stürzen, der Wahrheit das Wort reden möchte? So ist, wenn erst einmal ein rechtswidriges Verfahren seinen Anfang genommen hat, an kein Aufdecken und Berichtigen von Fehlern zu denken. Umso mehr muß dafür Vorsorge getroffen werden, daß nicht unrechtmäßig verfahren wird.

VII. Grund. Es tauchen hier alle Tage immer neue Schwierigkeiten auf, und nicht nur die weltlichen Gelehrten, sondern auch fromme Geistliche sind sich in ihren Ansichten uneinig. Man glaubte bisher, Delrio und Binsfeld hätten alle Fragen hinreichend geklärt, aber jetzt treten andere auf, die gewisse Einzelheiten einer gründlichen Nachprüfung unterziehen und meinen, es sei haltlosen Ammenmärchen und trügerischen, auf der Folter erpreßten Geständnissen zuviel Glauben geschenkt worden. Sie fordern mildere Urteile; billigen den Richtern weniger Ermessensfreiheit zu; glauben nicht an jene Hexentänze oder Hexensabbate, oder sind wenigstens ebenso wie Tanner der Ansicht, daß sie nicht so häufig vorkämen, da es eher glaublich sei, daß die Mehrzahl der Hexen durch Gespenster getäuscht worden seien; sie halten nichts von Denunziationen und ähnlichen Indizien, auf die jene Schriftsteller ohne ausreichenden Grund zuviel Gewicht gelegt haben. Endlich kommen täglich neue Bücher auf den Markt, die die Sache ganz verworren machen. Wer wollte da bestreiten, daß hier größere Umsicht und Sorgfalt als in anderen, viel durchsichtigeren Prozessen vonnöten ist?

Man wird nun einwenden, es sei hier doch wirklich nicht nötig, so ängstlich und besorgt zu sein, wenn man sich nur vornehme, einem bewährten Schriftsteller zu folgen. Die Theologen lehren ja, man dürfe, wenn von zwei entgegengesetzten Meinungen alle beide glaubhaft erscheinen, sich mit gutem Gewissen irgendeiner von ihnen anschließen, selbst wenn die andere weniger Sicherheit gewährt. Glaubhaft und sicher aber nennen sie eine Ansicht, die sich auf eine gewichtige Autorität oder einen beachtlichen Grund stützt. Als gewichtige Autorität jedoch hat hier schon diejenige eines einzigen gelehrten und ehrenhaften Mannes zu gelten, wie es die Casuisten lehren. (Vgl. auch Laymann, lib. 1. tract. 1. cap. 5 § 2 num. 6. etc.)

Darauf entgegne ich I.: Allein durch Autorität kann eine Meinung nicht weiter glaubhaft und sicher werden, es sei denn, die betreffenden Schriftsteller hätten erst die Gegengründe erwogen. Nun darf man — und zwar, wie Laymann a. a. O. bemerkt, besonders der weniger gelehrte Leser — dies wohl gewöhnlich als selbstverständlich voraussetzen, ich meine aber, falls andere diese Meinung wieder bekämpfen und neue Gründe ankündigen, die von den alten Autoren noch nicht widerlegt sind, dann müssen wenigstens die Gebildeteren sie prüfen, ob sie vielleicht etwas Sicheres beweisen oder doch der entgegengesetzten Ansicht die Glaubhaftigkeit nehmen können. Darum darf kein Richter so unbekümmert verfahren, **ohne auch auf neuere Schriftsteller zu hören und sich noch darüber hinaus eine sorgfältige Prüfung dieser Fälle angelegen sein zu lassen.** Das muß beachtet werden.

Ich entgegne II.: Es mag wohl im allgemeinen zutreffend sein, daß man, falls von zwei entgegengesetzten Meinungen alle beide glaubhaft sind, mit gutem Gewissen irgendeiner folgen dürfe, auch wenn sie die weniger sichere ist. Es ist aber verwunderlich, daß diejenigen, die hier Bescheid zu wissen meinen, eines nicht beachtet haben: Die Theologen machen nämlich ausdrücklich eine Ausnahme und sagen, man müsse jedenfalls dann stets der sichreren Meinung folgen und sie deshalb gewissenhaft festzustellen suchen, wenn die Gefahr besteht, daß einem Menschen Schaden oder Unrecht geschehen könnte. Darum bedarf es bei den Hexenprozessen, wo diese Gefahr besteht und demnach stets gewissenhaft der sicherern Meinung gefolgt werden muß, großer Mühe und Sorgfalt, damit nicht leichtfertig jemand vor Gericht gezogen, sondern jeder solcher Fall genau geprüft wird. Aus alledem ergibt sich endlich, was ich beweisen wollte, daß nämlich für die so sehr gefährlichen Hexenprozesse ganz besondere, außerordentliche Vorsicht nötig ist, damit wir uns nicht unbedachtsam in Irrtümer verstricken. Ich betone das so sehr, weil manche Inquisitoren davon überzeugt sind, daß ihnen schwerlich ein Irrtum unterlaufen könnte. Sie meinen, ihre gefangenen Hexen könnten wohl leicht die Priester hinters Licht führen und mit teuflischer Heuchelei betören, bei ihnen selbst aber und den übrigen weltlichen Richtern könne das nicht vorkommen. Wie könnte man je solcher Selbstsicherheit gegenüber genügend Vorsichtsmaßregeln ergreifen? Der ist gewiß nicht vorsichtig genug, der gar keine Vorsicht anwendet.

9. FRAGE
Ob die Fürsten ihr Gewissen genügend entlasten, wenn sie sich selbst nur wenig bemühen und die ganze Arbeit auf ihre Beamten abschieben?

Ich bringe diese Frage zur Sprache, weil ich höre, daß man kürzlich einem gewissen Fürsten, der die Hexenprozesse eifrig betrieb, von der dabei nötigen großen Vorsicht sprach, und er leichtsinnig geantwortet hat: er mache sich keine Sorgen darum, da sollten seine Beamten zusehen, die er dazu angestellt habe.

Ich antworte auf die Frage: Ein Fürst, der alle Mühe von sich abwälzt und seine Beamten nach Gutdünken schalten läßt, findet keine Entschuldigung. Er ist verpflichtet, selbst auch mitzusorgen, zu beaufsichtigen und immer wieder zu Gott zu beten, daß er ihn mit seinem Höchsten Geist stärke. Folgendes sind meine Gründe.

I. Grund. Ein Fürst kann nicht immer wissen, ob seine Leute praktische Erfahrung besitzen und ehrlich sind. Oft gibt es Unerfahrene, Übereifrige und Bösartige unter ihnen; wenn die wissen, daß ihr Fürst gewillt ist, tatkräftig gegen die Hexerei einzuschreiten, so lassen sie sich nichts weniger angelegen sein, als menschlich und christlich mit den Angeklagten zu verfahren. Es ist deshalb Pflicht eines Fürsten, auch selbst einen Teil der Arbeit auf sich zu nehmen und sich nicht ausschließlich auf andere zu verlassen.

II. Grund. Die Fürsten entziehen sich doch in den Geschäften ihrer Hofhaltung, des Vogelfangs, der Jagd usw. nicht so jeder eigenen Mühe, sondern wollen hier selbst mitarbeiten und fürchten nicht, ihrer Majestät etwas zu vergeben, wenn sie ihre Aufmerksamkeit von anderen hochwichtigen Regierungsgeschäften auf diese geringeren Geschäfte richten. Daraus folgt, sie werden sich am Tage des Gerichts schwerlich vor Gott rechtfertigen können, wenn sie in kleinen Dingen rührig und behutsam, in wichtigen Fragen aber, wo es um Menschenleben geht, nachlässig und sorglos gewesen sind.

III. Grund. Der Herrgott, von dem alle rechtmäßige Gewalt herkommt, pflegt meist gerade die Fürsten mit besonderer Weisheit und Gnade auszustatten, sodaß ihnen irgendwie alles gut und glücklich ausgeht, wenn sie sich selbst ein wenig einer Sache annehmen. Wenn sie darum ohne Not bei so schwierigen Dingen keinen Gebrauch von dieser besonderen Weisheit machen, so mögen sie nur ja darauf achten, daß sie sich nicht auch der übrigen Gaben Gottes unwürdig zeigen und ihrem obersten Richteramt wenig Ehre machen.

IV. Grund. Fürsten sind gewöhnlich aber auch gütig und von Herzen aller Milde und christlichen Nächstenliebe zugetan. Wenn sie darum ein wenig tieferen Einblick in die Leiden der Gefangenen gewönnen, wenn sie die Klagen und Seufzer dieser Unglücklichen hörten und sich mehr mit eigenen Augen und Ohren als durch fremde über das Verfahren ihrer Beamten unterrichten wollten, — dann würde gewiß vieles anders gemacht werden und würden nicht zahllose Todesurteile so leichthin ergehen. Jeder Beamte kann hart und unmenschlich sein, Fürsten können es nicht sein. Ihre Art ist es, stets menschlich und gnädig, niemals aber grausam zu sein. Wenn sie darum jemals die Unmenschlichkeit der Folter, wie sie jetzt überall im Schwange ist, mit eigenen Augen gesehen oder durch einen wahrheitsgetreuen Bericht davon gehört hätten, so würde es sicherlich weniger Hexen in Deutschland geben, deren Anzahl jetzt durch die Grausamkeit der Verhöre ins Unendliche wachsen muß. Obwohl das freilich vor allem unsere eigene Schuld ist, so tun doch auch die Fürsten unrecht, wenn sie uns die schöne Milde ganz vorenthalten, mit der die Natur sie ausgestattet hat, unsern Jammer zu verstehen und uns zu erquicken. Ich meine immer, von allem Leid und Elend der Gefangenen ist dies das schlimmste, daß ihnen der Anblick des Fürsten für immer versagt bleibt. Sie sind in einen Winkel gestoßen, wo sie kein Lichtstrahl vom Glanz der Fürsten anblickt, höchstens durch fremde Augen, die doch nur trübe Fenster sind und so wiedergeben und färben, wie sie selbst sind. Einzig der Weltenfürst, der König der Könige hat sich nicht derer geschämt, die in Armut und Ketten verstrickt lagen, sondern hat uns, die wir in Finsternis und Todesschatten saßen, das Licht gebracht. Voll heißen Mitleids hat er unsere Gebrechen auf sich genommen, auf daß wir beim Vater einen Fürsprech hätten, der alles selbst durchlitten hat.

NB (marginal note at line "davon gehört hätten")

V. Grund. Es ist unausbleiblich, daß die Beamten selbstherrlich und unsorgfältig werden, wenn sie merken, der Fürst beaufsichtigt sie nicht und kümmert sich nicht darum, was geschieht. So ist nun einmal die menschliche Natur, daß alles vernachlässigt wird, was den Augen der Oberen entrückt ist. Das muß der Fürst wissen, und er macht sich schuldig, wenn er alle Mühe und Aufsichtspflicht von sich abwälzt, wenn er in so wichtiger Sache nicht immer wieder selbst die Tätigkeit und Prozeßführung seiner Beamten nachprüft, wenn er seine Leute nicht ermahnt, antreibt und nachdrücklich anweist, dafür zu sorgen, daß kein Unrecht geschieht. Er muß stets ihre Wachsamkeit schärfen und jede Möglichkeit beseitigen, die einem Unschuldigen verderblich werden könnte. Er muß deshalb im einzelnen untersuchen,

1. ob und wie oft die Gefängnisse besichtigt werden,
2. ob sie ärger sind als um der Sicherheit willen nötig,
3. ob etwa Gefangene jahrelang in Frost und Hitze darin sitzen, ohne verhört zu werden, damit sie ihre Freiheit oder ihre Strafe erhalten,
4. auf welche Weise die Folter angewandt wird,
5. wie das Verhör durchgeführt wird,
6. wie es um die praktische Erfahrung und Milde der mitwirkenden Geistlichen bestellt ist,
7. ob jeder sich ungehindert verteidigen kann,
8. ob in der Bevölkerung Beschwerden über die Kommissarien und Inquisitoren laut werden,
9. ob sie habgierig oder grausam sind,
10. ob auch nur ein einziger unter ihnen ist, der, ehe nicht der Beschuldigte überführt ist, mehr zu seinen Gunsten als gegen ihn spricht,
11. ob sich jemals einer hat anmerken lassen, daß er lieber einen Unschuldigen als einen Schuldigen finde,
12. desgleichen, ob einer nicht ärgerlich sondern erfreut gewesen ist, wenn ein Angeklagter sich als unschuldig erwiesen hat.
13. Er soll auch feststellen, ob ein Angeklagter im Gefängnis gestorben ist und was ihm geschehen ist, und

14. wenn er unter dem Galgen begraben worden ist, woran es sich gezeigt hat, daß er eines bösen Todes gestorben ist.
15. Er soll auch etliche Meinungen von beiden Parteien prüfen, wie sie die verschiedenen Fragen beurteilen, die im Hexenprozeß von Bedeutung sind.
16. Er soll sich nicht einer Ansicht so sehr verschreiben, daß er nicht auch die Gründe der anderen abwägt.
17. Es muß jedem gestattet sein, seine Meinung frei heraus zu sagen.
18. Er soll des öfteren in die sogenannten Protokolle Einblick nehmen oder sie sich vorlesen lassen.
19. Er soll selbst Bedenken erheben oder seine Beamten dazu anregen.
20. Er soll nicht immer alles glauben, was ihm hinterbracht wird.
21. Er soll, damit die Wahrheit um so deutlicher werde, die einzelnen Argumente lieber durch Männer prüfen lassen, die entgegengesetzter Meinung sind, als durch solche, die sie selbst vertreten.
22. Er darf nichts ungeprüft lassen, auch wenn es ihm zunächst ganz unsinnig erscheinen sollte.

Was könnte heute unsinniger scheinen als zu glauben, die Anzahl der wirklichen Hexen sei verschwindend gering? Und doch sollte man gerade dies einem willigen und lernbegierigen Fürsten wohl augenscheinlich dartun können. Es ist nicht alles Gold, was glänzt, und nicht alles falsch, was nicht der öffentlichen Meinung entspricht. Es gibt viele Geheimnisse, die besser der breiten Menge vorenthalten bleiben und nur an höchster Stelle zur Sprache gebracht werden. Die Wahrheit hat keinen größeren Feind als das Vorurteil. Aber genug davon;

man soll nicht an die große Glocke hängen, was den Verstand der Menge übersteigt.

VI. Grund. Offenbar sind selbst solche Männer, die als eifrige Verfolger der Hexen gelten und auf die deswegen die Unwissenden wie auf ein Orakel hören, der Meinung, daß gute Fürsten sich stets viel mit diesen Dingen beschäftigen. Erst kürzlich hat nämlich ein sehr Begabter von ihnen gemeint, den Tanner und einen gewissen anderen Geistlichen — so Gott will — nachdrücklich zu widerlegen, indem er sagte: „Es gehen soviele rechtschaffene und ausgezeichnete deutsche Fürsten tatkräftig mit Feuer und Schwert gegen die Hexen vor; wer könnte da gegen sie mit Tanner und einem anderen ähnlich gesinnten Theologen annehmen, Gott werde es zulassen, daß auch Unschuldige hingerichtet würden?" Diese Beweisführung würde keinesfalls stichhaltig sein, wenn man einwenden dürfte, die Fürsten nähmen sich ja diese Prozesse nicht weiter zu Herzen und gäben sich keine besondere Mühe, Übergriffe ihrer Beamten aufzudecken. Ich könnte dafür darauf hinweisen, daß Tanner selbst und gute, gewissenhafte Christen, die ihm anhängen, mit eigenen Augen und Ohren in Kerkern, Gerichtsstuben und Protokollen vieles wahrgenommen und genau beobachtet haben, was nur von ferne zu der Fürsten Ohren und überdies jeweils nach der Art derer entstellt gedrungen ist, die es den Fürsten wie in einem Nebel und je nach ihrem Belieben zeigen. Wenn also die Beweisführung stichhaltig sein soll, so muß allerdings vorausgesetzt werden, daß die Fürsten nicht weniger Erfahrung in Hexensachen haben, als ihre Priester, die ihr Wissen doch gewiß nicht nur durch fremde Augen und Ohren gesammelt haben. Denn wie oft läßt es auf anderen Gebieten der Herrgott zu, daß persönlich tüchtige Fürsten Anordnungen treffen, die dann doch, weil die ganze Ausführung anderen überlassen wird, ganz schlecht durchgeführt werden. Und warum sollte er es nicht auch hier zulassen? Das war also eine wertlose Beweisführung, oder sie setzt eben das voraus, was ich vorbringen will.

VII. Grund. Die Beamten selbst sind der Meinung, daß vor allem ihre Fürsten die Verantwortung für diese Prozesse selber zu tragen haben. Wenn sie von den Geistlichen zur Vorsicht ermahnt werden, dann schieben sie stets die Verantwortung auf die Fürsten, da sie nur auf deren Befehl tätig seien. So hat neulich einer erklärt: „Ich weiß wohl, daß auch Unschuldige in unsere Prozesse hineingeraten, aber ich mache mir darum keine Sorgen, denn wir haben ja einen sehr gewissenhaften Fürsten, der uns immer drängt. Der wird jedenfalls wissen und in seinem Gewissen bedacht haben, was er befiehlt. Der wird schon zusehen, ich habe nur zu gehorchen." So ähnlich hat mir auch schon früher ein anderer auf meine Mahnungen geantwortet. Alle beide waren bei dem gleichen Fürsten angestellt, von dem ich zu Beginn dieser „Frage" erwähnte, daß er alles auf seine Beamten abgewälzt habe.

Es ist wirklich zum Lachen! Der Fürst schüttelt alle Sorge und Mühe ab und schiebt die Verantwortung seinen Beamten zu. Die Beamten wieder entledigen sich ihrer und schieben die Verantwortung dem Fürsten zu. A. schiebt's dem B., B. dem A. zu. Der Fürst meint, „Da werden meine Beamten zusehen", und die Beamten sagen, „Da wird unser Fürst schon zusehen!" Was ist das für ein Zirkel? Wer aber wird es vor Gott zu verantworten haben? Denn wo die Beamten zusehen sollen und der Fürst zusehen soll, da sieht gar keiner zu. Ich kann es wirklich kaum sagen, wie sehr es mich bekümmert, daß ich es diesem guten, frommen Fürsten, für den ich ohne Zögern mein Leben darangeben wollte, nicht sagen und ihm raten darf.

VIII. Grund. Die Dinge liegen heute so, daß ein Fürst die Wahrheit über die nachlässige Prozeßführung seiner Beamten nur durch wiederholte eigene Prüfung oder durch von ihm unmittelbar eingesetzte Geheimbevollmächtigte erfahren kann. Denn sonst kämen nur die Beamten selbst und ihre Werkzeuge oder außenstehende Personen dafür in Betracht.

Von den Beamten selbst aber und ihren Helfern wird er nichts erfahren können, denn die werden unter allen Umständen für sich selbst sorgen, werden sich jedem noch so behutsamen Vorgehen gegen sie erfolgreich widersetzen und es nicht dazu kommen lassen, daß sie sich verraten. Es ist ja nicht nur den Laien, sondern an manchen Orten auch den Beichtvätern ein Preis für jeden Angeklagten ausgesetzt. Sie essen und trinken sich gemeinsam mit den Inquisitoren satt am Blute der Armen, das sie bis zum letzten Tropfen aussaugen. Die Verlockung, gemeinsame Sache zu machen, ist gar zu groß.

Ebensowenig wird aber der Fürst von Außenstehenden zu hören bekommen. Sie wollen sich da nicht hineinmischen, oder wenn sie aus Nächstenliebe es tun wollen, so können sie sich doch nicht vernehmlich machen, oder endlich wenn sie auch nur mit einem winzigen Wörtchen Gehör finden, so bringen sie sich selbst damit in Verdacht, als ob sie den Lauf der Gerechtigkeit aufhalten und Verbrecher in Schutz nehmen wollten — wie schon oben angedeutet. Damit nun der Leser nicht glaubt, ich übertriebe und käme aus bösem Willen wieder darauf zurück, so mag er hören, daß ein — nein, sogar zwei Inquisitoren eines gewissen mächtigen Fürsten, nachdem sie kürzlich das kluge, gelehrte Buch des hochbedeutenden Tanner S. J. gelesen hatten, zu sagen gewagt haben, wenn sie diesen Menschen zu fassen bekämen, dann würden sie ihn ohne langes Zögern foltern lassen. Für diese unfähigen Leute ist es also genug Grund, einen so hervorragenden Theologen auf die Folter zu spannen, wenn er ganz besonnen und mit guten Gründen darauf hingewiesen hat, daß die Hexenfälle vorsichtig behandelt werden müssen, daß die Richter leicht auf Irrwege geraten können, wenn ihrem Ermessen zuviel überlassen bleibt, und so fort. Ich glaube, da würde jedes deutschen Fürsten edles Blut in Wallung geraten, wenn er auch nur mit halbem Ohr derartige Äußerungen seiner Beamten hörte. Da können sich nun — falls einer von ihnen dies lesen sollte — die Fürsten oder ihre Ratgeber selbst ein Urteil bilden, wie behutsam und verständig diese Männer den verachteten, armseligen Weiblein den Prozeß machen mögen, die es wagen, einen solchen Gelehrten — um nicht zu sagen, einen so großen geistlichen Orden — derartig anzugreifen. Aber solche Inquisitoren, weltliche Kommissarien und Laien muß Deutschland ertragen, und ihnen überlassen die Fürsten die ganze Verantwortung! Das sind die hochweisen Rechtsgelehrten, die mit ruhmredigem Wortschwall ihren Fürsten berichten, wieviel Großes sie bei ihrer Tätigkeit ausrichten, wie weit die Hexenpest um sich gegriffen hat, und wie unübersehbar — die Götter mögen es verzeihen! — die Zahl der Hexen ist. Wir wissen aber auch schon, daß nicht nur Tanner bei ihnen schlecht angeschrieben ist. Es ist auch vielen neueren Geistlichen so ergangen, die mitunter dergleichen Inquisitoren bescheiden und vernünftig ermahnt haben, in ihrem Amt nichts durch Nachlässigkeit und Mangel an Erfahrung zu überstürzen, und auch auf einige ihrer Fehler aufmerksam gemacht haben, die auf diese Weise vorgekommen waren, und doch nichts ausgerichtet haben und obendrein noch von bösen Zungen in die üblichen Hexerei-Verleumdungen hineingezerrt worden sind. Es ist darum höchst unbedacht, hiergegen Zunge oder Feder auch nur im geringsten zu rühren. Mich dauern die Fürsten, deren Gewissen so sorglos und dabei doch in höchster Gefahr ist, da auch ihre eigenen Beichtväter ihnen nicht raten dürfen oder mögen. Erst neulich habe ich dreimal zur Feder gegriffen und dreimal es wieder aufgegeben, einem von ihnen. einen aufklärenden Brief zu schreiben; denn was geht es mich an? Entsetzlich aber ist es, daß auch alle die schweigen, die es angeht und die allein geneigtes Gehör fänden, wenn sie sich zum Reden entschließen könnten. In dieser meiner Warnungsschrift tue ich, kurz gesagt, gewiß nichts anderes, als daß ich zur Vorsicht mahne, daß ich bestimmter Leute Irrtümer tadele und zeige, wie gewisse Beweismittel und Indizien, die von etlichen hier und da verwendet werden, nur wenig Wert haben. Mein Ziel ist, zahllosen Unschuldigen zu helfen, und ich will dabei nicht heftiger werden, als die Sache erfordert und es sich für einen Geistlichen schickt. Ich tadele nur die Bösen ganz allgemein, die Guten rühre ich nicht an, spreche auch gar nicht von ihnen. Hier ist also nichts Schlechtes, das guten, rechtschaffenen Männern mißfallen könnte. Ja, vielmehr wer die Gerechtigkeit liebt und sich von Vernunft und Einsicht leiten läßt, der wird sich stets freuen, wenn der Weg zur Wahrheit sich weiter auftut. Ich bin aber auch überzeugt, daß, falls dies Buch unter das Volk käme, viele Gerichtsherrn sich darüber entrüsten und es verwerfen würden. Damit würden sie freilich deutlich genug erkennen lassen, wer sie sind, und wie sehr es ihnen um die Gerechtigkeit zu tun ist. Aber wie es damit auch bestellt sein mag, das eine bleibt als sicher bestehen: Es wird niemand wagen, den Fürsten zu raten, wenn sie selbst nicht all dieses zu Herzen nehmen; und daß sie es tun, das ist um ihres Gewissens willen nötig.

IX. Grund. Sofern sich die Fürsten nicht auch selbst öfters mit den Hexenprozessen näher befassen und einige Erfahrung sammeln, so werden sie schlimme Fehler machen, wenn dann ihre Beamten sich in schwierigen Zweifelsfällen an sie wenden, und sie selbst zu entscheiden wagen, was geschehen soll. Ihre Entscheidung muß notwendig schlecht ausfallen, weil sie die Propositiones und Informationes nicht verstehen. Es sind nämlich von den Richtern neue Ausdrucksweisen erdacht worden, die weder in den seither gebräuchlichen Wörterbüchern noch in Werken wie dem Calepinus stehen sondern allein durch das zu erlernen sind, was ich praktische Erfahrung genannt habe. Damit man das aber nicht für erlogen hält, mögen sich die Fürsten doch selbst einmal fragen, ob heute, nachdem schon soviel Scheiterhaufen gebrannt haben, auch nur ein einziger von ihnen weiß, was es zu bedeuten hat, wenn die Inquisitoren beispielsweise sagen:

1. „Gaia's Verteidigung ist gehört worden, sie hat jedoch nicht genügt."
2. „Wir haben schwere Indizien gegen sie."

3. „Wir verfahren gemäß dem, was vorgebracht und bewiesen ist."
4. „Titia hat sich ohne Tortur schuldig bekannt."
5. „Sie hat ihr auf der Folter gemachtes Geständnis ganz frei und unbeeinflußt vor der Gerichtsbank bestätigt."
6. „Es sind viele Hexen um ihretwillen reuig gestorben."
7. „Titia hat alle Punkte und die gleichen Umstände gestanden, die ihre Mittäter, von denen sie angezeigt worden ist, über sie bekundet haben."
8. „Sempronia hat sich gegen die Folter des Schweigezaubers bedient."
9. „Sie hat auf der Folter nichts gespürt, hat gelacht, geschlafen."
10. „Man hat ihr ihre Schuld ins Gesicht bewiesen, aber sie ist unbußfertig geblieben."
11. „Man hat sie mit gebrochenem Genick tot im Gefängnis gefunden. Der Teufel hat sie erwürgt." usf.

Ich bin nämlich kühn genug, zu behaupten, daß all diese Redewendungen genau so wenig das bedeuten, was sie sagen, wie „Pferd" „Esel" bedeutet, oder „Esel" „Kamel", oder „Wasser" „Feuer". Der Leser wird das noch aus meinen weiteren Ausführungen einsehen lernen, denn ich will diese Redewendungen im Verlauf meiner Ausführungen jeweils an ihrem Ort erklären.

Wenn also ein Inquisitor an seinen Fürsten beispielsweise die Anfrage richtet, was er mit dem Pfarrer Titius zu tun befehle; ob man ihn lebendig verbrennen solle, da er durch starke Indizien belastet sei, man ihm überdies seine Schuld ins Gesicht bewiesen habe und er doch nicht bereuen und sich bekehren wolle, — wie soll hier der Fürst richtig entscheiden, wenn er noch gar nicht weiß, was hier „starke Indizien" bedeuten, was „ins Gesicht beweisen" heißt, und was „nicht bereuen und sich bekehren wollen" zu besagen hat? Zieht aber nun der Fürst die Theologen zu Rate und übergibt er die

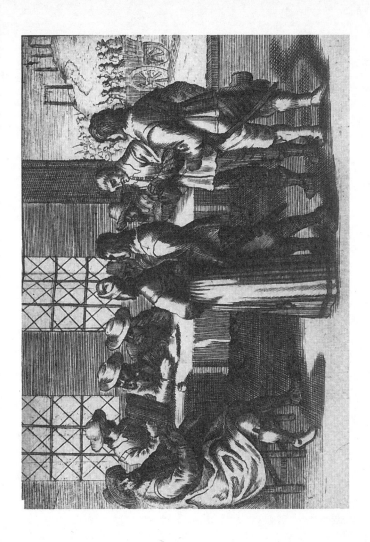

Bild 2

Sache ihnen zur Entscheidung, — was dann? Er wird genau so in die Irre gehen, oder vielmehr noch schlimmer. Denn wo, in welchen Büchern könnten sie diese Redewendungen erläutert finden? Könnte es ihnen ohne Einberufung eines gelehrten Konzils auch nur im Traume einfallen, daß der Sinn der Worte sich gewandelt hat? Es ist deshalb dringend nötig, daß der Fürst diese und ähnliche Wendungen richtig verstehen lernt. Das kann er aber nur, wenn er durch praktische Erfahrung Kenntnisse sammelt, und die wird er niemals bekommen, wenn er alle Arbeit auf seine Beamten abwälzt.

10. FRAGE

Ob zu glauben ist, Gott werde jemals zulassen, daß auch Unschuldige mit in die Hexenprozesse hineingeraten?

Etliche Gelehrte vertreten die Meinung, Gott werde es nicht zulassen, daß unter der Beschuldigung eines so gräßlichen Verbrechens Unschuldige mit Schuldigen in einen Topf geworfen würden. Und Binsfeld sagt, dies sei ein Vorrecht der Freunde und Kinder Gottes. Folgendermaßen will er es beweisen (S. 354).

I. Die Verheißungen der Heiligen Schrift versichern es; so in den Psalmen, ,,Weil er auf mich gehofft, so will ich ihn befreien, ihn beschirmen, denn er hat erkannt meinen Namen". Und abermals, ,,Es hoffen auf dich, die deinen Namen kennen, denn du verlässest nicht, die dich suchen, Herr!" Und wieder, ,,Die Gerechten haben mich angerufen, und ich will sie erhören". Desgleichen, ,,Wer auf den Herrn hoffet, der soll nicht zuschanden werden". Und im 2. Petrusbrief Kap. 2 v. 9, ,,So weiß der Herr die Frommen aus der Versuchung zu erretten". Und bei Paulus, ,,Gott aber ist getreu, er wird euch nicht über eure Kräfte versuchen lassen, sondern bei der Versuchung auch den Ausgang geben, daß ihr ausharren könnet".

II. Es fehlt nicht an Beispielen dafür. Dazu führt er die drei folgenden an: die Geschichte der Susanna, des heiligen Athanasius und des Bischofs Sylvanus.

III. kommt noch das sehr wichtige Zeugnis des heiligen Cyprianus hinzu, das auch unsere heutigen Zauberer und Hexen in ihren Geständnissen bestätigen. Dieser Heilige versuchte (so berichtet Binsfeld) in Antiochia, als er noch ein Zauberer war, von Liebe zu der christlichen Jungfrau Justina ergriffen, sie mit Beschwörungen und Zaubertränken seiner Begierde gefügig zu machen. Er fragte den Teufel, wie er dies zuwege bringen könnte. Der aber antwortete ihm, seine Zauberkunst könne nichts gegen die ausrichten, die dem Heiland aufrichtig ergeben sind. So Binsfeld, dessen Gedanken sich Delrio und auch heutzutage noch viele eifrige Hexenfeinde zu eigen machen.

Desungeachtet entgegne ich, man darf dieser Meinung, Gott werde nicht zulassen, daß mit den Schuldigen auch Unschuldige umkämen, durchaus nicht Raum geben. Hauptsächlich, weil sie es den Richtern leicht macht, nachlässig zu verfahren, sodaß sie nicht so ganz besonders sorgfältig und fleißig sind, wie die Sache es erfordert. Weiter macht sie die Fürsten sorglos, die sich dann nicht mehr viel darum kümmern, wie es um Charakter, Fähigkeiten und Erfahrung der Richter bestellt ist, die sie mit diesen Aufgaben betrauen. Schließlich ist diese Ansicht überhaupt unrichtig. Aus folgenden Gründen.

I. Grund. Warum sollte denn, um Himmels willen, Gott jetzt, in unseren Tagen nicht mehr geschehen lassen, was er in vergangenen Zeiten erlaubt hat? Es sind doch viele, nein, wohl zahllose christliche Märtyrer mit unsagbaren Qualen hingerichtet worden, und zwar gerade unter der Anklage der Hexerei, von der wir hier jetzt auch reden. Und das vor allem, weil sie bei der Wasserprobe

NB „obenauf geschwommen" sind, wie das im Leben der Heiligen Cosmas und Damianus und anderer zu lesen ist. Wo hatte sich denn damals jener Grundsatz verkrochen, Gott werde nicht zugeben, daß so entsetzliches Unheil über Unschuldige hereinbreche? Wo waren da die von Binsfeld kurz vorher angeführten Verheißungen der Heiligen Schrift? Wo bleiben da seine Beispiele und jenes Zeugnis des Heiligen Cyprianus, das er so sehr wichtig nennt? Waren sie denn nicht alle unschuldig? Waren sie Gott nicht aufrichtig ergeben? Riefen sie nicht seinen Namen an und setzten alle ihre Zuversicht und Hoffnung auf ihn?

II. Grund. Gott läßt ja noch viel schlimmere Dinge geschehen; so, daß man die geweihten Hostien mit Füßen tritt und auch sonst in abscheulicher Weise mit ihnen umgeht, daß sein eingeborener Sohn mit Mördern zusammen gekreuzigt wurde und dergleichen. Warum sollte er da nicht weit Geringeres zulassen? Ich will mit den Worten Tanners schließen, der hierzu sagt: „Sollte wohl Gott aus guten Gründen unzählige solcher und anderer entsetzlicher Verbrechen geschehen lassen und einzig bei diesen Hexenprozessen in einer Art von besonderem Vermächtnis zugesagt haben, er werde keinem Unschuldigen ein Leid geschehen lassen?"

Das ist also ein lächerlicher Gedanke, und man muß sich nur wundern, daß besonnene Männer so etwas haben aussprechen können.

Die oben erwähnten Beweisgründe Binsfelds sind damit schon widerlegt. Denn

I. beweisen sie zuviel und beweisen darum gar nichts. Daß sie zu weit gehen, ist klar: Aus ihnen müßte sich ergeben, Gott habe nicht erlaubt, daß soviel Märtyrer umkämen. Da wir aber alle wissen, daß das Gegenteil der Fall gewesen ist, — was sollen da diese Beweise?

II. Wenn man so schließen darf: Gott hat nicht zugelassen, daß jene drei, Susanna, Athanasius und Sylvanus unschuldig umkamen, also wird Gott niemals zulassen, daß Unschuldige zugrunde gehen; — dann darf auch ich folgendermaßen schließen: Gott hat es anderseits geschehen lassen, daß nicht nur drei, nein, gewiß viel mehr schuldlose Märtyrer unter der Anklage der

Zauberei umkamen. Also wird er es auch künftig geschehen lassen, daß Unschuldige umkommen.

III. Und nun zum Zeugnis des Heiligen Cyprianus. Hat der Teufel die Wahrheit gesagt, als er erklärte, seine Künste, Beschwörungen und Zaubertränke könnten nichts ausrichten gegen die, die dem Heiland aufrichtig ergeben seien, was schreien da Binsfeld und die anderen so sehr gegen die Hexen, daß sie dem Staat derart gefährlich seien? Lasset uns doch alle Christus von Herzen dienen, so werden ihre Zauberkünste nichts gegen uns ausrichten können. Alsdann ist bei den erwähnten Darlegungen Binsfelds viel die Rede davon, ob Gott es erlaube, daß ganz Schuldlose wegen einer nur vom Teufel vorgespiegelten Teilnahme an den Hexensabbaten hingerichtet würden. Selbst wenn wir zugestehen wollten, Gott werde nicht erlauben, daß Unschuldige durch solche Künste des Teufels ins Verderben geraten (darüber mehr unten 47. Frage), so würde daraus doch noch nicht folgen, er werde nicht zulassen, daß sie durch menschliche Künste, nämlich durch unvorsichtige Prozeßführung der Richter ins Verderben geraten. Das mag hier genügen.

11. FRAGE

Ob zu glauben ist, Gott habe tatsächlich schon zugelassen, daß auch Unschuldige in die Hexenprozesse hineingerieten?

Binsfeld und Delrio scheinen das nicht anzunehmen, ich antworte aber: Ich habe gar keinen Zweifel daran, daß tatsächlich immer wieder unschuldige Weiber in Mengen zugleich mit den Schuldigen bestraft worden sind. Meine Gründe dafür sind die folgenden.

I. Grund. Tanner bezeugt, daß viele kluge Gelehrte, auch Professoren der Theologie, von denen manche lange als Seelsorger mit diesen Hexenprozessen zu tun hatten, bekannt haben, sie fürchteten, durch ein unordentliches Prozeßverfahren geschehe vielleicht auch vielen Unschuldigen ein Leid. Und das ist doch wahrhaftig ein gewichtiges Praejudiz für die von uns vertretene Meinung!

II. Grund. Ebenso weiß ich auch selbst von gelehrten Geistlichen, die, nachdem sie diese Prozesse eine Weile bearbeitet hatten, versichert haben, sie befürchteten es nicht nur sondern zweifelten überhaupt nicht daran, daß es wirklich geschehe. Ich kenne da einen Fürsten, der hatte eine ganze Zeit lang die Hexeninquisition durchführen lassen und fragte dann aber bei irgendeiner Gelegenheit den Geistlichen, der die Seelsorge zu versehen und die Verurteilten zum Scheiterhaufen zu geleiten pflegte, ob er im Ernst glaube, daß auch einige wirklich Schuldlose mit den Schuldigen hingerichtet worden seien. Der antwortete darauf achselzuckend ganz unumwunden, daran zweifle er freilich nicht, ja, bei seiner Seelen Seligkeit könne er nichts anderes aussagen. Der Fürst nahm sich das so zu Herzen, daß er sofort mit den Prozessen einhielt und seinen Leuten befahl, hier nicht fortzufahren.

III. Grund. Wenn auch mir selbst etwas zu sagen verstattet ist, so muß ich gestehen, daß ich an verschiedenen Orten so manche Hexen zum Tode begleitet habe, an deren Unschuld ich noch jetzt genau so wenig zweifle, wie ich es an Mühe und bald übergroßem Fleiß nicht habe fehlen lassen, die Wahrheit zu entdecken.

Was soll ich es denn verheimlichen, die Wißbegierde hat mich getrieben und fast übers Ziel hinausschießen lassen, daß ich in so zweifelhafter Sache doch irgend etwas Sicheres fände. Aber ich habe nichts finden können als Schuldlosigkeit allenthalben. Da ich diese Schuldlosigkeit aus mancherlei triftigen Überlegungen für erwiesen halten mußte und ich doch aus bestimmten Gründen mich beim Gericht nicht ins Mittel legen durfte, — so wird man sich leicht ausmalen können, mit was für Gefühlen ich solch bejammernswerten Tod mitangesehen habe. Ich bin auch nur ein Mensch und kann mich irren, das will ich gar nicht leugnen. Aber trotzdem: Nachdem ich viel und lange sowohl in der Beichte als außerhalb mit diesen Gefangenen zu tun gehabt hatte, nachdem ich ihr Wesen von allen Seiten geprüft hatte, Gott und Menschen zu Hilfe und Rat gezogen, Indizien und Akten durchforscht, mich, soweit das ohne Verletzung des Beichtgeheimnisses möglich, mit den Richtern selbst ausgesprochen, alles genau durchdacht und die einzelnen Argumente bei meinen Überlegungen gegeneinander abgewogen hatte, — da konnte ich doch zu keinem anderen Urteil kommen, als daß man Schuldlose für schuldig hält. Da ist es wohl nicht leichtfertig, wenn ich nicht recht glauben mag, daß ich mich irren sollte.

IV. Grund. Häufig sind die Richter, denen die Hexenprozesse anvertraut werden, schamlose, niederträchtige Menschen; die Folter wird oft übermäßig und grausam angewandt; viele Indizien sind unzuverlässig und gefährlich und das Verfahren nicht selten gegen Gesetz und Vernunft, wie ich unten an seiner Stelle darlegen will. Da wäre es freilich erstaunlich, wenn die Justiz trotzdem immer den rechten Weg nehmen und so niemals auf eine Klippe stoßen sollte.

V. Grund. Tanner erzählt, daß in früheren Jahren in Deutschland zwei Blutrichter, die die Hexenfälle zu bearbeiten gehabt hatten, durch Urteil der Ingolstädter Juristenfakultät zum Tode verurteilt und dann hingerichtet worden sind, weil sie rechtswidrige Prozesse durchgeführt hatten, bei denen Unschuldige in Gefahr geraten waren. Und ich selbst weiß einen Fürsten, der mehrere Richter aus dem gleichen Grund hat enthaupten lassen. Wer will da noch bezweifeln, daß unter diesen Richtern viele Unschuldige verbrannt worden sind?

VI. Grund. Was sollen wir aber erst glauben, wieviel Schuldlose bis jetzt durch andere Richter umgekommen sind, die zunächst mit großer Strenge gegen die Hexerei verfahren sind, dann aber gestehen mußten, daß sie selbst auch Zauberer waren, und verbrannt worden sind? So sind erst kürzlich zwei oder drei verurteilt worden, deren Namen ich hier verschweige, um ihren armen Seelen die Ruhe zu lassen. Deutschland hat diese Beispiele gesehen;

was kann man dagegen sagen? Und wer kann uns die berechtigte Sorge nehmen, daß solcher Beispiele noch heute oder in naher Zeit mehr werden? Ganz unzweifelhaft wünscht und betreibt der Teufel das emsig, denn wenn er nur einen einzigen solchen Inquisitor findet, dann ist ihm die Möglichkeit gegeben, sein Reich ungeheuer zu erweitern, den wirklichen Hexen Sicherheit zu schaffen und die Unschuldigen zu vernichten. Ist aber die Zahl der Zauberer so unbegrenzt, wie Binsfeld und Delrio meinen, so müßte es doch auch erstaunlich sein, wenn all ihre und des Teufels Anstrengungen es nicht möglich machen könnten, daß ihrer mehr sich in die Richter- und Inquisitorenämter einschleichen. Denn, wie gesagt, warum sollte Gott nicht wieder zulassen, was er schon einige Male hat geschehen lassen?

Die Fürsten müssen achtgeben und nachprüfen, was ihre Beamten für ein Leben führen. Ich will keinen von den Guten verdächtigen, aber ich darf es doch für bedenklich halten, wenn man gewisser Leute Betragen unbeanstandet durchgehen läßt. Denn wenn es wahr ist, was man sich erzählt, so gibt es ihrer einige, die sich schwerlich überhaupt einmal oder jedenfalls nur ganz selten in der Kirche blicken lassen; und dann tun sie nichts als Possen treiben, lachen und schwatzen, und wenn sie etwa eine Frau besonders andächtig beten sehen, dann erkundigen sie sich gleich, ob nichts Verdächtiges über sie bekannt sei. Zügellose, übermütige, habgierige, unwissende und grausame Menschen sind das! Noch vor ganz kurzer Zeit habe ich kopfschüttelnd stillgeschwiegen, als ich solche Bezeichnungen über einen von ihnen gebrauchen hörte, um nicht den Anschein zu erwecken, als ob ich mich an Verleumdungen beteiligte oder Gefallen an ihnen fände. Indessen hinterher habe ich herausgefunden, daß es wahr war und man sogar noch mehr hätte hinzufügen können.

VII. Grund. Neulich hat mir ein vertrauenswürdiger Mann von einem Scharfrichter erzählt, der ebenfalls hingerichtet worden ist. Unter seinen sonstigen schweren

Verbrechen war auch dies, daß er — in der Magie erfahren — es regelmäßig durch irgendein Zauberkunststück zuwege brachte, daß jeder, der zuletzt einmal in seine Hände geriet, alles bekennen mußte, wonach er ihn nur fragte. So hatte er sehr viele Unschuldige gezwungen, etwas zu gestehen, woran sie vielleicht nie auch nur gedacht hatten.

Was ließe sich noch Einleuchtenderes zu dieser Frage vorbringen? So ist es freilich wahr, was manche Gelehrte mit Delrio glauben: wenn Unschuldige verklagt und gefangen seien, dann werde ihre Unschuld durch Gottes Fügung bald offenbar werden; bald, das heißt, wenn sie längst zur Asche verbrannt sind.

VIII. Grund. Nach dem, was ich bis jetzt durch einige Erfahrung und unermüdlichen Wissensdrang festgestellt habe, ist es mir ganz klar, daß notwendig eine große Zahl Unschuldiger in die Hexenprozesse mit hinein verstrickt werden müssen. Wenn es darum einen deutschen Fürsten gibt, der das nicht glauben will, ehe er es nicht mit Händen zu greifen vermag, und der den Mut hat, mir Schutz vor den bösen Zungen zuzusichern, so will ich ihm das Ganze durch eine noch geheim gehaltene vortreffliche
NB Erfindung völlig klarmachen. Denn ich habe, seit ich zuerst begonnen habe, von der Wissenschaft zu kosten, mich bemüht, nicht weniger fleißig im Lehren als im Lernen zu sein. Wenn er es dann erfaßt hat, wird er entsetzt sein und arge Gewissensbisse fühlen, wenn sein Gewissen bis jetzt auch noch so seelenruhig und unbekümmert sein mag. Ich darf das nicht alles in der Öffentlichkeit aussprechen.

IX. Grund. Man kann sogar aus dem Binsfeld und Delrio selbst zu der Überzeugung kommen, daß Gott tatsächlich schon viele Schuldlose im Zusammenhang mit der Hexerei hat umkommen lassen. Denn diese Schriftsteller lehren ganz richtig, daß die Wasserprobe der Hexen durchaus unzulässig ist und daß ein Richter, der den Prozeß auf sie gründet, rechtswidrig verfährt und deshalb sein Verfahren rechtsungültig ist. Daraus ergibt sich vernünftigerweise, daß, wenn auf diese Weise gegen Hexen verfahren worden ist, sie unschuldig hingerichtet worden sind; denn jeder muß solange für schuldlos gelten, als ihm seine Schuld nicht rechtmäßig bewiesen ist. Da nun aber Binsfeld und Delrio selbst zugeben, daß viele Richter ihr Verfahren in vergangenen Zeiten und auch heute noch auf die Wasserprobe stützen und gestützt haben, so müssen sie folgerichtig auch zugeben, daß in Vergangenheit und Gegenwart viele Schuldlose umgekommen sind und noch immer umkommen. Also hat Gott es tatsächlich zugelassen, daß Unschuldige hingerichtet worden sind und noch hingerichtet werden.

X. Grund. Außerdem sind diese Schriftsteller der Ansicht, daß der Schuldbeweis durch Hexenmale gleichfalls zu verwerfen sei. Sie meinen ferner auch, es dürfe auf ein paar, das heißt ein oder zwei Denunziationen hin zwar zur Folter, nicht aber gleich zur Verurteilung geschritten werden, und geben als Grund für beides an: damit nicht Unschuldige hingerichtet werden. Nun frage ich aber, haben nicht schon viele Richter auf diese Unterlagen hin Todesurteile gefällt? Und wollen Binsfeld und Delrio es denn trotzdem nicht für glaublich halten, daß Gott tatsächlich schon ganz Schuldlose hat umkommen lassen? So widerlegen sich also diese guten Männer selbst.

12. FRAGE

Ob man also mit der Hexeninquisition aufhören soll, wenn doch feststeht, daß tatsächlich viel Unschuldige mit hineingeraten?

Ich habe schon oben das Beispiel eines Fürsten erwähnt, der es für richtig hielt, mit der Hexeninquisition aufzuhören, — und recht daran tat. Damit aber ein gegen die Hexen erbitterter Leser dies um so ruhiger hinnimmt, will ich ihm zuliebe eine Unterscheidung machen; man kann nämlich die Prozesse auf zweierlei Art führen lassen, d. h. zwei verschiedene Prozeßverfahren vorschreiben.

I. kann man das Verfahren so behutsam und umsichtig gemäß den Geboten der Gesetze und der besonnenen Vernunft regeln, daß, wenn es befolgt wird, keine Gefahr für Unschuldige besteht, angetastet zu werden.

II. kann man es so unvorsichtig, nachlässig und schlecht regeln, daß, wenn es eingehalten wird, auch ganz Unschuldige in Lebengefahr geraten.

In zwiefacher Antwort will ich nun über beide Arten von Prozeßverfahren reden.

Ich antworte also I., es ist nicht nötig, mit der Hexeninquisition aufzuhören, wenn ein Prozeßverfahren der ersten, völlig gefahrlosen Art vorgeschrieben ist und auch von anderer Seite keine Gefahr für Unschuldige zu befürchten steht.

Der Grund dafür ist, daß kein Anlaß vorhanden ist, nicht gemäß diesem Verfahren vorzugehen, um den Staat von der gefährlichen Hexenpest zu befreien, wenn erst einmal feststeht, daß er von ihr vergiftet ist.

Ich antworte II., es muß gänzlich mit der Hexeninquisition aufgehört werden und jedes Prozeßverfahren der zweiten Art beseitigt werden, nicht nur, soweit es das Verbrechen der Hexerei zum Gegenstande hat, sondern auch bei sämtlichen anderen Verbrechen, ob es Sonderverbrechen sind oder nicht. Meine Gründe sind folgende.

I. Grund. Ein solches Prozeßverfahren ist immer ungerecht und rechtswidrig. Beweis: Es ist ungerecht, jemand in die Gefahr eines schweren Nachteils zu bringen, der es gar nicht verdient.

II. Grund. Wer ein solches Prozeßverfahren anwendet, begeht eine Todsünde. Beweis: Es ist eine Todsünde, sich wissentlich der Gefahr auszusetzen, eine Todsünde zu begehen, wozu zweifellos gehört, einen Unschuldigen ohne rechten Grund zu töten. Folglich ... usw. Daraus ergibt sich zwingend, was schon in meiner Antwort gesagt ist: Mit dieser Art von Prozeßverfahren muß endlich als ungerecht und gesetzwidrig bei jedem Verbrechen aufgehört werden, und sei es noch so schwerwiegend und zu den Sondervergehen gehörig.

Man wird hier einwenden I: Es ist dermaßen nützlich und wünschenswert, wenn der Staat von dem so abscheulichen Hexereiverbrechen gesäubert wird, daß eben dies als hinreichender und rechter Grund erscheinen mag und man sich deshalb nicht zu sorgen braucht, wenn einige wenige Unschuldige zugrunde gehen.

Ich erwidere aber: Wenn sie ohne deine Schuld und nicht unmittelbar auf deine Veranlassung umkämen, dann brauchtest du dich vielleicht nicht wegen dieses oder jenes Weibleins zu grämen; nun aber begehst du ein Unrecht, da du selbst die Veranlassung gibst, daß sie in Gefahr gerät. Man darf jedoch kein Unrecht tun, um Gutes zu erreichen. Weiter, werden auch nur ganz wenig Unschuldige in die Hexenprozesse hineingezogen so werden bald unzählige hineingezogen sein (wie ich unten noch darlegen will), und der Staat wird auf diese Weise nicht von seinen schlechten Bürgern gesäubert, was doch eigentlich bezweckt war, sondern vielmehr von den guten. Es müssen dann auch all die oben (8. Frage, III. Grund) berührten, äußerst schädlichen Folgen eintreten, was durchaus nicht übersehen werden darf. Diese großen Schäden können also keinen Rechtfertigungsgrund für eine Gefährdung Unschuldiger abgeben.

Man wird einwenden II: Man darf demnach auch keinen Krieg führen, da im Kriege immer wieder viele Unschuldige zugleich mit Schuldigen umkommen.

Darauf erwidere ich: Das ist kein zutreffender Vergleich. Es ist doch etwas anderes, ob sie, wie es im Kriege geschieht, ohne dein unmittelbares Verschulden in Ehren oder ob sie unmittelbar durch dich veranlaßt in der äußersten Schande, die schlimmer ist als der Tod, wie Verbrecher ums Leben kommen. (Darüber ist ausführlicher bei den Theologen nachzulesen, wo sie vom Morde handeln.) Übrigens muß das auch im Kriege soviel als möglich verhütet werden. Es kommt hinzu, daß diese Schande, von der eben die Rede war, ganz offensichtlich auch für den Staat mehr Nachteiliges mit sich bringt, als auf der anderen Seite Gutes zu erhoffen ist. So kostet es im Kriege nur das Leben, nicht die Ehre, hier aber beides, und zwar in besonders starkem Maße. Denn es werden ganze Familiengeschlechter, und gerade die vornehmsten, für immer entehrt, und es wird sogar — wie schon oben gezeigt — der katholische Glaube selbst besudelt. Und wo erst einmal diese oder jene Familie beschimpft ist, da müssen auch notwendig unendliche andere folgen, — wie ich es schon oben gesagt habe und noch unten 20. Frage XIV. Grund darlegen will. Aber auch wenn alles dies nicht wäre und alles genau so wie bei einem Kriege wäre, — so haben wir doch in dieser Frage eine ausdrückliche Entscheidung Christi im Gleichnis vom Unkraut im Weizenacker. Diese maßgebende Erklärung müßte gegenüber jedem anderen Argument durchgreifen. Also frage ich: Die Argumente, die gegen unsere Meinung vorgebracht werden können, haben Gewicht, oder sie haben es nicht. Haben sie es nicht, so ist es zwecklos, sie vorzubringen. Haben sie jedoch Gewicht, wie kommt es dann, daß Christus es nicht wußte und sich in dem demnächst zu besprechenden Gleichnis für unsere Meinung entschied?

13. FRAGE

Ob die Verfolgung der Schuldigen selbst dann zu unterbleiben hat, wenn ganz ohne unser Verschulden Unschuldige in Gefahr geraten sollten?

Bei dem Verbrechen der Hexerei wird das kaum jemals vorkommen. Denn dort, wo das Prozeßverfahren so vorsichtig und sorgfältig geregelt ist, daß es keine Gefährdung mit sich bringt, da wird auch von anderer Seite keine Gefahr drohen. Weil aber diese Frage immer wieder gestellt wird, will ich auch hierzu Stellung nehmen.

Ich antworte also: Wenn ein Fürst oder eine Obrigkeit den Staat säubern und die Übeltäter verfolgen und hinrichten will, so möge man sich nur stets vor der Gefahr in acht nehmen, daß zugleich auch Unschuldige mit hingerichtet werden. Und ich meine, selbst wenn die Obrigkeit keine Schuld an solcher Gefahr treffen sollte, so müßte doch ein für allemal die Inquisition und die Ausrottung der Verbrecher unterbleiben. Tanner gibt hierfür folgende Gründe an.

I. Grund. Im Alten Testament hat das der große Erzvater Abraham schon vor Zeiten ausgesprochen; als er sah, daß Gott sich anschickte, die Einwohner von Sodom zu vernichten, da scheute er sich nicht, um Straflosigkeit für alle zu bitten, damit das Verderben von den Häuptern der Unschuldigen abgewandt würde, und sprach: „Fern sei von dir, solches zu tun und den Gerechten mit dem Gottlosen zu töten, und, daß dem Gerechten wie dem Gottlosen geschehen, ist nicht deine Sache: du, der alle Welt richtet, wirst dieses Urteil keineswegs fällen."

II. Grund. Gott selbst hat diese Worte befolgt und durch sein Beispiel bestätigt, da er auf Abrahams Gebet alsbald der volkreichen verderbten Stadt Straflosigkeit zusagte, falls sich unter all den vielen Menschen auch nur zehn Gerechte finden sollten.

III. Grund. Im Neuen Testament gebietet es so unser Meister Christus ausdrücklich im Gleichnis vom Unkraut im Weizenacker (Matth. cap. 13). Dort fragten die Knechte des Hausvaters: „Willst du, daß wir hingehen und es aufsammeln?" Und er antwortet: „Nein! Damit ihr nicht etwa, wenn ihr das Unkraut aufsammelt, mit demselben zugleich auch den Weizen ausreißet." Dabei ist zu beachten, daß er nicht nur sagt: „Damit ihr nicht ausreißet", sondern noch ein Wörtchen hinzusetzt: „damit ihr nicht etwa ... ausreißet", um deutlich zu machen, daß er zweierlei lehren will. In erster Linie natürlich, daß man das Unkraut nicht ausjäten soll, wenn dazu auch der Weizen mit herausgerissen werden muß; das wollen die Worte „auf daß ihr nicht ausreißet" sagen. Hernach aber, daß man das Unkraut auch dann nicht ausjäten soll, wenn nur schon eine Gefahr besteht, daß zugleich der Weizen mit ausgerissen werden könnte; das will das hinzugesetzte Wörtchen, „damit ihr nicht etwa ... ausreißet" besagen. Hier macht jedoch der Heiland keinen Unterschied, ob diese Gefahr auf einem Verschulden der Knechte, die das Unkraut vertilgen wollen, beruht oder nicht, sondern er sagt ganz einfach und unbedingt, man dürfe wegen dieser Gefahr das Unkraut nicht ausjäten. Und das ist es, was ich beweisen wollte.

Man wird nun einwenden, auf diese Geschichte vom Unkraut berufen sich alle Ketzer, wenn eine Inquisition gegen sie angeordnet wird, und trotzdem geht die Kirche gegen sie vor.

Ich entgegne: Sie berufen sich zu Unrecht auf dies Gleichnis. Es lehrt ja nicht einfach, man müsse das Unkraut dulden, sondern man müsse es nur dann dulden, wenn Gefahr besteht, daß der Weizen mit herausgerissen würde. Aber bei der Ausrottung der Häretiker durch die Ketzerinquisition ist diese Gefahr gar nicht vorhanden. Denn der Begriff der Häresie ist schon genügend bekannt und durch Kirchenkonzilien festgelegt. Es nützt den Ketzern also nichts, wenn sie sich auf dies Gleichnis stützen wollen. Falls aber das Wesen der Häresie nicht hinreichend zu bestimmen oder sie nur unter gleichzeitiger Gefährdung für den Weizen auszurotten wäre, dann müßte sie unter allen Umständen nach der Vorschrift des Evangeliums geduldet werden, und die Kirche würde dann nicht gegen sie einschreiten. So legen auch die Kirchenlehrer dies Gleichnis aus (Augustin lib. 3. contra Epistolam Parmeniani cap. 2., contra Cresconium lib. 2. cap. 34 und 37, contra literas Petiliani lib. 3. cap. 2 und 3.; desgleichen Thomas 2. 2. qu. 10. art. 8. ad 1.). Ihnen schließen sich nacheinander alle Erklärer an, nicht einer aus der Unmenge der Schriftsteller ist anderer Ansicht. Man kann nicht alles Ärgernis aus der Welt schaffen, man muß vieles geschehen lassen, was sich nicht gut ändern läßt. Es ist besser, dreißig und noch mehr Schuldige laufen zu lassen, als auch nur einen Unschuldigen zu bestrafen. Augustin sagt (contra literas Petiliani lib. 3 cap. 3.): „Solange man die Spreu mit dem Korn zusammen drischt, ist es um der Guten willen besser, bis zur Wurfzeit die Bösen mit ihnen vermengt zu lassen, als um der Bösen willen die Nächstenliebe den Guten gegenüber zu verletzen." Man soll die Sünder so verfolgen und das Schwert so führen, daß es nicht auch auf das Haupt Unschuldiger niederfalle.

IV. Grund. Es muß auch als unangebrachter Eifer bezeichnet werden, daß man allenthalben zetert, die Magie sei ein ganz verborgenes Verbrechen und der Teufel höchst durchtrieben und gewitzt, auch die Klügsten, die ihr ganzes Leben hindurch mit Geistern gekämpft haben, hinters Licht zu führen, — und daß trotzdem bloße Laien und weltliche Personen eifrig bemüht sind, so verborgene Dinge aufzuspüren und den Kampf mit dem allerverschlagensten Feinde aufzunehmen. Kein Beispiel oder Gebot läßt sich hier aus der Heiligen Schrift heranziehen, wo so etwas gutgeheißen würde. Gott hat wohl befohlen, die Verbrechen zu bestrafen, doch nur sofern sie nicht ganz verborgen sind; soweit die Unschuldigen gut von den Schuldigen zu unterscheiden sind. Sonst aber ist schon vom Unkraut gesagt, das zwischen dem Weizen aufgegangen ist, „Lasset beides zusammen wachsen bis zur Ernte", dann werden die Engel das Unkraut vom Weizen scheiden und es in den Feuerofen werfen. Überlassen wir es lieber ihnen, das Verborgene zu erkennen. Oder aber, wenn wir, wie auch ungelehrte Laien und Leute, die keine Erfahrung mit der Bosheit der Geisterwelt haben, diese Dinge deutlich auszumachen wissen und so viel Schuldige unter den Unschuldigen herausfinden können, warum heißen wir dann die Hexerei ein ganz verborgenes Verbrechen? Viele andere Verbrechen liegen offen zutage; wenn der Eifer der Obrigkeiten wirklich von Gott ist, warum bestrafen sie nicht zunächst diese Vergehen und wenden sich erst dann den verborgenen zu?

So ist es, selbst falls hier gar keine Gefahr vorhanden wäre, doch eine verkehrte Reihenfolge, wenn die Obrigkeit die Verbrechen unbeachtet läßt, die vor aller Augen sind, und nur diejenigen aufzuspüren sucht, die ganz im Verborgenen geschehen.

NB Ich glaube, am besten machen es diejenigen Staaten, die, sobald gelegentlich etwas von Zauberei offen zutage tritt, es sofort ausrotten, im übrigen aber der Meinung sind, daß der Allgemeinheit durchaus nicht damit gedient sei, ganz verborgene Dinge auf gefahrvollen Wegen aufzustöbern. Damit aber diejenigen, die um jeden Preis die Hexen verfolgen wollen, dieses Buch nicht gleich in die Ecke werfen, will ich sie lehren, wie sie es am besten machen können. Sie mögen sich also nicht abschrecken lassen, sie werden noch manches finden, was ihnen nicht mißfallen soll.

14. FRAGE

Ob es gut ist, Fürsten und Obrigkeiten zur Hexeninquisition anzutreiben?

Ich antworte: Ich halte es nicht für gut, es sei denn, daß man ihnen zugleich auch die Schwierigkeit der Aufgabe nachdrücklich vor Augen stellt, die ich im Vorangehenden deutlich zu machen versuche; ebenso wie es nicht gut ist, jemand an einen schlüpfrigen Ort zu führen, ohne ihn zugleich eindringlich zur Vorsicht zu mahnen.

Ich habe schon manchen Prediger gehört, der unter Aufbietung all seiner glänzenden Beredsamkeit sich gewaltig über diese Dinge ereiferte und die Obrigkeit zu bereden suchte, ihre ganze Strenge zur Säuberung des Staates von dieser Hexenpest aufzubieten. Ich habe auch noch andere gehört, die nicht müde wurden, in persönlichen Rücksprachen die Erbitterung der Fürsten zu schüren und die Greuel dieses Verbrechens mit allen ihnen zur Verfügung stehenden Farben auszumalen, sodaß man meinte, sie müßten fast das Feuer vom Himmel herabbeschwören können.

Ich will das freilich gar nicht unbedingt verurteilen und bestreite auch nicht, daß dies schwere Verbrechen der Hexerei wirklich verabscheuungswürdig ist und die Fürsten sich gegen diese entsetzliche Pest wappnen müssen; ja, ich will sogar um nichts flehentlicher beten, als daß der Acker der Katholischen Kirche von allem Unkraut völlig rein sein möge. Aber ich vermisse eines bei diesen tüchtigen, klugen Predigern: daß sie zuweilen auch nur den Versuch machen, ganz leidenschaftslos zu beobachten, auf welche Weise häufig unvernünftige Richter bei diesen Verbrechen die Untersuchung und den Prozeß führen. Sie sollten auch bedenken, wieviel Gefahren diese Aufgabe in sich birgt, und wie es in Wahrheit nicht nur ein Kampf gegen Fleisch und Blut ist, sondern auch gegen den Fürsten der Finsternis selbst. Und wenn sie endlich vor der Obrigkeit voll leidenschaftlichem Eifer von der Notwendigkeit reden wollen, das Unkraut auszujäten, dann sollten sie nicht vergessen, immer gleich dies ernstlich mahnend hinzuzufügen, ja, es gründlich einzuschärfen: daß man dabei die denkbarste Vorsicht walten lassen soll, um dies Unkraut richtig vom Weizen zu unterscheiden und jegliche Gefahr von den Häuptern Unschuldiger abzuwenden. Sie sollten das Gleichnis, das wir besprochen haben, heranziehen und es auslegen, denn es muß genau befolgt werden, der Herr Christus hat es uns ja nicht umsonst hinterlassen. Es wird gewiß keinen Schaden anrichten und den Lauf der Gerechtigkeit weniger hemmen als auf den richtigen Weg lenken.

Die Fürsten oder — da sie diese Worte doch wohl nicht lesen werden— diejenigen, die ihnen raten dürfen, mögen das sorgfältig beachten.

Man wird nun einwenden, es habe den Anschein, als ob ich bezweckte, daß die schlimmsten Verbrechen vom Staat geduldet würden und die Justiz gehemmt würde, und so dürfe man auf mich als einen Beschützer der Verbrecher nicht hören. So hat, wie ich höre, ganz kürzlich einer von denen gesagt, an die sich diese meine Ermahnungen richten.

Darauf habe ich zu erwidern: Ich weiß freilich nicht, was es mit meinen Zielen für einen Anschein haben mag, aber ich habe ja bereits gezeigt, daß ich nichts anderes will, als was — nicht nur nach meiner eigenen, sondern der übereinstimmenden Auslegung der Gelehrten — das erwähnte Gleichnis Christi vom Unkraut sagen will.

Ich will der Gerechtigkeit nicht in den Arm fallen, ich widersetze mich ihr gar nicht, ich will keine Verbrechen straflos ausgehen lassen, ich will nur dies, was unser Gesetzgeber Christus selbst befohlen hat: daß man das Unkraut nicht ausjäte, wenn zu fürchten steht, daß etwa der Weizen zugleich mit herausgerissen werde. Und ich möchte, daß die es erfahren, die sich rüsten, den Staat zu säubern. Kann das irgend jemandem ein Ärgernis sein, wenn ich die Fürsten über den Willen des höchsten Gesetzgebers aufklären will? Oder hat der Erlöser etwas gelehrt, was verschwiegen werden muß, damit nicht der Anschein erweckt werde, als wollten wir Verbrecher und Hexen in Schutz nehmen und den Lauf der Gerechtigkeit aufhalten? Ja gerade, daß man mir so etwas entgegenhält, damit kann ich um so besser beweisen, was ich eben gesagt habe, nämlich daß die Fürsten ganz gewiß nachdrücklich zur Vorsicht ermahnt werden müssen, wenn man sie zur Inquisition gegen die Hexen antreibt. Diejenigen, die sie so eifrig drängen, mögen mich zwar nicht anhören, dafür heißen sie mich aber in unerhörter Verleumdung einen Fürsprech der Verbrecher, während ich doch nichts anderes sage, als was ich im Evangelium finde. Da hat man wohl alle Ursache, zu befürchten, daß sich die Fürsten vom Übereifer solcher Ratgeber weiter hinreißen lassen als gut ist. So ergibt sich, daß man gerade auch aus diesem Grunde die Fürsten noch eindringlicher zur Sorgfalt und Achtsamkeit ermahnen muß.

Darum sollen die Fürsten auch darauf achten, was das für Leute sind, die so eifrig darauf dringen, das Verbrechen der Magie zu bekämpfen. Denn abgesehen davon, daß, wie gesagt, zu fürchten ist, der Fürst könnte sich durch ihren Eifer zu weit hinreißen lassen, steckt oft noch anderes hinter diesem Eifer, nämlich Habsucht, Unwissenheit usw. Der Fürst sollte hieraus schließen, daß er eher zu bremsen und zögern hat, als so eilig den

Anforderungen derartiger Ratgeber Folge zu leisten. Ich wiederhole also, wenn die Fürsten solche fanatischen Eiferer voll ungezügelter Leidenschaft um sich dulden, dann ist mit Recht zu fürchten, daß sie (wie so häufig geschieht) von der Leidenschaft berauscht, viele Dinge nicht bedenken und verhindern, die den unschuldigen Bürgern gefährlich werden müssen, wenn die Prozesse erst einmal in Gang gekommen sind. So gerät dann zugleich auch der Weizen in Gefahr. Damit das nicht eintritt, wird man den Fürsten raten müssen, nicht nur die Prozesse so vorsichtig wie möglich führen zu lassen, sondern ganz einfach überhaupt keine Hexenprozesse führen zu lassen, denn es wird doch alle Vorsicht vergeblich sein, solange sie solche übereifrigen und unerfahrenen Ratgeber um sich haben. Denn wenn die Leute sich schon nicht scheuen, mir Unrecht zu tun und mich zu verleumden, nur weil ich die Lehre unseres Meisters mir zu eigen mache — wieviel Gerechtigkeit und Mäßigung werden sie armen gefangenen Weiblein angedeihen lassen, die sie ungestraft und obendrein noch unter dem herrlichen Deckmantel der Rechtlichkeit hart anpacken dürfen? Und wenn sie es so an aller Umsicht fehlen lassen, daß sie mir mit ihren Einwendungen selbst die Waffen gegen sich in die Hand geben, — wie umsichtig und weise werden sie da in den schwierigen Hexenprozessen verfahren und entscheiden, denen sich schon die geschicktesten Köpfe nicht gewachsen fühlen?

15. FRAGE

Was es im wesentlichen für Leute sind, die immer die Fürsten gegen die Hexen anspornen?

Ich antworte: Gewöhnlich gibt es ihrer vier verschiedene Gruppen, die ich der Reihe nach aufzählen will.

Die erste Gruppe besteht aus Theologen und Prälaten, die gemütlich und zufrieden in ihren Studierstuben sitzend und mit ihren Gedanken beschäftigt, stets in höheren Regionen schweben. Von dem, was in den Gerichten geschieht, vom Schrecken der Kerker, von der Last der Ketten, den Folterwerkzeugen, dem Jammer der Armen usw. haben sie nichts erfahren. Gefängnisse zu besichtigen, mit bettelarmen Leuten zu sprechen, den Klagen der Unglücklichen Gehör zu schenken, das wäre ja auch unvereinbar mit ihrer Würde und ihren wissenschaftlichen Verpflichtungen. Was können sie da von solchen Dingen verstehen und die Fürsten lehren?

Zu diesen rechne ich auch noch einige zwar sehr fromme geistliche Männer, die aber gar keine Ahnung von den Geschäften und Nichtswürdigkeiten der Menschen haben; sie glauben, alle Richter und Inquisitoren in diesen Hexenprozessen seien genau so fromm und einfältig wie sie selbst, und sehen es für einen unerhörten Frevel an, wenn wir nicht alle Gerichte als unantastbar und unfehlbar verehren.

Wenn dann diese Leute irgendwelche Geschichtchen — oftmals rechtes Altweibergeschwätz — von Zauberern oder auf der Folter erpreßte Geständnisse zu hören oder zu lesen bekommen, dann nehmen sie sie gleich so wichtig, als ob es ein Evangelium wäre, und schäumen von Eifer mehr als von Sachkenntnis. Schreien, man dürfe solche Schandtaten nicht dulden, alles sei voller Hexen, man müsse diese Pest mit allen Mitteln bekämpfen, und Vieles derart. Und da sie so einfältigen Sinnes sind, ahnen sie nirgends eine Gefahr. O diese frommen, guten Männer! Was soll man mit ihnen anfangen, da sie doch nur das Allerbeste für den Staat wollen? Wenn sie wüßten, wie allenthalben Bosheit und Dummheit im Prozeß herrscht, dann würden sie gewiß wie ihr Lehrer Christus rufen: „Lasset beides zusammen wachsen bis zur Ernte." Nun aber sind sie zu rechtschaffen und einfältig, um das einsehen zu können.

Die zweite Gruppe besteht aus Juristen, die nach und nach herausgefunden haben, daß es ein sehr einträgliches Geschäft sein müßte, wenn ihnen die Hexenprozesse anvertraut würden, und sich deshalb um dies Amt bewerben. Alsbald machen sie dann unter dem Anschein der tiefsten Frömmigkeit der Obrigkeit große Angst, wenn sie nicht gegen die Hexerei wütet. Dabei durchschaut natürlich keiner ihre wahren Ziele.

Die dritte Gruppe setzt sich zusammen aus dem unvernünftigen, in der Regel auch noch neidischen und niederträchtigen Pöbel, der sich ungestraft überall mit Verleumdungen an seinen Feinden rächt und seiner Schwatzhaftigkeit nur durch Verunglimpfungen Genüge tun kann. Was darf man denn als besonnener Mensch noch mit gutem Gewissen glauben, solange nicht der öffentlichen Meinung mit harten Strafen die Freiheit, jeden zu verleumden, beschnitten ist? Doch davon will ich noch unten, bei der 34. Frage, sprechen. Hier will ich nur dies eine zu bedenken geben. So ist es dem Volk schon zur Gewohnheit geworden: Wenn die Obrigkeit nicht sogleich auf jedes noch so haltlose Gerücht hin zugreift, foltert und brennt, dann zetert es alsbald hemmungslos, die Beamten hätten für sich selbst, ihre Frauen und Freunde zu fürchten; sie seien von den Reichen bestochen, alle angesehenen Familien der Stadt seien der Magie ergeben, man könne schon bald mit Fingern auf die Hexen weisen, — darum wage die Obrigkeit nicht, einzuschreiten, und Ähnliches mehr, das deutlich zeigt, wie unerhört die Niedertracht des Pöbels ist. Sollte man nun diesen Leuten glauben dürfen, wenn sie sich gegenseitig der Hexerei beschuldigen, da sie ja sogar die Obrigkeit derart grundlos zu verleumden wagen? Dazu wünschte ich, ich könnte nicht auch noch Diener der Kirche, Geistliche aus der oben besprochenen ersten Gruppe nennen, die obendrein selbst solche Gerüchte der Leute über die Obrigkeit fördern, während es doch ihre Pflicht wäre, sie zu bekämpfen.

Als vierte Gruppe kann man diejenigen bezeichnen, die, weil sie selbst Zauberer sind, vor allen übrigen ganz besonders eifrig über die Obrigkeit lärmen, sie gehe zu bedächtig gegen die Hexen vor. Es ist ja schon an vielen Orten vorgekommen, daß diese übereifrigen Hetzer schließlich selbst denunziert, gefangen gesetzt, gefoltert und auf ihr Geständnis hin wie alle andern verbrannt worden sind und auch immer wieder gesagt haben, sie hätten mit ihrem rücksichtslosen Drängen nur ihre eigene Schuld zu verbergen gesucht. So hat man denn auch unlängst einen gewissen Inquisitor sagen hören, er habe soviele Beispiele dieser Art erlebt und müsse es persönlich jedenfalls immer für verdächtig halten, wenn er Leute mit so außerordentlichem Eifer gegen die Hexen hetzen höre. So wie er sprechen noch viele. Ich selbst würde das nicht zu sagen wagen, aber ich will doch folgendes Dilemma aufzeigen. Viele solcher wie ich eben beschrieb, ja, fast unzählige haben gestanden und sind verbrannt worden. Sie haben also entweder unschuldig und nur aus Mißgunst oder sonstwie denunziert leiden müssen, oder aber sie waren wirklich schuldig. Waren sie unschuldig, dann kann man sehen, wie gut unsere Prozesse geführt werden, wenn nicht einmal für die Unschuldigen — und noch dazu so viele — gesorgt worden ist. Wo mögen nur die Gelehrten, von denen die Fürsten sich Rat holen, ihre Gedanken haben, daß sie nicht endlich umkehren? Waren sie aber schuldig, so kann man sehen, wie berechtigt es ist, nach soviel Beispielen den schlimmsten Argwohn gegen alle die zu hegen, die so heftig gegen die Magie eifern. Ich bin persönlich durchaus der Überzeugung, jene Inquisitoren, die (wie oben berichtet) gemeint haben, man müsse den Theologen Tanner auf die Folter spannen, sind unzweifelhaft selbst Hexenmeister und gehören zu dieser vierten Gruppe. Es fehlt mir da nicht an Beweisen, die ich jedoch nur aus dem einen Grunde verschweige, weil ich die Obrigkeit nicht belästigen und mich in Dinge hineinmischen will, die nicht meines Standes sind. Indessen mögen die Fürsten bedenken, was sie tun, und wenn man sie unter dem Anschein der Gerechtigkeit zu diesem schwierigen Unternehmen anspornen will, die Geister prüfen, ob sie von Gott sind. Ich will nicht durchaus bestreiten, daß man das Unkraut vertilgen solle (manche großen Herren wollen hier aus Unkenntnis an der falschen Stelle besonderen Eifer zeigen), doch darf es nur dann ausgerottet werden, wenn das Unkraut wirklich zu erkennen ist und ohne Gefährdung Unschuldiger herausgelesen werden kann. Wir halten das Evangelium in Händen. Wenn es die Ratgeber der Großen schon nicht lesen, so lesen sie doch vielleicht aus Neugierde das, was ich hier geschrieben habe. Darum sage ich es nun schon zum wiederholten Male: So lautet das Gesetz Christi, Matth. cap. 13: Wenn Gefahr droht, daß zugleich der Weizen mit ausgerauft werde, dann darf auch das Unkraut nicht vertilgt werden. Das ist entweder ein Gebot oder lediglich ein Rat Christi. Ist es ein Gebot, dann ist es in sehr ernster Sache erlassen, und wer es übertritt, der wird es schwer büßen müssen. Ist es aber auch nur ein Rat, so mag sich doch jeder Fürst vorsehen, wenn er überhaupt Ratgeber zu sich läßt, aber diesen Ratgeber nicht anhören will.

Doch ich will hiermit zu Ende kommen. Abschließend will ich noch Folgendes zu bedenken geben, was mir aufgefallen und sehr wichtig ist. Die Mehrzahl derer, die in ihren Städten und Dörfern so eifrig auf die Hexeninquisition dringen, bemerken, da sie sich keines Bösen versehen, nicht und sehen es nicht kommen, daß auch an sie schließlich notwendig die Reihe kommen muß, wenn man erst einmal begonnen hat, die Folter hitzig zu betreiben, wenn immer einer den andern auf der Tortur angeben muß und die Prozesse so ständig fortgesetzt werden. Denn die Prozesse können, wie bereits oben dargelegt, keinen Abschluß finden, solange bis alles verbrannt ist. Wenn diese Leute hernach sich selbst denunziert und gefangen sehen, dann machen sie erst die Augen auf und jammern. Doch vergebens! Je eifriger sie früher gegen die Hexen waren, jetzt hält man sie für um so schlimmere Verbrecher, die sich mit ihrem Eifer wie mit einem Mantel decken wollten. Man wird sie auch mit unerträglichen Folterqualen zwingen, das zuzugeben. Sie besteigen mit den übrigen den Scheiterhaufen; insoweit freilich wie viele andere unschuldig, aber doch durch gerechtes, geheimes Gottesgericht deshalb verurteilt, weil sie vorher sich von unbeherrschten Leidenschaften haben verleiten lassen, zügellos und dreist anderer Leute Ehre zu beschimpfen und sich allzu eifrig bemüht haben, ihre Hinrichtung zu erreichen. Wer dies noch nicht weiß, der mag sich vorsehen!

So wagen heutzutage die Besonneneren, wirklich edle und bedeutende Männer, nicht, ihren Fürsten zu diesen Prozessen zu raten, denn sie fangen an, allenthalben Ähnliches mit eigenen Augen zu sehen und zu entdecken.

Jedenfalls sehen die Italiener und Spanier, die anscheinend von Natur aus mehr dazu veranlagt sind, diese Dinge zu bedenken und zu überlegen, deutlich, welch unzählbare Menge Unschuldiger sie hinrichten müßten, wenn sie die Deutschen nachahmen wollten. Darum lassen sie es mit Recht sein und überlassen dies Geschäft, Hexen zu verbrennen, uns allein, die wir ja lieber unserm Eifer nachgeben als bei dem Gebot des Meisters Christus uns zu beruhigen.

16. FRAGE

Wie man sich bei den Hexenprozessen davor hüten kann, daß Unschuldige in Gefahr geraten?

Ich antworte: Man wird so klug und vorsichtig handeln wie nur irgend möglich, wenn man die folgenden Vorsichtsmaßregeln anwendet.

I. Vorsichtsmaßregel. Die Fürsten mögen vor allem dafür sorgen, daß die Beamten, deren sie sich zur Leitung und Entscheidung der Hexenprozesse bedienen, auch wirklich für ein so verantwortungsvolles Amt geeignet sind. Dazu müssen sie in erster Linie gelehrt, besonnen, rechtschaffen, barmherzig und milde sein, damit sie nichts Törichtes, Unbedachtes, Niederträchtiges, Grausames oder Übereiltes tun. Das bedarf ja gar keiner Erläuterung.

Ich will hier niemand einen Vorwurf machen, aber ich kann von der Unerfahrenheit vieler Beamter doch sagen, daß ich immer wieder erstaunt bin, wie wenig sie die Dinge in ihren Folgen übersehen, wieviel Gewicht sie oft den unbedeutendsten Schuldbeweisen beimessen und wiederum für ganz unwichtig halten, was nachdrücklich und ausschlaggebend zugunsten des Angeklagten spricht. Daher kommt es denn, daß auch wenn man ihnen in aller Liebenswürdigkeit und Freundschaft mit ein wenig Vernunft zureden will, sie sich ausschweigen oder ärgerlich werden und es ablehnen, die Sache nach den Regeln von Vernunft und Wissenschaft zu besprechen und zu prüfen.

Ich kann es aber weiter nicht gutheißen, wenn Fürsten, die ihren weltlichen Beamten einen Theologen beiordnen wollen, dann einen großen Gelehrten oder Prälaten mit viel Autorität und Titeln nehmen, zumal wenn er überdies noch heftig und hochmütig ist.

Denn 1. unterdrücken solche Leute mit ihrer Autorität alle anderen und bringen es auf die Weise leicht dazu, daß einzig und allein ihre Ansicht durchdringt. Niemand wagt dann Widerspruch dagegen zu erheben, um sich nicht ihren oder des Fürsten Zorn zuzuziehen, bei dem sie in hohem Ansehen stehen; 2. verfügen diese Männer häufig auch gar nicht über soviel Weisheit und Urteilsfähigkeit, als ihre Titel und ihr großartiges Auftreten verheißen; 3. werden so große Herren leicht nicht die für die Hexenprozesse erforderliche praktische Erfahrung besitzen. Sie werden nicht die Kerker betreten, nicht die Armen freundlich anhören, die in Unrat und Gestank Liegenden trösten noch sich zu anderen ähnlichen Dingen herablassen. Sie werden nur durch fremde Ohren die Wehklagen der Elenden hören und glauben, was Fremde je nach Laune für wahr oder unwahr erklären. Das können die Fürsten ja genau so gut; 4. wird man damit nur die Kosten vermehren, über die doch schon jetzt überall sehr geklagt wird, so daß man bereits zu sagen pflegt, die armen Leute hätten Aussicht, allmählich von der Inquisition verschont zu bleiben, da alle Kassen erschöpft seien; 5. wenn ein Mann von solcher Autorität vielleicht einmal allzu eifrig ist, so ist das dreimal so schlimm, als wenn bei einem anderen der gleiche oder gar noch größerer Eifer sich zu geringerer Autorität gesellte.

II. Vorsichtsmaßregel. Auf nichts muß man so sehr achten als darauf, daß nur solche Männer Richter und Inquisitoren werden, die — wie es auch den Erfordernissen nicht nur der Gesetze sondern ebenso der natürlichen Vernunft entspricht — in zweifelhaften Fällen dem Angeklagten eher günstig als ungünstig gesonnen sind.

Hier wird überall unglaublich gesündigt, und ich begreife nicht, wie auch die Gesetze so bar jeder Gerechtigkeit sein dürfen. Denn es sind doch schon die meisten Menschen derart gegen die gefangenen Hexen eingestellt, daß alles beweiskräftig ist, was nur irgendwie belastend für sie ist, und jeder recht hat, der sie in irgendeiner Weise angreift. Sowie aber etwas zu ihrer Entlastung dienen könnte, jemand etwa Beweise für ihre Unschuld erbringen wollte, und vor allem sie für sich selbst etwas sagen wollten, so ist das alles eitles, nichtiges Zeug und wird in Bausch und Bogen abgetan. Es ist gerade so, als ob man wohl jeden beschuldigen, aber niemanden entschuldigen dürfte. Es hat darum ganz den Anschein, als ob diese ungerechten Menschen nur darauf ausgingen, um jeden Preis jeden zum Verbrecher zu stempeln, dessen sie habhaft werden können. Gelingt ihnen das, dann sind sie guter Dinge und triumphieren. Mißlingt es und kommt statt dessen jemandes Unschuld an den Tag, dann runzeln sie die Stirn, dann brummen und knurren sie mit ihren Freunden, ärgern sich und können es nicht verwinden, während sie sich doch vielmehr freuen sollten. Was ist das für eine Gerechtigkeit? Und wo haben die Fürsten ihre Augen, daß sie das nicht sehen? Oder wenn sie es schon sehen und wissen, wo haben sie ihr Gewissen, daß sie solchen Männern das Richtschwert anvertrauen?

Ich muß hier erzählen, was ich neulich zu hören bekommen habe. Ich sprach mit einem angesehenen Manne aber derartige Fragen und ermahnte ihn, diese verwickelten Fälle mit Ruhe und Besonnenheit zu untersuchen; ich riet ihm, auf das, was einen Angeklagten entlasten könne, nicht weniger zu achten als darauf, was belastend für ihn sein könnte; ich redete ihm endlich zu, eher bereit zu sein, einen Angeklagten freizulassen, sobald er sich dem Gesetz entsprechend durch Überstehen der Tortur oder schon vorher gerechtfertigt habe, als ihn noch gefangen zu halten. Darauf antwortete er mir, er werde dazu ja viel zu sehr von seinem Fürsten gedrängt, aufs tatkräftigste vorzugehen; der Ermahnungen und Befehle sei gar kein Ende; er werde selbst auch beinahe des Verbrechens verdächtigt, wenn er die Sache nicht eifrig betreibe; was könne er da machen? Ich war wie vom Donner gerührt und fragte mich: Kann denn ein deutscher Fürst so gesonnen sein, daß es ihm gleichgültig ist, ob ordnungsmäßig verfahren werde, wenn nur eifrig verfahren wird? Ich kann es nicht glauben, vielmehr, ich weiß, daß keiner so gesonnen ist. Und wenn es doch so wäre, sollten deutsche Fürsten solche Diener, und dazu deutsche, haben, die auch gegen ihr eigenes Gewissen die Prozesse fortführen, nur um ihren Fürsten zu befriedigen? Wäre ich ein Fürst, so wagte ich nicht, auf die Treue derer zu vertrauen, die der Stimme ihres Gewissens so wenig gehorchen und nicht den Mut haben, es mit aller Bestimmtheit zum Grundsatz zu machen, daß sie nicht anders verfahren als sie es mit ihrem Gewissen vor Gott verantworten können, ganz gleich wieviel man ihnen mit Befehlen zusetzen sollte. Auf alle Fälle hege ich ernsthaft die Befürchtung, es werde sich im ganzen großen Deutschen Reich kaum ein einziger Richter oder Inquisitor nennen lassen, der in gleicher Weise bestrebt ist, einen Angeklagten für unschuldig zu befinden, wie er es sich angelegen sein läßt, ihm eine Schuld nachzuweisen, und der für die einmal festgestellte Unschuld eines Angeklagten ebenso eintritt, wie er an einem Geständnis festhält, und sei es auf noch so bedenkliche Weise mit der Folter erpreßt. Gott gebe, daß ich mich täusche; ich halte den obigen Ausspruch für einen unwiderleglichen Beweis, der mich seither an der Überzeugung hat festhalten lassen, daß man unrecht handelt und die Obrigkeit ihr Gewissen arg belastet.

III. Vorsichtsmaßregel. Es muß alles beseitigt werden, was die Inquisitoren und Richter verführen könnte, damit nicht — wie das Sprichwort sagt — die Gelegenheit Diebe mache. So muß ihnen ein festes Gehalt ausgesetzt werden, nicht aber ein Entgelt nach der Kopfzahl der Verurteilten. Denn auch das kann Anlaß zu Ungerechtigkeiten geben, da die Beamten dann von dem Wunsche beseelt sind, es wären eher mehr als weniger Schuldige. Ganz abgesehen davon, daß so etwas eine Schande und Henkersknechts-Art und darum auch mit Recht in der Peinlichen Gerichtsordnung Kaiser Karls V. Art. 205 verboten ist.

Ich würde auch den Fürsten nicht raten, das Vermögen der Verurteilten einzuziehen. Auch hier gibt es ungeahnte Gefahren und Stoff für Gerüchte, denn schon jetzt heißt es überall im Volke, das schnellste und bequemste Mittel, reich zu werden, seien die Hexenverbrennungen; es sei recht einträglich, wenn man den Verdacht vom Dorf in die Stadt auf reichere Familien lenken könne; manche Inquisitoren hätten schon begonnen, sich Häuser zu bauen und ihren Wohlstand zu vermehren; man könne auf die Weise auch Äcker, Landgüter und noch manches andere sich anzueignen suchen. Ich weiß wohl, daß solche Dinge manchmal mehr aus Leichtfertigkeit denn mit wirklichem Grund ausgestreut werden, und doch ist es besser, jeden Anlaß für derartige Redensarten von vornherein abzuschneiden. Man wird einen unbestechlichen Gerechtigkeitssinn nicht mehr mit Sicherheit bei jenem Inquisitor voraussetzen dürfen, der überall durch seine Leute die Bauern gewaltig gegen die Hexen aufhetzen ließ, hernach von ihnen herbeigerufen antwortete, er werde kommen, diese Pest auszubrennen.

Dann schickte er zunächst einige Geldeinnehmer voraus, um für ihn von Haus zu Haus sammelnd eine reichliche Summe zusammenzubringen, daß die Bauern ihn gleichsam mit einem Handgeld einlüden, — wie sie das nennen. Er nahm das gesammelte Geld an, kam und veranstaltete ein oder zwei feierliche Verbrennungen und brachte das Volk noch mehr in Aufregung mit der Erzählung von den Schandtaten und weiteren Absichten, die die nun verbrannten Hexen gestanden haben sollten. Dann tut er so, als müsse er abreisen, und sorgt doch unterdes eifrig dafür, daß die bereits erwähnten Geldeinnehmer ihn an der Abreise zu hindern suchen und den Leuten zu einer erneuten Geldsammlung zureden, um ihn damit bis zur Vertilgung auch des übrigen Unkrauts zurückzuhalten. Das geht so fort, bis er endlich aus dem so geduldig geprellten Dorf sich woanders hin begibt und sich dort derselben Tätigkeit widmet. Mir kommt das ganz wie eine allgemeine Steuer vor, und es wundert mich, daß die Fürsten sie ihren Inquisitoren erlauben und der mächtige Kaiser sie den Fürsten gestattet. Zumal wir ja sehen, daß dies der Schwatzhaftigkeit des Volkes reichlich Nahrung gibt, sodaß beides, ob einer zu diesen wiederkehrenden Sammlungen viel beiträgt oder wenig, von den Verleumdern vermerkt wird. Je nachdem heißt es, man wolle die Rechtspflege nicht fördern, weil man vielleicht für sich oder seine Angehörigen zu fürchten habe, oder man wolle durch seine Freigebigkeit verhindern, daß man für das gehalten werde, was man vielleicht wirklich ist.

IV. Vorsichtsmaßregel. Man wird nur mit Schwierigkeiten geeignete Gerichtspersonen finden können, wie wir sie oben beschrieben haben, nämlich wirklich gelehrte, rechtschaffene usw. Ja, auch wenn sie zu finden wären, so bliebe doch zu fürchten, daß die Gerichte untereinander gar zu verschiedener Meinung wären und die Prozesse zu ungleichmäßig durchgeführt würden, was auch Ärgernis erregen und den Staat beunruhigen kann. Es treten weiter täglich bei dem Verbrechen der Hexerei schwierige neue Fragen auf, die bisher noch nicht in dieser Weise hervorgetreten sind, sodaß die Peinliche Gerichtsordnung Kaiser Karls V. nicht mehr ausreicht. Aus diesen Gründen wäre zu wünschen, daß Seine Majestät der Kaiser eine neue für das ganze Reich bindende Peinliche Halsgerichtsordnung erließe, in der alles mit diesem Verbrechen Zusammenhängende so umfassend geregelt wäre, daß dem Ermessen und der persönlichen Auffassung der Richter so wenig als möglich überlassen bliebe.

V. Vorsichtsmaßregel. Nun ist aber Seine Majestät durch andere hochwichtige Geschäfte und Kriege des Reiches daran verhindert; darum wird es gut, ja dringend notwendig und eine ernste Gewissenspflicht der Fürsten und derer sein, die ihre Ratgeber sind oder sein sollten, daß einstweilen die Fürsten, die eine allgemeine Hexeninquisition anordnen wollen, eine besondere, genaue Verfahrensvorschrift in Strafsachen ausarbeiten lassen, ehe sie an eine so schwierige Aufgabe herangehen. Sie müssen es dann ferner allen ihren Richtern wie auch den Beichtvätern, denen die Seelsorge der Hexen anvertraut ist, zur Pflicht machen, sie sorgfältig durchzulesen und genau zu beachten. Delrio (lib. 5. inquisit. appen. 2. q. 41.) und noch heutzutage Tanner (de Iustit. disp. 4. quaest. 5. dub. 3. num. 81.) und andere gelehrte Geistliche wünschen sich eine solche Verfahrensvorschrift sehr dringend von den Fürsten, weil sie höchst notwendig sei. Sie ist um so unentbehrlicher, als das heute vielfach geübte Verfahren ganz schlecht ist. Und sehr oft, wenn die Gelehrten etwas daran aussetzen und aus den Gesetzen wie aus der Vernunft beweisen wollen, daß man schlecht und unrecht handelt, erreichen sie damit doch nur, daß sie von den Richtern die lächerliche und törichte Antwort zu hören bekommen: ,,Die Praxis ist heute nun einmal so". Da doch nun Recht und Billigkeit vom Verfahren abhängig sind, ist es unbedingt nötig, eine allgemeine Verfahrensvorschrift in Kapitalsachen zu schaffen, aus der sich auch erfahrene, kluge und gewissenhafte Männer, nicht bloß solche untüchtigen, unerfahrenen Rat holen können.

VI. Vorsichtsmaßregel. Bei der Ausarbeitung einer derartigen Verordnung oder Verfahrensvorschrift in Kriminalsachen müssen weiter nicht nur Juristen, sondern auch Theologen und Mediziner mit ihrem Urteil und ihrer Kritik gehört werden. Auch dieses unser Buch wird vielerlei nützliche Anregungen geben können. Sowie dann die Verordnung fertiggestellt ist, muß sie zunächst einigen Akademien zur Beurteilung und Beratung vorgelegt werden. Hernach muß sie den Richtern zur Anwendung übergeben werden mit der Aufforderung, stets darüber zu berichten, falls innerhalb eines Jahres eine gänzlich neue oder jedenfalls noch nicht erschöpfend behandelte Schwierigkeit auftreten sollte oder sich zeige, daß etwas hinzugefügt, gestrichen oder abgeändert werden müsse. Auf Grund dieser Berichte kann dann das Gesetz erneut beraten und zum übrigen Text noch etwas angefügt oder etwas fortgelassen werden. Bei so sorgfältiger Durcharbeitung wird sicherlich am Ende etwas Tüchtiges zustande kommen, und wenn wir so behutsam und vorsichtig sind, wie es in unserer Macht steht, darf man hoffen, der allmächtige, gütige Gott werde es fügen, daß wir nicht durch eigene Schuld unsern Richterstuhl mit unschuldigem Blut besudeln. Solange aber nicht anders verfahren wird, als ich es bis jetzt überall geschehen sehe, und nicht mit allem Eifer für geeignete Gegenmaßregeln gesorgt wird, kann ich mit gutem Gewissen jedem Fürsten nur raten, die Hexenprozesse abzubrechen, wenn er schon damit angefangen hat; hat er noch gar nicht damit begonnen, so mag er die Hände davon lassen, denn es ist ja ganz offenbar, daß diese Prozesse einstweilen vielen Unschuldigen das Leben kosten, deren Blut gewiß zum Himmel schreit. Ich habe das auch kürzlich zur Antwort gegeben, als ich nach meiner Meinung gefragt wurde. Wer einen anderen Rat gibt, der weiß entweder nicht, was vorgeht, oder aber er tut selbst das, worüber ich hier Klage führe und mich unten noch weiter zu beklagen habe. Es ist wohl neulich mit Recht gesagt worden, nur dadurch könnten die allgemeinen Fehlgriffe vermieden und die Gerechtigkeit hergestellt werden, daß man sich letzten Endes an den höchsten Hüter des Rechts, Deutschlands frommen Landesvater Ferdinand II., mit der Bitte wende, den Obrigkeiten zu befehlen, solange inne zu halten, bis sie eingehend über ihre Prozedierweise berichtet hätten, und anzuordnen, daß es in der Zwischenzeit keinem verübelt werden dürfe, wenn er Beschwerde führen wolle.

VII. Vorsichtsmaßregel. Vielfach wird die Meinung vertreten, die Tatsache, daß sie sich vor Strafe sicher fühlten, sei nicht zuletzt die Ursache für die Gewissenlosigkeit der meisten Richter. Der Fürst muß deshalb dafür sorgen, daß er von ihren Verstößen unterrichtet wird, und, wenn sie sich etwas zuschulden kommen lassen, strenge gegen sie vorgehen. Zum Beispiel: Hat ein Richter jemanden ohne ausreichende Indizien foltern lassen, so muß der Fürst ihn zwingen, den Verletzten nach den allgemeinen Grundsätzen des Rechts und der gesunden Vernunft restlos zu entschädigen. Wenn so die Richter merken, daß ihre Nachlässigkeit und Gewissenlosigkeit ihnen nicht straflos durchgeht, dann werden sie schon die nötige Sorgfalt und Mühe auf ihre Tätigkeit verwenden, sodaß die Befürchtungen, von denen hier die Rede ist, entweder ganz wegfallen oder doch verringert werden. Das würde auch am allerschnellsten Abhilfe schaffen und den sehnlichsten Wünschen zahlloser unglücklicher Menschen entsprechen. Doch, wo ist ein Fürst, der zu diesem Mittel greifen wird? Oder vielmehr, wer wird es den Fürsten vorschlagen? Letzthin hat mich jemand gescholten und fand es lachhaft, was ich mir da habe einfallen lassen, daß ich auch nur von ferne zu hoffen wagte, es werde jemals ein Fürst solche Fehler seiner Inquisitoren aufspüren lassen. Ich weiß nicht, ob das wirklich so ist; sollte es jedoch wahr sein, so wäre jedenfalls eine derartige Nachlässigkeit der hohen Obrigkeiten aufs schärfste zu mißbilligen. Ich will hierzu noch erzählen, was sich kürzlich ereignet hat. Es war zwei Edelleuten, deren Namen ich angeben könnte, gestattet worden, einmal frei heraus zu reden, und sie haben daraufhin vor verschiedenen Fürsten über gewisse, mit der Verfolgung der Hexen betraute Inquisitoren allen Ernstes folgendermaßen geurteilt: Man solle ihnen nur Vollmacht geben; sie würden gegen diese Inquisitoren mit ganz genau den gleichen Indizien und Foltermethoden verfahren, wie sie selbst es zu tun pflegten; und wenn sie sie nicht sogleich als unzweifelhaft geständige Hexenmeister auf den Scheiterhaufen schicken könnten, dann wollten sie es mit ihrem Kopf bezahlen. Ich bin bereit, die gleiche Wette einzugehen, und mache mich ohne Rückhalt anheischig, zu beweisen, daß die Gerichtsakten, trotzdem sie heutzutage gar nicht wahrheitsgetreu geführt werden, von vorn bis hinten überall voller Irrtümer stecken, — wenn man mir nur erlauben wollte, sie durchzublättern. Aber was hilft das? Die Fürsten haben all das schon gehört und doch geschwiegen; es hören es ihre Beichtväter und schweigen. Was soll denn da geschehen? Gott sieht es wohl nicht und achtet nicht der Seufzer der Unschuldigen.

17. FRAGE

Ob man in Fällen von Hexerei den Gefangenen die Verteidigung gestatten und ihnen einen Rechtsbeistand bewilligen soll?

Ich sollte mich dieser Frage schämen, aber die Ungerechtigkeit unserer Tage nimmt mir das Gefühl der Scham. Unwissende (oder vielmehr Niederträchtige und Ungerechte, denn so unwissend kann einer schwerlich sein) behaupten, da die Hexerei zu den Sonderverbrechen gehöre, müsse man von vornherein jede Verteidigung abschneiden. Was jedoch in Wirklichkeit davon zu halten ist, will ich nun kurz in zweifacher Antwort auseinandersetzen.

Ich antworte also I.: Wenn das Vorliegen des Sonderverbrechens unstreitig ist, dann wird nach allgemeinem Recht die Verteidigung abgelehnt und ein Advokat versagt; gemäß cap. finale de Haereticis in 6. & lex quisquis, § denique, C. ad leg. Iul. & leg. per omnes, C. de defensione civitatum. Wenn also ein Gefangener zwar nicht leugnet, das Verbrechen begangen zu haben, es vielmehr zugibt, es aber zu verteidigen, d. h. zu entschuldigen sucht, indem er beispielsweise vorschützt, es sei eine ehrliche Kunst oder er sei vom Teufel verführt, dann darf ihm Verteidigung und Rechtsbeistand verweigert werden.

Dies hat seinen Grund darin, daß solche Rechtfertigungsversuche wertlos sind und darum verworfen werden können, gar nicht gehört werden dürfen. Und das zumal die Verwerflichkeit dieses Verbrechens durch übereinstimmendes Urteil aller Gelehrten bereits hinreichend ergründet und festgestellt ist. Aber daran ist ja gar kein Zweifel, und die oben vorangestellte Frage betrifft auch diesen Fall nicht.

Daher antworte ich II.: Solange das Verbrechen noch nicht zur völligen Gewißheit erwiesen ist, muß nach allgemeiner Ansicht die Verteidigung zugelassen und ein Rechtsbeistand bewilligt werden; vgl. Julius Clarus, § haeresis, num. 16. und Farinacius quaest. 39. num. 109. & 167. Das hat auch bei Sonderverbrechen zu gelten, wie richtigerweise die von Delrio und nach ihm von Tanner de Iustitia disp. 4. quaest. 5. dub. 3. num. 76. angeführten Schriftsteller sagen, die Gelehrten zu Ingolstadt, Freiburg, Padua und Bologna, die Verfasser des Malleus, Eimericus, Penna, Humbertus, Simancha, Bossius, Rolandus u. a. m. Doch wozu soll ich hier Schriftsteller aufzählen und mich auf die allgemeine Meinung berufen, als ob die Frage nur mit Hilfe von Autoritäten zu entscheiden wäre? Es ist ja (wie kein vernünftiger Mensch bestreiten wird) ganz einfach ein Satz des Naturrechts, daß du dich verteidigen darfst, solange dir noch keine Schuld nachgewiesen ist. Wenn also ein Gefangener nicht bloß sein Verbrechen entschuldigen, sondern überhaupt jeden Verdacht entkräften will und bestreitet, das Verbrechen begangen zu haben, dessen man ihn bezichtigt, dann muß ihm unbeschränkte Verteidigung gestattet und der beste Advokat bewilligt werden, den er finden kann. Es ist gar nicht daran zu denken, daß man ihm das alles verweigern müßte, weil die Hexerei ein Sonderverbrechen sei; vielmehr muß es gerade auch deshalb um so bereitwilliger gewährt werden, ja, man muß es richticherweise dem Gefangenen aufdringen. Aus folgenden Gründen.

I. Grund. Es ist lächerlich, zu zetern, die Magie sei ein Sonderverbrechen, bevor nicht erwiesen ist, daß der Gefangene sie überhaupt begangen hat. Gesetzt, sie sei ein Sonderverbrechen, sei abscheulich, unheilvoll, sei was sie wolle, — was soll das, wenn hernach der Gefangene bestreitet, sie begangen zu haben? Ja, wenn er das Verbrechen selbst zugibt, dann mag man feststellen, daß ein Sonderverbrechen vorliegt, und verfahren, wie es bei diesen zulässig ist. Aber das ist ja bis jetzt gerade die Frage, ob der Gefangene sich dieses Verbrechens schuldig gemacht hat. Darum ist es hier lächerlich, einem die Schwere des Verbrechens entgegenzuhalten.

II. Grund. Es ist ein Satz des Naturrechts, daß niemandem seine rechtmäßige Verteidigung, so gut sie nur immer möglich ist, versagt oder beschränkt werden darf, sodaß wer es nicht selbst tun kann sich durch einen anderen, der ihm dazu am geeignetsten erscheint, verteidigen lassen kann. Was aber durch Naturrecht geboten ist, das muß bei Sonderverbrechen genau so beachtet werden wie bei gewöhnlichen Vergehen, — was oben bereits ausgeführt ist. Es ist also unsinnig, hier von einer Ausnahme zu reden, weil die Sätze des Naturrechts keine Ausnahmen zulassen.

III. Grund. Verbietet aber, wie gesagt, das Naturrecht, jemandem seine rechtmäßige Verteidigung zu versagen, so darf das desto weniger getan werden, je notwendiger die Verteidigung ist und je größer das Übel ist, gegen das er sich verteidigen will. Zum Beispiel: Wenn das Naturrecht verbietet, mich an der Verteidigung gegen einen Messerstich zu hindern, so darf man mich demnach noch viel weniger daran hindern, mich gegen einen Schuß zu verteidigen. Daraus folgt: Wenn mir das Naturrecht gestattet, mich von einem geringen Vergehen zu reinigen und mich zu verteidigen, so habe ich noch viel mehr das Recht, mich von einem schweren Verbrechen zu reinigen und mich zu verteidigen; zumal, wenn es ein so entsetzliches ist, wie die Magie. Ja, es ergibt sich, daß mir eine um so bessere Verteidigung durch möglichst tüchtige, fähige Advokaten gestattet werden muß, je schlimmer das Übel, das mir droht, und das Verbrechen ist, von dem ich mich zu reinigen habe. Das Naturrecht verbietet also, den Gefangenen hier Verteidigung und Rechtsbeistand zu verweigern.

IV. Grund. Abgesehen vom Naturrecht verlangt die christliche Nächstenliebe ganz das Gleiche. Sie verbietet nicht nur, daß man dich an deiner Verteidigung hindert, sondern verlangt vielmehr, daß man dir dabei helfe und dir die Waffen zu verschaffen suche, damit du es besser tun kannst. Vor allem läßt auch sie umso weniger zu, daß man dich an der Verteidigung hindert, je größer die Gewalttat und das Übel ist, die du von dir abwenden möchtest, sondern fordert, daß man dir umso bereitwilliger beistehe und rasch die besten Waffen in die Hand gebe. Aus alledem ergibt sich, was ich dartun wollte: Es darf bei einem Sonderverbrechen niemanden verweigert werden, sich so gut und vollständig zu verteidigen als möglich; die Verteidigung muß hier sogar in viel weiterem Umfange zugelassen werden, als bei einem gewöhnlichen Verbrechen. Wer anders verfährt, der verstößt in hochwichtiger Sache gegen das Naturrecht und das Gebot der christlichen Nächstenliebe und macht sich demnach einer Todsünde schuldig. Ist es denn aber möglich, daß ein fürstlicher Ratgeber so einfältig sein sollte, das nicht zu wissen, oder so nachlässig, nicht darauf aufmerksam zu machen? Wir wissen nämlich von etlichen Inquisitoren vorzüglicher, hochgeachteter Fürsten, die nicht bloß die päpstliche Abendmahlsbulle, ja sogar die Exkommunikation nicht fürchten und ohne besondere Erlaubnis des Apostolischen Stuhles Hand an geistliche Personen legen, sondern sich auch gar nicht scheuen, das auf Grund von Indizien zu tun, über die jeder Abc-Schütze lachen müßte, und schließlich noch gründlich dafür zu sorgen, daß sie sich nicht irgendwie verteidigen können. Und das heißt man natürlich um der Gerechtigkeit willen geeifert, damit wir ein Recht haben, Unrecht zu tun und alle Freiheit der Geistlichen, die wir doch besonders schützen sollten, zu vernichten. Wenn man aber schon geistlichen Personen in so empörender Weise die Möglichkeit der Verteidigung nimmt, und sie, was sie auch tun mögen, zu Recht oder Unrecht schuldig heißen müssen, was haben da wohl andere, geringere Leute zu hoffen? Es verwundern sich viele, daß die Geistlichkeit nicht bei der gehörigen Stelle hierüber Beschwerde führt.

V. Grund. Ich will aber noch deutlicher machen, wie dumm und unsinnig, nein, vielmehr niederträchtig es ist, wenn die Leute den Gefangenen bei einem besonders schweren oder Sonderverbrechen einen Rechtsbeistand verweigern wollen, den sie bei anderen Vergehen ruhig bewilligen. Darum soll der Leser nun von mir hören, wie sie verfahren, denn folgendermaßen wird es gemacht.

Es klagt mich einer wegen Diebstahls an. Das ist ein arger Schandfleck auf meiner Ehre. Also gestatten mir diese klugen, tüchtigen Leute ungesäumt, mich zu verteidigen, mich von der Schande reinzuwaschen und, wenn ich das nicht selbst sachgemäß tun kann, mir einen Anwalt zu nehmen, der für mich auftritt.

II. Ein anderer klagt mich des Ehebruchs an. Das ist eine noch größere Schande. Also wird mir abermals erlaubt, mich auch von diesem Schimpf zu reinigen.

III. Ein Dritter klagt mich der Hexerei an. Das ist die denkbar schlimmste, allergrößte Schande. Folglich verbieten sie mir sofort, mich zu verteidigen und zu rechtfertigen, und geben als Begründung an: die Magie bedeute eine ungeheure Schande, sei das gräßlichste, tödlichste

Verbrechen, darum dürfe ich mich nicht reinzuwaschen versuchen.

Wer sollte sich nicht über eine derart meisterhafte Beweisführung entrüsten! Sie müßte ja das gerade Gegenteil beweisen. Eben weil es das allerschwerste Verbrechen ist, was man mir vorwirft, die größte Beschimpfung, die man mir antut, müßte ich mit umso größerem Eifer, umso besseren Hilfsmitteln dafür sorgen dürfen, daß es nicht auf mir sitzen bleibt. Ich schäme mich für Deutschland, daß wir in so wichtiger Sache nicht besser zu argumentieren verstehen. Was sollen die anderen Nationen dazu sagen, die schon jetzt immer über unsere Einfalt sich lustig machen? Es ist wirklich empörend; nicht einmal ein kleines Kind möchte es für richtig halten, jemandem gegen den Angriff einer giftigen Schlange die Hände zu binden, ihm aber zur Vermeidung eines Flohbisses beide Hände freizugeben. Ich will hier einfügen, was mir unlängst ein hochangesehener Mann erzählt hat, der selbst auch viele Jahre lang Richter war. Ein gewisser Fürst, dessen Name hier nichts zur Sache tut, hatte die Hexen einige Jahre hindurch mit aller Strenge verfolgt. Da geschah es, daß auch ein Geistlicher festgenommen wurde. Sein Orden rührte sich und verlangte Erlaubnis zu seiner Verteidigung. Der Fürst wollte das rundweg abschlagen, fragte aber gleichwohl den genannten Richter nach seiner Ansicht. Da der antwortete, es müsse die Verteidigung unbeschränkt zugelassen werden, berichtete der Fürst den Fall einer gewissen deutschen Universität, von der er das gleiche Gutachten erhielt. Unmutig meinte darauf der Fürst: „Wenn so allen Gefangenen die Verteidigung hätte gestattet werden müssen, — wieviel Unschuldige haben wir dann bis jetzt umgebracht!"

Recht so! Und wieviel haben bis heute auch andere aus diesem Grunde umgebracht und tun es noch täglich! Gott zählt sie gewißlich und wird ihre Zahl zu seiner Zeit beim Gericht vorbringen. Wenn sich die Obrigkeiten nicht in acht nehmen, werden sie mit ihrem Feuereifer erreichen, daß sie im anderen Leben im Höllenfeuer brennen. Kluge und gelehrte Männer sollten das auch den Königen ins Angesicht sagen und sich nicht irre machen lassen, denn es ist die Wahrheit. Trotzdem wollte der oben erwähnte Fürst einfach weiter prozessieren lassen, weil er andernfalls seine bisherigen Prozesse hätte verdammen müssen. Das ging so lange, bis einer den Aufgeregten zum Aufhören brachte indem er ihm sagte, wenn bisher gesündigt worden sei, so dürfe man deshalb nicht weiter sündigen; ein früheres Vergehen könne man durch ein neues niemals aus der Welt schaffen, sondern nur noch vergrößern.

18. FRAGE

Welche Ergebnisse aus dem vorher Gesagten abzuleiten sind?

Ich antworte: Nachstehende Ergebnisse können daraus abgeleitet werden; sie konnten zwar schon während des Lesens deutlich werden, aber ich will sie doch, damit sie sich dem Leser umso sicherer einprägen, im Folgenden der Reihe nach anführen.

I. Ergebnis. Es ist unrecht, jemandem, der sich verteidigen will, er sei kein Zauberer, einen Rechtsbeistand zu verweigern.

II. Ergebnis. Es ist schon unrecht, wenn man ihm nicht möglichst den besten Anwalt oder doch den gibt, den er selbst vielleicht zu haben wünscht.

III. Ergebnis. Ebenso unrecht ist es, ihn nicht an sein Recht zu erinnern oder ihn eindringlich darüber zu belehren, wenn er selbst nichts davon weiß oder nicht daran denkt.

IV. Ergebnis. Man soll ihm eher bei der Verteidigung helfen und alles Erforderliche bewilligen, statt ihn irgendwie zu behindern.

V. Ergebnis. Man soll sich auch freuen, nicht zornig die Stirne runzeln, wenn Beweise für die Unschuld der Gefangenen zutage kommen.

VI. Ergebnis. Je schwerer das Verbrechen, dessen einer beschuldigt wird, desto schwerer versündigt sich, wer ihm die Verteidigung verweigert. Bei dem Verbrechen der Magie ist es darum eine besonders schwere Sünde.

VII. Ergebnis. Wenn die Beschuldigten ins Gefängnis kommen, sind ihnen ein paar Tage zu gewähren, während derer sie sich sammeln und überlegen können, wie sie sich am besten verteidigen. Dagegen ist es unrecht, sie unmittelbar nach der Gefangennahme sofort zur Folter zu schleppen. Denn sie sind sonst infolge dieser plötzlichen Veränderung ihrer Lage bestürzt, nicht genügend geistesgegenwärtig und gerüstet, sich vollständig und gut zu verteidigen. Das Naturrecht aber und die gesunde Vernunft verlangen, wie wir sahen, daß ihnen die Verteidigung unbeschränkt gesichert sei.

VIII. Ergebnis. Es muß den Beschuldigten unbedingt eine Abschrift der gegen sie vorgebrachten Indizien ausgehändigt werden. Wenn nämlich schon Rechtsbeistand und Verteidigung gewährt werden müssen, so ist nicht ersichtlich, wie man ihnen eine solche Abschrift verweigern könnte. (Siehe darüber mehr bei Tanner, de Justitia, disp. 4. q. 5. dub. 3. num. 73.) Dementsprechend mißbilligt auch Delrio irgendwo die entgegengesetzte Übung gewisser Gegenden. Anderseits ist zu beachten, daß nach dem Malleus Sprengers (Pars 3.) die Namen der Belastungszeugen den Beschuldigten und ihren Anwälten dann nicht mitzuteilen sind, wenn den Zeugen mit Rücksicht auf die Machtstellung der Gefangenen irgendeine Gefahr drohen könnte; besteht keine Gefahr, so müssen die Namen mitgeteilt werden, wie es auch bei anderen Prozessen die Regel ist.

IX. Ergebnis. Den Personen, deren die Beschuldigten sich zu ihrer Verteidigung bedienen wollen, darf der Zutritt zum Gefängnis nicht verwehrt werden. Das ist auch in der Peinlichen Gerichtsordnung Kaiser Karls V. art. 14 bestimmt. Darum habe ich es immer für besonders unrecht gehalten, wenn man verhindert, daß ein

Gelehrter, nach dem die Beschuldigten verlangen, zu ihnen gelangt, aus Furcht, er könnte ihnen Beweise an die Hand geben, den Tatverdacht zu entkräften. Dabei wäre dies doch sehr zu wünschen, wenn dadurch die Unschuld eines Gefangenen an den Tag gebracht werden könnte. Kürzlich hat ein Priester einigen Richtern in aller Stille unter vier Augen aus ihrem Protokoll bewiesen, daß sie gegen etliche Beschuldigte einen rechtswidrigen Prozeß geführt haben; aber sie haben daraufhin nur die Betreffenden hinrichten lassen und angeordnet, daß dieser Geistliche künftig zu keinem Gefängnis mehr Zutritt erhalten solle. Ich höre jetzt übrigens, daß noch mehreren das gleiche geschehen ist.

X. Ergebnis. Der Richter hat selbst dafür zu sorgen, daß es den Gefangenen nicht an Advokaten fehlt.

XI. Ergebnis. Advokaten, die in Hexenprozessen nicht tätig sein wollen und andere davon abschrecken, sind Dummköpfe. Doch nein, ich muß mich berichtigen: Sie tun wohl daran. Wehe dem, der sich in diesen Prozessen für einen Beschuldigten einsetzen will; er zieht sich selbst einen Prozeß zu, als ob er womöglich selbst nicht ganz unerfahren in der Zauberkunst wäre, — wie schon oben dargelegt ist. Wehe, so ist es heutzutage um die Freiheit bestellt! Wenn einer nur wagt, einem Angeklagten beizustehen, dann macht er sich schon selbst verdächtig. Ja, ich sage noch mehr, verdächtig oder wenigstens verhaßt macht sich auch, wer es hier nur wagt, in aller Freundschaft die Richter zu warnen. Deshalb will ich auch dieses schon längst von mir verfaßte Warnungsbuch nicht im Druck veröffentlichen, sondern teile es unter Geheimhaltung meines Namens als Manuskript nur einigen wenigen Freunden mit. Mir macht das Beispiel des frommen Theologen Tanner angst, der mit seinem völlig zutreffenden, klugen Buch sich nicht wenig Feinde gemacht hat.

XII. Ergebnis. Der Angeklagte kann gegen den Beschluß, ihn foltern zu lassen, appellieren. Das beweist der Gesetzestext in l. 2. C. de Appell. recip., und weiter entspricht das der übereinstimmenden Meinung der Gelehrten Bartolus, Baldus, Marsilius, Cotta, Follerus, Gomez, Prosper Caravita, Brunus und anderer, die Farinacius (quaest. 38, nu. 10.) anführt.

XIII. Ergebnis. Schreitet der Richter ungeachtet solcher Appellation zur Tortur und erpreßt er damit ein Geständnis vom Angeklagten, so ist dies Geständnis ganz unwirksam und keine geeignete Grundlage zur Verurteilung. So die genannten Autoren bei Farinacius (ebenda nu. 17. & 22.).

XIV. Ergebnis. Auch wenn auf Grund von gesetzmäßigen Indizien gegen den Angeklagten auf die Tortur erkannt ist, darf er doch nicht gefoltert werden, wenn auf der anderen Seite auch entlastende Indizien vorhanden sind, die genau so für seine Unschuld sprechen wie jene für seine Schuld. Denn billigerweise hebt eine Vermutung die andere gänzlich auf. (Vgl. Menochius, de praesump. l. 1. q. 29. & 30. und Mascard. de probat. l. 3. conclus. 1224. n. 4.ff.). Farinacius (q. 38. n. 112.) sagt auch, wenn zwei entgegengesetzte Vermutungen, eine belastende und eine entlastende, einander gegenüberstehen, dann ist immer der das Verbrechen ausschließenden der Vorzug zu geben. Er behauptet weiter, nach einhelliger Meinung der Gelehrten, deren er eine große Anzahl zitiert, sei das auch dann richtig, wenn die zugunsten des Angeklagten vorgebrachten Indizien ein wenig schwächer sind, als die belastenden. Ich frage aber, wer beachtet das heutzutage? Wer paßt auf, ob es beachtet wird? Freilich wundere ich mich, was diejenigen wohl für Gewissen haben mögen, die nicht besser Sorge für das Seelenheil der Fürsten tragen sondern zu allem stillschweigen.

XV. Ergebnis. Höchst unrecht ist es, so zu tun als ob den Beschuldigten ihre Verteidigung gewährt würde, und dabei in Wirklichkeit nichts weniger zu tun als das. Auf daß darum die Fürsten erfahren, was es bei vielen ihrer Inquisitoren zu bedeuten hat, wenn sie erklären, sie ließen

Bild 3

stets die Verteidigung zu, Gaia's Verteidigung sei gehört worden, habe jedoch nicht bestehen können usw., auf daß sie desgleichen erfahren, auf welche Gründe hin sie die Angeklagten der Folter unterwerfen, — da mögen sie hören, daß an vielen Orten folgendermaßen prozediert wird. Der Inquisitor läßt die Gefangene zu sich rufen. Er sagt, es sei ihr ja nicht unbekannt, weshalb sie gefangen sei, die und die Indizien seien gegen sie vorgebracht, sie solle sich also dazu äußern und sich rechtfertigen. Antwortet sie und widerlegt sie auch — wie ich es selbst oft erlebt habe — ganz genau die einzelnen Verdachtsmomente, sodaß nicht das geringste dagegen zu sagen ist und die Haltlosigkeit der ganzen Anklage mit Händen zu greifen ist, so wird ihr gleichwohl doch nur gesagt, sie solle in ihr Gefängnis zurückgehen und es sich besser überlegen, ob sie bei ihrem Leugnen bleiben wolle, man werde sie nach ein paar Stunden wieder rufen; und das ohne ein weiteres Wort, ohne daß näher auf ihre Einlassung eingegangen würde, gerade als ob sie in den Wind geredet oder den Steinen Märchen erzählt hätte. Während sie ins Gefängnis zurückgebracht wird, schreibt man ins Protokoll, die Angeklagte sei in der Vernehmung beim Leugnen geblieben, und es wird beschlossen, sie deshalb foltern zu lassen.

Wenn sie dann wieder hervorgerufen ist, bekommt sie lediglich zu hören: Wir haben dich heute hier vernommen und du hast geleugnet. Wir haben dir Zeit gelassen, dich eines Besseren zu besinnen und von deiner Halsstarrigkeit abzustehen. Was hast du nun also zu sagen? Willst du weiter hartnäckig bleiben und leugnen? Wenn du weiter leugnest, — hier ist das Protokoll: Das decretum Torturale (wie sie es nennen) ist bereits abgefaßt. Wenn die Gefangene daraufhin noch bestreitet, dann wird sie zur Folterung abgeführt. Von dem, was sie zur Widerlegung der Indizien vorgebracht hat, ist überhaupt keine Rede, gerade als ob alles schon durch bloßes Schweigen abgetan wäre, und es würde ganz dasselbe sein, ob sich die arme Frau nun verteidigte oder ob sie es bleiben ließe.

Wozu hat man sie denn überhaupt verhört? Warum sie aufgefordert, sich zu rechtfertigen, wenn nichts sie je zu rechtfertigen vermag? Hat denn jemals eine dort gestanden, die nicht zur Folter geschleift worden wäre, mochte sie sich auch gerechtfertigt haben, soviel sie wollte? Aber Gott ist mein Zeuge: Ich habe häufig so eingehende Rechtfertigungen angehört, daß ich, der ich doch wirklich an scholastische Disputationen gewöhnt bin, keine Zweifelsfrage mehr finden konnte, die nicht restlos geklärt wäre. Ich weiß auch noch andere, die das gleiche unter ihrem Eide bestätigen wollten. Nur die Fürsten sind irgendwie von Gott gestraft, daß sie es nicht wissen, sondern sich ganz anders unterrichten lassen müssen. Darum werden zwar die Indizien der Inquisitoren gegen die Angeklagten sorgfältig in den Akten aufgezeichnet, daß aber die meisten davon nicht vollständig bewiesen sind oder, falls sie wirklich bewiesen sein sollten (was selten genug vorkommt), was gegen sie vorgebracht ist oder wie sie gänzlich widerlegt sind, — das wird mit keinem Wörtchen erwähnt. Wenn ich recht bedenke, was ich schon gesagt habe und was ich noch weiter zu sagen habe, dann muß ich wirklich fürchten, daß die Obrigkeiten, die die Hexeninquisition anordnen, sich selbst die ewige Verdammnis aufladen; das heute dabei gebräuchliche Verfahren ist eben dermaßen gefährlich.

XVI. Ergebnis. Aus dem eben Ausgeführten folgt, daß notwendig die Inquisitoren die schwersten Fehler machen müssen, auch wenn sie „gemäß dem, was vorgebracht und bewiesen ist," verfahren. Das müssen die Fürsten und ihre Ratgeber genau bedenken, denn aus Unkenntnis der Redewendungen werden allenthalben hier Irrtümer begangen. Viele Inquisitoren haben heute nämlich eine Menge von Indizien, die nicht gesetzmäßig bewiesen sind; trotzdem erklären sie, sie verführen gemäß dem, was vorgebracht und bewiesen sei, wenn sie diese Indizien ihrem Verfahren zugrunde legen. Deshalb muß der Prozeß rechtswidrig sein, auch wenn sie gemäß dem verfahren, „was vorgebracht und bewiesen ist". Denn „vorgebracht und bewiesen" ist gleichbedeutend mit „vorgebracht und nicht bewiesen sondern sogar widerlegt". Das ist der wahre Sinn ihrer Worte. Damit aber niemand meint, ich hätte das alles aus Gehässigkeit erfunden, so mache ich mich anheischig, es zu beweisen; mißlingt es, dann mag man mich als Verleumder nach dem Gesetz bestrafen. Viele von meinen Freunden wundern sich, wenn sie dies lesen, und fragen ob es denn wirklich so sei. Solchen erwidere ich immer, es fehlten ihnen ja die einfachsten Grundlagen auf diesem Gebiet; aber ich hätte keine Lust, mir die Mühe zu machen, sie ihnen auseinanderzusetzen. Sie möchten nur zu Gott beten, daß er Fürsten aufstehen lasse, die Wert darauf legen, die Wahrheit zu erfahren und die Ausdrucksweise der Inquisitoren zu durchschauen. Es werden sich dann schon Männer finden, die bereit sind, sie zu erklären, wenn sie es nur dürfen.

XVII. Ergebnis. Ein Prozeß, in dem man den Beschuldigten ihre rechtmäßige Verteidigung verweigert hat, ist nichtig und ungültig, und der Richter ist — wie auch sein Fürst — zur Genugtuung verpflichtet. Wenn die Ratgeber und Beichtväter der Fürsten nicht darauf hinweisen und es an der rechten Belehrung fehlen lassen, dann sind sie alle gleicherweise schuldig und werden von Gott strenge bestraft werden.

XVIII. Ergebnis. Hat man auch einmal ein paar Priester auf mangelhafte Indizien hin verhaftet, so ist es nur recht und billig, wenn man ihnen wenigstens mit Rücksicht auf ihren angesehenen Stand und auf die katholische Kirche für einige Tage oder auch nur für einen einzigen im Gefängnis Schreibzeug bewilligt, damit sie eine kurze Bitt- oder Verteidigungsschrift an ihren Fürsten oder den Kaiser abfassen können. Könnten sie einen noch geringeren und berechtigteren Wunsch äußern? Ich glaube, nicht einmal barbarische Heiden würden ihren Götzenpriestern diese kleine Gnade vor ihrem Tode abschlagen.

XIX. Ergebnis. Es ist auch kein ungerechtfertigtes Verlangen, daß die Gefangenen in ihrem letzten Stündlein einen Beichtiger haben dürfen, den sie selbst gewählt haben, und nicht einen, den die Richter ihnen aufdrängen. Ich finde es empörend, daß kürzlich sogar einem Pfarrer diese Freiheit, zu beichten wem er wollte, verweigert worden ist. Sollen wir etwa glauben, daß das den obersten Häuptern der Christenheit bekannt ist?

XX. Ergebnis. Ebenso ist auch dies kein ungerechtfertigter Wunsch: Sollte etwa einmal ein Priester, dessen Lebenswandel und Ruf immer ohne Tadel waren, ungerechter- und niederträchtigerweise in eine Falle gelockt und verhaftet werden, dann aber doch noch durch ein Wunder aus Ketten und Kerker freikommen, — dann müßte es ihm erlaubt sein, seine Rechtfertigungsschrift im Deutschen Reich drucken zu lassen und zu erzählen, wie man dabei mit ihm umgegangen ist. Freilich unter der Bedingung, daß er sich dem verehrungswürdigen Kaiser wieder zur Verfügung stellt, um direkt ins Gefängnis zurück und in den Tod zu gehen, wenn er nicht alle seine Behauptungen rechtmäßig durch Zeugen beweisen kann.

19. FRAGE

Ob man diejenigen, die wegen Hexerei gefangen sind, alsbald für unbedingt schuldig halten soll?

Die Frage erscheint töricht, und sie würde es in der Tat auch sein, wenn mich nicht so manches Priesters Einfalt und Übereifer (ich nenne es freilich gewöhnlich Unwissenheit, Unvorsichtigkeit und Mangel an Urteilsfähigkeit) zu fragen nötigte. Ich wollte, ich dürfte es nicht sagen. Es gibt nämlich, — wie ich höre — Geistliche, die, sooft sie die Kerker besuchen, auf die unglücklichen Gefangenen einreden, sie drängen, bestürmen, quälen und ermahnen, ihre Schuld zu gestehen; und zwar derart, daß man gar nichts anderes annehmen kann, als daß sie sich fest eingeredet haben, es könne auch nicht eine einzige von ihnen unschuldig sein.

Derweil mögen diese Unseligen jammern und reden soviel sie wollen, mögen sich erbieten, ihren Fall zu erklären, die Hintergründe ihrer Verdächtigung aufzudecken, mögen verlangen, doch wenigstens angehört zu werden, ja, auch nur mit dem Priester als geistlicher Person ohne Zeugen vertraulich sich aussprechen und um Rat fragen zu dürfen, irgendeinen Trost zu erhalten, und was gepeinigte Menschen derartiges noch zu bitten pflegen. Sie finden nur taube Statuen, einzig von dem Wunsche beseelt, sie fortwährend der Hexerei zu beschuldigen und sie, als ob sie durchweg schuldig wären, unersättlich mit schönen Namen zu belegen. Da heißt man sie halsstarrig, verstockt, widerwärtige Huren, Besessene, Teufelsfratzen, stumme Kröten, Höllenknechte usf.

Es kommt noch hinzu, daß diese Geistlichen vor Richtern, Gefängnisaufsehern und Henkern nur fortwährend Ermahnungen wiederholen, die Gefangenen nachdrücklich zu verhören und zu foltern. Die und die scheine besonders verstockt zu sein, gewiß halte der Teufel ihr das Maul verschlossen, sie habe einen teuflischen Blick, sie wollten unbesorgt ihr Leben dafür verwetten, daß es wahrhaftig eine Hexe sei, und was es sonst noch dergleichen maßloser Behauptungen mehr gibt. Darum haben schon einige Gefangene gesagt, (Doch was sage ich „einige"? Alle Tage hört man es von unzähligen!) sie wollten sich lieber sogar vom Scharfrichter selbst besuchen lassen als von solch einem Pfarrer. Er habe ihnen schon mit seiner Barschheit mehr zuleid getan als der Henker mit all seinen Marterwerkzeugen. Auf der anderen Seite waren die Gerichtsbeamten nicht wenig froh, wenn sie endlich einen solchen geistlichen Vorgesetzten bekamen, der ihren Eifer nicht bloß im Zaume hielt und lenkte sondern ihn vielmehr noch mächtig anschürte. Ich habe selbst mehr als einen von diesen Pfarrern gesehen und gehört. Daß es ihrer noch mehr geben muß, ergibt sich daraus, daß man von den Inquisitoren erzählt, sie sagten immer wieder, wenn andere Geistliche maßvoll und vorsichtig sind, die könnten sie nicht gebrauchen. Solche übereifrigen, unwissenden aber, wie wir sie beschrieben haben, die nichts besitzen als ihren Atem, mit dem sie sich groß tun, solche erkaufen sie mit Pfründen und Almosen oder machen sie sich wenigstens mit Essen und Trinken gefügig. Was ich davon halte, will ich nun zu der vorangestellten Frage auseinandersetzen, weil es dort von Bedeutung ist.

Ich antworte daher: Es darf keinesfalls geduldet werden, daß von den Gefangenen alsbald angenommen wird, sie seien schlechthin schuldig, und daß deshalb so verfahren wird, wie ich es eben von gewissen Priestern berichtet habe. Und Folgendes sind meine Gründe.

I. Grund. Ich habe oben gezeigt, daß tatsächlich schon einige Unschuldige zugleich mit Schuldigen hingerichtet worden sind. Folglich sind nicht stets alle Gefangenen schuldig. Folglich darf das nicht beharrlich angenommen werden. Folglich darf man ihnen zweckmäßigerweise nicht hart zusetzen, als ob sie schuldig wären, und ihnen alles Gehör versagen. Sie mögen es nur zur Sprache bringen, wenn sie einen Wunsch haben. Eines Geistlichen Pflicht ist es, sie anzuhören, ihnen zu raten und allen — seien sie schuldig oder unschuldig — mit geistlicher Tröstung und Hilfe beizustehen.

II. Grund. Die Richter gehen selbst davon aus, daß nicht feststeht, jede Gefangene sei wirklich schuldig. Deswegen nämlich schreiten sie zur Folter oder Peinlichen Frage: weil der Fall noch nicht geklärt ist. Wäre er es, so dürfte man nicht zur Tortur greifen, wie ich noch unten, bei der 39. Frage, ausführen will.

III. Grund. Es lehren alle Theologen und Rechtsgelehrten, man müsse, solange ein Fall noch nicht geklärt ist, die günstigere Lösung annehmen. Denn das verlange das Gebot der Nächstenliebe und das Gesetz, wie sie weitläufig ausführen. Deshalb haben die Kaiser Honorius und Theodosius ein sehr weises Gesetz gegeben, indem sie sagen: „Wir befehlen, daß nicht jeder, der vor Gericht verklagt wird, sogleich für schuldig gehalten werden darf, auf daß wir nicht die Unschuld treffen und unterdrücken." (leg. 17. C. de accusationib.) Es ist nur stümperhafte Einfalt, alle Gerichte und ihr Tun für so gewissenhaft zu halten, daß nicht häufig in aller Öffentlichkeit schwere Fehler begangen würden. Hierher passen auch folgende Worte eines Evangelienerklärers, die ich heute zu der Gefangenschaft Johannes des Täufers las: „Nicht jeder, der ins Gefängnis geworfen und dort festgehalten wird, ist ein Übeltäter. Denn es waren dort oft ganz Schuldlose wegen falscher Anschuldigungen usw. gefangen. Oftmals mißbrauchen die Obrigkeiten und Fürsten dieser Welt ihre Macht."

IV. Grund. Einem Priester steht nur christliche Sanftmut und Güte an. Diesen Eigenschaften aber widerspricht all das, was oben von gewissen unbesonnenen Geistlichen berichtet worden ist. Das wird jedem Betrachter leicht klar werden. Wir wollen es hier aber nicht noch stärker hervorheben, weil es besser den Augen des Volkes vorenthalten bleiben sollte.

V. Grund. Gesetzt auch, es wären die Gefangenen, die ein solcher Priester in der beschriebenen Weise drangsaliert, wirklich schuldig, so weiß er das doch nicht sicher. Ja, selbst wenn er es bestimmt wissen sollte, so würde doch auch dann noch diese rücksichtslose Quälerei unziemlich und unangebracht sein. Die Gefangenen würden nur viel verstockter gemacht als wenn sie mit der geistlichen Personen anstehenden Güte und Freundlichkeit zur Wahrheit ermahnt würden. Können sie auf diese Weise nicht dazu gebracht werden, ihre Schuld zu bekennen, was liegt daran? Man muß sich eben in Geduld fassen. Wir haben getan, was mit Schicklichkeit und gutem Gewissen zu tun war. Gleichwohl will ich nicht in Abrede stellen, daß — sofern sanftere Mittel erfolglos versucht worden sind — in gewissen Fällen oft strengere Vorhaltungen nützlich sind. Aber doch nur in der Weise, daß man immer wieder zu väterlicher Freundlichkeit zurückkehrt, damit die Gefangenen spüren, daß wir voll großer Liebe um ihret- und ihres Seelenheils willen ihnen fromm und aufrichtig raten wollen, nicht als ob wir sie gleichsam mit Gewalt zu Verbrechern machen wollten.

VI. Grund. Gerät nun aber eine Unschuldige (wie es doch sehr viele sein können) an einen so hartnäckig unwissenden Mahner, was wird sich eher ereignen, als daß sie die Verzweiflung oder eine tödliche Schwermut packt? Denn von allen verlassen, muß sie nun obendrein erkennen, daß auch die Hoffnung, bei ihrem geistlichen Vater Trost zu finden, sie getrogen hat. Es ist ganz gewiß keine Lüge, wenn ich behaupte, ich weiß, was das schon manchem für Seufzer und Klagen abgepreßt hat. Aber Gott wird es sehen und Rechenschaft fordern, nicht nur von den Priestern, die sich hier versündigen, sondern auch von denen, die so urteilslose Menschen auf einen verantwortungsvollen Posten stellen. Dies letztere betone ich, weil an manchen Orten zu beobachten war, daß geistliche Orden solche Priester in diese Ämter geschickt haben, die sich durch Mangel an Urteilskraft, durch Heftigkeit oder dadurch, daß sie trotz völliger Unwissenheit von ihrer Klugheit überzeugt waren, oder auch durch all das zugleich sich auszeichneten, sodaß es nachher wegen der Beschwerden nötig wurde, andere zu schicken.

VII. Grund. Wenn so unbesonnen mit den Beschuldigten umgegangen wird, dann steht zu fürchten, daß viele von ihnen in der Beichte die Unwahrheit sagen, dadurch Gott lästern und ihr Seelenheil gefährden.

Ich will erzählen, was ich von einem gewissen Geistlichen weiß, der kaum weniger als zweihundert der Magie Beschuldigte zum Scheiterhaufen geleitet hat. Wenn er im Gefängnis ihre Beichte anhören sollte, dann pflegte er vorher zu fragen, ob sie ihm ihr Verbrechen beichten wollten, so wie sie es auf der Folter vor dem Richter getan hätten. Er werde ganz einfach keine anhören, die sich nicht schuldig bekennen wolle. Wenn sie das also nicht stets schon vor der Beichte versprachen, sondern zögerten und nur allgemein erklärten, sie wollten in der Beichte die Wahrheit sagen, dann pflegte er sie gänzlich abzuweisen, mit dem Hinzufügen: dann sollten sie eben ohne Beichte und heiliges Abendmahl wie die Hunde verrecken. So ist noch jede — sie mag schuldig gewesen sein oder nicht — gezwungen worden, sich in der Beichte schuldig zu bekennen und sich demgemäß hinrichten zu lassen, weil sie nicht nochmals auf die Folter gespannt werden oder nach dem Ausdruck des Priesters wie ein Hund verrecken wollte. Das hat ganz kürzlich ein hochangesehener Doktor der Rechte öffentlich an der Tafel zum Lobe dieses Geistlichen erzählt, als eine ausgezeichnete Kriegslist, die Wahrheit herauszubringen. Ich aber habe staunend ein großes Kreuz geschlagen und geseufzt. Und das umso mehr, als dieser Doktor der Rechte selbst Inquisitor und jener Priester ihm als Hexenbeichtiger beigeordnet war. Freilich, der Deckel paßt zum Topfe! Daraufhin habe ich dann selbst voll Wißbegierde die Gefängnisse aufgesucht, um zu beobachten, ob es wirklich so ist. Ich brauche nicht erst zu sagen, was ich dort wahrgenommen habe.

Ich entsinne mich nämlich einer Stelle, die Tanner irgendwo aus dem Prediger Salomo Kap. 4. v. 1. zitiert: „Ich wandte mich zu anderen Dingen und sah die Bedrückungen, die unter der Sonne geschehen, die Tränen der Unschuldigen, und wie kein Helfer ist: Wie sie ihrer Gewalt nicht widerstehen können und allerseits der Hilfe beraubt sind. Da pries ich die Toten glücklicher als die Lebendigen und hielt für glücklicher als beide den, der noch nicht geboren ward und die Übeltaten nicht gesehen hat, die unter der Sonne geschehen." Doch es gibt auch noch andere Geistliche, die sich nicht gescheut haben, die oben beschriebene Kriegslist nachzuahmen. Ich weiß deshalb nicht, was ich von ihren geistlichen Oberen halten soll, wie sie es mit ihrem Gewissen vereinbaren können, hierauf nicht acht zu geben.

VIII. Grund. Allzu unbedacht und einem Priester gar nicht anstehend sind auch jene letzten Redensarten, die ich ebenfalls mitgeteilt habe: Die und die scheine besonders verstockt zu sein, gewiß halte der Teufel ihr das Maul verschlossen, sie habe einen teuflischen Blick; sie wollten unbesorgt ihr Leben dafür verwetten, daß es wahrhaftig eine Hexe sei. Wenn ein Gassenbube so spräche, müßte man ihn zurechtweisen. Wieviel mehr aber müßte das von einem Geistlichen gelten, der sich doch davor hüten sollte, daß er solchen und anderen Beschuldigten zum Anlaß furchtbarer Martern und des Todes wird und dadurch sich der Irregularität schuldig macht. Freilich wissen diese Dummköpfe wohl nicht, was Irregularität ist und wie sie begangen wird. Neulich habe ich von einem Pfarrer gehört, der sich übrigens — so die Götter wollen — für recht gelehrt hielt. Er pflegte die Richter anzufeuern, die und die, die er einzeln benannte, festzunehmen und zu foltern. Er redete ihnen weiter zu, auch auf die Jugend gewisser Knaben keine Rücksicht zu nehmen. Einzelne von ihnen seien offenbar schon alt genug, um bestraft zu werden, man könne sie unbedenklich hinrichten; auf Besserung sei doch nicht zu hoffen. Er half auch eifrig dabei, Mitschuldige ausfindig zu machen, deren Namen er selbst in seinem Merkbüchlein aufschrieb. Er wohnte ferner den Folterungen bei, gab Anweisung und Anleitung, wie man die Schuld der Angeklagten noch deutlicher erkennen könnte, und noch vieles derart, was mir beinahe schon wieder entfallen ist. Was kann sich der aber schon um Irregularität gekümmert haben? Darum war es kein Wunder, wenn die Inquisitoren, selbst genau so tüchtig, einen so ausgezeichneten Bundesgenossen als ihnen vom Himmel herab gesandt über die Maßen gefeiert und bewundert haben, der zum Neide aller spintisierenden Theologen allein die ganze Verfahrenspraxis beherrsche. In was für unglücklichen, unwissenden Zeiten leben wir doch! Was nützt es, die Wissenschaften studiert zu haben, wenn die Unwissenheit so hoch in Ehren steht? Die Beichtväter mögen auch noch lesen, was ich unten bei der 30. Frage zu sagen habe, wo ich ihnen Anweisungen gebe.

20. FRAGE

*Was von der Folter oder Peinlichen Frage zu halten ist?
Ob es wahrscheinlich ist, daß sie häufig auch
für Unschuldige Gefahren birgt?*

Ich antworte: Im großen ganzen steht es so mit der Folter: Wenn ich mir das, was ich von ihr gesehen, gehört und gelesen habe, in der Erinnerung hin und her überlege, dann kann ich nicht anders urteilen, als daß sie nach allen Gründen der Wahrscheinlichkeit auch Unschuldige oft in Gefahr bringt und unser deutsches Land mit Hexen und unerhörten Verbrechen anfüllt. Und nicht nur Deutschland, sondern so geschieht es mit jedem anderen Land, das sich anschickt, sie auszuprobieren. Meine Gründe sind die folgenden.

I. Grund. Die allenthalben angewandte Tortur ist ungeheuerlich und verursacht übermäßig furchtbare Schmerzen. Mit furchtbaren Schmerzen aber ist es so: Wenn wir ihnen dadurch entgehen können, dann scheuen wir nicht einmal den Tod. Es besteht also die Gefahr, daß viele der Gefolterten, um sich den Qualen der Tortur zu entziehen, ein Verbrechen gestehen, das sie gar nicht begangen haben, und daß etliche sich irgendwelche Missetaten andichten, die ihnen von dem vernehmenden Beamten eingegeben werden oder die sie sich selbst schon vorher zu bekennen vorgenommen haben.

II. Grund. Das ist so weit zutreffend, daß mir mehrere wirklich starke Männer, die wegen des Verdachts schwerer Verbrechen die Folter durchgemacht hatten, hoch und heilig versichert haben, sie könnten sich kein noch so entsetzliches Vergehen denken, dessen sie sich nicht sofort beschuldigen würden, wenn sie sich mit einem solchen Geständnis nur eine Weile vor so furchtbarer Qual retten könnten. Ja, ehe sie sich nochmals dorthin schleppen ließen, würden sie lieber zehnmal mit festem Schritt in den Tod gehen. Wenn es wirklich andere gibt, die sich auf der Folter lieber in Stücke zerreißen lassen als ihr

Schweigen zu brechen (wie es Aelianus in seiner Historia varia lib. 7. cap. 8. von den Ägyptern berichtet), so sind die heute freilich selten und oft durch nicht ehrliche Künste gegen jedes Schmerzgefühl gefeit. Darum wird in lex 1.ff. de quaestionibus die Tortur mit Recht als unsicher und gefährlich bezeichnet; es heißt dort nämlich: „Es ist in den Gesetzen verordnet, daß man der Tortur nicht stets, aber doch zuweilen vertrauen soll. Sie ist in der Tat unsicher, gefährlich und irreführend. Denn viele achten vermöge ihrer Standhaftigkeit oder Unempfindlichkeit gegen Schmerzen der Folter so wenig, daß man auf keine Weise die Wahrheit aus ihnen herausbringen kann. Wieder andere sind so schwach, daß sie lieber jede Lüge sagen als die Tortur ertragen wollen. So kommt es denn, daß sie die verschiedensten Geständnisse ablegen und nicht nur sich selbst sondern auch andere in Gefahr bringen." Darum sagt auch Cicero in seinen Partitiones: „Um dem Schmerz zu entgehen, haben immer wieder viele auf der Folter gelogen und wollten lieber auf ein falsches Geständnis hin sterben als leugnen und Schmerzen erleiden." Und in Pro Sylla ruft er ebenso wirkungsvoll wie richtig aus: „Man droht uns, man wolle unsere Sklaven verhören und foltern lassen. Dabei brauchten wir eigentlich keine Gefahr zu fürchten. Aber dort auf der Folter regiert der Schmerz, er beeinflußt jeden an Leib und Seele, dort herrscht der Untersuchungsrichter, da beugt der nackte Trieb den Willen, verdirbt die Hoffnung den Charakter und macht die Furcht zum Schwächling, sodaß unter soviel Angst und Not kein Raum mehr für die Wahrheit ist..."

III. Grund. Damit auch die Größe der Folterqualen und die Schwäche mancher Menschen deutlicher wird, dies Beispiel. Die Beichtiger, die etwas Erfahrung haben, werden wissen, daß es viele gibt, die zunächst auf der Folter jemanden fälschlich beschuldigt haben, dann aber bei der Beichte hören, daß sie nicht losgesprochen werden können, ehe sie nicht diejenigen, die sie damit zu Unrecht in Lebensgefahr gebracht haben, wieder retten.

Sie wenden dann gewöhnlich ein, das könnten sie nicht tun, aus Furcht, sie würden, falls sie widerriefen, erneut auf die Folter geschleppt werden. Wenn demgegenüber der Beichtvater dabei bleibt, sie dürften bei Strafe der ewigen Verdammnis nicht Unschuldige in Verdacht stehen lassen, es müsse ein Weg gefunden werden, den Denunzierten zu helfen, dann antworten sie nicht selten: sie seien ja bereit, jenen Unschuldigen auf jede Weise beizustehen, aber wenn das nur unter der Gefahr möglich sei, wieder auf die Folter zu kommen, dann könnten und wollten sie es nicht, auch wenn es um ihr Seelenheil ginge. Daraus ergibt sich für mich Folgendes. Wenn die Folter vielen Leuten so entsetzlich und unerträglich erscheint, daß sie lieber die ewige Verdammnis als die Tortur auf sich nehmen, dann muß jeder besonnene, vernünftige Mensch mir zustimmen und glauben können, wenn ich sage: Die Folter bringt die große Gefahr mit sich, daß, sofern nicht ernstlich vorgebeugt wird, die Schuldlosen die Zahl der Schuldigen vermehren helfen.

V. Grund. Von mir selbst muß ich bekennen, ich kann derartige Mißhandlungen so wenig ertragen, daß ich mich sicherlich gleich von Anfang an jeder Missetat beschuldigen und lieber den Tod als solche Qualen hinnehmen würde, wenn man mich zur Peinlichen Frage schleppte. Umso mehr, als es (wie ich nach übereinstimmender Meinung der Theologen annehme) keine Todsünde ist, wenn man sich, von Folterqualen gezwungen, schuldig bekennt. Genau dasselbe habe ich von vielen sehr gewissenhaften Männern gehört, die sonst die schönste Standhaftigkeit und glänzende Tapferkeit zeigen; angesichts der Schwäche des Menschen und der Furchtbarkeit dieser Schmerzen haben sie von sich auch nicht mehr als nur menschliches Verhalten zu versprechen gewagt. So brauche ich mich gewiß nicht der Torheit zeihen zu lassen, wenn ich die Befürchtung ausspreche, die Tortur preßt, wo sie bei schwachen Weibern angewandt wird, ganz falsche Geständnisse heraus und es geraten auf diese Weise Unschuldige wie Schuldige in Gefahr und Schmerzen. Hierzu lese und bedenke man auch, was hinten, im Anhang gesagt ist.

V. Grund. Die Gefährlichkeit des Hexenprozesses wird aber noch durch die Anlagen des weiblichen Geschlechts selbst erhöht. Jeder weiß, was für ein schwaches Geschöpf das Weib ist, wie unfähig, Schmerzen zu ertragen, und wie geschwätzig es ist. Wenn, wie gesagt, nicht einmal gewissenhafte Männer so charakterfest sind, daß sie den Tod nicht den Qualen der Folter vorziehen, was soll man da von jenem gebrechlichen Geschlecht erwarten?

VI. Grund. Die Gefahr wird ferner dadurch erhöht, daß die Anwendung der Folter auf — wie mir jedenfalls scheint — ganz nichtige Gründe hin beschlossen wird. Nämlich schon auf ein bloßes Gerücht, auf Denunziationen oder auf alles beides hin, während von Rechts wegen doch keinem von beiden eine Bedeutung beigemessen werden sollte, wie ich unten an seiner Stelle, bei der 34., der 44. und den folgenden Fragen zeigen werde.

VII. Grund. Die Gefahr wird ferner dadurch erhöht, daß man beim Verbrechen der Hexerei in der Regel noch schärfere Folterwerkzeuge zur Anwendung bringt als bei anderen Vergehen, und daß man — wie ich in diesen Tagen hörte — die bisher gebräuchlichen Foltermittel in manchen Gegenden für zu milde hält und deshalb auf neue sinnt. Dabei lehrt Farinacius (lib. 1. Tit. 5. q. 38, nu. 57.) auf Grund allgemeiner Ansicht, daß das selbst bei den allerschwersten Verbrechen nicht zulässig sei. Das ist ja wohl eines Phalaris oder Perillus aber nicht eines Christenmenschen würdig, wie Petrus Gregorius Tolosanus (synt. lib. 48. cap. 12. nu. 25.), Julius Clarus (lib. 5.), Brunus und andere richtig bemerken. Wenn schon die bisher verwandten Werkzeuge so gefährlich sind, wie ich ausgeführt habe, was soll geschehen, wenn wir neue Grausamkeiten ersinnen? Gleichwohl erlauben es heute selbst kirchliche Obrigkeiten ihren Beamten.

VIII. Grund. Die Gefahr wird ferner dadurch erhöht, daß man im allgemeinen bei der Hexerei nicht bloß — wie gesagt — schärfere Foltermittel anwendet, sondern

Bild 4

sich auch außerdem niemand ein Gewissen daraus macht, wieviel hier an der Art und Dauer der Anwendung der Tortur zuviel getan wird. So ist es merkwürdig, daß es bei jedem andern Vergehen Beamte gibt, die sich in der Beichte solcher Übergriffe schuldig bekennen, daß es hier aber keinen gibt, der so etwas beichtete, und keinen Beichtiger, der danach fragte. Dabei ergibt sich doch aus solchen Übergriffen die Verpflichtung zur Genugtuung und Abbitte. So weiß ich, daß viele an übermäßigen Folterqualen gestorben sind, daß auch viele fürs ganze Leben unbrauchbar gemacht und etliche derart zerfleischt und zerrissen worden sind, daß bei der Hinrichtung der Henker nicht gewagt hat, ihre Schultern wie gewöhnlich zu entblößen, um nicht durch den grausigen Anblick das Volk in Aufruhr zu bringen. Manche mußten noch auf dem Wege zum Richtplatz beseitigt werden, damit sie nicht, ehe sie hinkamen, tot zu Boden sanken, usw. Trotzdem wird es bis jetzt keinen geben, der nicht das beste Gewissen von der Welt hätte, oder der sich in seinem Gewissen auch nur ein wenig zur Genugtuung verpflichtet fühlte.

Um nun von der Dauer der Folter zu reden: Der Schmerz bei der Tortur ist gewiß schon fürchterlich, wenn sie eine halbe Viertelstunde, ja, auch nur die Hälfte dieser Zeit dauert. Wie muß es erst sein, wenn sie eine volle Viertelstunde, eine halbe oder eine ganze Stunde währt? Mag nun deshalb Papst Paul III. in einer Bulle — enthalten in der Sammlung der Bullen, pars I. fol. 471 — verboten haben, einen Angeklagten lange, also beispielsweise eine Stunde lang zu foltern; — desungeachtet sehen heutzutage selbst die mildesten Richter (von den strengeren gar nicht zu reden) so wenig eine Sünde darin, daß sie es sich ganz zur Gewohnheit gemacht haben, die Folter bis zu einer ganzen oder zwei halben Stunden auszudehnen. Daher heißt eine Folterung unzureichend, die nicht so lange gedauert hat; wie ich unten bei der 23. Frage ausführen werde.

Wer soll das ertragen können? Wer wird nicht lieber

sterben und mit tausend Lügen sich von solchen Schmerzen loskaufen wollen? Wenn noch immer einige auch diese Zeit schweigend durchhalten, ohne eine Lüge zu sagen, so steckt etwas dahinter, woran noch wenige gedacht haben. Aber ich habe durch Erfahrung den wahren Grund erkannt, der zu denken geben sollte. Fast alle glauben nämlich, sie begingen eine Todsünde und würden unrettbar verdammt, wenn sie unschuldig ein so schreckliches Verbrechen wie die Magie auf sich nähmen. Darum kämpfen sie mit allen ihren Kräften gegen die unerträglichen Schmerzen, um sich nicht so schwer gegen ihre Seele zu versündigen. Endlich, wenn ihre äußersten Kräfte aufgebraucht sind, unterliegen sie schließlich doch den Qualen. Und dann verzehren sie sich zuletzt im Gefängnis in unglaublichem Kummer und verfallen oft in Verzweiflung, weil sie glauben, es sei nun ganz um ihr Seelenheil geschehen, wenn sie nicht jemanden finden, der ihnen beisteht und sie eines Besseren belehrt. Diejenigen übrigens, die der Ansicht sind, sie dürften, von Folterqualen gezwungen, fälschlich ein Verbrechen auf sich nehmen, ertragen freilich nicht so viele Schmerzen sondern helfen sich früher gegen sie und nehmen jede Lüge auf sich. Ich weiß wohl, was ich sage, und beschwöre alle Beichtiger bei der Barmherzigkeit Gottes, sich als rechte Geistliche zu erweisen, demütig, sanftmütig, besonnen und schlicht, wie es unser Gesetzgeber Christus von allen den Seinen verlangt hat. Sie werden dann manches einsehen, von dem sie bis jetzt noch nichts wissen. Sie werden dann auch, wie es schon jetzt täglich mit vielen geschieht, allmählich ihren Eifer dämpfen lernen und mit offeneren Augen wahrzunehmen beginnen, wie es nicht Leichtfertigkeit ist, wenn ich fürchte, es werde viel unschuldiges Blut vergossen.

IX. Grund. Die Gefahr wird ferner dadurch erhöht, daß, obwohl die Folterinstrumente fürchterlich genug sind, die Richter und so manche anderen das nicht einsehen wollen. Ich entnehme das aus der von ihnen oft gebrauchten Redewendung, eine Angeklagte habe sich ohne Tortur schuldig bekannt. Ich habe es mit eigenen Ohren nicht nur ein einziges Mal von Richtern und auch Pfarrern sagen und damit beweisen gehört, die Angeklagten müßten demnach unzweifelhaft schuldig sein. Es ist erstaunlich, wie weit schließlich die Sprache mißbraucht werden darf. Als ich nämlich hierauf nachzuforschen begann, ob es denn wirklich so wäre, da kam ich dahinter, daß sie sämtlich gefoltert worden waren. Aber doch nur mit einer breiten eisernen Presse, deren vordere, mit scharfen Zähnen versehene Platte fest auf die Schienbeine — wo man besonders empfindlich ist — gepreßt wird; dabei spritzt das Blut zu beiden Seiten heraus und das Fleisch wird zu Brei zerquetscht! Das verursacht naturgemäß einen Schmerz, den auch die kräftigsten Männer unerträglich gefunden haben. Und doch nennen jene das: Ohne Folter gestehen! Das verbreiten sie im Volk, das schreiben sie den Fürsten: Sie hätten keinen Zweifel an der Schuld der Hexen, da ja viele sie sogar ohne Tortur eingestünden. Was werden da die schon einsehen können, die für solche Schmerzen kein Verständnis haben? Wie sollen da die um ein Gutachten angegangenen Gelehrten urteilen und entscheiden, die noch nicht einmal die Sprache, die Fachausdrücke der Inquisitoren verstehen? Wo bleibt aber auch die Lehre aller Kriminalisten, daß die Furcht vor der Tortur schon der Tortur gleich zu achten sei und darum nicht ohne gewichtige Indizien geweckt werden dürfe? Wenn es heute schon so weit gekommen ist, daß die Folter selbst keine Folter ist, was soll da erst die Furcht vor der Folter sein?

X. Grund. Die Gefahr wird ferner dadurch erhöht, daß wir heutzutage die Tortur ohne Unterschied gegen jeden zur Anwendung bringen. Ich fürchte, wir wollen auf diesem Gebiet es selbst den Heiden an Grausamkeit zuvortun, die doch im Altertum mit dauernden blutigen Kriegen und grausamen Gladiatorenspielen alle Tage ihre Blutgier absichtlich anreizten. Denn bei ihnen wurden ja ausschließlich nur Sklaven auf der Folter verhört;

nur sie wurden so mißhandelt. Was waren das aber auch für Sklaven und Gauner? Man lese die Komödiendichter, Terentius, Plautus und andere Poeten, und man wird finden, daß es sich um eine Art Blütenlese besonderer Verworfenheit, den Abschaum der Nichtswürdigkeit handelte: Erzlügner, Betrüger, Meineidige, von Kindesbeinen an zu jeder Tücke, jedem Verbrechen abgerichtet, nur an Peitschen-, Riemen-, Geißel- und Stockschläge gewöhnt und abgehärtet, diese Schmerzen zu ertragen. Also lediglich gegen sie, deren Nichtswürdigkeit schon vorher bekannt war, wurden solche grausamen Folterungen durchgeführt. Wenn man sich auch einmal in ihnen getäuscht haben sollte, so würde der Schaden doch nur gering gewesen sein, da sie schon vorher den Tod so gut wie verdient hatten. Gegen andere Bürger jedoch, von deren Widerstandskraft und Schlechtigkeit noch nichts bekannt war, wurde die Tortur nicht angewandt. Man fürchtete mit Recht, sie würden allzu leicht, auch der Wahrheit zuwider, dem Schmerz nachgeben. Wir aber, die wir doch seit Christi Gesetz wenigstens ein bißchen milder geworden sind, wir wenden die Folter bei jedem beliebigen an, bei dem wir noch nichts von solcher Verworfenheit wissen, noch davon, ob er gewohnt ist, Schmerzen zu ertragen.

XI. Grund. Die Gefahr wird ferner noch durch den allzugroßen Übermut und die Eigenmächtigkeit der Henker erhöht. Ich hatte geglaubt, daß Würde und Ansehen der Richter den Henkersknechten nicht erlaubten, auch nur mit einem Wörtlein zu mucksen, sondern sie hätten einfach nur das auszuführen, was die Richter ihnen befehlen. Nun sehe ich aber, daß gerade sie an manchen Orten regieren und nach ihrem Gelüsten die Art der Folterung bestimmen. Sie selbst sind es, die drängen, nicht ablassen zu fragen. Sie setzen den in der Folter Hängenden mit Schelten zu, sie drohen ihnen mit rauher Stimme, falls sie nicht gestehen wollen. Sie verschärfen auch die Folterqualen und steigern sie bis zur Unerträglichkeit. Darum wird es dann als glänzendes Meisterstück mancher Scharfrichter erzählt, daß noch jeder Angeklagte unter ihren Händen schließlich habe reden müssen. Und solche zieht man herbei, wenn die andern nicht mehr mitmachen, sie genießen den Vorzug. Auch wenn man nicht damit rechnen müßte, daß ihre Habgier und angeborene Grausamkeit sie Maß und Ziel vergessen machte, so sollte indessen doch schon die bloße Verachtetheit ihres Standes ihnen alles selbständige Handeln und Reden verbieten.

XII. Grund. Die Gefahr wird ferner durch die Gewissenlosigkeit und das geradezu unerträglich rechtswidrige Verfahren vieler Verhörrichter erhöht, die die Folterung leiten. Die Gesetze verbieten nachdrücklich, jemanden auf der Folter unter Nennung von Namen nach Mitschuldigen oder Mittätern zu fragen. So heißt es in leg. 1. ff. de Quaestionib. „Beim Verhör soll nicht im einzelnen gefragt werden, ob Lucius Titius den Mord begangen hat, sondern nur allgemein, wer es getan hat. Denn das andere wäre mehr eine Beeinflussung als eine Frage. Und so hat es der göttliche Trajan befohlen." Ebenso ist es in der Peinlichen Gerichtsordnung Kaiser Karls V. Art. 31 verboten. Und das muß auch jedem die gesunde Vernunft sagen. Das Gesetz deckt sich mit ihr und muß deshalb auch bei Sonderverbrechen Geltung haben. Trotzdem gibt es heute Richter, die es wagen, das Gegenteil zu tun, und es den Angeklagten geradezu in den Mund legen, wen sie beschuldigen sollen. Ich will hier folgendes Beispiel erzählen. Vor einigen Jahren kam ich in einer Gegend Deutschlands, wo man die Verfolgung der Hexen in großem Umfange und streng betrieb, mit einem ernsten, weißbärtigen Manne, der dort viel Ansehen genoß, zufällig ins Gespräch. Wir redeten von den Hexenverbrennungen und dann von der ungeheuren Menge von Hexen. Als ich meine Verwunderung hierüber ausdrückte, sagte er seufzend, „Gott, der alle Menschen sieht, wird wohl wissen, ob alle, die jetzt Strafe erleiden, auch wirklich schuldig sind. Ich habe nämlich selbst auch in früheren Jahren im Gericht gesessen. Aber mein Gewissen hat mich schließlich getrieben, mich zurückzuziehen. Ich konnte die Unnachgiebigkeit des Richters durchaus nicht ertragen, konnte sie aber auch nicht hindern." Darauf ich: „Was für eine Unnachgiebigkeit?" „Beim Verhör"; antwortete er, „wenn nämlich Angeklagte in der Folter hingen und sich selbst schon schuldig bekannt hatten, aber noch nach anderen gefragt, standhaft erklärten, sie wüßten keinen anderen, dann fragte er, ‚Kennst du denn die Titia nicht auch? Hast du sie nicht beim Hexensabbat gesehen?' Wagte dann eine zu antworten, sie wisse aber doch gar nichts Böses von ihr, dann wandte der Richter sich zum Henker und sagte, ‚Zieh, spanne die Stricke an!' Wenn das geschah, und die Gefolterte, vom Schmerz übermannt, schrie: ‚Ja, ja! Halt ein, Henker! Ich kenne sie, ich kenne die Titia und habe sie gesehen, ich will es nicht mehr leugnen!' dann wurde diese Beschuldigung in die Akten eingetragen. Und danach fragte er dann alsbald auf die gleiche Weise nach Sempronia. Wenn anfangs über sie gleichfalls nichts herauskam, dann befahl er schleunigst dem Scharfrichter, anzuziehen, bis auch Sempronia schuldig hieß. Und so ging es nacheinander wegen noch anderer fort, bis er aus jedem noch so sehr sich Sträubenden mindestens drei oder vier weitere Hexen herausgepreßt hatte." Was soll man dazu sagen? Der alte Mann hat es mir doch als die reinste Wahrheit berichtet. Der Leser mag sich nun selbst ein Urteil bilden, wie es kommt, daß wir so viele Hexen in Deutschland haben. Er mag urteilen, ob es unsinnig und töricht von mir ist, mich dahin auszusprechen, daß oft auch Unschuldige durch die Folter in Gefahr gebracht werden. Zweimal wehe aber den Fürsten, die strenge die Hexen verfolgen möchten und doch nicht sorgfältiger auf ihre Richter acht geben! Kaum hatte ich das geschrieben, da kam ein Freund von mir dazu, und auf seine Frage, worüber ich nachsänne, wiederholte ich ihm, was ich hier geschrieben habe. Da sah er mich verwundert an, lachte laut und meinte: „Warum streichst du das Beispiel, das du da erzählst, nicht gleich wieder aus? Es braucht doch keine Beispiele bei etwas so Alltäglichem und Allbekanntem. Das macht heute nicht nur der eine Richter, von dem du erzählst, das machen viele. Das ist eine ganz gebräuchliche, häufig angewandte Methode. Ich war selbst schon dabei, habe es mitangesehen und mit diesen Ohren mitangehört. Darum waren denn auch kürzlich die Rechtsgelehrten in einer gewissen Gegend nicht wenig stolz, als ob sie sich ein großes Verdienst um ihre Landsleute erworben hätten. Sie hatten nämlich einen Inquisitor, der im Lande wütete, dahin gebracht, daß er dort nicht unter Nennung von Namen nach Mitschuldigen fragte und auch nicht fragte, ob in diesem oder jenem Haus, jener Gasse, jenem Bezirk eine Hexe sei — während er in anderen Gegenden, wo er keinen Widerspruch fand, auf die geschilderte Weise weiter wütete."

Was soll ich da sagen? Nochmals wehe den Fürsten! Kann es denn ohne schwere Sünde möglich sein, daß derjenige, der es doch am besten wissen sollte, nichts davon weiß, während sogar ich davon weiß, der es doch nicht zu wissen brauchte? Aber was wollen wir tun? Ihre Ratgeber und Beichtväter schweigen, sie wissen genau so wenig von all dem, was vorgeht. Darum rühren sie weder ihr eignes noch ein fremdes Gewissen.

Daher wird es — wie ich hernach auch selbst allmählich bemerkt habe — allgemein von vielen Vernehmungsrichtern so gemacht, daß sie den Angeklagten ganz genau oder so gut wie genau in den Mund legen, was sie über ihre Mitschuldigen, ihre Verbrechen, über Zeit und Ort der Hexentänze und jede beliebige andere Einzelheit antworten sollen. Und da sie auf diese Weise mehreren das Gleiche eingeben, können sie dann bei Fürsten und anderen mächtig viel Aufhebens davon machen, daß so viele Angeklagte über genau die gleichen Punkte völlig gleichlautende Aussagen gemacht hätten. Ist Deutschland denn so blind? Glauben etwa die Obrigkeiten, sie dürften über diese für Unschuldige so gefährlichen Verstöße der Vernehmungsrichter hinwegsehen, ohne sich selbst aufs schwerste zu versündigen? Indessen hat erst neulich ein Kirchenprälat eine ähnliche Vernehmungsmethode gelobt. Er sagte nämlich, es habe ihm gefallen, daß irgendein niederträchtiger Inquisitor seine Weiblein ausgefragt habe, ob sie keinen Pfarrer oder Geistlichen beim Hexensabbath gesehen hätten. Wirklich ein glänzendes Verfahren! Als ob so durch Eingeben nicht schließlich jeder Stand in Gefahr gebracht werden könnte! So hat dann auch ein bedeutender Mann, als ihm das zu Ohren kam, richtig entgegnet, man solle jenem Prälaten sagen, es wäre doch wohl noch besser, die Weiblein zu fragen, ob sie nicht auch einen Prälaten gesehen hätten, und wenn sie es bestritten, dann sollte man sie so lange quälen, bis sie es zugäben, usf. Denn sie würden den einen genau so gut nennen wie den anderen, wenn nur der Vernehmungsrichter nicht mit Eingeben und der Henker nicht mit seinen Stricken sparte. Und solche Gelehrten beraten die Fürsten; ihren Übermut und ihre Unwissenheit muß der Staat ertragen. Jener Fürst jedoch hat weise Umsicht walten lassen, der neulich einem seiner Inquisitoren den ausdrücklichen Befehl gab, weder im Allgemeinen noch im Besonderen nach geistlichen Personen zu fragen. Trotzdem bedaure ich ihn sehr, weil er nicht weiß, daß dieser Inquisitor das bis jetzt so gut wie gar nicht befolgt. Denn ich glaube, in diesen wichtigen Fragen genügt ein Fürst nicht seiner Gewissenspflicht dadurch, daß er etwas Richtiges anordnet, solange er nicht auch die Ausführung seiner richtigen Befehle überwacht. Wenn ein noch so gewissenhafter Fürst seinem weltlichen Inquisitor einen Geistlichen beiordnen will, der mit seiner Autorität darüber wachen soll, daß nichts Übereiltes gegen die Geistlichkeit unternommen wird, dann wird freilich darauf zu achten sein, daß er nicht — worüber viel geklagt wird — mit dem weltlichen Richter verwandt sei, noch ihm, wenn er für übermütig, habgierig und unwissend gilt, im Auftreten und an Grausamkeit gleiche.

Es wäre vielleicht besser, geheime Bevollmächtigte zu haben; wie bereits oben (9. Frage. VIII. Grund) gesagt. Derweil gefällt mir die geistreiche Erfindung jenes Inquisitors sehr, von dem ich neulich hörte. Wenn er in einer Stadt mit Gefangennehmen und Foltern anfing, dann habe er zu allererst gefragt, ob einer von den Ratsherren auf dem Hexensabbat erschienen sei. Versteht sich, damit, wenn erst einmal die Obersten des Orts beseitigt wären, er dann um so leichter den übrigen großen Haufen zur Schlachtbank treiben konnte.

XIII. Grund. Die Gefahr wird ferner dadurch erhöht, daß nicht nur die Vernehmungsrichter diese Beeinflussung üben, sondern gerade auch die Henkersknechte viel Erfahrung darin haben und umso größere Erfolge mit dieser Kunst erzielen, je weniger die Inquisitoren davon wissen, — wenn sie wirklich stets nicht davon wissen sollten. Manche Henker belehren nämlich die einfältigeren Angeklagten, wenn sie sie zur Folter vorbereiten, darüber, wen sie unbesorgt als mitschuldig bezeichnen können. Sie sagen ihnen, die und die sei schon drei, vier und mehr Male von anderen denunziert worden, sie sollten keine Ausflüchte machen und sich nicht sträuben, andere zu denunzieren, von denen man es ja doch schon sicher genug wisse und die ohnehin nicht mehr entschlüpfen könnten. Sie sollten nur ihrem Rat folgen, sie wollten dann auch sanft mit ihnen verfahren. Diese gefährlichen Taugenichtse blasen ihnen aber auch noch ein, was andere in ihren Geständnissen über sie selbst gesagt haben, damit sie wüßten, was sie zu gestehen hätten, wenn die Folterqualen ihnen zu stark würden. So kommt es, daß sie am Ende mit genau denselben Einzelheiten das gleiche bekennen, was andere schon vorher über sie gestanden haben. Dann triumphieren die Vernehmungsrichter gewaltig und vermerken es besonders in den Protokollen, als ob sie nun ganz gewiß die Wahrheit selbst in der Hand hielten, denn sonst könnten doch die Angaben der Beschuldigerin nicht so genau mit denen der Beschuldigten übereinstimmen. Dabei merken diese begabten Männer nichts von dem Betrug ihrer Henkersknechte, dem doch sogar ich ohne allzu große Mühe habe auf die Spur kommen können. So lassen diejenigen, die sich brüsten, das — wie sie es heißen — ganz verborgene Verbrechen der

Hexerei ans Tageslicht zu bringen, sich die unglaublichste Büberei ihrer Henker entgehen. Mögen die Fürsten daraus entnehmen, welcher Wert den Worten der Inquisitoren beizumessen ist, wenn es heißt, Titia habe noch dazu genau die gleichen Einzelheiten gestanden, die andere über sie angegeben hätten.

XIV. Grund. Die Gefahr wird ferner dadurch erhöht, daß notwendig dauernd zahllose gleichfalls Unschuldige dahin gebracht werden müssen, sich der Hexerei und damit des Scheiterhaufens schuldig zu bekennen, wenn erst einmal auch nur eine einzige wirklich Schuldlose es, von den Folterqualen übermannt, getan hat. Hier der Beweis: Gaja hat fälschlich gestanden, sie sei eine Hexe, demgemäß wird man alsbald verlangen, sie solle ihre Mitschuldigen verraten. Bestreitet sie, welche zu haben, so wird man ihr nicht mehr glauben. Sie wird zur Folter geschleppt werden und wenn sie dort vorher schon sich selbst nicht hat bewahren können, so wird sie hernach andere auch nicht bewahren. „Denn", wie Paulus Juris Consultus lib. 5. sent. tit. 12. sagt, „wer auf seine eigene Rettung verzichtet hat, der wird leicht auch andere in Gefahr bringen." Sie wird also andere beschuldigen, von denen sie doch nichts weiß, aber vor allem solche, von denen sie sich entsinnt, daß sie in üblem Rufe gestanden haben. Wenn diese nun — wie ich es nicht nur einmal gesehen habe — um dieser einen Denunziation und eines bösen Leumunds willen ins Gefängnis und auf die Folter wandern müssen, und dann wieder jede von ihnen bei der Tortur gleichfalls ihre Mitschuldigen zu nennen anfängt, — wer sieht da nicht, daß in kürzester Zeit kaum ein Ende mehr mit Denunzianten und Denunzierten sein wird? Besonders wenn der Richter von heftigerer Art ist und der Ansicht derjenigen Schriftsteller folgt, die bei Sonderverbrechen schon eine einzige oder doch ein paar Denunziationen von Mitschuldigen ohne alle anderen Indizien zur Folter und sogar zur Verurteilung genügen lassen wollen. Beim Gedanken hieran hat mich mehr als einmal ein Schauder über diese unerhörte Blindheit der Deutschen gepackt. Das möge sich auch der Leser durch den Kopf gehen lassen, und so manchem wird es zweifelhaft erscheinen, was er in dieser ganzen Hexensache noch glauben soll und ob er überhaupt etwas glauben kann. Es ist unvorstellbar, wieviel Lügen die Angeschuldigten unter dem Zwange der Folter über sich und über andere aussprechen. Am Ende muß alles wahr sein, was der Peiniger wahr haben möchte. Die Gefolterten sagen zu allem ja, und weil sie dann nicht zu widerrufen wagen, müssen sie alles mit dem Tode besiegeln. Ich weiß wohl, was ich sage, und will es einstmals vor jenes Gericht bringen, dessen die Lebendigen und die Toten harren. Dort wird staunend offenbar werden, was jetzt noch in Finsternis verborgen ist. Aufrichtig gesprochen, ich weiß schon längst nicht mehr, wieviel ich den Autoren, die ich früher voller Wißbegierde immer wieder eifrig las und hoch schätzte, dem Remigius, Binsfeld, Delrio und den übrigen überhaupt noch glauben kann. Ihre ganze Lehre stützt sich ja nur auf mancherlei Ammenmärchen und mit der Folter herausgepreßte Geständnisse. Gott weiß es, wie oft ich das unter tiefen Seufzern in durchwachten Nächten überdacht habe und mir doch kein Mittel einfallen wollte, der Wucht der öffentlichen Meinung Einhalt zu gebieten, bis die Menschen unvoreingenommen und von Leidenschaften ungetrübt die Sache gründlicher überdenken könnten.

XV. Grund. Die Gefahr wird ferner dadurch erhöht: Wenn erst einmal eine dem Schmerz nachgegeben und sich schuldig bekannt hat, dann hat sie sich damit schon jeden Weg zur Rettung abgeschnitten, und es ist keine Hoffnung mehr, daß sie sich noch des Verbrechens entledigen könnte, das sie einmal auf sich genommen hat. Eine gefährliche Geschichte!

Denn wenn sie sich nach der Folter berichtigt und sagt, die Macht des Schmerzes, nicht die der Wahrheit habe ihr die Zunge gelöst, dann wird sie wieder zur Peinlichen Frage geschleppt. Wenn sie dort kurz vorher den Mund schon nicht hat halten können, so wird sie ihn jetzt auch nicht halten, zumal der Schmerz bei der abermaligen Quälerei noch schlimmer ist. Und wenn sie sich nach dieser zweiten Folterung wieder berichtigt, dann wird sie ganz gewiß eine dritte erleben. Nun lehren zwar tüchtige Autoren wie Petrus Gregorius Tholosanus, Gomez, Lessius, Delrio und viele andere, die dieser (lib. 5. sect. 9.) anführt, es dürfe über eine dreimalige Folterung nicht hinausgegangen werden, deshalb müsse man auf einen erneuten Widerruf hin endlich den Angeklagten freilassen. Aber auch das wird nicht viel helfen. Denn erstlich wird sich kaum eine finden, die nicht lieber sterben als auch nur ein drittes Mal gefoltert werden wollte. Sodann aber fehlt es auch nicht an anderen, eifrigeren Schriftstellern, die die Meinung vertreten, es dürfe bei den besonders verwerflichen Verbrechen auch mehr als dreimal gefoltert werden. Ein harter Richter wird also dieser Ansicht folgen. Wenn aber auch die Angeklagten, schließlich auf dem Richtplatz angelangt, wo sie die Folter nicht mehr zu fürchten haben, da sie schon den Scheiterhaufen besteigen sollen, mutig ihr unter dem Druck der Schmerzen gemachtes Geständnis widerrufen, so hilft ihnen das doch nichts zu ihrer Rettung. Die Richter achten dessen nicht und pochen nur auf das Geständnis, das auf der Folter vor Gericht abgelegt worden ist. Darum ist dieser letzte Widerruf vor dem Tode ganz vergeblich; und es muß demnach wahr bleiben, was ich gesagt habe, daß jede Hoffnung auf Berichtigung eines Irrtums ausgeschlossen ist, wenn erst einmal eine auf der Folter fälschlich eine Schuld gestanden hat.

XVI. Grund. Die Gefahr wird ferner dadurch erhöht, daß die Angeklagte sich doch keinesfalls befreien und sich von dem Vorwurf des Verbrechens reinigen kann, auch wenn sie trotz allem dem Schmerz widerstanden und nichts bekannt hat. Denn man wird sie so oft wieder zur Folter schleifen, bis sie unterliegt und von der so häufig wiederholten Quälerei überwältigt sich zum Reden bequemt. Solche Standhaftigkeit wäre wohl etwas nütze, wenn man sich nach einer ohne Wanken überstandenen Folterung in Sicherheit retten könnte. Nun aber macht das allenthalben gebräuchliche vielfache Wiederholen des Streckens, Geißelns, Brennens usw. jede Hoffnung, jemals loszukommen, zunichte. Darum bin ich gewiß wie noch viele fromme Männer völlig schwachsinnig, wenigstens kann ich durchaus nicht sehen, wie denn letztlich genügende Vorsorge dafür getroffen sein kann, daß nicht seither zahllose Unschuldige umgekommen sind und noch künftig umkommen werden. Als neulich unter einigen Gerichtspersonen von diesen Dingen die Rede war, hat ihnen zuletzt ein scharfsinniger, gewissenhafter Mann richtigerweise die Frage vorgelegt, er würde gerne wissen, auf welche Weise sich denn einer befreien könne, der wirklich unschuldig ins Gefängnis gekommen sei. Hierauf gaben sie lange keine befriedigende Antwort, aber er ließ doch nicht ab, zu drängen, und so antworteten sie schließlich, sie wollten es sich die Nacht über bedenken. Da haben nun diese Leute, die doch schon so viele Scheiterhaufen haben anzünden lassen, seither auf solche Weise ihre Prozesse geführt, daß sie nicht einmal zu dieser Stunde ein rechtes Mittel zu nennen wußten, wie sich einer, der wirklich unschuldig wäre, aus ihren Händen freimachen könnte. Ich lege den Obrigkeiten Deutschlands die gleiche Frage vor. Wenn dann einer meint, er habe ein solches Mittel gefunden, so beweist er damit, daß er gar nicht weiß, was vorgeht. Und wenn er das nicht weiß, so ist sein Seelenheil in Gefahr, denn er sollte es wissen. Er mag also lesen, was wir noch weiter zu sagen haben, und doch können wir noch nicht alles aussprechen, weil unsere Zeit es nicht ertragen kann. Was wundern wir uns noch, wenn alles voller Hexen ist? Wundern wir uns lieber über die ungeheure Blindheit der Deutschen und die Beschränktheit selbst der Gelehrten. Aber sie sind freilich gewohnt, in Ruhe und Behaglichkeit hinter dem Ofen ihren Gedanken nachzuhängen, und da sie nicht einmal eine bloße Vorstellung von dem Schmerz der Tortur besitzen, haben sie prächtige Gedanken und Worte über die Folterung der Angeklagten und ordnen sie so freigebig an, wie wenn ein Blinder von der Farbe redet, von der er doch keinen Begriff hat. Es paßt auf sie auch das Wort der heiligen Schrift, Amos Kap. 6. v. 6.: „Die den Wein trinken aus Humpen und mit dem besten Öl sich salben; aber um den Schaden Josephs sich nicht kümmern." Wenn sie hernach selbst auch nur für die Hälfte einer Viertelstunde auf die Folter gespannt würden, dann würden sie schnell genug ihre ganze Weisheit und großmäulige Philosophie fahren lassen. Denn sie philosophieren recht kindisch über Dinge, von denen sie nichts verstehen.

Deshalb — ich will nun zum Schlusse kommen — halte ich es durchaus mit einem hochangesehenen, mir befreundeten Manne, der witzig und wahr zugleich zu sagen pflegt: „Was suchen wir so mühsam nach Zauberern? Hört auf mich, ihr Richter, ich will euch gleich zeigen, wo sie stecken. Auf, greift Kapuziner, Jesuiten, alle Ordenspersonen und foltert sie, sie werden gestehen. Leugnen welche, so foltert sie drei-, viermal, sie werden schon bekennen. Bleiben sie noch immer verstockt, dann excrziert, schert ihnen die Haare vom Leib, sie schützen sich durch Zauberei, der Teufel macht sie gefühllos. Fahrt nur fort, sie werden sich endlich doch ergeben müssen. Wollt ihr dann noch mehr, so packt Prälaten, Kanoniker, Kirchenlehrer, sie werden gestehen, denn wie sollen diese zarten, feinen Herren etwas aushalten können? Wollt ihr immer noch mehr, dann will ich euch selbst foltern lassen und ihr dann mich. Ich werde nicht in Abrede stellen, was ihr gestanden habt. So sind wir schließlich alle Zauberer, denn wir natürlich werden tapfer und standhaft trotz so vielfach wiederholter furchtbarer Qualen zu schweigen wissen!"

Du wirst sagen, nein, es ist falsch, was man von dem Wiederholen der Folter sagt. Denn die Gesetze verbieten, die Tortur zu wiederholen, wenn nicht neue und zwar sehr wichtige Indizien beigebracht werden.

Ich entgegne: Ich spreche nicht davon, was die Gesetze wollen, oder was die Vernunft gebietet, sondern davon, was die Richter jetzt überall tun. Es ist noch ein Unterschied zwischen dem, was richtig ausgedacht ist, und dem, was wirklich getan wird. Das wird deutlich werden, wenn ich denselben Stoff von einer neuen Frage ausgehend weiter behandle. Es soll also weiter gefragt werden:

21. FRAGE

*Ob ein der Hexerei Beschuldigter
mehrmals gefoltert werden darf?*

Man muß bei dieser Frage unterscheiden, sodaß es sich eigentlich um folgende zwei Fragen handelt:

I. Ob jemand abermals gefoltert werden darf, der einmal gefoltert ist und gestanden hat, nachher aber sein Geständnis widerruft?

II. Ob jemand abermals gefoltert werden darf, der einmal gefoltert ist, aber kein Geständnis abgelegt hat? Beide Fragen will ich besprechen.

Ich antworte darum I. Wenn eine Angeklagte einmal gefoltert worden ist und ihre Schuld gestanden hat, danach aber widerruft, so ist man der Ansicht, sie dürfe nochmals gefoltert werden, auch wenn keine neuen Indizien hinzugekommen sind. So ist denn auch lex 16.ff. de quaest. zu verstehen, wenn es heißt: „Die unter die Götter versetzten Brüder haben verordnet, daß die Tortur wiederholt werden dürfe." Die Begründung hierfür ist erstlich, daß das vorher auf der Folter abgelegte Geständnis einem halben Beweis gleichkommt und ein hinreichendes Indiz schafft, wie Wesenbeck an der betreffenden Stelle sagt. Zweitens werden auch die früheren Indizien nicht entkräftet. Schließlich, sagt Lessius, wenn die Folter nicht wiederholt werden dürfte, dann wäre sie ein nutzloses Hilfsmittel, denn niemand würde sein Geständnis aufrechterhalten, wenn er glauben dürfte, er könne nun nicht mehr gefoltert werden. Und so würde (wie Marsilius sagt, an dessen Ausdrucksweise ich meine Freude habe) der Galgen verwitwet sein und würden die Verbrechen straflos bleiben. Es muß jedoch darauf geachtet werden, daß, wie schon kurz vorher angemerkt, auch bei noch so verabscheuungswürdiger Tat nicht über eine dreimalige Folterung hinausgegangen werden darf. Das ist einhellige Ansicht der Gelehrten; vgl. Delrio lib. 5. sect. 9. und Farinacius quaest. 38. nu. 96., wo er die Richter, die über drei Male hinausgehen, Schindknechte nennt. Persönlich bin ich durchaus der Meinung, daß jemand, der bei der zweiten Folterung wieder gestanden hat, danach aber erneut bestreitet, gar nicht erst zum drittenmal gefoltert werden darf sondern gleich freizulassen ist. Gott verhüte, daß ich, der ich begriffen habe, was die Tortur für Schmerzen bereitet, jemals anders denken sollte. Ich fürchte sehr, sie werden alle dereinst im Tode ein unbarmherziges Urteil erfahren, die so grausam und unbarmherzig die Menschen Qualen aussetzen, die sie nicht einmal bei einem unvernünftigen Tier mitleidslos mit ansehen könnten, wenn sie sie auch nur in der Vorstellung recht begriffen hätten. Gewiß würde kein deutscher Edelmann es ertragen können, daß man seinen Jagdhund so zerfleischte. Wer soll es da ertragen, daß ein Mensch so vielmals gepeinigt wird?

Ich antworte II. Ist eine Angeklagte einmal gefoltert, hat aber nicht gestanden, dann darf sie nicht nochmals gefoltert werden, es sei denn, daß wieder neue und zwar sehr dringende Indizien vorgebracht würden. So lehren übereinstimmend Clarus, Menochius, Gregorius, Tholosanus, Farinacius, Dinus, Albericus, Villabodius, Sylvester, Azor, Lessius und andere Juristen und Theologen. Zu entnehmen aber ist dieser Satz aus lex. uni. 18. ff. de quaest., wo es folgendermaßen heißt: „Sprechen klarere Beweise gegen einen Angeklagten, so darf er wieder gefoltert werden, vor allem, wenn er Leib und Seele gegen die Tortur abgehärtet hat". Man beachte die Worte „klarere Beweise", um zu verstehen, daß stärkere Beweisgründe erforderlich sind als diejenigen, die für die erste Folterung ausreichend waren. Deshalb schreibt Delrio (lib. 5. sect. 9.) zutreffend, „die Folter darf stets nur dann wiederholt werden, wenn neue Indizien hinzugekommen sind, und zwar andersartige und beweiskräftigere als die ersten, und wenn der Angeklagte so stark und widerstandsfähig ist, daß er an Leib und Seele die frühere Folter hat überstehen können". Das entspricht vollkommen dem Sinn des Gesetzes. Die Begründung ist auch klar, denn die zunächst gegen die Angeklagte vorgebrachten Indizien sind durch die überstandene erste Folterung genügend ausgeräumt, entkräftet und widerlegt. Die Angeklagte müßte also als gesetzmäßig entschuldigt und gereinigt freigelassen werden. Ja, wie Prosper und Farinacius (Prax. Crim. lib. 1. tit. 5. q. 40.), denen Delrio lib. 5. sect. II., Tanner und andere folgen, ausführlich gegen einige wenige Gelehrte auseinandersetzen, geht die richtigere und verbreitetere Ansicht sogar dahin, daß durch eine überstandene ausreichende Tortur auch volle Beweise widerlegt werden können. Darum darf eine Angeklagte nur dann nochmals auf die Folter gespannt werden, wenn andere, neue Indizien vorgebracht werden, die von neuem einen Tatverdacht begründen. Man wolle denn sagen, daß man jeden ohne irgendeinen Grund foltern dürfe, — das wäre unerhört und aller Gerechtigkeit zuwider. Die Bestimmung der Gesetze, daß diese neuen, die zweite Anwendung der Tortur rechtfertigenden Indizien klarer sein müssen als die früheren, die die erste Folterung begründeten, entspricht durchaus der gesunden Vernunft. Denn wenn ein Angeklagter die Klagegründe einmal vollständig widerlegt hat, dann aber erneut und mit anderen Gründen angegriffen wird, dann ist es in der Regel natürlich, daß wir stärkere Gründe erwarten als die früheren es waren. Sodann ist notwendig die zweite Folterung viel schrecklicher als die erste, zu der der Angeklagte noch aufrechten Mut und ungebrochene Kräfte mitbrachte. Darum verlangt es die gesunde Vernunft durchaus, daß man zu dieser so viel schwereren Tortur auch nur aus umso gewichtigeren Gründen schreite. Es muß also die Vorschrift des Gesetzes befolgt werden, will sagen, der Angeklagte darf nochmals gefoltert werden, aber nur unter der Bedingung, daß „klarere Beweise gegen ihn sprechen", d. h. daß er durch neue, noch stärkere Indizien, als die früheren es waren, überführt ist. Ja, es ist sogar noch hinzuzufügen, was Farinacius, lib. 5. quaest. 38. num. 77. lehrt (dem Paris de Puteo, Angelus, Marsilius, Aymon, Blanchus, Carrerius, Guido de Suzzaria, Bossus, Clarus, Menochius, Franciscus Personalis, Bertazzius und anderen folgend): Diese Indizien müßten nicht nur stärker als die früheren, sondern auch andersartig sein, das heißt, von den anderen nach species und substantia unterschieden. „Die ersten Indizien", sagt er, „bestanden zum Beispiel aus einem schlechten Leumund des Beschuldigten oder einer Feindschaft gegen den Getöteten; auf Grund dieser Indizien ist er gefoltert worden, hat aber kein Geständnis abgelegt. Hernach tritt ein Zeuge auf, der bekundet, er habe gesehen, wie der Beschuldigte den Getöteten verwundet habe, oder er hat ihn mit einem gezogenen Degen gesehen. Solche Aussagen bezeichnet man als neue Indizien, weil sie sich nach species und substantia von den ersten unterscheiden. Bestand aber das zunächst gegen ihn vorgebrachte Indiz schon aus einem durch Zeugen bewiesenen üblen Leumund und hat er, auf Grund dieses Indizes gefoltert, durchgehalten, dann darf er nicht nochmals gefoltert werden, wenn nun andere Zeugen auftreten, die gleichfalls diesen selben Leumund dartun. Diese Zeugen erbringen kein neues Indiz sondern nur einen neuen Beweis für das alte Indiz." Das entspricht so nun nicht nur den Gesetzen sondern auch der gesunden Vernunft und muß deshalb für alle Verbrechen, auch die Sonderverbrechen, Geltung haben. Trotzdem wird es, — wie es eben viele gewissenlose, hartherzige Menschen gibt, die sich auch wenig um das kommende Gericht in jenem Leben Sorgen machen — in der Praxis gewöhnlich ganz anders gemacht. Das geben auch Farinacius a. a. O. nu. 76. und vor ihm Clarus lib. 5. q. 64. und der ebenda von ihm zitierte Brunus zu, der gesteht, er habe es nicht nur gesehen, sondern falscher und rechtswidrigerweise auch selbst getan. Die hier zugrundeliegenden Ursachen werde ich bei der folgenden Frage untersuchen. Einstweilen wird jemand, der dies vielleicht liest und noch ein wachsames Gewissen hat, gut daran tun, solche Richter hier ernstlich zu warnen, weil es eine große Sünde sei. Denn man tut, wie gesagt, seinem Nächsten grundlos den schwersten Leibesschaden an. Es gibt Theologen, die es schon für eine Todsünde erklären, wenn jemand mit dem Schwert oder einem Stock ohne Grund dem Titius sechs bis sieben zwar nicht tödliche, aber doch sehr schmerzhafte Wunden an Kopf oder Armen beibringt. Da wird sich doch gewiß und noch viel schwerer versündigen, wer ebenso grundlos solche Folterqualen anwendet, die, auch nur eine halbe Viertelstunde erlitten, einen Schmerz bereiten, wie ihn fünfundzwanzig Wunden nicht verursachen können. Wenn die Theologen desgleichen sagen, es sei eine Todsünde, einem andern grundlos die Hände abzuhauen, so versündigt sich gewiß erst recht, wer einen anderen ohne Grund foltern läßt, denn das ist schmerzhafter als das Abhauen der Hände, wie Farinacius (quaest. 42. num. 14.) nach einhelliger Meinung der Gelehrten versichert.

Unter diesen Umständen wundert es mich immer wieder, wie viele solches Vergnügen an der Grausamkeit finden, daß sie bei der Folter so gar nicht der fremden Leiber noch des eigenen Gewissens achten. Immerhin, wenn ich sündigen wollte und mir vorgenommen hätte, durchaus in die Hölle zu kommen (was Gott verhüte!), so würde ich dazu doch keinen so gräßlichen sondern einen viel erfreulicheren Weg wählen.

Du wirst einwenden, wenn jede ohne weiteres loskäme, die bösen Leumund und Indizien durch Überstehen einer einmaligen Tortur widerlegt hat, dann würden wir nur sehr wenig Hexen verbrennen und keinen Prozeß durchführen können.

Ich entgegne, das bekomme ich immer wieder zu hören: So oft und viel ich bis jetzt mit Zurückhaltung zur Sorgsamkeit und Behutsamkeit beim Prozeß gemahnt habe, immer heißt es, um sich Ruhe zu schaffen und mich zum Schweigen zu bringen, wenn es nicht auf ihre Weise gemacht würde, dann könne man gar keine Prozesse führen. Mir macht es Spaß, wenn sie um ihres Vorteils willen solche Ausflüchte machen, die ich nicht widerlegen kann. Denn das kann ich wirklich nicht. Wenn mein Leser Lust hat und ein wenig Urteil besitzt, dann mag er sie widerlegen. Ich glaube, sie wollen so sagen: Tun wir nicht, was mit Vernunft, Gerechtigkeit und Gesetz in Widerspruch steht, d. h. sündigen wir nicht aufs schwerste und spannen wir nicht die Angeklagten, die sich schon gerechtfertigt haben, ohne neue Gründe auf die Folter, dann haben wir keine Hexen, dann können wir keine Scheiterhaufen mehr aufrichten. Aber es müssen doch Scheiterhaufen errichtet werden, und wir müssen doch Hexen haben, mögen sie auch allen Gesetzen zum Trotz, gleichgültig woher, beschafft werden. Eine schöne Gesinnung! Sie hat uns — das ist eine einfache Rechnung — diese ungeheure Anzahl von Hexen verschafft, von der öffentlich zu reden ich wie auch sonst fromme, gewissenhafte Männer nicht ohne Scham übers Herz bringen konnte. Sehet da Deutschland, so vieler Hexen Mutter; ist es ein Wunder, wenn sie sich vor Kummer die Augen ausgeweint hat, sodaß sie nichts mehr zu sehen vermag? O Blindheit unsres Volkes! Da sprechen es die Richter selbst ganz laut aus: Dienen wir der Gerechtigkeit, folgen wir der Vernunft, so haben wir keine Hexen mehr zum Verbrennen. Ich weiß es nicht, was ich dagegen vorbringen soll, denn ich bin einverstanden, ich kann nichts entgegnen. Darum wundert es mich auch längst nicht mehr, daß der umsichtige Tanner, wo er in seiner Abhandlung über die Hexen (dub. 5.) Mittel zu ihrer gründlichen Ausrottung zusammenstellt, neben anderen auch folgendes unter nu. 131. angemerkt hat: „Daß die Prozesse nicht zu lange hingezogen sondern frühzeitig zu Ende gebracht werden sollen, dadurch, daß die geständigen Angeklagten verurteilt und diejenigen entlassen werden, die die Indizien durch Überstehen der Folter widerlegt haben." Aber was helfen solche Ermahnungen in guten Büchern? Die Richter werden doch fortfahren, wie sie begonnen haben, sie haben ja ihre Gründe dafür, die bei der folgenden Frage mitgeteilt werden sollen.

22. FRAGE

Warum heute viele Richter die Angeklagten ungern freilassen, auch wenn sie sich in der Tortur gereinigt haben?

Ich antworte: Zwar hätte ich es von Rechts wegen immer wieder an vielen Orten sehen müssen, und doch habe ich es erst ganz selten wirklich erlebt, daß eine Angeklagte losgelassen worden wäre, die sich bei der ersten Tortur mit standhaftem Bestreiten ihrer Schuld gereinigt hatte. Nur sehr ungern und wirklich kaum jemals wird eine freigelassen, die erst einmal ins Gefängnis gekommen ist. Und das hat man als besonders eifrige Rechtlichkeit und eine Art glühender Begeisterung für die Tugend ansehen können! Hingegen sollte die Tugend, die nur in den Grenzen von Recht und Vernunft wirkt, weit davon entfernt sein, so alles Maß zu überschreiten. Die wahren Gründe scheinen mir vielmehr folgende zu sein.

Erstens. Die Richter wollen um jeden Preis jemanden zum Verbrennen haben, wie schon bei der vorigen Frage ausgeführt. Ich kann diesen blinden Eifer nicht begreifen und weiß nicht, wer die Schuld daran trägt, ob die Richter selbst oder ihre Obrigkeiten.

Zweitens. Es kommt noch hinzu, daß sie es als beschämend ansehen, wenn sie so leicht jemanden wieder freilassen, nämlich so, als ob sie übereilt eine festgenommen und gefoltert hätten, die sich gleich als unschuldig herausgestellt habe. Ich will hier einfügen, was ich vor zwei Jahren erlebt habe. Ich war da an einem Orte, wo man gerade mit der Hexeninquisition anfing. Als allererste wurde Gaja festgenommen und gefoltert, und das nur, weil sie in ihrem Dorfe verschrieen war. Auf der Folter gibt sie die Titia als Mitschuldige an, und dieser einzigen Anzeige wird soviel Gewicht beigemessen, daß auch Titia ergriffen und zur Folter geschleppt wird. Sie bleibt hier stark und bestreitet standhaft jede Schuld. Mittlerweile wird Gaja zur Verbrennung hinausgeführt, wo sie voll Reue und (nach dem Urteil des Beichtigers) zum Tode wohl vorbereitet ihre Beschuldigung Titias als unwahr und nur durch die Gewalt der Folter erpreßt widerruft; sie habe Unrecht getan, eine Schuldlose anzuzeigen, nun wolle sie es mit ihrem Tode besiegeln, daß sie nichts Böses von Titia wisse. Mit diesen Worten ging sie in die Flammen. Da war nun kein Grund mehr vorhanden, warum man Titia nicht entlassen sollte, die man eigentlich gar nicht erst hätte festnehmen sollen. Trotzdem wurde sie nicht freigelassen. Hinderungsgrund war, was ich gesagt habe: Die Herren vom Gericht flüsterten untereinander, man würde sie leichtfertig schelten, wenn Titia so in die Freiheit zurückkehrte. Wehe, wie ist so etwas empörend, unchristlich und aller Gerechtigkeit zuwider!

Drittens. Auch der Henker fürchtet sich vor der Schande, als habe er sein Handwerk, die Folterung, ungeschickt ausgeführt, wenn er einem wehrlosen Weibe kein Geständnis hat entreißen können.

Viertens. Es spielt auch die Gewinnsucht mit hinein, wenn nämlich für den Kopf jedes Hingerichteten eine Summe Geldes ausgesetzt ist, die die Inquisitoren dann nicht geschmälert sehen wollen. Wir sind ja doch nicht alles Heilige oder entsprechend enthaltsam, daß uns nicht zuweilen der Glanz von Gold und Silber in die Augen stäche. Darum habe ich es nicht nur ein einziges Mal zu meinem Bedauern hören müssen, wie sie eine, die sie schuldig haben wollen, mit allen Mitteln schuldig zu machen suchen. Da stecken sie sie in engere Fesseln, zermürben sie im Schmutz des Gefängnisses, machen sie in Kälte und Hitze gefügig, stellen übereifrige Priester an, wie ich sie oben beschrieb, die entweder nichts verstehen oder früher bettelarm waren und nun den Inquisitoren sklavisch gehorchen. Sie schleifen sie immer und immer wieder zur Folter, kurz, quälen sie solange, bis sie endlich die von so viel Jammer zugrunde gerichtete Angeklagte zu einem wahren oder erlogenen Geständnis bringen. Es fehlt ja auch nicht an hübschen, zweckdienlichen Mitteln, die Wiederholung der Tortur zu rechtfertigen und das Gewissen einstweilen einzuschläfern, auch wenn keine neuen Indizien mehr aufzutreiben sein sollten. Diese will ich nunmehr darstellen. Denn ich möchte nicht, daß man mich gar zu sehr wegen meiner Weichherzigkeit und Unwissenheit in Kriminalsachen auslacht, und will darum ein wenig auf ihre Seite treten und die weniger Erfahrenen unterrichten, durch welche Mittel man das rechtfertigen kann, was man gerne tun möchte.

23. FRAGE

Unter welchem Vorwand man wohl behaupten kann, die Folter dürfe ohne neue Indizien wiederholt werden?

Ich antworte: Einem Richter, der es nicht gar so genau nimmt, stehen dazu mehrere Vorwände zur Verfügung, die heute auch überall munter benutzt werden. Es sind das die folgenden.

I. Vorwand. Bartolus, der Rechtsgelehrte, will es (in leg. uni. ff. de quaest.) ins Ermessen der Richter gestellt wissen, ob ein Angeklagter, der bei der ersten Folterung kein Geständnis abgelegt hat, nochmals gefoltert werden darf. Die gleiche Meinung vertreten Baldus (in l. 2. nu. 10. ad fin. C. quod metus causa), Paris de Puteo, Marsilius, Cataldus, Menochius und andere von Clarus und Farinacius (quaest. 38. num. 87.) angeführte Autoren. Das paßt glänzend zu den Absichten der Richter. Sie erklären dann nämlich, sie schlössen sich Bartolus' und Baldus' und der zitierten übrigen Schriftsteller Ansicht an, und wo sie Lust dazu haben, da geht ihr Ermessen eben dahin, daß die Folter wiederholt werden müsse. Wenn du sagst, das richterliche Ermessen müsse sich doch immerhin im Rahmen der Gesetze halten, wie die Gelehrten richtig bemerken, dann antworten diese Richter, bei Sonderverbrechen dürfe über die Vorschriften der Gesetze hinausgegangen werden. So wird dies Ermessen stets ganz unbeschränkt sein und wird man niemals jemanden packen und bestrafen können, auch wenn er noch so sehr über das Maß hinausgegangen ist.

II. Vorwand. Andere Schriftsteller lehren, die Tortur dürfe dann wiederholt werden, wenn die erste Folterung nicht ausreichend war; so Clarus, lib. 5. quaest. 64. Wann aber eine Folterung für ausreichend zu erachten ist, das hängt vom Ermessen des Richters ab. So sagen Delrio (lib. 5. sect. 9.), Damhauderus (praxis criminalis cap. 38.) und andere weit und breit. Julius Clarus schreibt a. a. O. „. . und in diesem Falle lassen die Richter, wenn sie den Angeklagten aus der ersten Tortur entlassen, gewöhnlich ins Protokoll aufnehmen, es geschehe nur in der Absicht, sie zu wiederholen usw."

Auch das kommt diesen Gewissenlosen aufs beste zustatten, denn sie können dann, so oft sie mögen, sagen, die erste Folterung sei nicht ausreichend gewesen. Und so wird es nun freilich von jeder Tortur heißen, die den Angeklagten nicht zum Reden gebracht hat, und es wird sich hier geradezu eine allgemeine Gelegenheit zu Fälschungen finden. Mag also der Angeklagte gefoltert werden: Gesteht er, so ist's gut; gesteht er nicht, dann war eben die Folter nicht ausreichend und muß morgen wiederholt werden. Gesteht er auch dann nicht, dann war die Folter noch immer nicht ausreichend: Nur weiter!

III. Vorwand. Eine ähnliche Beschönigung für die Wiederholung der Tortur schlägt ferner Bartolus (in l. unius, ff. de quaestionib.) vor, wenn er sagt, diese Bestimmung wie auch lex repeti ff. eod. tit. werde so ausgelegt und angewandt, daß die Folter nur dann nicht wiederholt werden dürfe, wenn ursprünglich schwache Indizien vorgelegen haben. Dagegen sei die Wiederholung zulässig, wenn die Indizien sehr stark und dringend gewesen seien. Farinacius (quaest. 38. num. 79.) nennt diese Auslegung des Bartolus meisterlich. Es folgen dem Bartolus darin Paris de Puteo, Marsilius Bossus und noch weitere von Farinacius angeführte Autoren. Sie stehen im Widerspruch zu Boerius und (wie Carrerius nach des Boerius Angabe behaupten soll) zu der überwiegenden Lehrmeinung. Doch wie dem auch sei. Es ist ein ausgezeichneter Vorwand. Denn künftig wird jeder nach seinem Geschmack seinen Indizien soviel Gewicht absprechen oder beimessen, wie er will, und wenn er die Tortur wiederholen möchte, dann sagt er, seine Indizien seien sehr dringend und durchaus nicht schwach.

IV. Vorwand. Auch folgendes Mittel wird hier von Nutzen sein. Selbst tüchtige Richter halten es heute für statthaft, bei der Hexerei, als einem besonders abscheulichen Verbrechen, die Folter bis zu einer vollen Stunde oder gar fünf Viertelstunden auszudehnen, da selbst Farinacius (q. 38. n. 54.) so lehrt. Diese Lehre widerspricht zwar dem ganz grundsätzlichen Verbot Pauls III. und, wie mir scheint, den Geboten des natürlichen Gesetzes oder wenigstens der christlichen Nächstenliebe (wie bereits oben 20. Frage, XII. Grund ausgeführt), aber sie ist gleichwohl die Meinung dieser noch milden Richter. Und so teilen sie diese Zeitspanne, um sie desto besser ausnutzen zu können, in zwei bis drei Teile ein und foltern an verschiedenen Tagen.

Sie sagen sich nämlich, es stehe ihnen die Zeit einer Stunde zur Verfügung, folglich dürften sie diese Stunde auch in mehrere Teile zerlegen. Ein glänzender Vorwand! Dabei achten sie nicht darauf, daß, wenn man auch die Voraussetzung zugestehen sollte (was ich jedoch niemals tun würde), die Folterung doch eine Grausamkeit sein müßte, denn eine so auseinandergezogene Folter ist unsagbar viel furchtbarer als eine hintereinander durchgeführte. Jeder weiß ja, daß die gesetzlich erlaubte Quälerei dabei noch viel mehr verschlimmert werden muß, dadurch, daß der Körper erst einmal wieder zur Ruhe gekommen ist und überdies der Mut durch die Vorstellung der neuen Qual des nächsten Tages gebrochen und erschüttert ist. Ein solcher schlimmer Übergriff ist aus dem oben, 21. Frage, Antwort II. genannten Grunde gewiß stets eine sehr schwere Sünde.

V. Vorwand. Bei dem vorigen Vorwand wird auch die Autorität der Verfasser des Malleus maleficarum, Jakob Sprenger und Heinrich Institor von großem Nutzen sein, die seinerzeit vom Apostolischen Stuhl als Ketzerinquisitoren nach Deutschland geschickt worden sind. Sie lehren ausdrücklich, ein Angeklagter, der nicht gestehen wolle, dürfe mehrfach gefoltert werden, zwar nicht in Form einer „Wiederholung", aber doch in Form einer „Fortsetzung" der Tortur. Ihre Worte lauten (pars 3. quaest. 14. Seite 513.): „Kann der Angeklagte nicht eingeschüchtert oder auch nur zur Wahrheit gebracht werden, so muß man ihn am zweiten oder dritten Tage danach wieder zur Folter führen, um sie fortzusetzen, nicht, sie zu wiederholen (weil sie nur dann wiederholt werden darf, wenn neue Indizien hinzugekommen sind). Und dann ist ihm etwa folgender Beschluß zu verlesen: ‚Ich, vorgenannter Richter, ordne an, daß bei dir, dem so und so, an dem und dem Tage die Folter fortgesetzt werde, damit aus deinem eigenen Munde die Wahrheit kund werde'." Eine wirklich vortreffliche Lehre. Welcher niederträchtige Richter sollte da noch nicht freie Hand haben, zu tun, was ihm beliebt? Da heißt es denn, „Wir wiederholen die Folter nicht; das sei ferne von uns, daß wir so etwas ohne neue und sehr gewichtige Indizien tun sollten. Wir setzen sie nur an einem anderen Tage fort, bis die Wahrheit an den Tag kommt. Wir wissen wohl, daß die Wiederholung nicht zulässig ist, sie wäre gegen Gesetz und Vernunft. So unmenschlich grausam wollen wir ja gar nicht sein, wir setzen die Tortur lediglich fort, denn man hat uns gelehrt, daß das erlaubt ist. Und dabei folgen wir. Schriftstellern, gewissenhaften Theologen, die auf dem Gebiet Bescheid wissen, da sie das Amt der Inquisitoren für ganz Deutschland ausgeübt haben". So werden sich diese Richter also zu decken wissen. Was soll ich dazu sagen? Ist es denn möglich, daß Geistliche und Priester derart leichtfertig in so ernster Sache reden? Ich halte das für eine recht ungeistliche Grausamkeit und fange an zu fürchten, nein, es ist mir schon früher oft der angstvolle Gedanke gekommen, daß jene erwähnten Inquisitoren diese ganze Unzahl von Hexen erst mit ihrem unbesonnenen, doch ich sollte sagen, wirklich sehr ausgeklügelten und weislich verteilten Foltern nach Deutschland hereingebracht haben.

VI. Vorwand. Es gibt auch etliche Schriftsteller, die lehren, man dürfe einen Angeklagten, der so viele Vergehen begangen habe, daß das Verhör an einem einzigen Tage nicht vollständig durchzuführen sei, mehr als dreimal foltern. Ist also jemand wegen fünf verschiedener Verbrechen angezeigt und auf Grund schwerer Indizien verdächtig, und sind dann schon um nur dreier Verbrechen willen drei Verhöre und Folterungen nötig gewesen, so kann der Angeklagte auch wegen der übrigen Verbrechen so oft gefoltert werden, bis auch über sie das Verhör vollständig zu Ende geführt ist. So kann beispielsweise ein Angeklagter, der ausreichend, will sagen, zwei- oder dreimal gefoltert worden ist und sich schuldig bekannt hat, noch ein drittes und viertes Mal gefoltert werden, damit er seine Mitschuldigen verrät, weil er ja um der Frage der Mitschuldigen willen noch nicht gefoltert worden ist. So soll, nach Tanners Angabe, Delrio (lib. 5. appendix 2. quaest. 34.) lehren. Ich habe diese Appendix Delrios nicht zur Hand, um sie einsehen zu können; steht das aber tatsächlich darin, so frage ich mich, was soll denn dann beim Verbrechen der Magie geschehen, wo doch in der Regel so viele Vergehen mit hineinverflochten sind? Was ist da den Richtern für eine Möglichkeit gegeben, die Tortur zu vervielfachen? Verhüte Gott, was daraus für Grausamkeit entstehen muß! Aus all dem Gesagten ergibt sich kurz, daß die Inquisitoren so viel Möglichkeiten haben, die Tortur unter dem Scheine des Rechts zu wiederholen, daß jeder, der nur unter ihre Folterwerkzeuge gerät, gänzlich von der Zauberpest verseucht sein muß.

24. FRAGE

*Wie ein ängstlicher Richter,
der nicht ohne neue Indizien zu foltern wagt,
leicht welche finden kann?*

Ich antworte, in der vorigen Frage habe ich keine üblen Vorwände vorgeschlagen, deren sich die Richter bedienen können, wenn sie ohne neue Indizien die Tortur wiederholen möchten. Nun können aber doch vielleicht ängstlichere Richter ihr Gewissen auch auf diese Weise nicht recht zum Schweigen bringen, sondern scheuen sich überhaupt, die Folter ohne neue Indizien zu wiederholen, vor allem zum dritten, vierten und fünften Male. Auch ihnen will ich mit drei hübschen kleinen Kunstgriffen helfen, mit denen sie ihr Gewissen so beruhigen können, daß es sich ganz gewiß durchaus nicht mehr rührt. Es haben nämlich erfinderische Leute drei Methoden ersonnen, gleichsam Schatzkammern von Beweisgründen, aus denen ihnen sogleich neue Indizien zu Gebote stehen, die es ermöglichen, den Angeklagten erneut zu foltern, ja sogar ihn als völlig überführt zum Feuertode zu verurteilen. Es sind folgende Mittel.

I. Mittel. Hat eine Angeklagte bei der ersten, zweiten, dritten oder gar der vierten Folterung den Mund gehalten, dann laß sie ins Gefängnis zurückführen. Tu sie dann dort in drückendere Fesseln, in Kälte und Schmutz und laß sie in der Verlassenheit eine Weile über ihren Jammer und Schmerz, den sie als Andenken an die Tortur mitgebracht hat, nachdenken und allmählich ganz von Kräften kommen. Es macht auch gar nichts aus, wenn sie so einen ganzen Sommer und Winter lang mürbe gemacht wird, man hat ja heutzutage eine solche Ruhepause nach all den Folterqualen mancherorts sogar geistlichen Personen huldvollst gewährt. Während du sie so in sicherem Gewahrsam hältst, fahr du nur fort und inquiriere gegen andere Hexen, greif sie und foltere. Und wenn sie die Schmerzen nicht mehr aushalten können, dann frag sie nach jener ersten, die du noch im Gefängnis verwahrst, ob sie sie nicht irgendwo beim Hexensabbat gesehen haben? Ob sie das Zaubern gelehrt habe, ob sie sich habe unterrichten lassen, oder was es derart sonst noch geben mag. Sicher wirst du welche finden, aus denen du herauspressen kannst, was du willst und was in all den Einzelheiten übereinstimmt, die du oder der Henker ihnen (gemäß der Beschreibung oben 20. Frage XI. und XII. Grund) einbläsest. Dann aber, sobald du eine solche neue Denunziation gegen deine Gefangene erreicht hast, dann hast du ja alles erreicht, was ich dich zu erreichen lehren wollte: Ein neues Indiz. Nur munter! Halte ihr das wieder vor, laß nicht ab, sie zu drängen, ermahne sie selbst und durch den Beichtiger, sich endlich schuldig zu bekennen. Und wenn sie nicht nachgibt, dann laß sie ruhig wieder foltern. Sollte sich dein Gewissen noch immer sträuben, kümmere dich nicht darum, sage dir nur: So macht es heute die Praxis.

Solltest du aber auch dazu noch nicht den Mut aufbringen können, dann warte auf bessere Gelegenheit. Denn wenn du ringsumher immer noch andere foltern läßt, so wird leicht einmal die eine oder andere, wenn sie gezwungen wird, weitere Hexen anzugeben, auch ganz von selbst darauf verfallen, deine Gefangene zu nennen, da sie dann schon davon gehört haben wird, daß jene verschrien ist. Dann hast du also ein neues Indiz zum Foltern. Dies Mittel wird außerdem noch dazu dienlich sein, solche Angeklagte wieder ins Gefängnis zurückzuholen, die etwa schon einmal gegen Sicherheit, daß sie nicht entfliehen, daraus entlassen worden sind. Denn auch das ist heut üblich und ein köstlicher Kunstgriff, damit so manche sich zu früh ihrer Entlassung aus dem Kerker gefreut hat.

II. Mittel. Kommst du auch so nicht voran, so laß

eine Angeklagte, die auf solche Weise deine Gefangene denunziert hat, ihr gegenüberstellen. Und während die Beschuldigerin zur Beschuldigten geführt wird, soll ihr ein schamloser Henkersknecht drohen, was sie für Qualen zu erwarten hat, falls sie ihre auf der Folter gemachte Beschuldigung der Beschuldigten nicht laut ins Gesicht wiederhole. Dasselbe tue auch du. Stehen sie dann einander gegenüber, dann wirf der Beschuldigten ihre Verstocktheit vor und sage, da sei sie nun vorgeführt, die sie ihrer Schuld ins Angesicht überführen und allem Zweifel ein Ende machen solle. Sodann wende dich zu der Denunziantin und frage, ob sie nicht bei ihrem früher gemachten Geständnis bleiben wolle, daß sie die andere beim Hexensabbat gesehen habe usw. Sie wird natürlich fürchten, nochmals und schlimmer gefoltert zu werden, wenn sie ihr Geständnis nicht aufrechterhält, und deshalb wird sie sagen, sie bleibe dabei. Und wenn sie das auch nur nach einem Seufzer mit zaghafter Stimme tut, mit gesenktem Kopf und niedergeschlagenen Augen, kurz in einer Haltung, die deutlich erkennen läßt, daß sie ganz gegen ihren Willen eine Lüge ausspricht, wenn auch die Beschuldigte sich anschickt, zu entgegnen und Einwendungen zu machen, achte du doch all dessen nicht, versage alles weitere Gehör, brich die Vernehmung ab, laß die Denunziantin auf der Stelle abführen und schrei der Beschuldigten so laut du kannst, nur dies eine ins Gesicht: Nun sei sie endlich vor aller Augen überführt und könne deshalb nicht bloß nochmals auf die Folter gespannt, sondern sogar, wenn sie die überstünde, als offensichtlich verstockt und ins Angesicht überführt verurteilt werden. Denn so nennen sie das und das heißt heutzutage „Gegenüberstellen", das „ins Angesicht überführen". Da die Richter das dauernd im Volk verbreiten und an die Fürsten berichten, billigen natürlich alle, auch die deswegen befragten Theologiegelehrten, die rechtswidrigsten Prozesse, denn sie haben sich nicht bemüht, diese Bezeichnungen zu verstehen, noch werden sie sie jemals verstehen. O Deutschland, was tust du? Warum darf man das den Obrigkeiten nicht verraten und sie warnen? Aber meine Freunde halten entsetzt inne, wenn sie dies lesen, und sagen: ,,Wie ist das möglich? Ist das so der Brauch?" Ich werde jedoch vereidigte Zeugen bringen, die dies gebräuchliche Verfahren mit eigenen Augen gesehen und in ihrem Gedächtnis verzeichnet haben (denn in ihren Protokollen haben es die Richter nicht verzeichnet). Und was werden die Fürsten sagen, wenn ich ferner beweise, daß Angeklagte, die auf diese Weise überführt waren, da sie noch immer leugneten, wegen eben dieser Halsstarrigkeit verurteilt worden sind, lebendig verbrannt zu werden? Und was wird unser großer Kaiser sagen, wenn er hört, daß in seinem Reich auch geistliche Personen durch solche Verurteilung umgekommen sind? Doch davon ein andermal.

III. Mittel. Nimm diese Standhaftigkeit gegenüber so vielen Folterqualen selbst als neues und sehr starkes Indiz. Sage einfach, sie sei in solchem Maße gar nicht ohne Zauberei möglich und eben diese Zauberei sei ein neues Schuldindiz. Laß den Verzauberten deshalb exorzieren oder, wie einige raten, ordne einen Wechsel von Ort und Gefängnis an, sodaß er in einen anderen Gewahrsam gebracht wird. Und wenn dann durch den Exorzismus und den Ortswechsel dieser Zauber ausgetrieben ist, dann versuche von neuem, was die Tortur auszurichten vermag. Damit wir das Verfahren vieler Richter noch besser kennenlernen, will ich bei der nächsten Frage ausführlicher hiervon sprechen.

25. FRAGE

Ob der Schweigezauber ein neues Indiz
zu weiterer Folterung abgibt?

Man bezeichnet es als Schweigezauber, wenn sich jemand gegen die Schmerzen der Folter gefühllos gemacht hat (vgl. Sprengers Malleus pars 3. q. 15. S. 518. und Delrio lib. 5. sect. 9.). Wenn daher heute eine trotz zwei-

oder dreimaliger Tortur noch nicht gesteht, dann heißt es gleich, sie bediene sich eines Zaubers, der Teufel halte ihr das Maul verschlossen, damit sie nicht gestehen könne; eben daran sei hinreichend zu erkennen, daß sie schuldig sei, und deshalb dürfe sie exorziert und von neuem gefoltert werden.

Sie sagen, „natürlich hätte Titia nicht zwei oder drei so schreckliche Folterungen überstehen können, wenn sie keine Hexe wäre. Denn das ist nur mit dem Beistande des Teufels oder Gottes möglich". Diese gebräuchliche Redensart habe ich noch kürzlich von einem reichlich jungen und unerfahrenen Geistlichen, aber auch sonst nicht nur ein einziges Mal von Richtern gehört. Es muß also untersucht werden, ob das richtig ist?

Ich antworte, durchaus nicht. Meine Gründe sind folgende.

I. Grund. Ich bestreite vor allem, daß Titia diese zwei oder drei Folterungen nicht auf natürliche Weise hätte überstehen können. Der Mensch kann sehr vieles auf ganz natürliche Weise aushalten. Woher wissen die Leute denn, daß nicht auch solche Folterqualen zu diesem Vielen gehören? Wenn also eine Angeklagte schweigend verharrt, so kann nicht stets gesagt werden, das beruhe auf Zauberei.

II. Grund. Ich will aber doch nicht zu sehr darauf beharren und darum auch zugestehen, daß Titia tatsächlich aus eigener Kraft diesen Qualen der Folter nicht hätte standhalten können. Sei's drum! Das kommt mir noch mehr zustatten, denn ich schließe so: Titia hat die Tortur nur mit Beistand des Teufels oder Gottes ertragen können. Folglich war die Folter schlimmer als auf natürliche Weise zu ertragen. Ist das aber der Fall, dann haben die Richter durchaus widerrechtlich gehandelt, die solche Qualen angeordnet haben. Ist das aber der Fall, dann war also auch die Folterung widerrechtlich und also nach allem Recht ungültig und nichtig. Folglich darf aus ihr der Titia kein Nachteil entstehen. Folglich darf aus ihr kein Beweisgrund gegen Titia abgeleitet werden. Folglich darf Titia auch auf Grund dieser Tortur nicht als Hexe betrachtet werden, folglich auch nicht von neuem gefoltert werden. Wird sie dennoch gefoltert, dann darf sie, falls sie schweigt, nicht als verstockt, falls sie gesteht, nicht als geständig lebendig verbrannt werden, denn sowohl Verstocktheit als Geständnis sind wirkungslos. Das ist einhellige Lehre der Juristen (vgl. auch Farinacius q. 38. num. 78., Gomez, Gigas, Carrerius, Bursatus, Franciscus Personalis und andere). O großer Kaiser, wieviele kommen trotzdem täglich in deinem Deutschland auf solche Weise ums Leben und werden noch weiter ums Leben kommen? Und doch hast du nicht Schuld daran, du wartest ja nur darauf, daß man bittend und klagend zu dir komme, auf daß du allen helfen könnest.

III. Grund. Ich will denselben Gedanken noch anders ausdrücken. Die Richter sagen, Titia sei noch als Hexe verdächtig und dürfe wieder gefoltert werden, weil sie ein neues Indiz gefunden hätten. Aber worin besteht das? Darin, daß sie sich eines Zaubers bedient hat, um die frühere Tortur zu überstehen. Aber wie beweisen sie das? Damit, daß die Folter derart war, daß sie anders nicht hätte ertragen werden können. Das will ich zugeben und füge hinzu: Folglich handelten die Richter durchaus widerrechtlich, die solche Folterqualen anwandten, denen man auf natürliche Weise, ohne Zauberei nicht standhalten konnte. Folglich haben die Richter das neue Indiz nur durch widerrechtliches Vorgehen erlangt. Hätten sie nicht widerrechtlich gehandelt, so hätten sie es auch nicht bekommen. Das neue Verdachtsmoment gegen Titia beruht also auf dem widerrechtlichen Handeln der Richter; nimm dieses weg, so haben sie nichts Neues gegen Titia. Ja, setze ihre Ungerechtigkeit ein, und sie haben gleichfalls nichts gegen Titia, denn was auf widerrechtlicher, ungültiger Folterung beruht, ist ebenfalls ungültig und nichtig. So ist nun offenbar, was für unbesonnene Reden diese Leute zu ihrem eigenen Nachteil führen.

IV. Grund. Gesetzt nun auch, Titia habe wirklich nur mit Hilfe des Teufels oder Gottes der Tortur standhalten können; warum versichern sie da lieber, es sei mit dem Beistand des Teufels geschehen als mit dem Gottes? Als Titia so grausam gemartert wurde, war sie doch des Verbrechens, dessen man sie beschuldigte, entweder in Wirklichkeit nicht schuldig, oder sie war tatsächlich schuldig. War sie unschuldig, was sollte glaublicher erscheinen, als daß Gott dieser so entsetzlich gefolterten Unschuldigen beigestanden hat? War sie schuldig, gut, dann wird ihr wohl eher der Teufel als der Herrgott geholfen haben. Und doch dürfen die Richter nicht voraussetzen, daß dies letztere der Fall und Titia tatsächlich schuldig gewesen sei, da das gerade die Frage ist, und sie eben deshalb, weil sie das nicht wissen, nach einem neuen Indiz forschen sollten.

V. Grund. Wenn sie als neues Schuldindiz nehmen, daß Titia in der schrecklichsten Tortur nichts gestanden hat, dann hat man sie ganz unnötigerweise und zwecklos so furchtbar gefoltert. Denn was sollte wohl der Zweck sein? Daß die Richter völlige Gewißheit erlangten, ob Titia schuld sei oder nicht? Aber sie konnten es, wenn sie wollten, doch genau so gut schon vorher wissen, daß sie schuldig war. Denn so wie sie hinterher schließen wollten, so konnten sie schon kurz zuvor folgern. Titia wird sich auf der Folter schuldig bekennen oder sie wird es nicht tun. Welches von beiden aber auch geschehen mag, sie ist unter allen Umständen schuldig. Gesteht sie, so ist sie schuldig, weil sie es bekannt hat. Gesteht sie nicht, dann ist sie ebenfalls schuldig, weil sie trotz so furchtbarer Folterqualen nicht gestanden hat. Ob sie daher gesteht oder nicht gesteht, sie ist schuldig. Wissen die Richter also bereits vor der Tortur ganz genau so gut, daß Titia schuldig ist, und könnten sie es, wenn sie wollten, beweisen, — was haben sie da ohne anderweite Kenntnis und Beweise ihrer Schuld mit solchen Martern ergründen wollen? Es sind also unnötigerweise und zwecklos — wie zu beweisen war — die furchtbarsten Folterqualen erduldet worden. Es sei denn, daß die Richter etwa den Zweck verfolgt hätten, ihrer Grausamkeit zu frönen und einen Menschen in barbarischer Weise zu zerfleischen. Das aber ist stets eine schwere Sünde. Was ist das für ein wahnsinniger Hang, Gottes Zorn auf sich zu sammeln? Wo gibt es jetzt einen gelehrten Geistlichen, der die Richter nicht so albern vom Schweigezauber zu reden lehrte, wie ich neulich einen hörte, der auch noch gewagt hat, sich für einen Philosophen zu halten, — sondern der sie vielmehr vernünftig und christlich lehrt, sich in so ernster Sache, von der das Seelenheil abhängt, nicht durch ungezügelten Eifer zu versündigen?

VI. Grund. Die Juristen erklären, man wende die Tortur an, damit die Wahrheit offenbar werde. Darum frage ich, wenn dieser Leute Verfahren im Schwange ist, wie soll denn da die Wahrheit offenbar werden können? Der Leser mag einmal darüber nachdenken und es mir sagen. Ich weiß es jedenfalls nicht, und es will mir auch trotz Nachdenkens nicht einfallen, es sei denn, sie wollten sagen, es könne auf diesem Gebiet keine andere Wahrheit geben als einzig den Satz, daß schuldig jeder ist, der zur Folter bestimmt wird. Ist das so, dann gebe ich zu, daß diese Wahrheit durch die Folter offenbar werden kann, wie es auch ausgehen mag, ob der Angeklagte die Tortur erträgt oder sich ihr, wie geschildert, entzieht. Ist es anderseits aber auch möglich, daß jener andere Satz zuweilen wahr ist, daß nicht jeder schuldig ist, der zur Folter bestimmt wird, dann kann ich nicht sehen, wie nach der Weise dieser Leute diese Wahrheit jemals offenbar werden könnte. Das ist ganz ausgeschlossen, denn wenn Titia trotz drei-, viermaliger Folterung nicht gestehen will, dann darf man ja einfach sagen, sie habe sich durch Zauberei gefühllos gemacht, deshalb sei von neuem ein Schuldindiz gegeben, sodaß sie nach vorherigen Exorzismen wieder von neuem gefoltert werden müsse. Da wäre es besser, von vornherein mit Zauberei zu rechnen und deshalb, wenn man will, etwaigen Zauberkünsten vor allem Foltern durch Exorzismen zu begegnen, als hinterher so törichte und grausame Überlegungen anzustellen. Die Priester sollten sich ihrer Dummheit schämen, daß sie erst so schlecht überlegt haben, dann schließlich diese Exorzismen ausführen und dadurch zum Untergang rechtswidrig gefolterter und nach allem, was vorgebracht und bewiesen ist, unschuldiger Menschen beitragen.

Du wirst nun sagen, wenn aber Titia doch während der Tortur nichts fühlt, wenn sie lacht, verstummt, einschläft, trotz Schlägen nicht blutet, sind denn das nicht sichere Anzeichen für Zauberei und darum neue Indizien?

Ich entgegne: Durchaus nicht. Um das zu beweisen, wollen wir lieber von einer neuen Frage ausgehen.

26. FRAGE

Welche Anzeichen die Böswilligen und Unwissenden für den Schweigezauber vorzubringen pflegen?

Ich antworte, abgesehen davon, daß einer den Mund hat halten können, bringen sie noch weitere Anzeichen vor, die am Ende der vorigen Frage andeutend mitgeteilt sind, und auch sie sind teils erlogen, teils nichtssagend. Und wenn die Obrigkeiten diesen Anzeichen so leichtfertig vertrauen, ohne sie näher zu prüfen, dann laden sie schwere Schuld auf sich. Wir wollen sie hier der Reihe nach behandeln, damit die Ratgeber und Beichtväter der Fürsten sie kennenlernen und das Gelernte weitergeben können.

I. Anzeichen. Sie behaupten: „Manche fühlen in der Tortur nichts, sondern lachen." Ich höre die Behauptung wohl, aber ich erkläre sie für gänzlich erlogen, solange bis sie es mir beweisen, d. h. bis Zeugen es unter ihrem Eide bestätigen. Ich kann nicht recht begreifen, was die Leute so zum Lügen reizt, denn lügen tun sie fast alle. Ich sage „fast", damit sich nicht getroffen zu fühlen braucht, wer beschwören kann, er habe es wirklich genau beobachtet und spreche die Wahrheit. Einen solchen Zeugen habe ich aber bis jetzt noch nicht zu sehen bekommen. Hat also ein Angeklagter soviel Widerstandskraft an Leib und Seele gehabt, daß er, wie es in der gewaltigen Anstrengung gegen den Schmerz zu geschehen pflegt, mit zusammengebissenen Zähnen, verzerrten Lippen und verhaltenem Atem wortlos die Folter ertragen hat, dann machen diese grausamen Leute, voran am eifrigsten der Henker, ein Geschrei, der Angeklagte kümmere sich um nichts, fühle nichts, sondern lache und spotte mit grinsend verzogenem Munde. Das ist die eigentliche Bedeutung jener Behauptung. Wehe aber, was ist das für eine Grausamkeit! Und doch verbreiten sie das alsbald ungescheut überall im Volke und bringen es schließlich auch vor die Obrigkeiten selbst, die ja alles leicht glauben. Ich weiß, was ich sage, und kann es auch beweisen. Wenn sie auf mich hören wollten, so sollten die Obrigkeiten solche falschen Lügner besonders schwer bestrafen. Ja, es ist zu befürchten, daß einstmals die Obrigkeiten selbst von Gott bestraft werden, weil sie davon und noch mehrerem derart nichts wissen.

II. Anzeichen. Sie behaupten: „Manche verstummen und schlafen ein." Aber es ist ihnen hier genau so wenig Glauben zu schenken, wie vorhin. Es ist freilich möglich, daß Angeklagte verstummen, aber ich glaube nicht daran, daß sie einschlafen, sofern es nicht vereidigte Zeugen bestätigen. Es ist abermals gelogen. Ich habe mir Mühe gegeben, diese Redensarten der Richter zu durchschauen; warum bemühen sich die fürstlichen Ratgeber nicht darum, deren Sache es doch wäre? Zumal aus der Unkenntnis dieser Dinge in aller Köpfen jener Übereifer entspringt, der in blindem Ungestüm mehr Unschuldige als Schuldige dahinrafft. Darum habe ich wahrhaftig kein Bedenken, nochmals zu wiederholen, was ich auch schon oben gesagt habe, daß ich sehr fürchte, die Fürsten, die sich heute so unvorsichtig gegen die Hexen hinreißen lassen, gefährden ihr Seelenheil aufs höchste. Was hülfe es ihnen aber, wenn sie, ihrem Plane gemäß, die ganze Welt von Unkraut reinigten und nähmen doch Schaden an ihrer Seele? Doch nun zur Sache.

Erstlich weiß ich, daß einige Angeklagte auf der Folter eine Ohnmacht erlitten haben; das haben gewissenlose Menschen alsbald Schlafen genannt.

Sodann weiß ich auch, daß andere sich vorgenommen hatten, durchaus nicht zu reden, und deshalb mit zusammengekniffenen Augenlidern unter Aufbietung aller Kräfte lange gegen die Schmerzen angekämpft haben, dann aber doch zuletzt den Widerstand aufgegeben und sich mit gesenktem Haupt und noch immer geschlossenen Augen besiegt gegeben haben, weil ihre Kräfte nun erschöpft waren. Aber war das etwa Schlafen?

Außerdem geben wenigstens Ärzte und Philosophen zu, es könne auf ganz natürliche Weise geschehen, daß ein Mensch von übermäßigem Schmerz, zumal bei der Tortur, so betäubt werde, daß er einem Schlafenden oder Leblosen gleiche. Das haben die Dichter in der Sage der Niobe andeuten wollen, wenn sie erzählen, sie sei vor Schmerz zu Stein erstarrt. Und das wollen also unsere Richter Schlafen und nichts Fühlen nennen? Ich will hier erzählen, was ich neulich gehört habe. Ein Kaplan war bei der Folterung eines Angeklagten zugegen, der auch nur mehr so mit geschlossenen Augen da hing und auf Fragen nicht mehr antworten wollte oder konnte. Da gab dieser Geistliche, um die vernehmenden Richter davon zu überzeugen, daß der Angeklagte eingeschlafen sei, sich also vom Teufel mit Zauberei helfen lasse, ihnen den Rat, sie sollten einmal mit dem aufhören, womit sie gerade beschäftigt waren, d. h. mit Ausfragen und auf ein Geständnis Drängen, und sollten schnell von etwas anderem zu reden beginnen, und zwar das Gespräch auf etwas ganz Abgelegenes, Lustiges bringen. Das taten sie denn also, und als der in der Folter hängende Angeklagte merkte, daß der Ansturm der Fragen so plötzlich aufhörte und von ganz anderen Dingen die Rede war, da machte er langsam die Augen auf, um zu sehen, was

Bild 5

diese Veränderung zu bedeuten habe und ob vielleicht Hoffnung bestünde, aus der Folter entlassen zu werden. Sogleich rief da, als ob er seine Sache gut gemacht hätte, der Kaplan: „Seht ihr, jetzt, wo wir von etwas anderem reden, wacht er vom Schlafe auf. Solange es sich darum handelte, seine Schuld zu gestehen, da hat er alle Fragen verschlafen. Was sollen wir noch an einem Zauberkunststück zweifeln? Der Schuft hätte diese Martern gar nicht ertragen können, wenn ihn der Teufel nicht gefühllos gemacht hätte. Wir müssen also erst einmal ein paar Exorzismen einschieben und dann unser Glück nochmals versuchen." Wirklich eine herrliche Leistung und eines Priesters würdig! Wenn es nicht die Würde seines Standes verletzte, müßte er schleunigst festgenommen werden und vom Henker zwiefach mit Ruten exorziert werden, weil er von einem zwiefachen bösen Geist besessen ist, dem der Dummheit und dem der Grausamkeit.

Während ich das schreibe, fällt mir noch etwas ein, was ich nebenher anmerken will. An manchen Orten darf sogar der Henker den Schweigezauber durch ein den Angeklagten gegebenes Getränk austreiben; woraus es bestehen mag, weiß ich nicht. Aber das weiß ich, daß sich Angeklagte beklagt haben, sie seien nach diesem Getränk so verwirrt gewesen, daß sie sich von einem Schwarm Geister umringt oder besessen gewähnt hätten. Und wenn man sie dazu bringe, überhaupt etwas von bösen Künsten zu wissen, dann hätten sie sie freilich erst mit diesem Getränk in sich hineingetrunken. Doch wir wollen fortfahren.

III. Anzeichen. Sie behaupten: „Manche Angeklagte bluten nicht, wenn sie in der Folter hängend mit Ruten durchgepeitscht werden." So hieß es noch kürzlich von irgendeinem. Aber auch das ist nicht wahr. Abermals bestreite ich es, solange bis es vereidigte Zeugen bestätigen oder ich es selbst sehe. Und so haben sie es denn auch schließlich, da ich nicht mit Fragen abließ, so erläutert, daß sie sagten, es sei wenigstens nicht viel Blut geflossen. Nicht viel, das war also gar nichts. Ich glaube, sie wünschten sich wohl einen Platzregen von Blut. Aber wenn ich auch noch zugeben wollte, daß tatsächlich gar kein Blut gekommen sei, was wäre dann? Auch das kann mit ganz rechten Dingen zugegangen sein.

Ärzte, die ich befragt habe, erklären es für möglich, daß in solcher Angst das Blut so aus einzelnen Teilen des Körpers zurückweiche und zum Herzen zusammenströme, daß keines mehr vorhanden ist, das herausfließen könnte. Wer, wenn er nicht völlig unwissend ist, kennte nicht die alltägliche Erfahrung, daß durch bloßen Schrecken oder ähnliche Ursache das Blut erstarrt, und selbst dort kein Tropfen herausströmt, wo ihm durch Durchschneiden einer Schlagader der Weg weit geöffnet ist?

Du wirst sagen, aber wenn trotzdem wirklich einmal feststünde, daß jemand bei der Tortur nichts gefühlt habe, würde das dann nicht ein gewichtiges Indiz sein, ihn für einen wahrhaften Hexenmeister zu halten?

Ich antworte: Was aber, wenn es nicht wirklich feststeht? Aber trotzdem, gesetzt, es sollte — ich will ganz großzügig sein — einmal jemand auf der Folter nichts gespürt und das auch durch magische Künste erreicht haben: So bestreite ich immer noch, daß man daraus ein ins Gewicht fallendes Indiz dafür ableiten kann, daß er ein Hexenmeister sei. Es haben nämlich schon viele Schriftsteller, auf deren Namen es hier nicht ankommt, verschiedene Mittel angegeben, durch die man auf der Tortur die Schmerzempfindlichkeit betäuben kann. Hat also jemand solche Mittel aus diesen Büchern kennengelernt oder etwas aus dem Delrio entnommen (auch dort gibt es derartiges) und angewandt, was kann man daraus groß schließen, als daß er eine verbotene Kunst gebraucht hat, deren Kraft — wie bei allen diesen Künsten gewöhnlich — auf einem geheimen Pakt beruht. Wie viele wissensdurstige und abergläubische, selbst vornehme, einflußreiche Leute bedienen sich allenthalben solcher Künste zum Blutstillen, um das Fieber zu heilen,

Liebe zu erwecken, sich gegen Waffen unverwundbar zu machen und ähnliches; und doch würde sie keiner deswegen als Hexenmeister bezeichnen. Denn die Anwendung verbotener Künste und die Hexerei sind verschiedene Dinge. Drum wollen wir den Richtern ihr sonst schon reichlich weites Gewissen nicht mit so haltlosen Begründungen weiter machen helfen. Tun sie das aber selbst, so wollen wir, wie es sich gehört, es laut aussprechen, daß die Folterung der Angeklagten heutzutage die allergrößten Gefahren mit sich bringt.

27. FRAGE

Ob die Folter ein taugliches Mittel ist, die Wahrheit an den Tag zu bringen?

Es wäre eigentlich nicht nötig, diese Frage zu stellen, denn gerade sie haben wir bisher schon hinreichend untersucht und können deshalb nur wiederholen, was bereits früher gesagt ist. Aber weil wir durch ständige Abwandlung und Wiederholung des Gedankens ihn dem Leser besser einprägen können und eben das unsere vorzüglichste Absicht ist, so mögen uns trotzdem auch diejenigen verzeihen, die uns sonst lieber weniger weitschweifig sehen würden.

Ich antworte also, ob die Tortur ein geeignetes Mittel zur Wahrheitsfindung ist, das möchte ich nicht so ausdrücklich entscheiden. Ich will es vielmehr dem Leser überlassen, sich selbst auf Grund des schon Gesagten und noch zu Sagenden eine Meinung zu bilden. Ich halte es nämlich für gewagt, das so endgültig zu entscheiden. Und zwar aus folgenden Gründen.

I. Grund. Man begründet die Meinung, die Folter sei ein geeignetes Mittel, damit, daß viele Menschen lieber die Wahrheit sagen als Schmerzen erleiden wollen. Anderseits ist genau so gut zu beweisen, daß sie es nicht ist, weil auch viele lieber lügen als leiden wollen.

II. Grund. Es gibt gewiß beiderlei Arten von Menschen, solche, denen man die Wahrheit, und solche, denen man eine Lüge abpreßt. Hast du nun also jemanden gefoltert, woher willst du dann wissen, zu welcher von beiden Arten er gehört?

III. Grund. Vermutlich ist die letztere Art jedenfalls die verbreitetere, da der Tod leichter zu ertragen ist als die Folter. Nicht nur in Wirklichkeit sondern auch in der Vorstellung, die die gegenwärtigen Folterqualen für heftiger und furchtbarer hält als den nicht gegenwärtigen künftigen Tod.

IV. Grund. Du meinst aber doch, wer unschuldig ist, der werde sich nicht so leicht für schuldig erklären, er werde lieber schweigend die Tortur ertragen, als reden und sterben und damit unauslöschliche Schande über seine Familie bringen. Das ist richtig. Anderseits aber wird auch, wer wirklich schuldig ist, sich nicht so leicht für schuldig erklären, er wird gleichfalls lieber die Folter als den Tod erleiden und seiner Familie Schande machen. In beiden Fällen wird es also schwer halten, die Wahrheit zu ergründen. Ein Schuldloser wird sich nicht so leicht beschuldigen, ein Schuldiger sich nicht so leicht preisgeben wollen. Kann den Unschuldigen das Bewußtsein seiner Unschuld standhaft machen, so kann den Verbrecher das Bewußtsein seiner Schuld verstockt machen. Dem Schuldigen stehen genau die gleichen natürlichen Kräfte wie dem Unschuldigen gegen die Folter zu Gebote. Nein, sogar je verbrecherischer einer ist, umso trotziger ist er gewöhnlich, und deshalb wird im allgemeinen der Unschuldige eher unterliegen.

V. Grund. Trotzdem, sagst du, sei es schwer glaublich, daß jemand, der sich seiner Unschuld bewußt ist, entgegen der deutlichen Sprache seines Gewissens sich für schuldig erklären wird. Aber auch das hat gar nichts zu sagen. Denn es bedarf schon eines ganz besonderen, außergewöhnlichen Mutes, der gewiß nur bei wenigen zu finden ist, um seine Unschuld gegen so furchtbare Martern und ausgesuchte Schmerzen zu verteidigen. Hier könnte ich wohl etwas sagen, was Deutschland entsetzen müßte. Doch ich wage es noch nicht auszusprechen und will es bis zu günstigerer Zeit und vielleicht für eine künftige Abhandlung aufsparen.

VI. Grund. Die Tortur kann nur dann ein Mittel zur Wahrheitserkenntnis sein, wenn das, was der Gefolterte sagt, auch für wahr gehalten wird. Aber das kann man schwerlich versprechen. Denn wie, wenn der Gefolterte sagt, „ich bin unschuldig"? Wird man das dann für wahr ansehen? Nein, heute wird es ganz anders gemacht, wie ich schon in der vorigen Frage gezeigt habe. Doch wie dem auch sei, alles ist hier ungewiß und dunkel. Augustinus hat (De civit. Dei lib. 19. c. 6.) das Unglück dieser gerichtlichen Folterungen sehr geistreich, fromm und christlich beklagt. Ich will seine Worte ihrer Schönheit und Klarheit wegen hier beifügen: „Wie ist es, wenn jemand in einem gegen ihn anhängigen Prozeß gefoltert wird und man ihn während der Frage, ob er schuldig sei, martert? Wenn ein Unschuldiger um eines unwirklichen Verbrechens willen höchst wirkliche Leiden erdulden muß, nicht weil es offenbar ist, daß er das Verbrechen begangen hat, sondern weil man nicht weiß, daß er es nicht begangen hat? So ist meistens das Nichtwissen des Richters des Schuldlosen Unglück. Was aber noch unerträglicher, beklagenswerter und — wenn es möglich wäre — mit Bächen von Tränen zu beweinen ist: Indem der Richter den Angeschuldigten foltert, eben, damit er nicht, ohne es zu wissen, einen Schuldlosen hinrichtet, kommt es durch das unselige Nichtwissen, daß er zuletzt einen schuldlos Gefolterten hinrichtet, den er gefoltert hat, um ihn nicht schuldlos hinzurichten. Denn wenn der Angeklagte es für ratsamer gehalten hat, aus diesem Leben zu scheiden, als länger solche Martern zu ertragen, dann gesteht er etwas, was er gar nicht verbrochen hat. Hat ihn dann der Richter verurteilt und hinrichten lassen, dann weiß er doch noch immer nicht, ob er einen Schuldigen oder einen Unschuldigen hingerichtet hat. Er hat ihn gefoltert, um ihn nicht, ohne es zu wissen, schuldlos hinzurichten. Darum hat er, um es zu wissen, einen Unschuldigen gefoltert und, ohne es zu wissen, umgebracht."

Ach, wenn das doch die Geistlichen und Ordenspersonen bedenken wollten, die mit den Angeklagten zu tun haben, usw.

28. FRAGE

Welches die Argumente derer sind, die alles als wahr ansehen, was die Angeklagten auf der Folter gestanden haben?

Ich antworte: Was die Angeklagten in der Tortur über sich und andere gestehen, wird überall so unerschütterlich geglaubt, daß es unmöglich scheint, das unwissende Volk von diesem Glauben abzubringen. Und doch verwundert mich das nicht so sehr wie die Tatsache, daß hochgelehrte Schriftsteller ihr ganzes Lehrgebäude, das für die gesamte Welt errichtet ist und sie wohl auch umspannt, fast einzig auf dieses trügerische Fundament gegründet haben. Sehen wir nun also, welche Argumente sie dazu veranlaßt haben, und entgegnen wir ihnen.

I. Argument. Es ist eine schwere Sünde, in einer Kapitalsache über sich selbst oder wenigstens über seinen Nächsten unwahre belastende Aussagen zu machen. Folglich ist nicht anzunehmen, daß die Angeklagten das tun könnten.

Ich entgegne, dieses Argument ist mir stets wenig stichhaltig erschienen. Einmal erklären es nämlich die hervorragenden Theologen für keine Todsünde, wenn jemand, um schweren Folterqualen zu entgehen, fälschlich ein mit der Todesstrafe bedrohtes Verbrechen auf sich nimmt. Und zwar, weil er Herr seiner eigenen Ehre ist und weil diese Lüge nicht einem verbotenen Selbstmord gleichkommt, da er nicht verpflichtet ist, durch Ertragen so entsetzlicher Martern, die schlimmer als der Tod selbst sind, sein Leben zu erhalten. Darum braucht er hinterher auch nicht zu widerrufen, da er niemandem Unrecht getan hat (vgl. Lessius und die von ihm lib. 2. de Iust. & Jur. cap. 11. dub. 7. n. 41 angezogenen Autoren).

Sodann läßt sich auch hören, was Petrus Navarra (lib. 2. cap. 3. num. 251) und Sylvester (in summa verbo detractio q. 3) sagen: Wer um großer Folterqualen willen andere fälschlich eines Verbrechens bezichtigt, der begehe keine Todsünde, jedenfalls da nicht, wo eine Aussicht besteht, nachher widerrufen zu können. Ein solches Geständnis allein ist nämlich für den Prozeß bedeutungslos und kann dem Beschuldigten nicht ohne weiteres nachteilig sein, wenn es nur später nicht bestätigt sondern vielmehr pflichtgemäß widerrufen wird. (Vgl. dazu unten 30. Frage XVII.) Gesetzt aber, es wäre tatsächlich eine Todsünde, über sich und andere unwahre belastende Aussagen zu machen, und der Gefolterte wisse genau, daß sein Nächster, wenn er ihn fälschlich denunziert, daraufhin schlechtweg verurteilt werde, und daß er seine Lügen niemals mehr wirksam widerrufen könne — was dann? Wird er deshalb bei der Wahrheit bleiben, soviel man ihn auch foltern mag? Ich will wohl zugeben, daß etliche wenigstens zu Anfang mit aller Kraft gegen den Schmerz ankämpfen werden, um nicht mit einer Lüge solche Schuld auf sich zu laden. Aber endlich werden sie sich doch ergeben müssen. Man wird sie zwingen, Mitschuldige zu nennen, die sie doch gar nicht kennen. Deshalb werden sie zunächst zwar, um weniger Unheil anzurichten, nur bereits als Hexen verbrannte oder übel beleumdete und gefangene Personen nennen, dann aber, wenn die Qualen weiter gesteigert werden, auch alle möglichen anderen, weil sie lieber die furchtbare Sünde begehen als solche furchtbaren Martern erleiden wollen. Ist denn die Sünde für uns Menschen wirklich etwas so Abschreckendes, daß uns keine Folterqualen dazu bringen können? Ich muß mich nur immer wundern, wenn ich so etwas höre, und zwar gerade von solchen, die, auch ohne dazu gezwungen zu sein, sich freiwillig in jedes erdenkliche Verbrechen stürzen. So meint man es ja nicht bloß, sondern wir sehen und erfahren es alle Tage in Wirklichkeit, wie überall die schwersten Verbrechen begangen werden, Räuberei, Diebstahl, Meineid, Straßenraub, Mord, Ehebruch, Unterdrückung der Armen, Verwüstung des Landes und endlose andere, auch ohne daß irgendein Zwang dazu besteht. Und da sollten wir nicht glauben können, daß auch mörderische Denunziationen gemacht werden, wo man doch mit unerträglichen Martern dazu zwingt? Das ist also ein recht dürftiges Argument. Nebenbei möchte ich hier aber noch erwähnen, wie hübsch folgerichtig hier jeder gewöhnlich weiterlügt, der nur einmal, von Folterqualen übermannt, angefangen hat, sich selbst durch unwahre Angaben zu belasten. Die Leute werden nämlich, wenn sie hernach aus der Tortur entlassen sind, alles bestätigen, was du willst, um nur ja nicht den Anschein zu erwecken, als ob sie nicht zu ihren Aussagen stünden. Fragst du, weshalb sie nicht eher gestanden hätten, um dadurch den Schmerzen vorzubeugen, so sagen sie, sie wüßten es nicht, aber das wüßten sie, daß es ihnen nicht möglich war, zu reden. Fragst du, ob ihnen also der Teufel die Zunge gebunden habe, so werden sie antworten, ja, er habe ihnen die Zunge gebunden. Fragst du, ob sie ihn gesehen hätten, ob er bei ihnen gestanden habe, so sagen sie, ja, sie hätten ihn gesehen, er habe neben ihnen gestanden, und noch vieles derart, denn die Welt will nun einmal so betrogen werden. Indessen aber glauben die Richter, die über Tod und Leben zu entscheiden haben, all diesen Unsinn und sind ihrer Sache merkwürdig sicher. Persönlich kann ich über diese Dinge immer nur lachen. Ich könnte hier erstaunliche Beispiele erzählen, wenn ich mir nicht fest vorgenommen hätte, diese Blätter nicht mit nutzlosen Dingen anzufüllen. Ich will meine Sache lieber mit Vernunftgründen als mit Geschichtchen verfechten.

II. Argument. Wenn man nicht glauben kann, was in der Tortur ausgesagt wird, dann müssen damit fast sämtliche Urteile auf schwachen Füßen stehen.

Ich entgegne: Zugegeben, sie mögen auf schwachen Füßen stehen. Ich will das gar nicht bestreiten, das ist es ja vielmehr gerade, was mir Sorge macht. Davon sagt auch Augustinus, dieser geistreiche, besonnene Kopf, an der oben zitierten Stelle, es sei „zu beklagen und, wenn es möglich wäre, mit Bächen von Tränen zu beweinen". Er fordert auch ganz bewußt nicht nur irgendeinen einzelnen Bach, sondern Bäche von Tränen. Ich bitte Euch, was braucht es soviel Wassers, wenn doch die Urteile und die Geständnisse der Angeklagten unantastbar dastehen? So haben wir nicht einmal eine Ahnung, was es ist, dem dieser große Mann Bäche von Tränen weihen wollte. Wir würden besser fahren, wenn wir nur ganz selten einmal und dann mit Maß und nicht mit haltlosen Gründen unterschiedslos gegen jeden beliebigen daherwüten wollten.

III. Argument. Prüft man die auf der Folter gemachten Aussagen nach, so ergibt sich ihre Wahrheit, denn sie treffen in allen Einzelheiten zu. So gibt z. B. Sempronia in der Tortur an, sie habe vor drei Monaten des Titius Kuh durch Zauberei umgebracht, ebenso vor zwei Jahren das Kindchen des Gracchus und Ähnliches. Die Richter forschen daraufhin nach und stellen fest, daß tatsächlich vor drei Monaten des Titius Kuh eingegangen und wahrhaftig auch vor zwei Jahren das Kind des Gracchus an einer Krankheit zugrunde gegangen ist. Ist es da nicht sonnenklar, daß nichts als die reinste Wahrheit auf der Folter gesprochen worden ist? So aber trifft es sich insgemein, und folglich sind die auf der Folter gemachten Aussagen wahr. Das sagt man im Volke, und nicht nur dort, sondern, was noch mehr ist, selbst bei vielen erfahrenen Richtern, bei Inquisitoren und fürstlichen Ratgebern. Von solchen habe ich es wiederholt mit Entsetzen gehört. Denn es geschah nicht nur im Scherz und lediglich um des Disputierens willen, wie ich zunächst annahm, sondern sie redeten sich allen Ernstes und aus innerster Überzeugung auf Grund dieser Überlegung ein — als ob das ein untrüglicher Beweis wäre—, Sempronias Geständnis müsse notwendig wahr gewesen sein.

Ich entgegne aber: Es ist sehr kurzsichtig, das dadurch für ganz sicher bewiesen zu halten und sich damit zufrieden zu geben. Denn seht, die Sache verhält sich doch so: Sempronia war ja nicht unbekannt, was ihr ganzes Dorf, auch jedes Kind wußte, daß zu der und der Zeit diese Kuh eingegangen, jenes Kind dahingesiecht war, und manches Ähnliche, was sich im Dorfe zugetragen hatte. Als dann der Schmerz sie zwang, irgendwelche Hexereien herauszurücken, da hat sie denn behauptet, sie selbst habe diese ihr schon vorher bekannten Ereignisse herbeigeführt. Was kann dabei Erstaunliches sein? Wohlweislich bemerkt ja die Peinliche Halsgerichtsordnung Kaiser Karls V. im Art. 60, es solle bei der Peinlichen Frage den Angaben nur dann Glauben geschenkt werden, wenn etwas ausgesagt werde, was „keyn vnschuldiger also sagen vnnd wissen kundt". Nun frage ich aber, konnte das kein Unschuldiger wissen, was jedermann im Dorfe bekannt war? Nicht viel anders ist es, wenn so mancher Einfaltspinsel die Ansicht verficht, die und die seien bestimmt Hexen, weil sie zu erzählen gewußt hatten, wie es beim Hexensabbat zugehe. Wer hat denn das heute nicht schon bis zum Überdruß gehört? Werden nicht stets die Geständnisse sämtlicher Verurteilten öffentlich vor Gericht verlesen? Darum nimmt es mich wunder, daß bisweilen sogar Gerichtspersonen aus derlei Dingen Schlüsse ziehen wollen. Deshalb muß ich, wie schon so oft, meine unwiderlegliche Folgerung von neuem aussprechen: Wenn derartig unfähige, kurzsichtige Männer die Gerichtshöfe und Ratskollegien der Fürsten leiten, wer will uns da die berechtigte Sorge nehmen, daß es sehr übel um Unschuldige bestellt ist, wo nach deren Ermessen der Prozeß geführt wird? Und wie wird es erst gehen, wenn zur Unwissenheit sich noch Übereifer und Leidenschaft hinzugesellen? Daß es vielen auch daran nicht gebricht, das kannst du leicht feststellen, wenn du willst. Du brauchst ihnen diese Dinge nur ein ganz klein wenig vorzuhalten und ihre gebräuchlichen Behauptungen zu widerlegen, dann wirst du sehen, wie sie aufbrausen. So wird es mir von Leuten berichtet, die es mehrfach ausprobiert haben. Diese Herren sehen es mit an, wie ihre Gründe widerlegt werden und nicht bestehen können, und trotzdem machen sie in der alten Art weiter.

IV. Argument. Aber wenn doch Sempronia den Gracchus beschuldigt, sie habe ihn z. B. beim Hexentanz gesehen an dem und dem Orte, dem und dem Tage, in dem und dem Anzuge, mit der und der Person usw., oder sie habe von ihm das Hexen gelernt, da und da, dann und dann u. s. f.; und wenn dann hernach Gracchus festgenommen wird und genau dieselben Einzelheiten über sich selbst aussagt, die die andere schon genannt hat — ist es da nicht mit Händen zu greifen, daß man der Wahrheit auf die Spur gekommen sein muß?

Ich entgegne: Ja, gewiß. Aber ich frage euch, wo ist das schon einmal vorgekommen? Wo denn nur? Ich möchte es nämlich wirklich gern wissen. Ich forsche noch immer, ob ich solch einen Fall fände, und es gelingt mir nicht. Mögen die Fürsten sich nur gesagt sein lassen, daß ihre Beamten sie irreführen, indem sie solche durch und durch erlogenen Behauptungen oder, um es milder auszudrücken, solche neuartigen Redewendungen im Munde führen. Findet sich einmal derartiges in ihren Protokollen, so dürfen sie überzeugt sein, daß es folgendermaßen zustande gekommen ist.

1. Durch Eingeben seitens des vernehmenden Richters, wovon oben, bei der 20. Frage, die Rede war. Der führt dann während der Tortur den Denunzierten, sofern er nicht zufällig schon von selbst darauf kommt, entsprechend dem Geständnis des Denunzianten mit Fingerzeigen sozusagen bei der Hand gerade auf diese selben Punkte und Einzelheiten hin. Ich habe persönlich und mit Hilfe heimlich dazu angestellter Personen die Beobachtung gemacht, daß hier der Hauptbetrug und das Kernstück des ganzen Schwindels zu suchen ist.

2. Hat einmal der Vernehmungsrichter nicht solche Beeinflussung geübt, dann hat es eben schon vorher der Henker getan, wie ich gleichfalls a. a. O., 20. Frage XI. Grund, geschildert habe. Der Leser mag sich das darum hier nochmals vergegenwärtigen und soll wissen,

daß ich durch vereidigte Zeugen den Beweis führen kann, es wird tatsächlich so gemacht, wie ich sage. Was ich aber vom Henker berichtet habe, das hat gleicherweise von den Gefängnisaufsehern zu gelten, die ebenfalls jedem Gefangenen erzählen, was die anderen bekannt haben.

3. Sollten auch Henker und Gefängniswärter den Angeklagten nichts eingeblasen haben, dann ist es eben so zugegangen: Es hat eine Gerichtsperson etwas verlauten lassen, was Sempronia gegen Gracchus ausgesagt hat, und das ist dem Gracchus zugetragen worden. Es wird ja schon mir in diesen Tagen von so manchem erzählt, was diese und jene Angeklagten gestanden und wen sie denunziert haben. Aber auch solche Denunzierten selbst fragen mich, wenn sie davon hören, um Rat, ob sie dableiben oder flüchten sollen. Was wunder, wenn sie hernach als Angeklagte wissen, weshalb sie angeklagt sind?

4. Etwas Artiges hat sich neulich einmal zugetragen. Es wurden in einem gewissen Dorf etliche in einer Hütte gefoltert, wo die Buben an den Türritzen lagen und alles mitanhörten. Wer hätte da dann nicht gewußt, was die Angeklagten über sich und andere ausgesagt, was für Tatsachen und Einzelheiten sie angegeben hatten? Glaubt mir, so geht es an vielen Orten.

5. Es gibt auch noch andere Mittel, es zuwege zu bringen, daß sich schließlich einmal die Aussagen der Beschuldigten mit denen der Beschuldigerin in etlichen Punkten decken. Die Beschuldigten wissen ein Lied davon zu singen; hier können sie nicht alle im einzelnen aufgeführt werden. Es ist schon schlimm genug, daß diejenigen Dinge geschehen, von denen ich berichtet habe. Wenn die Fürsten sich doch nur angelegen sein ließen, von ihnen zu erfahren. Schon daraus können sie genügend erkennen, was davon zu halten ist, wenn die Inquisitoren viel Aufhebens davon machen, die Denunzierten seien genau auf die gleichen Punkte und Einzelheiten gekommen, die ihnen vorgeworfen waren. Es ist eben entweder erlogen oder in der geschilderten Weise zustandegebracht worden.

Abschließend will ich bei der Gelegenheit noch etwas

erzählen, was sich unlängst ereignet hat. Es kam eine ehrbare Frau aus ihrem Dorfe zu mir gelaufen, um sich Rat zu holen und Generalbeichte abzulegen. Sie erklärte, sie sei schon mehrfach denunziert, dies und das habe man von ihr behauptet. Sie wolle aber nicht flüchten sondern wieder zurückgehen, wozu ich ihr auch riet, weil ich der Meinung war, von Rechts wegen könne man sie gar nicht greifen. Ihre größte Sorge aber war, sie werde, falls sie festgenommen werden sollte, von den Qualen der Folter übermannt, lügen und sich damit um ihr Seelenheil bringen. Ich sagte ihr, wer sich unter solchen Umständen durch eine unwahre Aussage belaste, der begehe keine Todsünde. Sie kehrte also am nächsten Tage heim in ihr Dorf; bald danach wird sie festgenommen, gefoltert, erliegt dem Schmerz und stirbt zum Tode wohl vorbereitet. Hernach erklärte der Inquisitor dem Pfarrer, der sie zum Richtplatze hinausgeleitet hatte, einem gelehrten, gewissenhaften Manne, indem er ihm ihre unzweifelhafte Schuld aus den Indizien nachwies, man hätte sie bis zur Stunde noch nicht verurteilen können, wenn nicht dies eine noch hinzugekommen wäre, daß sie die zwei oder drei Meilen zu mir hinausgelaufen sei. Denn er behauptete steif und fest, das sei unverkennbar eine Flucht gewesen und folglich ein überaus schweres Schuldindiz. Als ob man nicht zu mir hätte schicken können, um zu erfahren, ob es wirklich so sei! Da seht ihr, wie die Prozesse geführt werden!

* Höre, Leser, meinen Rat: Es würde hier vielleicht zweckmäßig sein, den am Ende des Buches befindlichen „Anhang" über die Tortur zu lesen.

29. FRAGE

Ob die Tortur, da es doch so eine gefährliche Sache mit ihr ist, abgeschafft werden soll?

Ich antworte: Ich habe schon oben gelehrt, es müsse, wo es sich darum handelt, das Unkraut aus dem Acker des Staates auszujäten, durchaus alles ausgeschaltet werden, was immer wieder die Gefahr mit sich bringt, daß zugleich auch der Weizen mit ausgerauft werde. So sagt uns die natürliche Vernunft, so unser Gesetzgeber Christus selbst und so sagen die berufenen Erklärer seines Wortes in der katholischen Kirche. Es kann also gar nicht bestritten werden.

Ferner habe ich gelehrt, die Tortur oder Peinliche Frage werde heutzutage regelmäßig in einer Weise angewandt, daß tatsächlich immer wieder der Weizen selbst in Gefahr ist. Das ist so wahr, daß ich wagen dürfte, einen Eid auf meine Überzeugung zu leisten, daß es tatsächlich immer und immer wieder so gegangen und arg viel Weizen mitausgetilgt worden ist.

Nachdem nun diese allgemeine und besondere Voraussetzung unangreifbar begründet ist, muß sich diesem Vordersatz aufs beste die Folgerung anschließen, daß **daher die Tortur völlig abzuschaffen und nicht mehr anzuwenden ist. Oder wenigstens muß jedes Moment im allgemeinen und im besonderen beseitigt oder anderweit geregelt werden, das die Tortur zu einer so gefährlichen Einrichtung macht. Einen anderen Ausweg gibt es nicht.**

Und vor allem will ich den Fürsten klarmachen, daß das eine Gewissenspflicht ist, um derentwillen nicht nur sie selbst, sondern auch ihre Ratgeber und Beichtväter vor dem höchsten Richter werden Rechenschaft ablegen müssen, wenn sie mit Nichtachtung und Stillschweigen darüber hinweggehen. Ich verlange gar nicht, daß sie mir Glauben schenken. Sie sollen nur ihre Theologen zu Rate ziehen, da werden sie finden, daß man mit Menschenblut nicht Kurzweil treiben darf und daß unsere Köpfe keine Spielbälle sind, mit denen man so ohne weiteres zum Vergnügen leichtfertig um sich werfen darf, wie es jetzt vielleicht gar manches trefflichen Fürsten schlechter Inquisitor tut. Auf jedes noch so geringe Gerüchtchen schreiten sie mit Windeseile gleich zu so gefährlichen Folterungen. Ja, sie schleppen da auch Leute zur peinlichen Frage, die ganz allgemein im Rufe des ehrenhaftesten, untadeligsten Lebenswandels stehen, daß allein das schon genügen sollte, auch die schwersten Indizien zu entkräften. Wo bleibt heutzutage der Rechtsgrundsatz, daß schon die bloße Furcht vor der Tortur der Tortur selbst gleichzustellen ist? Und wie steht es damit, daß die gewichtigsten Autoritäten die Meinung vertreten, es sei schon genug, nur diese Furcht vor der Tortur zu erregen? Warum machen wir uns dies nicht lieber zu nutze? Warum wollen wir in so gefahrvoller Sache nur die alleräußerste Strenge walten lassen? Wie dem auch sei, die Fürsten sollten sich in erster Linie zur Aufgabe machen, mit äußerster Tatkraft zusammen mit ihren Ratgebern dahin zu wirken, daß die Folter gemildert und den Schuldlosen größere Sicherheit gewährleistet werde. Der eingangs mitgeteilte Gedankengang ist richtig, die Folgerung zwingend. Sie macht überzeugend klar, daß die Tortur entweder gänzlich abgeschafft oder doch nur unter gleichzeitiger Vermeidung der geschilderten, allen Unschuldigen drohenden Gefahren durchgeführt werden muß. Einen anderen Ausweg gibt es nicht; mögen die Fürsten also bedenken, was sie tun. Wir alle müssen vor den Richterstuhl der Ewigkeit treten. Wenn dort schon über jedes müßige Wort Rechenschaft abzulegen ist, wie schwer wird da erst Menschenblut gewogen werden? Die Nächstenliebe verzehrt mich und brennt wie Feuer in meinem Herzen; sie treibt mich an, mich mit allem Eifer dafür ins Mittel zu legen, daß meine Befürchtung nicht wahr werde, ein unglückseliger Windhauch könne die Flammen dieser Scheiterhaufen auch auf schuldlose Menschen übergreifen machen. Ich habe noch ein Argument in der NB Hand; noch ist es geheim, aber zu seiner Zeit und an seinem Orte wird es einmal geoffenbart werden. Es gibt mir die felsenfeste Überzeugung, daß unter fünfzig beliebigen, zum Scheiterhaufen verurteilten Hexen kaum fünf oder gar kaum zwei wirklich Schuldige sich finden. Sollte aber eine Obrigkeit Mut haben und sich davon überzeugen wollen, so will ich mir zu gelegener Zeit Mühe geben, ihr dazu zu verhelfen. Ich habe es ja auch schon oben (11. Frage VIII. Grund) versprochen, — aber es wird doch keiner hören wollen.

30. FRAGE

Welches wir für die wichtigsten Anweisungen halten, die den Hexenbeichtigern zu erteilen sind?

Ich antworte: Es hat mich neulich ein gewisser Pfarrer Sempronius gebeten, ihn, da er vielleicht als Beichtiger der Angeklagten angestellt werden sollte, kurz in einigen wissenswerten Dingen zu unterrichten. Ich habe es zunächst abgelehnt und ihm denn auch meinen Grund dafür gesagt. „Mein lieber Sempronius", habe ich ihm gesagt, „ich bin der Überzeugung, daß ein jeder, der heute in diesen gefährlichen Hexenprozessen die Stelle des Beichtvaters bei den Gefangenen versehen will, die Pflicht hat, Mittler zu sein. Aber nicht zwischen Angeklagten und Richtern, damit die Schuldigen hingerichtet werden, sondern zwischen den Angeklagten und Gott, damit sie, schuldig oder unschuldig, gerettet werden. Die Richter haben ihr Arbeitsfeld und der Priester das seine. Du willst nun deine Pflicht tun oder nicht. Willst du letzteres, so will ich keine Belehrungen geben, weil der Schüler sie ja doch nicht befolgen will. Willst du aber deine Pflicht tun, so ist keine Belehrung nötig. Die Richter werden sich sogleich alle Mühe geben, dich loszuwerden, und sich einen anderen besorgen, der jene verschiedenen Arbeitsgebiete nicht auseinanderhält. Das habe ich oft erlebt. Darum hat es keinen Sinn für mich, irgend jemanden zu unterweisen, weil er von meinen Lehren entweder keinen Gebrauch machen will oder kann." Sempronius entkräftete meinen Einwand jedoch, indem er folgendermaßen weiter bat: „Ich werde aber tun, was ich als eines guten Pfarrers Pflicht erkenne. Sie werden mich dann eben behalten oder abschieben. Behalten sie mich, so kann ich deine Unterweisung gut gebrauchen; behalten sie mich nicht, so werden diese Anweisungen auch nicht umsonst gewesen sein. Es würde ja desto mehr deine Lehre bestätigen, es sei zu fürchten, daß viele Richter ungerecht sind. Denn das darf man ja wohl annehmen, wenn sie die Seelsorge bei den Angeklagten nur durch unfähige und pflichtvergessene Priester versehen haben wollen." Nun, so sind es etwa die folgenden Anweisungen, die — von anderen, bereits erwähnten, abgesehen — besonders nützlich zu beachten sind.

I. Anweisung. So oft Geistliche in diesen Hexenprozessen verwandt werden — wie ich höre, ist das jetzt allenthalben der Fall —, haben ihre Oberen dafür Sorge zu tragen, daß nur solche geschickt werden, die mit dem Geiste unseres Herren Christus ausgerüstet sind. Sie müssen sanftmütig sein, friedfertig, durch Demut ausgezeichnet, von scharfer Urteilskraft und erprobter, gottesfürchtiger Klugheit. Sie müssen sich bereits darum bemüht haben, die Herzen der Menschen zu gewinnen, sie zu verstehen und ihre innersten Geheimnisse zu ergründen und dann die Sünder zur Buße zu bewegen; darin müssen sie Erfahrungen gesammelt haben. Es dürfen nicht übereifrige und ihren Leidenschaften unterworfene Menschen sein, sondern nur solche, die alles nach Vernunft und Lehre abzuwägen wissen. Sie mögen sich auch angelegen sein lassen, durch andere ihnen beigegebene Gefährten zu erfahren, ob es von ihnen heißt, sie handelten unbesonnen oder nicht. Die geistlichen Oberen lassen nämlich immer wieder vieles durchgehen, was nur allzu verbesserungsbedürftig ist.

II. Anweisung. Beichtiger, die zum Gefängnisdienst bestimmt sind, sollen zu allererst den gütigen Vater allen Lichtes um Erleuchtung bitten. Sodann sollen sie ihm die mit unseres Erlösers Blut losgekauften Seelen befehlen. Und schließlich sollen sie mit den Angeklagten selbst sanftmütig und väterlich umgehen, damit sie sie zu ehrlicher Buße bringen, ob sie sich schuldig bekannt haben oder nicht. Sie haben ihnen nicht gleich als erstes davon zu reden, daß sie gestehen sollen, sondern mögen damit noch warten und zunächst ganz allgemein von Dingen reden, die die Reue wecken können. Sie sollen den Gefangenen mit Wärme und christlicher Beredsamkeit vor Augen stellen, wie unser Gott so gütig ist, ein Vater voll Erbarmens und jeden Trostes, der um unsertwillen auch seines eingeborenen Sohnes nicht geschont hat. Es soll das Gleichnis vom liebevollen Vater angeführt werden, der seinem verlorenen Sohn, als er zurückkehrte, weinend um den Hals fiel und, soviel ihn auch vorher des Sohnes Sünden bekümmert hatten, dennoch alles in Gnaden vergessen sein ließ. Es muß gezeigt werden, wie unser Gott nicht ist, wie die Götzen der Heiden, die von ihrem Zorn nicht lassen können. Daß er ein für alle Male von unbegreiflicher Liebe zum Menschengeschlecht erfüllt ist, die zu tief ist, als daß er nun noch das Versprechen seiner Zuneigung widerrufen könnte. Daß Gott in der Heiligen Schrift einen ewigen Bund unwiderruflich bei sich selbst beschworen hat: Wenn unsere Sünden gleich rot wären wie Scharlach, so sollten sie doch weiß werden wie Schnee. Daß wir aber auch seinen eingeborenen Sohn als Fürsprecher bei ihm haben, den Gekreuzigten, der unsere Schwäche kennt und gewißlich unsere Sache, wie beladen wir auch mit schweren Verbrechen sein mögen, mit seiner Fürsprache rechtfertigen und stützen will usw.

Damit und mit ähnlichen Vorstellungen sollen sich die Beichtiger eifrig bemühen, die Angeklagten zum Bereuen ihrer Sünden und zu wirklicher Buße anzuleiten. Unser Gesetzgeber kann sich ja nicht selbst Lügen strafen, indem er jene Männer, die er in wahrhaftigen Worten zu Menschenfischern zu machen versprach, nicht in heilsamer Einwirkung die Herzen aller Sünder erweichen lassen sollte. Des Gottessohnes Worte und Verheißungen sind sonnenklar, und ihnen keinen Glauben schenken heißt am Glauben Schiffbruch leiden. Auf dieses Versprechen gestützt haben die Beichtiger ihr Recht zur Sündenvergebung für sich in Anspruch zu nehmen. Sie haben geltend zu machen, daß ihnen das Amt der Versöhnung übertragen ist. Sie sollen durch Buße heimführen alle, die durch sündhaftes Leben noch so weit von Gottes Wegen abgeirrt sind. So werden die Fesseln der Sünde zerbrochen und die Herzen in frommer Zwiesprache erweicht, und es hindert dann die Gefangenen nichts mehr, ihr ganzes Sündengift um so leichter nicht nur vor dem Priester des Heiligen sondern auch vor dem Stuhl der weltlichen Richter zu offenbaren. Denn so steht es um Reue und Buße: Wo sie erst einmal im Herzen eingezogen sind, hat hartnäckiges Verschweigen keine Statt mehr, — sofern es nur wirklich Schuldige sind, was zu erforschen, nicht vorauszusetzen ist. Dies ist die beste und mildeste Tortur, die die Sünder zum Sprechen bringen kann. Hierin sollten jene Geistlichen, über die ich oben geklagt habe, ihr Licht leuchten lassen. Und wenn sie wirklich voll göttlichen Eifers sind, dann sollten sie die Richter nicht eher zur Anwendung jener schrecklichen und oft allzu grausamen Tortur antreiben, als bis sie selbst diese ihre heilige Tortur gebraucht haben, d. h. mit heilsamen Gewissensbissen über ihre Sünden die Herzen der Angeklagten haben erweichen lassen. Hier mögen sie ihren Geist anstrengen und all ihre Kräfte entfalten, um so manches Sünders steinernes Herz durch die Kraft des göttlichen Wortes und die Leidenschaft des heiligen Geistes mürbe zu machen. Das wird zudem schließlich einem rechtschaffenen und vom Geist erfüllten Priester mehr Einblick verschaffen, als wenn er nur durch unbesonnenes Hetzen die Grausamkeit der Richter schürt. Denn unglückliche Gefangene roh anfahren, sie quälen und ihnen gerade so, als ob ihre Schuld schon unzweifelhaft erwiesen wäre, kein bißchen Ruhe lassen, ihnen mit Schimpfnamen zusetzen, sie vor den Richtern verunglimpfen und Ähnliches (was oben 19. Frage berührt ist) — gewiß gibt es keinen Maulhelden im Gerichtssaal, der so dumm wäre, daß er das nicht genau so gut könnte. Aber solch hartnäckigen Widerstand brechen, die Herzen erweichen, unbußfertige Seelen erschüttern, das kann nur, wer durch Gottes Geist sichtbar erleuchtet ist.

III. Anweisung. Ich halte also nichts von solchen Beichtigern, deren erstes und letztes Ziel einzig und allein zu sein scheint, daß die Angeklagten nur ja gestehen und nichts verheimlichen. Sie wiederholen nur immer „Bekennen" und „Bekennen". Darüber hinaus aber denken sie kaum mit auch nur einem Gedanken an ein ernsthaftes sich zu Gott Bekehren, an die schwere Seelenpein, den Abscheu vor der Sünde, die über allem stehen müssen. Geschweige denn, daß sie in erster Linie versuchen und sich bemühen, etwas so Schwieriges bei Sündern, und noch dazu solchen — sofern sie wirklich schuldig sind —, zu erreichen.

Darum, wenn die Angeklagten nur eben gestanden haben, d. h. all ihre Sünden lang und breit im einzelnen hergezählt haben, dann ist für diese Beichtiger alles gut und schön. Dann nennen sie die Angeklagten schon Kinder des ewigen Lebens, dann heißt es, sie gingen bußfertig in den Tod, ungeachtet dessen, wie es in Wirklichkeit mit ihrer Reue bestellt sein mag. Ich glaube jedoch — sofern mich nicht alles täuscht, was ich von der Theologie verstehe — so leicht ist die ewige Majestät nicht zu versöhnen. Es bedarf vielmehr besonderer Bemühungen um mehr als alltäglichen Schmerz, es braucht Gebete und von Herzen kommende Seufzer und Klagen, die neben dem Geständnis einhergehen müssen.

IV. Anweisung. Die meisten halten es für nicht zweckmäßig, die Angeklagten vor den inneren Richter zu rufen, bevor sie vor dem äußeren, weltlichen Richter ihre Sache ins reine gebracht haben. Sie raten vielmehr, das so lange aufzuschieben, bis vor dem weltlichen Gericht alles geklärt ist. So Delrio lib. 6. c. 1. Sect. 3., und so wird es beinahe allgemein gemacht.

V. Anweisung. Trotzdem ist es — wie kurz zuvor schon gesagt — zweckmäßig, daß die Angeklagten, sobald das nur irgend möglich ist, von Priestern aufgesucht und im Zwiegespräch zu Reue, Buße und ernstlicher Bekehrung zu Gott bereitet werden. Denn ich bin überzeugt, daß das zum Geständnis führen wird, nicht nur im Sakrament der Beichte sondern auch vor dem irdischen Richter. Und dieses gerichtliche Geständnis wird auf solche Weise viel sicherer und besser erreicht als durch die Tortur. Und dem Geständnis in der Beichte muß überhaupt diese Buße stets vorangehen. Es kann ja keine richtige Beichte sein, die zur Seligkeit verhilft, wenn sie nicht aus vorangegangener Buße gekommen ist. Die Beichte muß gleichsam die Tochter der Buße sein, sonst ist sie keine richtige Beichte. Darum betone ich von neuem: Der Beichtiger hat sich mehr darum zu bemühen, daß die Angeklagten bereuen, als darum, daß sie gestehen. Sind sie aber reuig, dann folgt das Geständnis alsbald von selbst hintennach, sofern wirklich Schuldige darunter sind.

VI. Anweisung. Auch wenn wir uns der Meinung Delrios anschließen könnten, der sagt, der Richter dürfe durch Finten oder andere geeignete Listen die Angeklagten in eine Falle locken, so könnten wir doch auf keinen Fall zulassen, daß auch Geistliche das tun.

Die Begründung hierfür ist: Es muß vermieden werden, daß ihrem Amt und Stand ein Makel aufgedrückt werde, der dem weltlichen Richter nicht so leicht anhaften kann. Ich weiß, es ist vorgekommen, daß ein Priester einem Angeklagten listig Milderung der Strafe versprochen hat, die dann doch nicht erfolgt ist. Der Angeklagte war durch diese Enttäuschung so verstört, daß er schließlich kaum dazu gebracht werden konnte, vor dem Tode in der letzten Beichte seine Sünden zu sühnen.

Der Beichtiger hat sich also zu hüten, in diesen Dingen sich anders aufzuführen, als es einem gläubigen Jünger Christi ziemt, daß keiner Grund hat, sich zu beklagen, er sei von dem betrogen worden, den er als Vertreter Gottes erkennen mußte.

VII. Anweisung. Ganz unschicklich ist es aber, wenn Geistliche, wie ich es von einigen gehört habe, den Richtern Vorschläge machen, wie sie die Angeklagten foltern sollten, es sei denn, daß es eine Milderung bedeutete. Das ist das Amt des Henkers, nicht des Priesters.

VIII. Anweisung. Es gehört sich auch nicht, daß die

Beichtiger vor den Augen der Leute den Folterungen beiwohnen und zuschauen, wie Delrio lib. 6. cap. 1. sect. 3. mit Recht rügt; wegen der Gefahr der Irregularität, wie er selbst sagt, und weil es Ärgernis erregt. Indessen sehe ich keinen Grund, weshalb sie nicht heimlich von einem anderen Raum aus durch eine Ritze oder ein Guckloch sollten zusehen dürfen. Denn es besteht dann die Gefahr der Irregularität nicht, und es kann kein Anstoß genommen werden, da niemand etwas davon weiß. Zudem wird es in der Tat den Nutzen haben, daß sie mit eigenen Augen sehen, wie grausam und gefahrvoll die Tortur ist. Und wenn das Antiisidorensische Konzil im Canon 33. den Presbytern und Diakonen verbietet, „in der Folterkammer zu stehen, wo die Angeklagten gemartert werden", so ist das nach meiner Meinung so auszulegen, daß es nur verbieten will, vor den Augen der Leute dabeizustehen.

IX. Anweisung. Ja, es soll ein kluger Beichtvater überhaupt nicht ganz unterlassen, sich darum zu bemühen, daß er wenigstens oberflächlich über das Gerichtsverfahren unterrichtet ist. Einmal, damit er umso vorsichtiger mit den Angeklagten bei der Seelsorge umzugehen weiß, und dann, damit er auch, wenn es nötig erscheinen sollte, die Richter an ihre Pflicht erinnern kann. In eben diesem Sinne hat erst kürzlich der Visitator eines geistlichen Ordens in einem Rundschreiben — das mir ein diesem Orden angehöriger Geistlicher gezeigt hat — seine Untergebenen, die die Gefängnisse zu besuchen haben, angewiesen.

X. Anweisung. Neulich hat mich ein Beichtvater zur Empörung gebracht; bei seinem allerersten Besuch bei einer Angeklagten im Gefängnis verkündete er ihr, um sie leichter zum Geständnis zu bringen, das Gericht habe ihren Tod beschlossen. Wirklich eine hübsche Einführung! Ich halte es für einem Priester nicht anstehend, jemandem die Todesbotschaft zu überbringen. Ich halte das auch — außer bei ganz unbußfertigen und abgebrühten Leuten, wo nichts anderes hat helfen wollen — nicht für ein geeignetes Mittel, einen Menschen ehrlich mit Gott zu versöhnen. Ich weiß nämlich aus Erfahrung, daß die meisten, oder doch wenigstens viele Angeklagte, auch sonst gefaßte Männer, auf die Ankündigung des Todes hin sich so heftig erschrecken, daß sie ganz unfähig zu so wichtiger Denkarbeit sind. Trauriges zu melden, das mögen die Priester anderen überlassen; sie selbst sollen Tröstliches bringen.

XI. Anweisung. Ein kluger Beichtvater hingegen soll sich lieber Mühe geben, die Herzen der Angeklagten völlig zu gewinnen. Das wird geschehen, wenn er ihnen klarmacht, er komme nicht als Richter sondern als Vater, der ihr Tröster sein wolle im Geiste des Sohnes Gottes. Er muß ihnen also den Unterschied zwischen Amt und Ziel des Priesters und dem des weltlichen Richters auseinandersetzen: Der Richter hat zu strafen, wo Schuld ist, der Priester zu vergeben. Er muß ihnen klarmachen, daß sie sich nicht zu scheuen brauchen, ihm ihr Herz ganz bis ins tiefste zu öffnen und zu erzählen, was sie bedrücke. Daß sie ihm völlig vertrauen können, keinen Betrug argwöhnen, nicht mißtrauisch sein sollen. Daß er ihnen alle die Liebe erzeigen wolle, die der treuste Vater jemals seinen geliebten Kindern erweisen könne. Er muß ihnen sagen, daß er wirklich Anteil an ihrem Unglück nehme und mit ihnen leide. Daß, wenn ihnen irgendwie zu helfen wäre, er nicht zaudern würde, sein eigenes Blut für sie hinzugeben, und es ihm darum sehr leid sei, daß das nicht sein könne und er nur der Seele helfen könne. Und zu diesem Ziele zu gelangen, wolle er nun gewiß keine Mühe scheuen. Er wolle sie niemals im Stiche lassen, sondern ihnen, wie es auch ausgehen möge, bis zum letzten Augenblicke beistehen. Er wolle ihr Gemüt aufrichten, ihnen Hoffnung und Kraft geben, damit sie nicht zusammenbrechen und sich in übermäßigem Kummer verzehren. Und schließlich, daß er alles tun wolle, daß sie sich nicht beklagen könnten, es habe ihnen irgendwie an Trost gemangelt. Wenn der Beichtvater solche und ähnliche von Pflichttreue und apostolischem Geiste zeugende Versprechungen gibt, dann wird er die Angeklagten an sich ziehen, sodaß sie sich gleichsam an diesem Seil und Zügel der Liebe überallhin leiten lassen, wohin er will. Das habe ich immer wieder erfahren.

XII. Anweisung. Vor allem aber muß der Beichtiger den Angeklagten auch in die Hand versprechen und, wenn nötig, eidlich versichern, es werde von allem, was sie mit ihm als mit einem Geistlichen auch außerhalb der Beichte sprechen würden, kein einziges Wörtchen, das ihnen schaden könnte oder von dem sie es nicht wünschten, zu den Richtern des weltlichen Gerichts hinausgelangen.

XIII. Anweisung. Es wird sogar auch nützlich sein, ganz unmißverständlich hinzuzusetzen, daß alles, was sie mit ihm besprächen, ihnen nichts schaden könne, auch wenn sie völlig schuldig wären, und daß es ihnen ebenso nichts nützen könne, selbst wenn sie völlig unschuldig wären. Denn er spreche über diese Dinge nicht mit den Richtern, und sie glaubten da den Geistlichen gar nicht, noch hörten sie auf sie, sondern verführen nach ihren eigenen Gesetzen und Vorschriften. Er, der Beichtiger, könne demnach nur zwischen den Angeklagten und Gott vermitteln und — was auch mit dem Leib geschehen möge — nur das bewirken, daß die Seele gerettet werde und in jene Wohnstatt der Seligen komme, die Gottes Sohn den Bußfertigen ein für allemal verheißen und vom Vater erkauft hat und die darum nun aus seinem Recht von allen Sündern erworben werden kann, auch wenn sie tief hinabgesunken waren. Auf diese Weise wird der Beichtiger die Angeklagten überzeugen, daß das, was sie ihm vertraulich mitteilen, ihnen nur an ihrer Seele schaden oder nützen kann. Und es wird so verhütet, daß sich jemand als unschuldig hinzustellen sucht, damit ihm der Beichtvater helfe, sowie daß ein anderer sich lieber als schuldig hinstellt, um nicht verraten und wieder auf die Folter geschleppt zu werden.

XIV. Anweisung. Die Beichtiger müssen nämlich mit aller Bestimmtheit wissen, daß es sehr viele gibt, die sich sogar im Sakrament der Beichte schuldig bekennen, während sie es in Wirklichkeit gar nicht sind (davon habe ich mich — und andere gewissenhafte Männer mit mir — selbst des öfteren unzweifelhaft überzeugen müssen). Und das, weil sie entweder rücksichtslose Priester haben, deren ungestümem Eifer sie sich nicht anders entziehen können, oder weil sie nicht nochmals gefoltert werden wollen. Es glauben nämlich viele von den Einfältigeren, die Geistlichen seien verpflichtet, dem Gericht alles, was sie nur irgendwie von den Angeklagten erfahren, zu berichten, und eben deswegen würden die Priester zu ihnen geschickt, um sie auszuhorchen. Es lassen sich auch manche nur schwer vom Gegenteil überzeugen, vor allem, weil ihnen das auch die Henkersknechte einreden, die fürchten, es könnte ihnen ihre Beute irgendwie entgehen, wenn die Angeklagten vor dem Priester widerrufen. Diesem bedauerlichen Zustand ist große Aufmerksamkeit zuzuwenden, und beklagenswert ist es, daß die jungen Geistlichen nichts davon wissen. Persönlich würde ich es freilich nicht wagen, jemanden zu verdammen, der auf diese Weise bei der heiligen Beichte gelogen hat, da ich gerade erst gelehrt habe, es sei mit seiner Einfalt, seiner Aufregung und ähnlichem zu entschuldigen. Tatsache aber bleibt, daß sie auch ihre Angaben über ihre Mitschuldigen nicht zu widerrufen wagen und deshalb mit noch schlimmeren Gewissensbissen und Sorgen sterben, um derentwillen sie, je mehr sie den Grund geheimhalten müssen, mit umso sichtbarer Reue Gott anflehen. Und so kommt es denn, daß man mit umso größerer Überzeugtheit an ihre besondere Reue über ihr Verbrechen und an die Schuld der von ihnen denunzierten anderen Personen glaubt. Und Deutschland meint noch weniger daran zweifeln zu dürfen, daß es voller Zauberer sei. Das ist eine so hoffnungslose Verwicklung, daß ich sie niemals genug zu beklagen wüßte. Da ferner, wie gesagt, schon viele fürchten, sogar mit dem verraten zu werden, was sie während der eigentlichen Beichte sagen, ist es da ein Wunder, wenn noch mehr von ihnen Verrat fürchten, wenn die Priester außerhalb der Beichte mit ihnen reden? Ich bin darum ganz sicher, daß schon so mancher —

selbst unter Männern, die sonst ganz besonnen sind — sich tatsächlich der Hexerei bezichtigt und im Gefängnis auch außerhalb der Beichte gegen jedermann ganz als schuldig hingestellt hat. Und da man diese Unglücklichen immer weiter nach vielerlei Dingen ausfragte, haben sie es bejaht und erfanden folgerichtig alles, was das einmal begonnene Märchen erforderte. Das ist geschehen teils aus der geschilderten Furcht, verraten zu werden; teils weil sie sahen, daß es ohnehin schon um sie geschehen sei, weil sie keinen wirklichen Trost von den sie besuchenden Priestern zu erhoffen wagten und es darum in verzweifeltem Zorn verschmähten, sich weiter zu verteidigen; teils weil sie sich der Schroffheiten etlicher von ihnen anders nicht erwehren konnten. Diese einfältigen Geistlichen trugen dann überall die Aussagen der Angeklagten herum und ließen damit die Gefahr der Verbreitung dieser Verbrechensseuche viel größer erscheinen, als sie ist. Wie konnte es da anders kommen, als daß alle Welt in dem einmal gefaßten Glauben an die vielen Hexen sich so bestärken läßt, daß schon kein Vernünftiger mehr daran zweifeln kann? Es würde zu weit führen, wollte ich Beispiele von solchen Priestern erzählen, die sich so in beschämender Weise haben täuschen lassen und sich und anderen die Köpfe mit ungeheuren Torheiten angefüllt haben.

Demnach sollte es doch wohl wirklich keinen geben — noch dazu unter geistlichen, apostolischen Männern —, der viel unter den Angeklagten verweilt und gleichwohl noch nichts davon bemerkt hat, sondern alles schon sicher zu wissen meint, wenn ihm nur die Angeklagten innerhalb oder außerhalb des Sakraments ein wahres oder erlogenes Schuldbekenntnis abgelegt haben? Wo ist da jene vom Evangelium geforderte Schlangenklugheit? Wo dieser Sinn für das Heilige, der jedermanns Unschuld gleichsam spüren könnte, auch wenn andere Anhaltspunkte fehlten? Wo bleibt da das Apostelwort 1. Kor. cap. 2. v. 15. „denn der geistliche Mensch richtet alles"? Sind denn diese Gaben nicht mehr in der Kirche verbreitet? Wehe den Beichtigern, die es wagen, sich mit so gefährlichen Dingen abzugeben, und nicht alles reiflich überlegen und immer von neuem bei Tag und Nacht Gott flehentlich bitten, ihnen Rat und Weisheit zu schenken.

Wie dem auch sei, der Beichtvater muß sorgfältig auf diese Dinge achten. Wenn er ganz ausschließlich im Sinne Christi bei den Angeklagten handelt, wenn er sie nur dazu zu bringen weiß, daß sie volles Vertrauen zu ihm fassen, dann wird er nach und nach manches Merkwürdige zu hören bekommen, wovon er bis dahin noch nichts wußte. Nicht wenig Pfarrer sind mir dankbar gewesen, weil sie gesehen haben, daß ihnen nur dadurch die Augen für viele Dinge geöffnet worden sind, während sie vorher von Gott weiß welcher Leidenschaft hingerissen sich alles ganz anders vorgestellt hatten.

XV. Anweisung. Der Beichtiger soll die Angeklagten aber seiner Verschwiegenheit nicht nur versichern, er soll sie vielmehr auch wirklich strenge bewahren. Das heißt, er soll auch, was er außerhalb der Beichte mit ihnen bespricht, nicht einmal aus bloßer Unbedachtsamkeit vor die Richter kommen lassen. Gerade das hat der oben erwähnte Visitator in seinem Rundschreiben auch besonders allen seinen Untergebenen zur Pflicht gemacht. Sicherlich mit Recht; und zwar aus folgenden Gründen.

I. Auf diese Weise hat nämlich schon wiederholt so mancher unvorsichtige Geistliche, während er den Gefangenen helfen wollte, nur ihre erneute Folterung veranlaßt.

II. Es besteht oft die Gefahr, eine Irregularität zu begehen, weil die Beichtiger leicht durch ihre Schwatzhaftigkeit oder weil sie sich sonst irgendwie etwas anmerken lassen, für die Fällung eines Todesurteils ausschlaggebend sein könnten. Es gibt nämlich — wie ich selbst schon angemerkt habe, und was auch Delrio rügt — eine Menge Richter, die es nur darauf anlegen, ein Anzeichen von den Beichtvätern zu erhaschen, das andeutet, daß der Gefangene bei seinem Geständnis geblieben, d. h.

schuldig ist. Haben sie das erst einmal dem Unachtsamen verstohlen entlockt (obwohl es dazu heute gar keines heimlichen Herauslockens mehr bedarf, weil überall die — mit Verlaub zu sagen — albernen Priester von selbst damit herausplatzen, als ob es sie bis zum Bersten erfüllte), dann schreiten sie alsbald ohne weiteres Zaudern zur Verurteilung. So habe ich letztlich einmal gehört, wie ein Richter sich brüstete, er habe, um keinen Fehler zu machen, tatsächlich noch keinen hinrichten lassen, bei dem er nicht zuvor von dem Beichtvater zu verstehen bekommen habe, daß er schuldig sei. Er gab damit hinreichend zu erkennen, welch großen Einfluß die Priester auf die Verurteilung der Angeklagten haben. Da lob' ich mir jenen Geistlichen, meinen Freund, der stets, wenn die Richter ihm mit Fragen in den Ohren liegen, ob diese oder jene beständig bleibe (so drücken sie sich aus), zur Antwort gibt: „Wenn ich die Wahrheit sagen soll, ob sie beständig bleibt oder nicht, ob sie gesteht oder nicht, ob sie schuldig ist oder nicht — ich weiß es wirklich nicht und kümmere mich auch nicht darum. Denn ob sie schuldig ist oder unschuldig, das geht nicht mich an, sondern die Richter. Meine Aufgabe ist, sie, gleichgültig was sie war, ob schuldig oder unschuldig, gut oder böse, zum Himmel hinzuführen. Und das hoffe ich auch mit Gottes Hilfe nach meiner Pflicht zu tun. Was soll ich mich um des übrigen willen bekümmern und mich in anderer Leute Angelegenheiten einmischen?" Aber wenn solche Antwort nicht in aller Sanftmut und Zurückhaltung gegeben wird, werden die Richter in der Regel sehr aufgebracht darüber.

III. Es ist zu befürchten, daß das Beichtgeheimnis, von dem doch alle betonen, daß es auf jeden Fall bis zum äußersten gewahrt werden müsse, verletzt oder doch scheinbar gebrochen wird. Denn das einfache Volk macht keinen Unterschied zwischen dem, was innerhalb und außerhalb der Beichte gesagt ist. Deshalb dürfte man sich wirklich über die Klugheit jenes Geistlichen wundern, der regelmäßig als Beichtiger der Angeklagten amtierte und sich nicht scheue, neulich vor einer großen Gemeinde auf der Kanzel auszurufen (nach Ort und Namen habe ich nicht fragen mögen), die Obrigkeit brauche sich nicht zu scheuen, mit aller Strenge gegen die Hexen vorzugehen. Er wisse nämlich mit voller Gewißheit, daß in dieser Stadt noch keine Hexe zur Hinrichtung geleitet worden sei, die ohne Schuld gewesen wäre. Ich selbst würde gerne wissen, woher er das so genau gewußt hat. Etwa daraus, daß sie öffentlich vom Gericht verurteilt worden waren? Aber war denn das dem Volk nicht ebenso bekannt, auch ohne daß der Prediger das erst sagte? Er wollte doch etwas mehr sagen und die Sache mit noch größerer Gewißheit bekräftigen. Aber woher kam ihm diese größere Gewißheit? War sie außerhalb oder innerhalb der Beichte gewonnen? Wenn innerhalb: Wo bleibt dann schließlich das Gebot so unantastbaren Geheimnisses? Wenn außerhalb: Warum sagte er das dann nicht dazu und beugte dem Verdachte vor, ein Beichtiger werde das wohl nicht so bestimmt sagen, wenn er nicht etwas tieferen und genaueren Einblick gewonnen, als auf gewöhnliche Weise möglich? Und so hat denn die Gemeinde, wie es heißt, großen Anstoß daran genommen, da schon die Entweihung des geheiligten Namens eines Beichtvaters viele mit Recht sehr erbittert hat. Ich selbst wundere mich gar nicht so sehr über diesen Beichtiger, wie über die Ordensoberen, die solche Männer auf schwierige Posten stellen, deren Mangel an Urteilskraft sie unter allen Umständen schon längst erprobt haben oder erprobt haben sollten. Wenigstens habe ich erfahren, man habe Verstand und Fähigkeiten dieses Geistlichen unter den Seinen so beurteilt, daß es geheißen habe, er werde wegen Dummheit seine Studien nicht fortsetzen können. Das haben seine Hörer hernach in Erfahrung gebracht und mir erzählt. Der Leser mag sich nun selbst ein Bild davon machen, wie klug und umsichtig jemand im Verborgenen mit den Angeklagten verfahren sein mag, der es so wenig verstanden hat, sich in der Öffentlichkeit Ansehen zu erwerben. Das aber ist nicht zu bezweifeln, wenn wir nicht solche Leute anstellen würden, die mit ihrer maßlosen Schroffheit die Angeklagten zwingen, sich zu guter Letzt besiegt zu geben und aus bloßem Überdruß, um der Quälerei ein Ende zu machen, alles zu bekennen, was diese Beichtiger um jeden Preis hören wollen — so soll es nämlich, wie ich höre, des genannten Predigers Gewohnheit gewesen sein —, dann würde es gewiß niemanden in Deutschland geben, der die arglosen Gemüter der Fürsten mit dem Märchen von den vielen Hexen erfüllte. Ganz genau so — ich habe neulich einem Richter die Probe angeboten — sollte keine Frau so schuldlos sein, daß ich sie nicht, auch wenn sie den Marterwerkzeugen des Henkers standgehalten hat, durch solch rücksichtsloses Verfahren kleinkriegen sollte, bis sie sich schließlich vor mir als schuldig hinstellen würde, wenn ich es wollte. Aber das verhüte Gott! Und solche Unfähigen hinwiederum hören die Fürsten an und folgen ihnen. Und dabei hat jemand gesagt, es werde ihm nicht schwer fallen, an dem selben Orte, wo dieser Mensch prahlte, es sei kein einziger Unschuldiger hingerichtet worden, zu beweisen, daß im Gegenteil eine Menge Unschuldiger hingerichtet worden sind. Aber daß niemals einer so etwas beweisen könnte, dafür ist reichlich vorgesorgt, weil, wer dies unternähme, selbst in Verdacht gerät oder bei den Obrigkeiten in Ungnade fällt. Das ist auf diesem Gebiet der geschickteste Kunstgriff, den es auf der Welt gibt. Denn auf diese Weise ist dem Scharfsinn jede Möglichkeit abgeschnitten, freimütig in die dunkelsten Fälle hinein zu leuchten. Das darf nicht außer acht gelassen werden.

XVI. Anweisung. Man könnte fragen, was der Beichtiger zu tun hat, wenn er (was nicht ausgeschlossen ist; man lese nur bei Tanner nach) aus der Beichte oder sonst irgendwie erkennt, daß ein Angeklagter unschuldig ist? Soll er es anzeigen? Es könnte, wenn er es anzeigt, die Gefahr einer Verletzung des Beichtgeheimnisses entstehen, dadurch, daß er vielleicht auch bei anderen die Beichte anhört und von ihnen nichts sagt. Denn durch sein Stillschweigen würde er zu verstehen geben, diese seien also nicht wie der erste. Besteht aber diese Gefahr nicht, weil er z. B. anderer Gefangenen Beichte nicht anhört usf., und ist er der Ansicht, seine Bemühungen bei dem Richter würden nicht vergeblich sein und er werde den Angeklagten damit nicht von neuem auf die Folter bringen, endlich werde es auch nichts sonstig Unerwünschtes, wie große Empörung bei der Bevölkerung nach sich ziehen usw. — dann sehe ich keinen Grund, weshalb er nicht bloß nicht versuchen dürfte zu helfen sondern es vielmehr tun müßte. Denn so verlangt es die Nächstenliebe und so die Heilige Schrift, die sagt: ,,Errette die, so man zum Tode führt, und unterlaß nicht zu erlösen, die man zum Untergange schleppt." (Sprüche, cap. 24. v. 11.). Jedoch muß er achtgeben, daß die anderen Angeklagten nicht erfahren, wie der Beichtiger für Schuldlose eintritt, damit sie sich nicht durch eine lügnerische Beichte versündigen, wovor ich schon oben (XIII. Anweisung) gewarnt habe. Er muß sich auch hüten, vor wie nach dem Tode der Angeklagten etwas gegen die Richter zu tun oder zu sagen, was sie verdächtigt und die Rechtspflege stört. Sollte tatsächlich ein Anlaß gegeben sein, so soll er das nicht bei anderen sondern bei den Richtern selbst vorbringen und ihnen ins Gewissen reden. Der Apostel lehrt ja, daß das einem apostolischen Manne wohl ansteht, da er sagt: ,,Wisset ihr nicht, daß wir über die Engel richten werden? Wieviel mehr aber über die zeitlichen Güter?" (1. Kor. cap. 6.)

XVII. Anweisung. Nicht weniger fraglich könnte erscheinen, was zu tun ist, wenn jemand, von Folterqualen gezwungen, andere, unschuldige Personen denunziert hat. Das ist eine schwierige Frage, jedoch ist dazu folgendes zu sagen. Mag es nun eine schwere Sünde sein oder nicht, wenn jemand, durch so ungeheure Martern überwältigt, ganz Schuldlose beschuldigt, das jedenfalls ist sicher, daß er verpflichtet ist, in **möglichst wirksamer Weise** zu widerrufen. Da nun aber die Richter einen Widerruf, den der Angeklagte nach der Urteilsfällung kurz vor der Hinrichtung tut, nicht berücksichtigen (mit welchem Recht, das mag ihre Sorge sein; vgl. auch unten 40. Frage), so muß er, damit sein Widerruf wirksam ist, ihn schon früher, vor Erlaß des Urteils erklären. Und zwar muß er das nach allgemeiner Ansicht auch dann tun, wenn er fürchtet oder voraussieht, daß er wieder auf die Folter gebracht werden wird. Denn wenn beide, er wie sein Nächster, in gleicher Not sind, dann muß er in erster Linie Rücksicht auf den Unschuldigen nehmen, dem er durch die falsche Beschuldigung Unrecht tut.

XVIII. Anweisung. Schwierig aber ist es dann, wenn Titius aus Furcht vor der Tortur nicht dazu zu bewegen ist, in solcher kritischen Lage zu widerrufen. Ich will sagen, was ich davon denke.

1. Zunächst. Wie ist es, wenn Titius erklärt, er wolle seinen Widerruf unmittelbar vor dem Tode, wo er die Folter nicht mehr zu fürchten brauche, öffentlich vor allem Volke erklären; das müsse billig genügen, da solchem Widerruf nach der Meinung kluger Männer das allergrößte Gewicht beizumessen sei und er folglich an sich wirksam sei? Sollte durch Schuld des Gerichts der Widerruf tatsächlich wirkungslos bleiben und sollten also die Denunzierten nicht freigelassen werden, dann haben das die Richter, nicht Titius zu verantworten.

2. Weiter; wie ist es in folgendem Falle? Titius widerruft frühzeitig im Gefängnis mündlich oder schriftlich vor seinem Seelsorger und noch einem weiteren Zeugen. Diese beiden geben später, wenn die Gefahr der Folterung für Titius vorüber ist, d. h. unmittelbar vor oder nach seiner Hinrichtung, den Widerruf bekannt, als mit voller Überlegung im Angesichte Gottes und der Zeugen erklärt. Sollte nicht wenigstens dieser Widerruf für ausreichend und gültig erachtet werden müssen? Und ist nicht Titius, wenn die Richter auch das noch nicht anerkennen wollen, vor Gott entlastet, während sie, wenn sie nun den Denunzierten den Prozeß machen, Rechtsbrecher und Mörder sind?

3. Letztlich; wie ist es, wenn ich einwandfrei beweisen kann, daß Titius alles getan hat, was in seiner Macht

steht und was man schließlich von ihm verlangen kann, und daß trotzdem keiner, der erst einmal beschuldigt worden ist, jemals durch einen Widerruf reingewaschen werden wird? Denn was soll Titius tun? Soll er frühzeitig vor dem Richter widerrufen und, wenn sie ihn zur Folter schleppen, standhaft aushalten und auf seinem Widerruf beharren, wie die allgemeine Ansicht es lehrt und ich es kurz zuvor geschildert habe? Aber das ist ja zwecklos. Er kennt doch bereits seine Schwäche, weiß ganz genau, daß er diese neuen Martern nicht wird ertragen können, wie er schon die früheren nicht aushalten konnte. Und so bringt er sich wieder dahin, wo er vorher war, in die gleiche Not. Ja, die Denunzierten wird man nun sogar noch umso mehr für schuldig ansehen.

Er mag es also bereuen und Gott anvertrauen und so, wie er es kann und wie ich es beschrieben habe, widerrufen. Wenn die Richter sich nicht darum kümmern, so mögen sie es selbst verantworten. Sehr bedauerlich ist hingegen, daß die Richter, eben weil sehr viele Angeklagte aus Furcht vor einer Wiederholung der Tortur nicht wagen, ihre Denunziationen zu widerrufen, viel Geschrei machen können, diese Denunzierten seien ganz gewiß schuldig, ,,weil so viele ihr Geständnis über sie mit dem Tode bekräftigt hätten". Jeder, der das hört, muß ja zugeben, daß derartige Redewendungen sehr überzeugend klingen. Aus dem Gesagten ist jedoch offenbar, was wirklich dahintersteckt, und das wird unten noch weiter ersichtlich werden.

XIX. Anweisung. Es wird ferner den Beichtigern der Angeklagten von Nutzen sein, dieses ganze Buch **aufmerksam zu lesen** und seinen Inhalt immer wieder in Zwiesprache mit Gott zu überdenken. Persönlich kann ich unter Eid bezeugen, **daß ich jedenfalls bis jetzt noch keine verurteilte Hexe zum Scheiterhaufen geleitet habe, von der ich unter Berücksichtigung aller Gesichtspunkte aus Überzeugung hätte sagen können, sie sei wirklich schuldig gewesen.** Genau dasselbe habe ich noch von zwei anderen gewissenhaften Theologen gehört. Und dabei habe ich es doch nicht an Fleiß fehlen lassen, um zur Wahrheit zu gelangen, wie schon oben, 11. Frage III. Grund, berichtet.

Ich will nun etwas sagen, was — ich wünschte es — alle hören sollten, die Ohren haben, zu hören, vor allem aber der ehrwürdige Kaiser, die Fürsten und ihre Ratgeber: Man erfinde absichtlich irgend ein gräßliches, zu NB den Sonderverbrechen gehöriges Vergehen, von dem das Volk Schaden befürchtet. Man verbreite dann ein Gerücht darüber und lasse die Inquisitoren dagegen einschreiten mit denselben Mitteln, wie sie sie jetzt gegen das Hexenunwesen anwenden. Ich verspreche in der Tat, daß ich mich der allerhöchsten Obrigkeit stellen und lebend ins Feuer geworfen werden will, falls es nach kurzer Zeit in Deutschland weniger dieses Verbrechens Schuldige geben sollte, als es jetzt der Magie Schuldige gibt. Wenn es mir geschähe, daß ich auch nur den unwissendsten Mann aus dem Volke so etwas sagen hörte, dann würde ich gewiß Angst bekommen, daß er wohl nicht so sprechen würde, wenn er nicht gewichtige Gründe hätte. Ich würde zum mindesten innehalten und überlegen und würde es einigen Nachdenkens wert erachten, was ein vernünftiger Mensch, der nicht von allen Sinnen verlassen und streitsüchtig ist, mit solcher Überzeugung auszusprechen wagt.

31. FRAGE

Ob es gut ist, den Weibern vor der Tortur durch den Henker die Haare abscheren zu lassen?

Bevor ich antworte, bitte ich den züchtigen Leser, mit Verlaub vor seinen Ohren etwas besprechen zu dürfen, was an manchen Orten ohne Rücksicht auf das Schamgefühl nicht bloß besprochen sondern sogar ungehindert getan wird. Soll nämlich eine Angeklagte der Tortur oder Peinlichen Frage unterworfen werden, dann führt sie der verrufene Henker zuerst in einen benachbarten Raum beiseite und schert ihr die Haare vollständig ab oder sengt sie mit einer Fackel weg, und zwar nicht nur auf dem Kopf oder unter den Achseln sondern auch dort, wo sie ein Weib ist. Der Zweck ist der, daß kein Zaubermittelchen im Haar versteckt bleibe, das sie gegen die Folter unempfindlich machen könnte.

Ich antworte also: Das ist auf keinen Fall gut; und aus folgenden Gründen nicht.

I. Grund. Das ist etwas Ekelhaftes, Unflätiges, an das zu denken die von Christentum und Evangelium geforderte Reinheit nicht gestattet.

II. Grund. Es verbindet sich bei einem sittenlosen, unzüchtigen Menschen damit die Gefahr einer Sünde.

III. Grund. Es gibt lüsternen Wüstlingen Gelegenheit, sich mit unzüchtigen Berührungen zu vergreifen. Umso mehr als zu meinem Erstaunen ein gewisser Schriftsteller irgendwo den Verdacht äußert, ob nicht solch ein Zaubermittelchen auch an noch verborgenerer Stelle versteckt sein könne. Versteht sich, damit es schamlosen Wüstlingen nicht an Vorwänden fehle, wenn es sie reizt, ihrer Zügellosigkeit noch weiter nachzugeben.

IV. Grund. Es ist gar zu unerträglich für das von Natur schamhafte weibliche Geschlecht, das nicht selten lieber sterben möchte, als vor einem verrufenen Taugenichts alle Scham so ungeheuerlich fallen lassen zu müssen.

V. Grund. Es ist zudem ein zweckloses Beginnen, da einmal gegen Zauberkünste andere, fromme Mittel angewendet werden können, und da ferner auch nach dem Abscheren der Haare niemals gefunden wird, was man sucht. Ich bin erstaunt, daß wir das bis jetzt noch immer nicht sehen wollen, sondern stets mit der gleichen Blindheit fortfahren und —mich schaudert es bei dem Gedanken — selbst Geistliche der Schere der Henkersknechte unterwerfen, und das unter der Herrschaft geistlicher Fürsten.

VI. Grund. In anderen Orten, wo dieser Gebrauch nicht besteht, rauchen durchaus nicht weniger Scheiterhaufen und die Tortur ist dort auch ohne dieses unflätige Vorspiel nicht weniger wirksam. Ich bin darum durchaus der Meinung, es ist eine Erfindung ausschweifender Wüstlinge, nicht ehrbarer Richter. Hätten diese überhaupt jemals dies Scheren für notwendig gehalten, dann hätten sie ihren Beauftragten dazu nur aus dem gleichen Geschlecht gewählt, dem auch die schamhafte Angeklagte angehört. Ein Beispiel dafür findet sich bei Damhauderus, praxis criminalis cap. 37; dort wurden, da man das Scheren für nötig hielt, Frauen dazu verwandt.

VII. Grund. Daß aber nicht einmal das gut ist, mag sich billig aus dem einzigen Grunde ergeben, daß wir den den Deutschen besonders eigenen althergebrachten Ruf sittlicher Reinheit damit vollkommen verscherzen. Dieser Grund allein ist den Verfassern des Malleus, die seinerzeit vom Papst als Ketzerinquisitoren nach Deutschland geschickt wurden, schon gänzlich ausreichend erschienen. Sie wollten dieses Scheren niemals angewendet haben, weil sie erfuhren, daß das in den Ländern Alemanniens — wie sie sich ausdrücken — meistenteils als unsittlich betrachtet werde, mögen auch, wie sie sagen, in anderen Reichen die Inquisitoren sie anordnen. Schämen sollten wir Deutsche uns, daß es damals eine Alemannien besonders eigene Sittsamkeit gab, die diese sonst so rücksichtslosen Inquisitoren nicht zu erschüttern wagten, und wir sie nun am Ende der unreinen Gier der liederlichsten Wüstlinge preisgeben. Die Richter mögen achtgeben, was ich nun sagen will: Es ist mir nämlich zu Ohren gekommen, daß eine Angeklagte, die geschoren werden sollte, von einem solchen verworfenen Wüstling erst vergewaltigt worden ist ·und er ihr hernach der Schnelligkeit halber die Haare mit einer Fackel abgesengt hat.

32. FRAGE

Aus welchen Gründen man zur Tortur schreiten darf?

Vor allem andern ist besonders dafür Sorge zu tragen, daß zur Folter, weil sie so gefährlich und grausam ist, nur aus gewichtigen Gründen, d. h. auf sehr dringende Indizien hin, die den Angeklagten gleichsam überwältigen, geschritten wird. Indizien nennen die Rechtsgelehrten alles, aus dem entnommen werden kann, daß z. B. Titius ein Verbrechen begangen hat. Wir wollen die Indizien in drei Grade einteilen: Schwere, schwerere und allerschwerste, und wollen nun sehen, welche von diesen zur Festnahme, welche zur Tortur und welche zur Verurteilung erforderlich sind.

I. Zur Festnahme sind schwere Indizien notwendig. Denn es steht zugleich mit der Gerechtigkeit und der Nächstenliebe im Widerspruch, jemand aus geringen Gründen in ein großes Elend zu stürzen, wie es die Gefangenschaft ist. Daraus ergibt sich: Je härter wegen der Würde der festzunehmenden Person oder aus anderen Gründen die Gefangenschaft ist, umso gewichtigerer Indizien bedarf es auch. Hiergegen wird weit und breit aufs schwerste verstoßen.

II. Zur Verurteilung werden allerschwerste oder dringendste Indizien erfordert, die klarer sind als der helle Mittag und vollen Beweis erbringen, d. h. so sehr beweisen und nach allen Richtungen zur Genüge dartun und durch ihre Beweisführung die Angeklagte selbst gleichsam völlig widerlegen, daß, wo man sie hat, die Folter nicht benötigt wird, ja, sie nicht einmal angewandt werden darf. So wird allgemein gelehrt, vgl. Clarus l. 5. q. 64. n. 5. und Farinacius q. 37. n. 5. Aber das nennt man nicht so sehr Indizien, wie vorzugsweise „Beweise"; vgl. die feine Unterscheidung bei Farinacius a. a. O. Freilich macht er ohne Grund allzu haarspalterische Unterschiede, wenn er ebendort zwischen sonnenklaren Indizien und sonnenklaren Beweisen scheidet.

III. Zur Tortur genügen schwere Indizien nicht, weil sie um vieles einschneidender ist als die Gefangenschaft. Anderseits sind allerschwerste Indizien oder volle Beweise nicht erforderlich, sondern hinreichend und erforderlich sind diejenigen, die wir „schwerere" genannt haben, die so zuverlässig und klar und beinahe gewiß sind, daß jeder Besonnene ihnen berechtigten vollen Glauben schenken kann, wie einhellig von allen gelehrt wird. Man nennt sie heutzutage „halbe Beweise", besser würdest du sie „beinahe volle Beweise" nennen. Das sind Gründe mit solcher Beweiskraft, daß sie zwar nicht völlig überführen aber doch einem vollen Beweis sehr nahe kommen, so wie wenn der Mond über die Hälfte hinaus auf den Vollmond zugeht. Es muß also — wie Lessius cap. 29. dub. 17. nu. 151. sagt — nach menschlichem Ermessen fast oder so gut wie sicher sein, daß derjenige der Täter ist, der durch dieses Beweismittel belastet ist, und zur völligen Gewißheit offenbar nichts mehr fehlt, als einzig das Geständnis des Angeklagten. Das Gesetz sagt so: „Man soll erst dann zur Folterung der Sklaven kommen, wenn der angeklagte Herr verdächtig ist und man auf Grund anderer Beweismittel so nahe vor dem Beweise steht, daß nur noch das Geständnis seiner Sklaven dazu zu fehlen scheint." Das steht in lex. 1. ff. de quaest.; dazu vergleiche man Mynsingerus. Man lese für unsere Ansicht auch Prosper Farinacius q. 37. n. 3. Wir haben uns gewöhnt, weitere Zitate von Gesetzesstellen und Autoren wegzulassen, um den Leser nicht aufzuhalten.

Doch ist hierzu noch zu bemerken, daß die zur Folterung erforderlichen Indizien nicht nur, wie dargelegt, so sein müssen, daß sie einen verständigen Mann „fast" oder „so gut wie sicher" machen. Sie müssen auch ihrerseits durch zwei rechtmäßige Zeugen völlig und schlüssig bewiesen sein. Das entspricht der Glossa Ordinaria wie auch der besonderen Glosse zu l. final. in verbo vel indiciis, C. familiae erciscundae. Dieser Glosse schließt sich Farinacius q. 37. num. 17.ff. an, wie auch

Bartolus, Baldus, Salicetus und viele andere. Daher ist diese Ansicht völlig übernommen und in Gerichten und Schulen anerkannt, wie Brunor. à Sole in seinem cons. crim. nu. 111. ex Alci. in cons. 465. num. 1. sagt. Daß das durchaus auch bei den allerschlimmsten Verbrechen zu beachten ist, betonen mit Recht Mascardus in tract. de prob. l. 1. conclus. 462. n. 18. und Farinacius a. a. O.; zudem wird es der Leser leicht aus dem entnehmen können, was wir noch unten, bei der 37. Frage, zu sagen haben.

33. FRAGE

Wer zu entscheiden hat, welche Indizien im Einzelfall als annähernd volle Beweise anzusehen sind?

Ich antworte: Man kann keine allgemeine Regel angeben, welche Indizien im Einzelfall die Tortur möglich machen, d. h. annähernd volle Beweise sind. Deshalb meinen einige Autoren, die Entscheidung hierüber stehe im Ermessen des einzelnen Richters. So Brunus in tract. de indiciis & tortura p. 2. q. 3. Aber Mynsinger (zu l. 1. de quaestionibus) hält es für gefährlich, in einer schwierigen Frage dem Richter solche Freiheit zu lassen. Und das mit Recht, denn es ist ja nicht unbekannt, was für Richter wir immer wieder haben. Man lese dazu Tanner, Theol. tom. 2. disput. 4. de Justitia q. 5., wo er in glänzender Weise darlegt, wie gefährlich es ist, in diesen Prozessen dem Ermessen der Richter viel zu überlassen. Ich möchte also annehmen, man sollte das löbliche Verfahren einiger Gerichtshöfe befolgen, die ihre Indizien der einen oder anderen Akademie zur Prüfung vorlegen und sich deren Entscheidung zu eigen machen, sodaß sie keinen der Tortur unterwerfen, dessen Folterung nicht von einer Akademie beschlossen worden ist. Das ist sicherer bei einer gefährlichen Sache, auf die man nie genügend Sorgfalt verwenden kann.

Du wirst sagen, das wird zuviel Mühe und Kosten verursachen, und es wird auch den Verlauf der Ausrottung dieses Unkrauts zu sehr verzögern, wenn für jede beliebige Folterung das Urteil von Akademien eingeholt werden muß.

Ich entgegne I. Es braucht nicht für jede einzelne Folterung besonders Rat eingeholt zu werden. Es sind ja viele Prozesse auf die gleichen Indizien gestützt, und nach wenigen derartigen Fällen kann man zugleich auch viele andere beurteilen.

Ich entgegne II. Was macht es dann aber auch aus, wenn ein Prozeß eine Verzögerung erfährt, während man dadurch umso sicherer gehen kann? Wollen denn unsere Gegner lieber eine Verzögerung als eine Gefahr vermeiden? Es ist, wie wir gesehen haben, Christi Wille gewesen, daß man, um jede Gefahr zu vermeiden, das Ausjäten des Unkrauts überhaupt lassen solle, gar nicht davon zu reden, daß man immer wieder innehalten und zaudern soll. Was scheuen wir aber in so wichtiger Sache Mühe und Kosten? Können sie denn irgendwo nutzbringender und mit besseren Gewissen aufgewandt werden, als da, wo es darum geht, Leib, Leben und Ehre unschuldiger Menschen vor Gefahr zu behüten? Wollen die Gegner denn durchaus nur Prozesse anstellen, brennen und braten, gleichgültig, ob das nun gefährlich ist oder nicht? Ich hingegen habe immer geglaubt, der Geist der christlichen Lehre fordere, daß die Richter sich eher freuen sollten und es ihrem Wunsche entsprechen müßte, wenn sie möglichst wenige schuldig finden, als daß sie es mit den grausamsten Martern unbedenklich darauf anlegen, daß möglichst wenige ihre Unschuld verteidigen können. Gott weiß, ob das nicht am Ende die ganze Welt unter dem Scheine der Gerechtigkeit ausrotten heißt. Letzthin habe ich von einem Inquisitor — dabei nicht einmal einem sehr hitzigen, sondern einem, den zu der Zeit die allermeisten für recht lau erklärten — einen Ausspruch gehört, der mir (um die Wahrheit zu sagen) nicht wenig mißfallen hat, weil ich aus ihm leicht auf den Standpunkt der anderen, hitzigeren Richter schließen konnte. Als wir nämlich so ganz freundschaftlich auf diese Fragen kamen, sagte er: „Ich gebe zu, diese Dinge müßten gewiß sorgfältiger behandelt und überdacht werden, sie müßten von allen Seiten betrachtet und erörtert werden, es müßte auch den Angeklagten hinreichend Zeit zur Verteidigung und Prozeßführung gegeben werden und dergleichen. Aber dann würden wir freilich keinen Prozeß führen können. Wir wollen uns hier nicht so mit Bedenken abgeben, genug, daß das heute der Brauch ist." Er gab also zu verstehen, daß die Inquisitoren nicht in dieser Weise würden brennen können, wenn sie täten, was sie von Rechts wegen tun sollten. Damit sie also doch Hexen verbrennen könnten, müßten sie Sorge tragen, ja nicht zu tun, was eigentlich ihre Pflicht wäre. Das ist dasselbe, wie wenn du auseinandersetztest, wenn die Menschen ihre Augen aufmachten, dann würden sie sehen können; damit sie also nicht sehen können, muß dafür gesorgt werden, daß sie ihre Augen nicht aufmachen. Vortrefflich! Und doch sitzen hier Inquisitoren und dort allerhöchste Obrigkeiten in größter Seelenruhe da und hören sich ganz gemütlich die schönsten derartigen Ausführungen ihrer Beamten an, während ihnen sogar Geistliche Beifall spenden, weil sie voll herrlichen Eifers Deutschland von Unrat säuberten. Findet das einer bedauerlich, verlangt er Gehör und will die Frage vernünftig und vorurteilslos eingehender erörtern, dann wird er abgewiesen, gerät in Verdacht und verdient gar, auf die Folter geschickt zu werden. Es kocht mir das Blut, wenn es mir erneut ins Gedächtnis zurückkehrt und ich heute wiederum jene ungerechten Inquisitoren nennen höre, die (wie oben, 9. Frage VIII. Grund, erzählt) sich nicht gescheut haben zu sagen, man müsse den frommen Theologen Tanner auf die Folter spannen, nur weil er in aller Besonnenheit über die Hexenprozesse geschrieben hatte. Das ist also eines von ihren Indizien, die zur Tortur hinreichend sind. Und man wird sie auch nicht tadeln dürfen, denn sie werden jene Ausrede brauchen, die ich eben erwähnt habe. Sie werden sagen: „Von Rechts wegen sollten wir freilich solchen Männern gegenüber nicht so leichthin auf die Tortur erkennen. Täten wir das aber nicht, gingen wir vielmehr erst die Akademien um Rat an, dann käme man mit ihrem Prozeß nicht vom Fleck." So muß diese Ausrede alles entschuldigen, und die Inquisitoren dürfen folglich machen, was sie wollen.

Wer will mich Inquisitor werden lassen? Ich würde sogleich gegen alle Obrigkeiten in Deutschland inquirieren, gegen alle Prälaten, Kanoniker und Ordensgeistlichen. Mit Leichtigkeit würde ich eine falsche Anklage zustande bringen. Wenn sie sich verteidigen wollten, dann würde ich sie nicht anhören, würde sie ins Gefängnis werfen, sie in ausgesuchter Weise foltern; sie werden sich unter den Martern ergeben müssen, und „seht", werde ich rufen, „wo die Zauberer sich versteckt haben! Wie verborgen dies Verbrechen ist! Wie es im geheimen schleicht!" Wer aber wird mich tadeln dürfen, daß ich schlecht prozessiere? Denn ich werde sagen: „Wenn ich das nicht dürfte, dann könnte ich freilich nicht geschwind prozessieren und verbrennen. Also, damit ich geschwind prozessieren und brennen kann, dazu war das alles erlaubt." In was für Zeiten sind wir geraten? Nur der großmächtige Kaiser kann Deutschland noch helfen. An ihn mögen sich die Bedrängten bittend wenden, er wird niemand vom Altar der Gerechtigkeit zurückstoßen. Er sollte einmal die Liste von Indizien lesen, auf Grund derer so mancher Inquisitor weit und breit seine Prozesse geführt hat, während sie doch haltlos, lächerlich und nicht hinreichend bewiesen, vor allem aber zugleich auch im einzelnen widerlegt waren. Wenn mich nicht alles täuscht, wird er die Freiheit, die rechtswidrigsten Prozesse anzustrengen, beschneiden. Und doch — um das im Vorbeigehen zu bemerken — wer kann denn wissen, was die Angeklagten auf die ihnen vorgehaltenen Indizien erwidert und wie sie sie widerlegt haben, da das alles ja nicht zu Protokoll gebracht wird, wie bereits oben, 18. Frage 15. Ergebnis, vermerkt. Und das ist natürlich auch der Grund, warum die Richter es vermeiden, Gutachten von Akademien einzuholen: Damit sie nicht gezwungen sind, ihre Akten genauer zu führen, und damit es nicht heißen kann, viele von den Hexen hätten sich hinreichend gerechtfertigt.

34. FRAGE

Ob ein Gerücht allein, ohne durch andere einleuchtende, zuverlässige Beweismittel gestützt zu sein, ein Indiz für die Tortur abgibt?

Ich antworte I. Nein. So lehrt Julius Clarus (sententiarum lib. 5. q. 21 n. 1) gemäß der einhelligen Ansicht der Gelehrten, deren er nicht wenige anführt. Wir lassen sie nach unserer Gewohnheit weg. Folgendes sind die Gründe dieser Lehre.

I. Grund. Es ist ein Grundsatz bei Juristen und Theologen, daß in Kriminalsachen ein Gerücht keinen Beweis erbringt sondern nur die Bedeutung eines Anklägers hat. Und wie niemand allein um einer Anklage willen gefoltert werden darf, sofern der Ankläger nicht irgendein Beweismittel vorbringt, so hier in ähnlicher Weise ... usw.

II. Grund. Das Gerücht verschafft dem Richter eine weitere Möglichkeit, die Wahrheit zu ergründen, nämlich durch Inquisition; das sagt Lessius de Just. & Jur. cap. 29. dubitatio 17. n. 156.

III. Grund. Ein Gerücht ist ein Indiz, das keine unmittelbare Beziehung zu der wirklichen Tat besitzt und, wie wir alle Tage erfahren müssen, auch sehr trügerisch ist, — sagen Clarus a. a. O. und Farinacius q. 47 in Übereinstimmung mit den von ihnen angeführten Autoren. Des Farinacius Worte lauten: „Es müssen aber die Indizien für die Tortur nicht nur wahrscheinlich klingend, schwer und dringend sondern auch gewiß, einleuchtend usw. sein." Vergleiche oben, 32. Frage, wo wir gesagt haben, sie müßten derart sein, daß sie die Sache fast unzweifelhaft und so gut wie sicher machen.

Ich antworte II. Der Satz, ein bloßes Gerücht sei zur Tortur nicht hinreichend, ist der Vernunft derart entsprechend, daß ein Gerücht heute selbst beim Verbrechen der Magie auch nicht in Verbindung mit anderen Indizien ausreichen kann, es sei denn, daß diese anderen schon von sich aus genügen würden. Denn heutzutage sollte ein Gerücht anderen Indizien von Rechts wegen gar nichts an Gewicht hinzufügen können. Das steht nun im Gegensatz zu der gegenwärtig übereinstimmenden Meinung und Praxis aller Richter und Obrigkeiten. Aber wir halten aufrecht, was wir gesagt haben, und lassen uns gerade durch diese abweichende Übung nicht wenig in unserer Meinung bestärken, daß eine Unzahl von Unschuldigen notwendig mit umgebracht werden. Unsere Gründe sind diese.

I. Grund. Die meisten Gerüchte haben heute ihren Ursprung in Zank, Streit, Verleumdung, Ehrabschneiderei, falscher Verdächtigung, unüberlegtem Urteilen, Wahrsagerei, kindischem Gespött und ähnlichen Anlässen und werden aus unglaublicher Schwatzhaftigkeit und Mißgunst, denen keine Strafdrohung Schranken setzt, überall verbreitet. Die gesunde Vernunft gebietet deshalb, einem Gerücht keine Bedeutung beizumessen, weil es auf schlechter Grundlage steht. Mich packt immer wieder das Staunen, wenn ich bedenke, in was für verdorbene Zeiten wir geraten sind. Alles ringsum ist erfüllt von Ehrabschneidung und Verleumdung. Begegnet uns irgendein Unheil, dann haben wir stets diese oder jene Person im Sinn, die uns behext hat. Man läuft zu Wahrsagern, verdächtigt die anständigsten Leute. Überall wird das Gift des leichtfertigen Aburteilens ausgestreut, und das ist jedenfalls umso schädlicher und verbrecherischer, je heimlicher und ungestrafter es geschieht, während die Obrigkeit schläft. Die Zischeleien schleichen durch Häuser und Städte, eine gesellt sich zur anderen, bis sie allmählich stark genug geworden sind, als ein offenes Gerücht aufzutreten, von dem dann aber keiner weiß, wer seine Urheber waren. Und nicht einmal dann wacht die Obrigkeit auf, um nachzuforschen, wer den Pesthauch verbreitet hat; nein, auf das Brausen des bastardischen Geredes hin wappnet sie sich gegen alle die, die dieses verbrecherische

Geschwätz angeschwärzt hat, forscht nach, fängt sie, foltert sie und will sie um jeden Preis schuldig haben. Eine Schande ist das! Von Rechts wegen sollte man gegen die giftigen Zungen zu allererst mit der Inquisition vorgehen, man sollte sie den Ehrabschneidern und Verleumdern ausreißen und an den Schandpfahl nageln lassen. Und wenn ihrer erst einmal etliche, ich will nicht sagen hundert (wie durchaus billig), aber doch etliche fünf oder sechs vor allem Volke angeprangert worden wären,—dann endlich dürfte man das so ins rechte Geleise gebrachte allgemeine Gerücht als ganz kleinen Verdachtsgrund werten und, wenn auch noch andere wohlbegründete Indizien hinzukämen, einen Prozeß anstrengen. NB

II. Grund. Soll ein allgemeines Gerücht Beweiskraft haben und ein wertvolles Indiz sein, dann ist nach der gesunden Vernunft wie nach der einhelligen Ansicht der Gelehrten (deren ich, wenn nötig, dreißig, fünfzig, ja, noch mehr anführen könnte) erforderlich, daß dieses Gerücht vor Gericht durch zwei gesetzmäßige Zeugen dargetan ist. Diese Zeugen müssen 1. wenigstens eine oberflächliche Vorstellung von dem Begriff des „Gerüchts" haben; 2. unter Eid bezeugen, daß sie dieses Gerücht von der Mehrzahl der Einwohner des betreffenden Ortes gehört haben; 3. eidlich bezeugen, daß es auf sicherer Grundlage aus den und den Ursachen und unter ehrbaren Leuten entstanden ist, oder wenigstens 4. seine Herkunft soweit nachweisen, daß feststeht, es beruhe nicht auf Streitigkeiten, Verleumdung und dergleichen Dingen, die oben aufgezählt sind. Weitere Bedingungen, die Delrio (lib. 5. sect. 3) zusammengestellt hat, übergehe ich. Wenn du magst, dann lies Julius Clarus und Prosper Farinacius, die weitläuftig die Frage behandeln. Diese Voraussetzung wird allgemein zugestanden und muß es auch werden. Ich mache sie infolgedessen zur Grundlage und ziehe folgenden Schluß: Wenn nun aber heute kein einziges Gerücht von Hexerei in dieser Weise bewiesen ist, dann hat demnach heute kein einziges Gerücht irgendeine Beweiskraft. Und daß das Gerücht niemals so bewiesen ist, das beweise ich mit zwei Argumenten, deren eines ich aus den Akten, das andere aus den Worten der Richter entnehme.

I. Die Fürsten sollten einmal eine Durchsicht aller Akten ihrer Inquisitoren anordnen; sie werden schwerlich finden, daß bei all den vielen Angeklagten jemals ein Gerücht in dieser Weise gerichtlich nachgewiesen ist. Delrio führt (lib. 5. sect. 3.) hervorragende Juristen an, die genau so von ihrer Zeit versichern, daß sie niemals von einem Gerücht gelesen haben, das rechtmäßig bewiesen gewesen wäre. Er sagt: „Es ist vor Gericht genau so notwendig wie selten, daß ein Gerücht genau nachgewiesen wird. Deshalb hat Grammaticus, Ratsherr von Neapel, geschrieben, er habe niemals einen Prozeß zu sehen bekommen, in dem er gefunden hätte, daß ein Gerücht rechtmäßig nachgewiesen worden sei. Das gleiche haben auch Julius Clarus, Vulpellus und andere bedeutende Männer, Richter und Advokaten, versichert."

II. Wenn ich das heute irgendwelchen Richtern vorhalte und ihnen ins Gewissen rede, daß sie niemals ein rechtmäßig bewiesenes Gerücht haben, das auch eine rechte Grundlage hat, wie es die Gelehrten verlangen; wenn ich ihnen vorstelle, daß die Angeklagten das Gerücht widerlegen und zeigen können, wie es ursprünglich entstanden ist, nämlich infolge von Zankerei oder dem Geschrei von Kindern, die sie einmal geschlagen haben, und gegen das sie nicht gerichtlich vorgehen wollten, oder aus ähnlichen Anlässen, — wenn, sagte ich, ich ihnen das vorhalte, dann antworten sie regelmäßig, es sei heute nun einmal nicht anders der Brauch; wenn sie jedes Gerücht so eingehend prüfen müßten, dann könnten sie niemals einen Prozeß führen. Das ist ihre Entgegnung; demnach schließe ich aus ihren eigenen Worten so: Wenn heute ein Gerücht gesetzmäßig nachgewiesen werden müßte, dann könnten die Richter, wie sie selbst eingestehen, nicht prozessieren; aber die Richter führen ja ihre Prozesse, also wird eben der gesetzmäßige Nachweis nicht geführt. Seht, sie sprechen sich selbst ihr Urteil: Sie führen

Prozesse auf Grund eines Gerüchts, das wertlos ist, sie führen Prozesse auf Grund eines Indizes, das noch nicht bewiesen ist — im Widerspruch zu dem oben, gegen Ende der 32. Frage, Gesagten. Wie steht es da mit diesen Prozessen? Wie mit der Unantastbarkeit der Gerichte? Wie stimmen sie mit den Geboten der gesunden Vernunft überein, da man auf noch unbewiesene, wertlose Indizien hin prozessiert? Oder glauben sie etwa, man könne so folgern: Eben weil sie Prozesse führen sollen, dadurch wird das wertvoll, was vorher wertlos war, und eben dadurch ist schon bewiesen, was vorher noch nicht bewiesen war? Das ist ein schlechter, dummer und lächerlicher Schluß, wiewohl es nicht Lachens sondern Weinens wert ist, da es um Menschenblut geht. So sollte man schließen: Wenn das Gerücht nicht gesetzmäßig bewiesen ist, dann ist es ein wertloses Indiz, folglich dürfen wir, wenn wir auch Prozesse führen müssen, das doch nicht auf Grund eines unbewiesenen Gerüchts tun. Nicht so: Wir müssen Prozesse führen, folglich wird ein wertloses Gerücht wertvoll, und also darf ich den Prozeß darauf stützen. Ich bitte euch, wo hat dies Gerücht diesen plötzlichen Wert her? Man vergleiche auch, was ich unten, 49. Frage XI. Argument, in ähnlicher Sache noch zu sagen haben werde.

Ist es darum 1. wahr, daß es doch niemandem rechtlichen Nachteil bringen darf, wenn er so auf das ungesetzmäßige Indiz eines Gerüchts hin gefoltert ist, sogar ein Verbrechen gestanden und überdies das Geständnis hernach bestätigt hat, wie Farinacius lehrt, dem Baldus, Marsilius, Menochius und vielen anderen folgend, —

Ist es ferner 2. wahr, daß ein Richter, der jemanden auf Grund unzureichender Indizien foltern läßt, sich aufs schwerste versündigt, und, wenn er ihn verurteilt, ein Mörder und zur Genugtuung verpflichtet ist, wie Lessius, c. 29. dubit. 18, lehrt, —

Ist es ferner 3. wahr, daß auf dem Gebiet der Hexenprozesse (wie Delrio lib. 5. sect. 3. es ausspricht), „gegen die Hexen und Unholden meistens auf Grund des Indizes des Gerüchts prozessiert wird", — dann mögen die heutigen Diener der Gerechtigkeit und, sofern diese unwissend und sorglos sind, die Fürsten, die solche Beamten einsetzen, selbst dafür sorgen und darauf dringen, daß so prozessiert wird, wie sie es in ihrem Gewissen verantworten können. Mein Amt war, zu warnen; das gebieten Nächstenliebe und Christenpflicht. Denn der haßt seinen Nächsten, liebt ihn nicht, der eine ihm drohende Gefahr fürchtet und doch schweigt. Es kann sein, daß ich etwas fürchte, was nicht vorhanden ist, ich kann mich irren. Solange ich aber die Furcht hege, noch nichts von meinem Irrtum weiß und mir Erfolg verspreche, solange darf ich nicht schweigen.

Du wirst einwenden I. Die Richter prozessieren ja nicht allein auf das Gerücht hin, sie haben immer noch andere Indizien daneben.

Ich entgegne: Wenn diese Indizien, die sie daneben haben, so sind, daß sie von sich aus, ohne das Gerücht, zur Tortur ausreichend sind, dann ist es gut; das habe ich schon oben gesagt. Sind sie das aber nicht, sondern brauchen sie Unterstützung durch das Gerücht, dann ist es rechtswidrig, den Prozeß anzustrengen. Denn das Gerücht ist heute, wie dargelegt, ein wertloses, nichtiges Indiz, weil es nicht bewiesen ist. Was aber selbst wertlos und nichtig ist, das kann unter keinen Umständen einem Anderen Gewicht verleihen.

Du wirst einwenden II. Beim Gerücht der Magie bedarf es nicht des Nachweises, daß es von ehrbaren Leuten aufgebracht ist. Denn dies Erfordernis eines Gerüchts, daß es von ehrbaren Leuten aufgebracht ist, ist nach Binsfelds Worten (S. 619) nur da festzustellen, „wo die persönlichen Eigenschaften und die Natur der Sache und der Umstände es erlauben; und so ist das nur für den Fall zu verstehen, daß es sich nicht um etwas Ehrloses handelt. Denn dann darf man sich auch nicht über ein Gerücht hinwegsetzen, das von ehrlosen Personen stammt. So z. B., wenn es sich um ein im Hurenhaus begangenes

Verbrechen handelt, dann kann das Gerücht ausgegangen sein von Buhldirnen, Kupplern usw., nicht aber von Gelehrten und anderen ehrbaren Personen, usf." So sagt Binsfeld nach Julius Clarus, Salicetus, Bartolus, Amadeus, Panormitanus u. a. m.

Ich entgegne jedoch, das tut gar nichts zur Sache und berührt den Punkt gar nicht, auf den wir Gewicht legen. Wir sagten ja, daß heute nicht rechtmäßig dargetan wird, woher das Gerücht komme, auf das hin nun der Prozeß angestrengt wird. Sei es also von guten Leuten oder von schlechten aufgebracht, so oder so, gerade das mußte doch rechtmäßig durch Zeugen erwiesen werden. Es mußten die Gründe und Mutmaßungen, aus denen es entstanden ist, angeführt werden, gleichgültig welcher Art sie sind; und es mußte wenigstens das gerichtlich festgestellt sein, daß das Gerücht seinen Ursprung nicht Zank, Verleumdung, Streit und dergleichen dankt, wo es auch immer schließlich aufgekommen sein mag, von ehrbaren oder unehrlichen Urhebern. Es bleibt also dabei, wenn heute auf ein Gerücht hin der Prozeß gemacht wird, dann handelt es sich noch stets um einen Prozeß auf Grund eines noch unbewiesenen und deswegen rechtsungültigen Indizes.

Du wirst einwenden III. Die Richter erklären, sie folgten nicht den reinen Theologen und gäben nicht acht auf die innerhalb der Schulen üblichen Streitigkeiten, sondern folgten der heutigen Praxis und neben anderen den Anweisungen Delrios, der sich mit diesen Fragen auseinandergesetzt habe. So habe ich erst heute jemanden sagen hören.

Ich entgegne: Man muß nicht der Praxis der Rechtskundigen folgen sondern ihrer Lehre, der gesunden Vernunft und dem in der Vernunft begründeten Recht. Wohl rühmen sie sich überall, dem Delrio zu folgen, und machen davon bei ihren Fürsten viel Aufhebens, die ihnen darum noch mehr Vertrauen schenken. Indessen tun sie doch hernach nichts weniger als das, sondern lassen ganz unbeachtet, daß Delrio lehrt, der sorgfältige Nachweis eines

Gerüchts sei unbedingt notwendig. So sind sie dennoch in Wahrheit ungerechte Richter, täuschen ihre Fürsten in ungeheuerlicher Weise und müßten von Rechts wegen schwer bestraft werden. Und schließlich wäre auch noch zu prüfen, ob nicht die Fürsten oder die Inquisitoren NB oder alle beide zur Genugtuung verpflichtet sind um der Prozesse willen, deren Rechtswidrigkeit ich aus diesen und etlichen anderen Ursachen beweisen könnte, wenn mir die Akten zugänglich gemacht würden. Ich bekomme vieles zu hören, was mir nicht zweckmäßig erschien, in dieses Buch aufzunehmen: Die Fürsten können freilich sagen, man habe sie hinters Licht geführt, aber ich bezweifle sehr, daß das so ganz ohne Schuld dieser Hirten der Völker (wie Homer die Fürsten nennt) geschehen konnte, wo die Täuschung doch sogar dem ihrer Obhut anvertrauten Volke nicht verborgen bleibt. Je mächtiger eine Obrigkeit ist, desto mehr hat sie für ihre Untertanen zu sorgen und desto ernster Rechenschaft abzulegen. Es könnten die Fürsten auch sagen, ihre Kräfte reichten nicht aus, alles zu wissen und gebührend für alles zu sorgen; dafür hätten sie ihre Beamten und Ratgeber, denen folgten sie oder vertrauten ihnen auch diese Sorge an. Ich aber würde dagegen sagen, die Fürsten haben eben dazu so viele Beamte und Ratgeber, damit sie umso weniger unwissend in den Dingen sind, die sie wissen sollten, und um ihre Sorgfalt beim Beherrschen der Untertanen und ihre Weisheit umso mehr zu vervielfachen. Wenn sie also trotz vermehrter Weisheit und vermehrter Möglichkeiten, richtig und sorgfältig zu herrschen, doch nichts von dem wissen, was sie wissen sollten, wenn sie trotzdem kein wirklich sorgfältiges Gerichtsverfahren haben, dann werden sie sich nur umso weniger entschuldigen können, weil sie, mit großen Hilfsmitteln ausgestattet, nur wenig achtgegeben haben. Das geht alle die an, die nachlässig sind; wer das ist, das weiß ich nicht. Das Amt des Geistlichen ist, mit seinem Bellen sogar die Könige zu erschrecken und sie aus dem Schlafe zu wecken, wenn in der Nacht Gefahr droht. Einstweilen sind gemäß

dem oben Gesagten die folgenden Grundsätze richtig und müssen von jedem zugestanden werden:
1. Es ist notwendig, daß das Indiz eines Gerüchts rechtmäßig nachgewiesen ist.
2. Überall im Deutschen Reich wird beim Verbrechen der Magie auf das Indiz eines Gerüchts hin der Prozeß gemacht.
3. Man wird kaum, oder nicht einmal kaum jemals in diesen Prozessen ein rechtmäßig nachgewiesenes Gerücht finden können.
4. Wenn das Gerücht rechtmäßig nachgewiesen werden müßte, dann würden die Richter keinen Prozeß führen können.
5. Niemand wagt, die Prozesse anzufechten: Man hat daran zu glauben, daß alles ordnungsgemäß hergegangen sei; wer dort zur Hexe erklärt worden ist, der war wirklich eine Hexe. Wer zu widersprechen wagt, macht sich unbeliebt und wird verdächtig.

Was soll man da tun? Was kann man daraus für Folgerungen ziehen? Ich bitte den Leser, einmal selbst darüber nachzudenken.

35. FRAGE

Ob die Obrigkeit gegenwärtig verpflichtet ist, von sich aus, ohne daß jemand darauf dringt, gegen die Ehrabschneider und Verleumder einzuschreiten?

Ich antworte: Wenn jemals, dann sind heute die Obrigkeiten und Fürsten verpflichtet, auch von selbst, wenn niemand darauf dringt, durch strenge Strafgesetze die giftigen Zungen zu zügeln, die ihren Nächsten, wo es nur angeht, einen Prozeß wegen Hexerei anhängen und Argwohn aussäen. Sie haben so die öffentliche Meinung wie eine von allen gemeinsam geatmete Luft von ungescheutem Verleumden rein zu halten. Und zwar aus folgenden Gründen.

I. Grund. Ehrabschneiderei und Verleumdung nehmen überall gar zu sehr überhand, und die Pflicht christlicher Nächstenliebe wird so arg wie nur möglich verletzt. Ich habe Leute sagen hören, sie wollten deshalb in diesen Zeiten, wo die Gerüchtemacherei nicht eingeschränkt und auf ein Gerücht hin der Prozeß gemacht werde, lieber solange unter Türken leben, wofern sie nur Christen bleiben dürften. Das ist mir nun in der Tat reichlich verkehrt vorgekommen, und ich habe sie schweigen geheißen, weil sie damit indirekt die Obrigkeiten beleidigten, sie blieben aber trotzdem dabei. Ich will noch etwas erzählen, was sich letztlich zugetragen hat. Der Säckelmeister einer Stadt wird vom Rat der Unredlichkeit beschuldigt, und man verlangt Schadensersatz von ihm. Er ist beleidigt, verläßt, da er anders seinen Ärger nicht zähmen kann, seine Heimat, verdächtigt seine Landsleute, es seien eine Unmenge Hexen unter ihnen, und erreicht es durch allerhand Schleichwege, daß er von seinem Fürsten als Inquisitor dorthin geschickt wird. Einen besseren Weg, sich zu rächen, gibt es heute gar nicht.

II. Grund. Die Obrigkeit geht ja von sich aus mit der Inquisition gegen die Hexen vor. Folglich muß sie auch von selbst gegen diejenigen einschreiten, die seither mit ihrem unheilvollen Gerede ungestraft jedem, dem sie gerade nicht gewogen sind, den Verdacht der Hexerei anhängen.

III. Grund. Die Obrigkeit setzt ja auf ein Gerücht hin die Inquisition in Gang. Sie meint auch, allein mit seiner Hilfe sich den Weg bahnen zu sollen nicht nur zur Gefangennahme, nein, auch zur Folterung, wie ich selbst beobachtet habe, wenn sie auch noch so große Reden halten, daß das nicht sein solle. Die Obrigkeit hat demnach entweder dafür Sorge zu tragen, daß sie die giftigen Mäuler, die nur Gestank, Qualm und Lügen als Gerücht aushauchen, zustopft, oder sie muß zugeben, daß ihre Prozesse nur auf lügnerischen Schein gegründet sind.

IV. Grund. Die Obrigkeit ist verpflichtet, aus ihren Hexenprozessen alles das auszuschalten, was sie nach unseren obigen Darlegungen gefährlich macht. Wenn aber die öffentliche Meinung nicht vor den Verleumdern bewahrt wird, dann macht sie diese Prozesse gefahrvoll. Folglich ist die Obrigkeit verpflichtet, von sich aus über die öffentliche Meinung zu wachen.

V. Grund. Wenn die Obrigkeit nicht ernsthaft hierfür sorgt, dann gibt es keine weitere Möglichkeit mehr, dafür zu sorgen. Eine Möglichkeit freilich hätte es noch geben können: Nämlich, wenn die Prediger und Geistlichen gegen die giftigen Zungen das Schwert des Geistes zücken wollten, welches ist das Wort Gottes. Aber es ist nun schon dahin gekommen, daß Gott, wenn diese Pest ausgetilgt werden soll, sagen muß wie einst: „Mit meinem Heiligtume machet den Anfang." (Hesekiel, Kap. 9 v. 6). Immer wieder gehen den Verleumdern und Schwätzern Geistliche und Kleriker mit schlechtem Beispiel voran, mit genau so unvorsichtiger Zunge, wie diejenigen sie haben, die sie eigentlich zurechtweisen sollten. Es tut mir in der Seele weh, wenn ich hören muß, wie selbst einige wegen ihrer Leichtgläubigkeit und Schwatzhaftigkeit bei ihren Standesgenossen und bei Außenstehenden berüchtigte Geistliche alles ohne Sinn und Verstand nachplappern, die erstaunlichsten Albernheiten darüber vorbringen und alles, was nur irgendwie geschieht, einer Zauberei zuschreiben. Als allererste fangen sie an, zu schreien, es sei kein Zweifel, das komme nur von den Hexen her, diese Pest breite sich ganz im geheimen aus, und nähren selbst die Verdächtigungen, die sie doch eigentlich auf jede Weise unterdrücken sollten. Und dann, damit es nicht den Anschein habe, als ob sie gar nichts wüßten und könnten, dann lesen sie Exorzismen, weihen die Häuser, verteilen geweihte Amulette, und dabei vielleicht auch ganz abergläubische Mittel, jedenfalls solche, die in der Kirche nicht gebräuchlich sind, wie ich neulich einmal beobachtet habe. In allen Wohnungen halten sie große Reden, wie bösartig die Hexen sind und wie das Unwesen um sich greife; unendliche Geschichten und Märchen haben sie da, die sie herplappern. Wenn dann hinterher einmal eine ganz natürliche Erscheinung auf ebenso natürliche Weise wieder vergeht, dann triumphieren sie mit ihren Exorzismen und Amuletten — zum Staunen des gemeinen Volkes, aber zum Gespött der Klugen, denen dieser weibische Hang zu Verleumdung und Schwatzhaftigkeit bei Geistlichen nicht wenig zuwider ist. Was kann man von diesen für Zurechtweisung der Schwätzer erhoffen, die selbst vor allen anderen eine Zurechtweisung nötig haben? So habe ich ganz kürzlich gehört, daß ein Prediger (es gibt ja etliche Dummköpfe in diesem Stande) voll Eifers geschildert hat, wie heimlich das Verbrechen der Magie umherschleiche, wie mannigfaltig seine Mittel, Schaden zu stiften, seien. Auf diese Weise hat er die ganze Stadt mit Mutmaßungen und Märchen erfüllt, daß alle Menschen und Dinge verdächtig seien — zu unglaublicher Verwirrung aller und zur Zersetzung der Nächstenliebe und der menschlichen Gesellschaft.

VI. Grund. Es gibt viele arme Weiblein, minderwertige, geringe Köpfe, die, wenn sie verleumdet worden sind, aus Mangel an Geldmitteln, aus Gleichgültigkeit gegenüber ihrem guten Ruf oder nur aus Einfalt auf eine Beleidigungsklage verzichten und lieber das Unrecht ertragen wollen, als in einen Rechtsstreit verwickelt zu werden. Vollends wenn auch die Kinder spotten und jemanden eine Hexe heißen; wer wollte gegen Kinder gerichtlich vorgehen? Da würden auch nur deren Eltern in Aufregung geraten, und am Ende würden bloß Vorwürfe dabei herauskommen, indem alles schreit, das hätte man der Jugend doch schon nachsehen müssen. Trotzdem würde ein Makel haften bleiben und schließlich zugleich mit den Kindern heranwachsen zu einem allgemeinen Gerücht. Dem hat billig die Obrigkeit von sich aus entgegenzutreten. Sie hat Gesetze mit scharfen Strafbestimmungen gegen Ehrabschneider und Verleumder zu erlassen, sie durch geheime Beauftragte verfolgen zu lassen und, wenn sie sie ertappt, ohne Verweilen und weitere Umschweife nach dem Gesetz zu bestrafen.

VII. Grund. Ist einer angesehener und besorgter um seinen guten Ruf, und schickt er sich deshalb, wenn man ihn verleumdet hat, zum Prozeß gegen den Ehrabschneider an, so wird er sich auch damit nicht genügend reinigen können. Denn gesetzt, er erhält vor Gericht Recht, die öffentlich im Gerichtssaal erörterte Verleumdung wird sich nur noch mehr verbreiten als eine mit Stillschweigen übergangene. Daher kommt es denn auch, falls irgend etwas geschieht, was irgendwie ungünstig ausgelegt werden könnte, daß jedermann es gleich so verdreht, daß der Betroffene sich im stillen sagen muß, er habe sich, selbst wenn er vor Gericht Recht bekommen sollte, doch ganz umsonst öffentlich bloßgestellt. Es bleibt immer etwas hängen, und es ist nicht möglich, eine einmal vernommene Verleumdung aus dem Gedächtnis der Menge auszutilgen, damit nicht bei jeder geringsten Gelegenheit eine leichtfertige Verdächtigung hervorbricht und die liederlichen Menschen, deren manche Inquisitoren sich zum Aufspüren übel beleumundeter Leute bedienen, einen nicht auch dazu rechnen. Das Volk erinnert sich, daß man einstmals durch Verleumdung verschrien war; daß man losgesprochen worden ist, das vergißt es viel leichter oder schreibt das einer besonderen Gunst oder Bestechung des Gerichtes zu. Solche Fälle kommen alle Tage vor. Ist überdies einer inzwischen gefangen und wird gefoltert, dann beschuldigt er solche als bereits verschrien umso leichter, wenn man ihn zwingt, jemanden zu beschuldigen. Es sind eben ganz unselige Zeiten: Entweder du schweigst auf eine dir angetane Verleumdung und wirst gerade dadurch schuldig, daß du stillgeschwiegen und nicht gewagt hast, zu widersprechen; oder aber du schweigst nicht, erhebst Klage und setzest dich dadurch noch mehr jedermanns Reden und Blicken aus. Es ist darum, wie schon eingangs gesagt, notwendig, daß die Obrigkeit ganz von sich aus durch Strafgesetze den Verleumdungen und Schmähungen ihrer Bürger vorbaut, noch ehe sie vorgebracht werden konnten, damit nicht die jetzige Zügellosigkeit weiterbestehe und dadurch demnächst niemand mehr seine Unschuld verteidigen kann.

36. FRAGE

Ob ein gesetzmäßig erwiesenes Gerücht wenigstens dann allein zur Tortur ausreicht, wenn es sich um Sonderverbrechen und schwer zu beweisende Vergehen handelt?

Viele Rechtsgelehrte und Richter bejahen das. Julius Clarus fügt nämlich, wo er auf Grund allgemeiner Lehrmeinung sagt, ein bloßes Gerücht sei kein zur Tortur ausreichendes Indiz, am Ende eine dahingehende Ausnahme an. „Es könnte auch", sagt er, „ein Verbrechen so schwierig zu beweisen sein, daß schon ein bloßes Gerücht genügen muß, wie ich es gelegentlich einmal erlebt habe." Dem Clarus folgen Farinacius (quaest. 47 num. 11) und Menochius (de praesumpt. lib. 1 q. 89 n. 34). Auch Binsfeld (de confessionibus maleficorum p. 288) sagt, daß „der Richter bei außerordentlichen und verborgenen Verbrechen rascher und leichter zur Tortur schreiten müsse", weil das, was im Verborgenen geschieht, schwerer zu beweisen ist. Aus diesem Grunde, sagt er, sei der Rechtsgrundsatz entstanden, daß „bei heimlichen, verborgenen Verbrechen wegen der Schwierigkeit des Falles schon bloße Mutmaßungen als Beweise genügen, die sonst nicht genügen könnten". Und schließlich zieht er die Folgerungen für die Hexerei und sagt, „wer bezweifelt, daß man beim Verbrechen der Zauberei aus diesen Gründen, weil es nämlich das allerheimlichste Verbrechen ist, und noch aus anderen Überlegungen auf leichtere Beweisgründe hin die Tortur anwenden darf?" Dem entspricht es auch offenbar, daß, während sonst in der Regel ein ehrloser Zeuge abgelehnt wird, „er doch zuweilen zugelassen werden muß, wenn anders die Wahrheit nicht festgestellt werden kann", wie Lessius und andere sagen.

Ferner ist es anscheinend des Marsilius Meinung (zu lex 1 ff. de quaest.), daß bei besonders schlimmen Verbrechen der Angeklagte schon auf leichtere Indizien hin gefoltert werden dürfe. Ausdrücklich stellt das Menochius (de Arbit. lib. 1 quaest. 84 in fine num. 9) fest, ebenso Monticella (in seiner Regula Crim. 10 num. 36) und Mascardus (de probat. lib. 3. conclus. 1385. num. 13 ff.). Ihre Begründung lautet, „weil es bei besonders schlimmen Verbrechen zulässig ist, sich über die Gesetze hinwegzusetzen und die vorgeschriebenen Förmlichkeiten nicht anzuwenden, und weil die Regel ist, die Regel nicht einzuhalten". Das führen sie weitläuftig genug aus; aber diese Fragen müssen offenbar doch eingehender geprüft werden.

Ich antworte daher: Verbrechen mögen noch so gräßlich, außerordentlich, geheim und schwer beweisbar sein, trotzdem genügen zur Tortur niemals ein bloßes Gerücht oder andere leichtere Indizien, die keinen beinah oder so gut wie vollen Beweis erbringen. Wir sagen uns also los von allen denen, die das Gegenteil behaupten und verwerfen den oben erwähnten, von Binsfeld mitgeteilten Rechtsgrundsatz als mit der gesunden Vernunft nicht in Einklang stehend. Folgendes sind unsere Gründe dafür.

I. Grund. Lex 1 ff. de quaestionibus erklärt, „zur Tortur darf man erst dann schreiten, wenn man durch Überführungsgründe dem (zu ergänzen: vollen) Beweise gegen den Angeklagten so nahe gekommen ist, daß offenbar nur noch das Geständnis fehlt". Nirgends jedoch spricht das Gesetz von einer unterschiedlichen Behandlung der verschiedenen Verbrechen. Wo aber das Gesetz keinen Unterschied macht, dürfen auch wir keinen Unterschied machen, wenn nicht andere Gründe dazu zwingen. Erbringen nun die Beweismittel, auf Grund deren ein Angeklagter belangt wird, nicht zumindest einen beinah vollen Beweis, dann kann man nicht eigentlich sagen, man sei dem vollen Beweise gegen den Angeklagten nahe gekommen, weil dies ein wirkliches „Nahekommen" voraussetzt, wie man auch nicht sagen kann, die Mondscheibe sei der vollen Rundung nahe, wenn sie noch eine schmale Sichel ist, sondern erst dann, wenn sie zumindest über die Hälfte hinausgewachsen ist.

II. Grund. Das gleiche Gesetz verlangt, man müsse dem vollen Beweise so nahe sein, daß offenbar einzig noch das Geständnis fehle. Ist aber der vor der Tortur vorliegende Beweis nicht beinahe voll, dann fehlt offenbar auf alle Fälle noch mehr als einzig das Geständnis. Es fehlt eben das, was noch zum beinahe vollen Beweise mangelt. Folglich ... usw. Man hat ja da das Gesetz; was will man noch mehr?

III. Grund. Mit jenem Gesetze halten es viele Gelehrte, die ich nach meiner Gewohnheit übergehe, um nicht ohne Not diese Blätter mit Aufzählungen von Namen anzufüllen. Auch Delrio bekennt sich zu ihrer Ansicht, den ich nur deswegen ausdrücklich nenne, weil heutzutage die meisten Richter viel davon reden, daß sie ihm folgten, — wenn auch zu Unrecht. Er sagt es mit unmißverständlichen Worten (lib. 5. sectio 3.): „Gelehrte, die meinen, gegenüber einer geringen Persönlichkeit und bei schwer nachweisbaren Verbrechen sei außer einem entsprechenden üblen Leumund kein weiteres Indiz erforderlich, sind gar zu schonungslos; ihre Meinung befindet sich auch nicht genügend im Einklang mit dem Gesetz. Farinacius tadelt sie deswegen ganz mit Recht. Darum ist nach meiner Ansicht auch in Fällen von Hexerei ein Richter nicht zu entschuldigen, der sich diese Grausamkeit zu eigen machen wollte."

IV. Grund. Genau dasselbe wie das Gesetz und die uns zustimmenden Schriftsteller lehrt auch die gesunde Vernunft. Die Folter ist ja nicht nur übermäßig furchtbar sondern überdies auch noch gefahrvoll, darum darf man unter allen Umständen nur auf die allerdringendsten Indizien hin zu ihr schreiten. Das sind aber solche Indizien nicht, die weniger als einen beinahe vollen Beweis erbringen.

V. Grund. Weiter fällt ja der bereits erwähnte Grund, weshalb wir zur Tortur wenigstens einen beinahe vollen Beweis erfordern, nämlich die Furchtbarkeit und Gefährlichkeit der Folter selbst, keinesfalls weg oder verliert er an Gewicht, auch wenn das Verbrechen gräßlich und schwierig nachzuweisen ist. Denn die Tortur ist bei einem solchen Verbrechen nicht weniger furchtbar und gefährlich als bei anderen. Folglich muß auch bei einem derartigen Verbrechen nicht weniger als bei anderen, also mindestens ein beinahe voller Beweis erfordert werden. Nach den Lehren der Philosophen haben ja gleiche Ursachen gleiche Wirkungen. Darum: Wenn es anders gemacht wird, dann steht es im Widerspruch zur gesunden Vernunft. Deshalb verbreiten sich auch die oben angeführten Verfasser vergeblich darüber, daß man bei Sonderverbrechen sich über die Gesetze hinwegsetzen dürfe. Gesetzt, wir würden das einstweilen einmal zugeben können (aber es ist, wie bereits an anderer Stelle gesagt, falsch), dann würde man sich zwar über die Gesetze, aber darum noch nicht gleich ebenfalls über die Gebote der gesunden Vernunft hinwegsetzen dürfen.

VI. Grund. Ja, weit entfernt, daß bei besonders gräßlichen, heimlichen und schwer nachweisbaren Verbrechen geringere Beweise genügen sollten als bei anderen. Vielmehr sind nach dem Gebot der gesunden Vernunft, das sich auf den mitgeteilten Grund gründet, sogar noch stärkere Beweise erforderlich. Das wird bei der folgenden Frage noch deutlicher werden. Ich möchte nämlich diesen Gedanken sozusagen mit frischem Atem, von einer neuen Frage ausgehend, erörtern.

VII. Grund. Man kann auch nicht sagen, daß ein Gerücht, das doch bei anderen Vergehen kein besonders dringendes Indiz und keinen beinah vollen Beweis darstellt, bei heimlichen und Sonderverbrechen zu einem sehr dringenden Indiz und beinah vollen Beweise wird und ein Gewicht erlangt, das es vorher nicht besaß. Denn ein Gerücht erhält seine Beweiskraft keinesfalls von seinem Gegenstand sondern nur aus seiner eigenen Beschaffenheit, wie alle Rechtskundigen leicht einsehen werden, die sich nur jemals mit Philosophie beschäftigt haben. Ein Gerücht ändert seine Beschaffenheit bei Sonderverbrechen und heimlichen Vergehen nicht, darum wird es also auch bei derartigen Verbrechen unter keinen Umständen ein beinah voller Beweis sein können, wenn es das bei anderen Vergehen nicht war.

VIII. Grund. Fragst du nun nach dem Grunde, warum ein bloßes Gerücht bei den übrigen Verbrechen nicht als zu einem so gut wie vollen Schuldbeweis ausreichend angesehen wird, dann werden dir Julius Clarus und andere sagen, ,,weil das Gerücht ein trügerisches Indiz ist und ein solches, das keine unmittelbare Beziehung zu der wirklichen Tat besitzt". Das ist ja, wie wir oben sahen, ihre Begründung. Aber ich bitte euch, ist denn das Gerücht von einem heimlichen, schwer nachweisbaren Sonderverbrechen nicht ganz genau so gut ein ,,trügerisches Indiz und ein solches, das keine unmittelbare Beziehung zur wirklichen Tat besitzt"? Wenn das Gerücht nicht einmal bei einem gar nicht heimlichen Verbrechen eine unmittelbare Beziehung zur wirklichen Tat besitzt, dann muß es ebensowenig, nein, noch weniger unmittelbare Beziehungen zu einem Verbrechen besitzen, das sich der menschlichen Wahrnehmung, auf der es doch beruhen sollte, noch mehr entzieht. Was bei einem ganz gewöhnlichen Verbrechen trügerisch ist, warum soll das bei einem besonders schlimmen, heimlichen Verbrechen nicht trügerisch sein? Oder warum soll es dort auch nur weniger trügerisch sein? Mir scheint jedenfalls, wir lassen uns gewiß in der Regel umso leichter täuschen, je schwieriger einem Verbrechen auf die Spur zu kommen ist, und nicht umgekehrt. Darum hängt die Ansicht des Binsfeld, Clarus und der anderen völlig in der Luft, wie ich bei der folgenden Frage noch eingehender darlegen werde.

37. FRAGE

*Ob im allgemeinen Beweismittel, die bei gewöhnlichen
Vergehen nicht ausreichen, bei Sonderverbrechen
und heimlichen, schwer nachweisbaren
Verbrechen hinreichend sind?*

Ich antworte: Nein. Diese Antwort widerspricht freilich geradewegs jenem allgemeinen Rechtsgrundsatz, den wir bei der vorigen Frage aus dem Binsfeld angeführt haben. Ebenso dem Zitat aus Lessius, daß ein ehrloser Zeuge dann zugelassen werde, wenn die Wahrheit anders nicht festzustellen sei. Ferner dem heute bei der Mehrzahl der Gerichte gebräuchlichen Verfahren, wo man beim Verbrechen der Hexerei, weil es ein Sonderverbrechen und heimlich sei, sich mit schwächeren Beweismitteln, wie Denunziationen übel beleumundeter Mittäter, bloßen Gerüchten und Ähnlichem begnügt. Indessen ist unsere Antwort vollkommen richtig. Und zwar aus folgenden Gründen.

I. Grund. Der gegenteiligen Ansicht fehlt jegliche Grundlage. Vor allem, gesetzt, ein Vergehen, um das es sich handelt, gehört zu den Sonderverbrechen; was dann? Ich habe schon kurz zuvor dargelegt, wie die gesunde Vernunft verlangt, daß die Indizien, die die Tortur gestatten sollen, höchst dringend sind. Was aber die gesunde Vernunft verlangt, das muß in gleicher Weise bei Sonderverbrechen und anderen Vergehen beobachtet werden. Zumal wenn die übrigen Umstände gleich sind, wie hier, wo genau derselbe Grund, um dessentwillen solche schweren Indizien zur Tortur erfordert werden, bei Sonderverbrechen und anderen Vergehen — wie gesagt — in gleicher Weise vorliegt. Deshalb müssen bei Sonderverbrechen nicht weniger gesetzmäßige und so gut wie vollen Beweis erbringende Indizien vorhanden sein als bei anderen Vergehen. So lehrt ganz richtig Farinacius (q. 37 n. 88) in Übereinstimmung mit den von ihm (n. 82) angeführten Autoren: Carrerius, Gabriel Saray, Monticella, Mascardus, Albericus, Jodocus, Rulandus, Paris de Puteo usf.

II. Grund. Ich sage sogar so: Bei den gewöhnlichen Verbrechen genügen leichtere Indizien und reine Mutmaßungen nicht zur Tortur, weil sie gefährlich ist, d. h. weil hier Gefahr besteht, daß ein unschuldiges Menschenleben zugrunde gehe. Diese Gefahr aber ist bei einem besonders schweren und Sonderverbrechen nicht geringer sondern vielmehr bedeutend größer, und das zumal beim Verbrechen der Hexerei, wie oben bei der 20. Frage deutlich geworden ist. Folglich genügen bei diesem Verbrechen nicht bloß keine leichteren Indizien, sondern es sind darüber hinaus in Wahrheit viel schwerere erforderlich. Das bemerkt Hippolitus Rimin. in Consil. 88 n. 53 vol. 1 und ausführlicher in Consil. 361 n. 32 vol. 3 ganz richtig, wo er durchaus nach unserm Sinne sagt: „Je schwerer und abscheulicher ein Verbrechen ist, umso schwerer und dringender müssen Verdacht und Indizien sein, da die Gefahr ernster ist." (Cap. ubi periculum, de elect. in 6.). Das hält auch Farinacius a. a. O. für richtig, wenn er auch bald danach eine Ausnahme machen will für den Fall, daß das Verbrechen überdies noch gleichzeitig schwer nachweisbar und heimlich sei. Hier irrt er sich aber, denn es ist nach wie vor an dem von mir Gesagten festzuhalten, wie ich nun des weiteren folgendermaßen beweisen will.

III. Grund. Gesetzt also, ein Verbrechen sei heimlich und schwierig nachzuweisen, was dann weiter? Folgt daraus etwa, daß leichtere Beweisgründe und (wie Binsfeld in seinem Rechtsgrundsatz sagt) Mutmaßungen genügen müssen, mich vernünftigerweise dermaßen davon zu überzeugen, Sempronius habe dieses Verbrechen begangen, daß zum vollen Beweise nichts als sein Geständnis noch fehlt? Diese Folgerung lehne ich ab.

IV. Grund. Es folgt sogar ganz das Gegenteil daraus. Denn wenn ein Verbrechen heimlich ist, versteckt und in Finsternis gehüllt, dann ist deshalb, um es aufzuklären, ein stärkeres Licht, nicht ein schwächeres vonnöten. Ist es schwer nachweisbar, dann bedarf es stärkerer, nicht schwächerer Beweismittel, um es völlig oder beinahe völlig zu beweisen. Es ist eben nicht recht zu begreifen, wie etwas, das als schwerer nachweisbar bezeichnet wird, gleichwohl leichter soll bewiesen werden können. Lehnt man daher bei gewöhnlichen, nicht schwierig zu beweisenden Verbrechen bloße Mutmaßungen ab, dann muß man sie unbedingt noch viel mehr bei schwer nachweisbaren Verbrechen ablehnen.

Du wirst nun einwenden: Nein, weil bei leichter nachweisbaren Verbrechen zuverlässigere Beweismittel zu finden sind, deswegen verwerfen wir hier billigerweise die weniger zuverlässigen und bloße Mutmaßungen. Bei den schwieriger zu beweisenden Verbrechen lassen wir sie jedoch zu, weil hier zuverlässigere Beweismittel nicht zu finden sind. Das entspricht dem allgemeinen menschlichen Standpunkt, wonach, wer Großes nicht bekommen kann, sich mit Kleinem zufrieden gibt.

Ich entgegne darauf: Es ist richtig, daß der, dem Großes versagt ist, mit Kleinem zufrieden sein muß. Aber es ist falsch, beidem, Großem wie Kleinem, gleichen Wert beizumessen und eines genau wie das andere zum gleichen Zweck verwenden zu wollen. Denn wenn das Große fehlt, dann verändert das Kleine noch nicht sein Wesen und wird groß. Ich mache das an einem Beispiel klar. Ein verletzter Wandersmann im Walde begnügt sich, wenn er keinen Wein haben kann, mit Wasser. Er schöpft es und stillt seinen Durst so gut es geht. Er würde sich aber sehr irren, wenn er meinte, er könnte, weil es ihm an Wein fehlt, das Wasser gut zum Heilen seiner Wunden gebrauchen. Ganz genau so irrst du dich, wenn bei einem heimlichen Verbrechen nur geringfügige Mutmaßungen vorhanden sind und du ihnen, weil gewichtigere Beweismittel nicht vorliegen, die gleiche Bedeutung beimissest und glaubst, sie könnten ebensoviel ausrichten wie gewichtigere Gründe. Trotzdem, greife die Mutmaßungen auf, begnüge dich mit ihnen und verwende sie: Aber da es eben nur Mutmaßungen sind, verwende sie, um weiter nachzuforschen, zu prüfen usf., nicht zum Foltern oder Verurteilen. Denn eine reine Mutmaßung verändert nicht ihr Wesen als Mutmaßung und wird kein so gut wie völliger Beweis, nur weil sie sich auf ein Sonderverbrechen oder ein heimliches Verbrechen bezieht.

V. Grund. Die gegenteilige Meinung steht im offenbaren Widerspruch zur christlichen Nächstenliebe und zur natürlichen Billigkeit. Denn mir scheint, die Gegner sagen so: Dieses Sonderverbrechen, die Hexerei, ist das allerschwerste, gräßlichste und schädlichste, es ist kein Verbrechen denkbar, das verbrecherischer, entsetzlicher wäre. Es ist ferner ganz heimlich und den Leuten sehr schwer nachzuweisen. Deshalb haben wir Christen gleich weniger Unterlagen, geringere, schwächere Indizien nötig, um dieses ungeheure, so verabscheuungswürdige Verbrechen in aller Besonnenheit und Überlegung unserem christlichen Nächsten zuzutrauen und ihn als beinah oder so gut wie überführt zu den furchtbarsten, gefährlichsten Folterqualen zu schleppen. Ich freilich würde aus der Denkweise des Evangeliums heraus eher so schließen: Folglich brauchen wir mehr, nicht weniger Unterlagen.

Du wirst hier sagen: Dies ist nicht der Sinn der Schlußfolgerung, auf die die gegnerische Meinung sich gründet, sondern folgendes: Die Hexerei ist das furchtbarste, verdammungswürdigste Verbrechen. Darum muß man auch schon die geringste Wahrnehmung seines Schattens für ausreichend erachten, um beizeiten für den gefährdeten Staat einzutreten.

Ich entgegne: Ich will diese Folgerung nicht durchweg bestreiten, ich schränke sie nur ein. Es ergibt sich wohl, daß man beim Auftreten des leisesten Schattens oder Verdachts dieser Pest sich anschicken muß, für den Staat einzustehen. Und doch ist es nicht gleichgültig, in welcher Weise das geschieht, ob zulässiger- oder unzulässigerweise, mit der Vernunft oder gegen sie. Man muß den Staat verteidigen, das bestreite ich nicht; aber es muß so geschehen, daß man sich nicht gegen die Vernunft auflehnt und auch keines Menschen natürliches Recht und die alle Christen verbindende Nächstenliebe verletzt. Das aber geschieht unter allen Umständen, wenn man seinem

Nächsten aus geringfügigen Ursachen ein so ungeheures, gefährliches, entehrendes Übel antut, wie die Tortur es ist. Ebenso wenn man entgegen den Geboten der Vernunft jemandem ein Verbrechen auf um so schwächere Unterlagen hin in die Schuhe schiebt, je furchtbarer es ist. Desgleichen wenn man meint, je heimlicher und versteckter ein Verbrechen ist, desto leichter habe man es entdeckt und zur Tortur hinreichend nachgewiesen.

VI. Grund. Die gegnerische Meinung wirft alle Dialektik über den Haufen. Das beweise ich mit folgendem Beispiel. Die Gegner erklären, das Zeugnis eines übelbeleumundeten Zeugen, eines Mittäters oder Mitschuldigen genüge nicht zur Tortur und erbringe auch keinen beinah vollen Beweis. Gehört die Tat aber zu den Sonderverbrechen, dann genügt es schon und erbringt einen für die Tortur hinreichend starken Beweis. Ich behaupte, das sei gegen alle Dialektik. Hier der Beweis. Nach allen Grundsätzen der Dialektik nennt man ja ein solches Zeugnis ein Argument aus Autorität. Und über diese Art von Argumenten lehrt die Dialektik unbestritten, ihr Wert und ihr Gewicht sei abhängig von der Autorität des Zeugen, d. h. von seiner Glaubwürdigkeit. Demnach hat ein solches Argument vernünftigerweise je nachdem mehr oder weniger Beweiskraft und Wert, ob der Zeuge als mehr oder weniger glaubwürdig gilt. Man darf nämlich nicht deswegen etwas für mehr oder weniger bewiesen ansehen, weil es um den Beweis eines mehr oder weniger schweren Verbrechens geht, eines Sonderverbrechens oder nicht, eines heimlichen oder nicht heimlichen Vergehens, sondern nur deshalb, weil ein Zeuge größere oder geringere Autorität beanspruchen kann, und seine Glaubwürdigkeit, die beide eigentlich den Beweis ausmachen, größer oder geringer ist. Dialektisch gesprochen würde das heißen, die Kraft des Arguments hängt ab vom Sprecher, nicht von dem, was er spricht. Darum eben nennt man das ein Argument aus Autorität. Unter diesen Umständen kann ich nicht sehen, wie ohne Verstoß gegen die Regeln der Dialektik dort, wo die Glaubwürdigkeit eines Zeugen geringer ist, sein Zeugnis stärkeren Beweis erbringen soll. Und doch verficht die gegnerische Meinung diesen Satz. Denn sie mißt dem Beweis auf Grund der Autorität einer übel beleumundeten Hexe mehr Gewicht und Bedeutung zu als dem auf Grund der Autorität eines gewöhnlichen Diebes. Nehmen wir einmal zwei Beispiele von Beweisen an.

I. Beweis. Ein übel beleumundeter Dieb denunziert Titius, er sei ein Dieb. Folglich besteht eine so starke Vermutung dafür, daß Titius ein Dieb sei, daß das als beinah voll bewiesen angesehen werden muß und man Titius hernach auf die Folter bringen kann.

II. Beweis. Eine übel beleumundete Hexe denunziert Titia, sie sei eine Hexe. Folglich besteht eine so starke Vermutung dafür, daß Titia eine Hexe sei, daß das als beinah voll bewiesen angesehen werden muß und man Titia deshalb auf die Folter bringen kann.

Den ersten dieser Beweise bezeichnen die Gegner als unzuverlässig; Titius dürfe nicht gefoltert werden. Vom zweiten heißt es, er sei zuverlässig, sei durchaus beweiskräftig; Titia müsse auf die Folter gehen.

Ich frage nun, woher kommt dieser Wert des zweiten Beweises? Die Dialektik will, daß der Wert von der Autorität des Denunzianten komme; der vernünftige Leser mag sich überlegen, welchem von beiden Denunzianten hier verständigerweise größere Glaubwürdigkeit zuzutrauen ist, dem Dieb oder der Hexe? Und warum gerade der Hexe mehr als dem Dieb? Wer von beiden, Dieb oder Hexe, hat wohl mehr Scheffel Salz (wenn sie schon Salz essen) mit dem Vater der Lüge zusammen gegessen? Wer ist wohl der Verlogenheit verdächtiger? Derjenige, der nur abgeirrt ist vom rechten Wege, oder die, die Gott und Menschen alle Treue aufgesagt hat, die so lange Jahre schon des Teufels Beute war, die ohne Zweifel seine Art und Gesinnung angenommen hat und das Lügen und Betrügen bei dem besten Lehrer dieser Kunst lernen konnte? Danach müßte ein auf Autorität beruhender Beweis größere Kraft besitzen, wenn die

Glaubwürdigkeit des Zeugen geringer ist, — und das ist widersinnig. Ja, auch wenn wir den Wert eines auf Autorität beruhenden Beweises nicht ausschließlich von der Glaubwürdigkeit des Zeugen ableiten, sondern auch etwas auf den Gegenstand selbst abstellen wollten, ob unser Vertrauen mehr oder weniger geweckt wird — wie wir ja das leichter glauben, was leichter geschehen mag, z. B. daß Gajus eher ein ganzes Huhn als einen ganzen Hammel aufgegessen habe, — gleichwohl würde auch das für unsere Ansicht sprechen. Denn es ist doch so, daß es immer glaubhafter zu sein pflegt, wenn von jemandem ein ganz gewöhnliches Verbrechen behauptet wird, als wenn es sich um eine außergewöhnliche, ungeheuerliche, gräßliche, verabscheuungswürdige, zu den Sonderverbrechen gehörige Tat handelt. So bleibt es schließlich ein für allemal bei dem, was wir uns zu beweisen vorgenommen hatten: Es sei keine Rede davon, daß bei Sonderverbrechen, und besonders bei der Hexerei, zum Prozeß geringere Indizien genügten als bei anderen Vergehen; daß sogar von Rechts wegen noch stärkere Indizien erforderlich seien.

38. FRAGE

Ob der Rechtssatz überhaupt nicht richtig ist, daß man bei heimlichen, schwer nachweisbaren Verbrechen leichter zur Tortur schreiten dürfe als bei anderen?

Ich antworte: Dieser Grundsatz ist richtig, wenn er in der rechten Weise ausgelegt wird. Denn man darf tatsächlich bei derartigen Verbrechen leichter und rascher zur Tortur schreiten, vorausgesetzt, daß man überhaupt zu ihr schreiten darf. D. h. vorausgesetzt, du habest einen beinah vollen Schuldbeweis in Händen, denn ohne den kann man ja, wie oben dargelegt, nur im Gegensatz zur Vernunft zur Folter greifen. Um das verständlich zu machen, will ich es weitläufiger auseinandersetzen. Nehmen wir beispielsweise an, du haltest zwei Gefangene in

Gewahrsam, erstens Titius, dessen Verbrechen seiner Art nach sehr heimlich und schwer nachweisbar ist, und zweitens Sempronius, dessen Vergehen so liegt, daß es nicht schwierig erscheint, einen vollen Beweis dafür zu finden. Nehmen wir weiter an, du habest für beide Verbrechen beinahe volle Beweise. Dann sage ich, du darfst bei beiden zur Tortur schreiten, jedoch mit dem einen Unterschied, daß du das bei Titius viel rascher tun darfst als bei Sempronius. Das will ich noch weiter folgendermaßen klarmachen. Es lehren, wie Clarus (l. 5 q. 64 n. 5) bezeugt, die Gelehrten ganz übereinstimmend, der Richter müsse, ehe er zur Tortur eile, sorgfältig prüfen, ob er nicht noch andere (versteht sich: volle) Beweise auffinden kann, um den Angeklagten der Tat zu überführen. Denn ist das der Fall, dann muß er allerdings von der Tortur Abstand nehmen. Die Folter ist ja nur dazu eingeführt, um mit ihr in Fällen, wo das Verbrechen noch nicht völlig sondern nur beinah oder zur Hälfte bewiesen ist, das Geständnis des Angeklagten herauszubringen, das diesen Mangel ersetzen kann. Und weil die Tortur etwas Grauenhaftes, Gefährliches ist, so ergibt sich, daß man, wenn anderweit ein voller Beweis zu bekommen ist, lieber mit beiden Händen nach ihm greifen soll als den Beweis unter Gefahren durch die Tortur erreichen zu wollen. Es ergibt sich aber auch, daß der Richter, um den Gefahren der Tortur aus dem Wege zu gehen, verpflichtet ist, mit Sorgfalt und Fleiß nach solchen anderweiten Beweisen zu suchen, und so nur nach einem gewissen Zögern und Verweilen, das er für das Aufspüren solcher Beweismittel verwenden soll, zur Folter seine Zuflucht nehmen darf. Und das vor allem, wenn es sich um ein gewöhnliches Verbrechen handelt, wo Aussicht besteht, ein derartiges weiteres Beweismittel ausfindig zu machen. Denn wenn das Verbrechen zu den heimlichen, verborgenen gehört, dann ist es — sofern nur im übrigen zur Tortur ausreichende Indizien vorhanden sind, was nach der gesunden Vernunft stets erste Voraussetzung ist — nicht so zweckmäßig, daß der Richter zögert und sich scheut, schneller und leichter zur Folter zu schreiten als sonst. Bei diesen heimlichen Verbrechen besteht eben nicht die Aussicht, leicht einen vollen Beweis zu finden, um derentwillen ich bei den anderen, gewöhnlichen Vergehen gesagt habe, es bedürfe erst noch jenes Zögerns und Verweilens. Da es hiernach — allerdings natürlich nur in dem von uns gezeigten Sinne — tatsächlich richtig und nicht zu leugnen ist, daß man einen Angeklagten auf hinreichende Indizien hin foltern darf, und dann eben bei heimlichen oder schwer nachweisbaren Verbrechen leichter, rascher und unbedenklicher als bei anderen Vergehen, — darum haben sich manche zu einem Irrtum verleiten lassen und diesen Satz fälschlich so ausgelegt, als ob man bei heimlichen Verbrechen leichter und rascher, d. h. ,,schon beim Vorliegen geringerer Indizien und ohne beinahe vollen Beweis" zur Tortur schreiten dürfe. Da haben wir den Ursprung dieses Irrtums in der unrichtigen Auslegung eines an sich richtigen Satzes. Mich wundert, daß die Gelehrten das bisher noch nicht bemerkt haben. So ist es gekommen, daß in Sachen der Hexen immer wieder aus ganz geringfügigen Gründen, die weit von einem beinah vollen Beweis entfernt waren, die Folter in Gang gesetzt worden ist: Die Richter riefen, ohne es verstanden zu haben, man dürfe bei heimlichen Verbrechen leichter zur Tortur kommen. Man hätte wünschen sollen, daß die guten, eifrigen Leute, die die Obrigkeit immer noch heftiger zur Verfolgung der Hexerei anspornen, mit dem gleichen Eifer ihren Fleiß und ihr Wissen auf diese Prozesse verwandt hätten, um diese und ähnliche gefährliche Irrtümer aufzudecken und zugleich ihr eigenes Gewissen und das derjenigen, die sie anspornen, vor ihnen zu bewahren. Ich ermahne nochmals die Obrigkeiten, achtzugeben, denn nicht alle ihre Ratgeber sind immer so erfahren und umsichtig wie man meint; und doch darf man in dieser so ernsten Hexenangelegenheit nicht unvorsichtig und nachlässig sein.

39. FRAGE

Ob eine Angeklagte, die auf der Folter nichts gestanden hat, verurteilt werden darf?

Ich gehe davon aus, daß niemand verurteilt werden darf, wenn nicht feststeht, daß er schuldig ist, denn man darf keinen Unschuldigen hinrichten. Als unschuldig aber gilt der, von dem man nicht weiß, daß er schuldig ist. Seine Schuld kann regelmäßig auf zweierlei Weise bekannt werden. Entweder dadurch, daß der Angeklagte, recht- und gesetzmäßig vernommen, sich schuldig bekannt hat, oder daß er durch volle, d. h. mehr als sonnenklare Beweise der Tat überführt ist. Und zwar ist es so, daß er verurteilt werden darf, wenn auf eine dieser beiden Weisen festgestellt ist, er sei schuldig. Es ist nämlich nicht erforderlich, daß er zugleich überführt und geständig ist, sondern es genügt schon eines von beiden.

Nachdem dies vorausgeschickt ist, antworte ich: Ist ein Angeklagter oder eine Angeklagte auf der Tortur schweigsam geblieben, dann können sie ohne Verstoß gegen die Gerechtigkeit und die gesunde Vernunft nicht verurteilt werden. Diese Antwort steht im Gegensatz zu dem heute bei vielen Richtern gebräuchlichen Verfahren, wie ich es in Hexenprozessen an manchen Orten mit Bedauern gesehen habe. Erst kürzlich hat man eine Angeklagte zum Flammentode geführt, die drei, vier, ja fünf Male gefoltert worden war. Mit lauter Stimme bestritt sie, schuldig zu sein, hielt das durch alle Folterqualen hindurch bis zum Richtplatz aufrecht und bestieg, nachdem sie es dort auch noch einem Notar erklärt hatte, den Scheiterhaufen. An anderen Orten ist das mehrfach vorgekommen, und neuerdings ist es sogar einem Priester so gegangen, der wegen Hexerei angeklagt war, wovon doch eigentlich der Fürst hätte benachrichtigt werden müssen. Aber ich will auf Beispiele verzichten. Ich halte das einfach für rechtswidrig, und zwar aus folgenden Gründen.

I. Grund. Man darf niemanden verurteilen, dessen

Schuld nicht unbedingt feststeht. Bei der Hexe, von der ich eben sprach, war das aber nicht der Fall, folglich durfte sie auch nicht verurteilt werden. Die Richtigkeit dieser Annahme, das habe nicht festgestanden, will ich nun beweisen. Stand es nämlich fest, dann konnte das nur der Fall sein, weil sie sich entweder selbst schuldig bekannt hatte oder sie ordnungsmäßig überführt war. Keines von beiden traf hier zu, es stand also ihre Schuld nicht fest. Daß sie kein Geständnis abgelegt hat, wissen wir ja. Daß sie aber auch nicht überführt war, beweise ich so: Wäre sie überführt gewesen, so wäre sie nicht gefoltert worden; nun hat man sie jedoch gefoltert, folglich war sie auch nicht überführt. Es ist oben festgestellt, daß die Tortur nur zur Ergänzung des Beweises dient (vgl. auch Farinacius q. 38 n. 4). Man hat sie drei-, viermal gefoltert, also bedurften die Beweise in ihrem Fall einer Ergänzung. Bedurften sie deren aber, so waren es schlechterdings keine vollen Beweise. Waren sie das nicht, so konnten sie die Angeklagte also auch nicht überführen. Folglich war sie nicht ordnungsmäßig überführt; ihre Schuld war nicht sicher festgestellt; sie hätte nicht verurteilt werden dürfen.

II. Grund. Von dem Richter würde ich gerne wissen, wozu er denn die Angeklagte hat foltern lassen? Um mit der Folter das Verbrechen zu bestrafen? Oder um durch sie zur Wahrheit zu gelangen? Es ist gegen alles Recht, die Tortur als Strafe zu verhängen, und es wäre auch unerhört, denn für welches Verbrechen soll sie denn die Strafe sein? Etwa für das, das du noch nicht kennst und erst aufzuklären suchst? Der Richter hat also foltern lassen, um dadurch zur Wahrheit zu gelangen. Ist das aber so, dann war er also bis dahin nicht zur Wahrheit gelangt; und da die Angeklagte hernach kein Geständnis abgelegt hat, hat er auch im weiteren Verlaufe des Verfahrens sein Ziel nicht erreicht. Hat er das aber nicht, wie konnte, obwohl die Wahrheit noch nicht festgestellt war, gegen die Angeklagte, deren Schuld oder Unschuld noch ungeklärt war, ein so hartes Urteil ergehen?

III. Grund. Ich möchte den Richter desgleichen fragen, ob das Geständnis der Angeklagten zur Verurteilung notwendig war oder nicht? War es notwendig, warum hat er sie dann doch ohne Geständnis verurteilt? War es nicht nötig, dann war es eine Grausamkeit, jemanden, den er — ob geständig oder nicht — zum Tode bestimmt hatte, mit so entsetzlichen Martern zu quälen, sodaß er, der doch nur zu einem einzigen Tode verurteilt war, mehr als nur einen einzigen Tod zu erleiden hatte.

Du willst einwenden, der Richter habe eben nicht zur Erforschung, sondern zur Bekräftigung der Wahrheit gefoltert, damit der Fall umso sicherer und zuverlässiger sei.

Ich entgegne: Da hat er unrecht und töricht gehandelt. Denn das Recht schweigt völlig über einen solchen Zweck der Folter, eine schon gefundene Wahrheit noch zu bekräftigen. Dagegen ist es einhellige Meinung von Theologen und Juristen, daß die Tortur zur Unterstützung der Beweise eingeführt ist. Zu Unrecht weicht man da in einer unerfreulichen, gefährlichen Sache von der gemeinen Meinung ab und führt neues Recht ein. Ja, was du auch sagen magst, es drängt sich doch wieder der gleiche Gedankengang auf: Diese Bekräftigung war entweder zur Verurteilung notwendig oder sie war es nicht. War sie notwendig, warum wurde dann doch ohne sie die Angeklagte verurteilt? War sie es nicht, dann war es, wie gesagt, eine Grausamkeit und eine Todsünde, seinem Nächsten so furchtbare Qualen anzutun, um einer Bekräftigung willen, die gar nicht nötig war. Darum vertreten Gomez (Variar. resol. tom. 3 cap. 13 tit. de tortura reorum, num. 20) Boerius (decis. 63 nu. 13), Cravet. (Consil. 178 nu. 10 S. 209) und andere mit Farinacius (quaest. 40 n. 4) mit Recht die Ansicht, „ein Richter sei ein Narr und nicht nur vor der Obrigkeit sondern besonders auch vor seinem Gewissen Rechenschaft schuldig", wenn er einen bereits überführten Angeklagten foltern lasse. So bemerkt Navarrus (c. 18 Dub. 17 n. 59), ferner Lessius (cap. 29 dub. 17 num. 152) und Covarruvias (pract. quaest. cap. 23 conclus. 1).

IV. Grund. Nach allgemeiner Ansicht werden durch Überstehen der Tortur alle Indizien und Beweise, selbst volle Beweise, entkräftet. Bleibt daher ein Angeklagter, auch ein bereits überführter, während und nach der Folter standhaft beim Leugnen, dann muß er freigelassen werden. So lehrt gemäß der gemeinen Meinung Farinacius, und es folgt ihm Delrio (lib. 5. Sect. 9); bei ihnen mögen diejenigen, die Wert darauf legen, Zitate einsehen. Die gefolterte und nicht geständige Angeklagte war demnach gereinigt, war sie aber gereinigt, mit welchem Recht ist sie hernach verurteilt worden? Ihr standhaftes Leugnen bis zum Tode hat diese Reinigung überdies noch verstärkt. Denn die unmittelbar vor dem Tode gesprochenen letzten Worte eines Menschen haben, wie wir bald darlegen werden, nicht wenig Gewicht. Gewiß ist es möglich, daß eine Angeklagte in allen Folterqualen und bis zum Scheiterhaufen leugnet und doch schuldig ist; aber ich behaupte gleichwohl, wenn eine Angeklagte so trotz der Folter nicht gestanden hat, dann durfte sie nicht verurteilt werden. Einmal um des eben Gesagten willen und dann, weil man den sichreren Weg gehen und lieber zehn Schuldige loslassen mußte, als sich der Gefahr auszusetzen, auch nur einen Unschuldigen zu bestrafen. Wenn auch alle weit und breit diesen Grundsatz zugeben und sich überdies mit ihm brüsten, so wirst du doch schwerlich einen finden, der durch die Tat beweist, daß er das tut, was er für seine Pflicht erklärt. Ich kann mich jedoch gar nicht genug wundern, wie eine solche Unmenschlichkeit, wie ich sie als Beispiel berichtet habe, bei einem im christlichen Glauben getauften Richter vorkommen kann, der nur ein bißchen an das ewige Leben glaubt und weiß, daß er vor jenen Richter wird treten müssen, der sogar über jedes müßige Wort rechten will. Noch mehr wundert es mich, wie geistliche Männer so blind sein können, daß auch sie hier keine Bedenken haben und Gottes Zorn nicht fürchten. Es ist nämlich neulich noch eine andere Angeklagte zum Feuertode verurteilt worden, die weder durch die Qualen der Folter noch die unglaubliche

Schroffheit eines törichten Priesters — Gott verzeihe es mir, wenn ich diesem Stand Unrecht tue — dazu gebracht werden konnte, ein Schuldbekenntnis abzulegen. Und zwar gerade aus diesem Grunde, weil sie verstockt sei. Und noch während er das schuldlose Opfer (dafür muß man doch schlechterdings diejenige halten, die sich sowohl durch Überstehen der Tortur gereinigt hat als auch ihrer Schuld nicht überführt ist) zum Scheiterhaufen geleitete, hat der aufdringliche Priester nicht Ruhe gegeben. Er malte ihr die Schrecken der unmittelbar bevorstehenden Hinrichtung aus und machte ihr Hoffnung auf Begnadigung; damit brachte er sie schließlich so weit, daß sie zuletzt ihr Schweigen brach und nur die paar Wörtchen hervorstieß: „So bin ich denn schuldig." Darauf erwiderte der Priester hastig nur die paar Worte, „Ich absolviere dich", eilt damit sogleich zum Richter und bittet um Milderung der Strafe, weil sie nun zu guter Letzt ihre Schuld gestanden habe. Der Richter aber entgegnete unwillig, das hätte eher geschehen müssen; so blieb es bei dem Todesurteil, und sie wurde lebendig ins Feuer gestoßen. Es läßt sich gar nicht beschreiben, wie hernach dieser Priester überall, wo er nur hinkam, immer über das gleiche große Reden gehalten hat: Man dürfe keinem, der wegen Hexerei angeklagt sei, glauben, wenn er seine Schuld bestreite, denn so habe ja eine, die verstockt soviele Folterqualen überstanden hatte, endlich erst im letzten Augenblick ihre Schuld eingestanden. Indessen hat der unbedachte Mensch hier eine Unzahl Fehler gemacht, die er mit Händen hätte greifen können, wenn er nur ein wenig Urteilsfähigkeit besessen hätte.

Denn 1., was war das für eine Torheit, daß er mit aller Gewalt eine Angeklagte zu Recht oder Unrecht schuldig haben wollte, die doch wirklich schuldlos sein konnte?

2. Der Priester durfte hier gar nichts anderes annehmen, als daß die Angeklagte schuldlos sei. Sie war doch in keiner Weise überführt, sie hatte durch Überstehen der Tortur alle Indizien entkräftet und hatte nicht

einmal im Sakrament ein Geständnis ablegen wollen. Was konnte man da noch weiter verlangen?

3. War aber der Priester sicher, daß sie schuldig sei und in der Beichte die Unwahrheit sage, dann mußte das in der Beichte gerügt und erörtert werden. Und wenn sie trotzdem dabei geblieben wäre, dann hätte er schließlich der Beichtenden glauben und sich dabei beruhigen müssen, wie alle Theologen lehren. Was wollen wir hier neuen, gefährlichen Ansichten folgen? Lesen und beherzigen wir doch die Lehren der Theologie, wie sie bis jetzt in der ganzen Welt überliefert sind.

4. Und wenn die Angeklagte, schon im Begriff, auf den Scheiterhaufen gestoßen zu werden, mit den erwähnten paar Wörtchen zugegeben hat, schuldig zu sein, wer sieht da nicht an den ganzen Umständen und der Ausdrucksweise, daß das nicht auf die Macht der Wahrheit sondern nur auf die Hoffnung auf Begnadigung und auf das rücksichtslose Drängen des Priesters zurückzuführen ist? Wo ist hier ein Anlaß zu Triumphgeschrei und Prahlerei?

5. Und wenn der unwissende Mensch trotzdem diese Worte der Angeklagten für die Wahrheit gehalten hat, was war das für eine Seelsorge? Wie konnte er zu glauben wagen, diese verhärtete, bis dahin nicht geständige und zweifellos vom Satan besonders besessene Person sei so gewissermaßen in einem Augenblick hinreichend bereitet und wie durch ein Wunder bekehrt und reuig, sodaß ihm nichts mehr zu tun bliebe, als sie hastig mit einem Wörtchen zu absolvieren und nur eine Milderung der Strafe, keinen Aufschub, vom Richter zu erbitten? Es ging doch immerhin um das ewige Heil dieser Seele. Um ihr das zu sichern und eine so große Sünderin (für die der Mann sie doch hielt) ernstlich in Gottes Gnade zurückzuführen, dazu mußte unbedingt die Hinrichtung aufgeschoben und die Angeklagte wenigstens einen Tag lang besser und gründlicher vorbereitet und mit dem heiligen Sakrament versehen werden. Und wenn der Richter das abgelehnt hätte, dann war es Pflicht des Priesters, inständig

darum zu bitten und sogar unter Berufung auf das Evangelium mit dem Zorn des allmächtigen Gottes zu drohen und öffentlich vor den Augen des Volkes an den Fürsten zu appellieren. Da sieht man, was es für Seelsorger gibt! Und solche wollen die Obrigkeiten haben, solche stellen die geistlichen Oberen heraus und sind sich nicht einmal einer Sünde bewußt. Herrlich ist das!

40. FRAGE

Ob dem auf dem Richtplatz erklärten Widerruf des Schuldbekenntnisses irgendeine Bedeutung beizumessen ist?

Wenn jemand zunächst auf der Folter ein Geständnis abgelegt und es auch bestätigt hat, so ist es üblich, einen derartigen Widerruf belastender Aussagen über sich oder andere als völlig bedeutungslos nicht zu beachten. Die Richter berufen sich auf eine dem Binsfeld (S. 274) und Delrio (lib. 5 sect. 6) entnommene Begründung, die ihre Meinung jedoch nicht völlig zu stützen vermag. Das wird in Kürze klar werden.

Ich antworte nämlich: Wenn ein derartiger Widerruf von einer wirklich reuigen Person erklärt wird (was ein verständiger Beichtvater zu beurteilen wissen muß), so ist ihm durchaus nicht kein, sondern sogar großes Gewicht beizumessen, vor allem, wenn erklärt wird, man habe andere Personen fälschlich denunziert. Folgendes sind die Gründe dafür.

I. Grund. Die Natur macht es uns zur Pflicht, einem Sterbenden zuzutrauen, daß er an sein Seelenheil denkt und deswegen nicht lügen will. So lehrt Simancas nach Chrysostomus und anderen, ferner der Canon Sancimus 1 q. 7 und gloss. in cap. litteras, de praesumpt, desgleichen Dd. zu l. ult. C. ad l. Juliam repetundarum. Delrio schwächt das ab, indem er das nur für den Fall zugestehen will, daß der Angeklagte sich nicht in erregtem Gemütszustande befindet und er seiner Sinne ganz mächtig ist, und indem er hinzusetzt, nicht alle Sterbenden seien Heilige, besonders die Zauberer nicht. Ich entgegne jedoch: Aber auch nicht alle Sterbenden sind in erregtem Gemütszustand und auch nicht alle Unheilige und Zauberer. Sollte man nicht, da ja das gerade die Frage ist, ein wenig Zweifel haben und eingehender erwägen, ob wirklich alle, die in dieser Weise widerrufen, Zauberer sind? Darum darf man nicht so sagen, es sind Zauberer, folglich ist auf ihren Widerruf nicht zu hören, sondern es muß vielmehr so lauten, sie widerrufen in einem Augenblicke, da sie wissen, daß sie sogleich vor dem Richterstuhl der Ewigkeit stehen werden; es kommt selten vor, daß einer nicht einmal dann an sein Seelenheil denkt. Vernünftigerweise darf man also bezweifeln, daß es tatsächlich Zauberer sind.

II. Grund. Wenn gar nichts auf das zu geben ist, was die Angeklagten kurz vor ihrem Tode sagen, warum begründen da die Richter und alle anderen, die den Denunziationen der Hexen große Bedeutung beimessen, eben dies, wie unten noch darzulegen, damit, daß die Angeklagten diese Denunziationen mit dem Tode besiegelt haben? Sie selbst legen also zugrunde, daß man nicht annehmen könne, es wolle einer sein Leben mit einer Lüge beschließen. Übrigens will ich ihnen ihre eigenen Worte entgegenhalten und sagen, nicht alle Sterbenden sind Heilige, besonders die Zauberer nicht, und darum habe es wenig zu besagen, daß sie ihre Denunziationen mit dem Tode besiegelt haben. Aber freilich, wenn das, was sie mit dem Tode besiegeln, den Richtern recht ist, dann hat es große Bedeutung. Aber es hat keinerlei Bedeutung, wenn etwas den Richtern nicht recht ist. Gewiß eine schöne Regel — wenn nur die Götter sie erlauben.

III. Grund. Die im Reich eingeführte Peinliche Gerichtsordnung Kaiser Karls V. hält es mit unserer Ansicht, denn sie erklärt im Art. 91:

„Item würd der beklagt auff dem entlichen rechttag der missethatt leucknen, die er doch vormals ordenlicher bestendiger weiß bekant, der Richter auch auß solchem bekentnuß inn erfarung allerhandt umbstende souil befunden hett, daß solch leucknen von dem beklagten alleyn zu verhinderung des rechten würd fürgenommen, ... so soll der Richter die zwen geordenten schöpffen, so mit jm solche verlessne vrgicht vnnd bekanntnuß gehort haben auff jr eyde fragen, ob sie die verlesen vrgicht gehort haben, Vnd so sie jha darzu sagen, so soll der Richter jn alwegen bei den rechtuerstendigen oder sunst an orten vnnd enden, als hernachmals angezeygt radts pflegen, ..." usw. Hieraus schließt Tanner (disputatio de justitia q. 5. dub. 4 num. 98) ganz richtig: Wenn die Peinliche Gerichtsordnung sogar dann, wenn der Widerruf des Angeklagten nur zur Verhinderung des gesetzmäßigen Fortganges erklärt ist, will, daß gleichwohl die Sache sorgfältig geprüft und mit erfahrenen Gelehrten beraten werden soll — dann will sie jedenfalls einen Widerruf noch viel weniger unbeachtet und unberücksichtigt sehen, von dem man annehmen darf, daß er von einem wirklich reuigen Angeklagten und nicht in böser Absicht erklärt ist. Es bleibt mir nun noch übrig, den Argumenten zu entgegnen, mit denen die Gegner beweisen wollen, man brauche einen derartigen, kurz vor dem Tode erklärten Widerruf nicht zu beachten. Das sind folgende Argumente.

I. Argument. Es kommt selten vor, daß ein Angeklagter im Angesicht des Todes genau so bei Sinnen ist wie vorher, als er sein Geständnis bestätigte. So erklären die Richter nach Delrio lib. 5 Sect. 5.

Ich entgegne jedoch: Gar nicht selten sondern oft und in vielen Fällen sind die Menschen, wenn sie den Tod vor Augen sehen, mehr bei Sinnen als vorher. Und zwar gerade in der Weise, daß sie nicht lügen mögen, weil es zu der Wahrheit keiner Umschweife bedarf, keiner großen Aufmerksamkeit und Seelenruhe. Wie dem auch sei. Die Gegner wollen also zugeben, daß einem solchen Widerruf wenigstens dann große Bedeutung beizumessen ist, wenn der Angeklagte nicht in erregtem Gemütszustande ist; mehr wollten wir auch nicht. Indessen fürchte ich, daß uns damit wenig geholfen ist, denn sie werden womöglich sagen, das sei gerade ein Zeichen von Aufregung, wenn einer widerrufe, und so sei jeder, der einen Widerruf tue, in aufgeregtem Zustande. Wir wollen hoffen, daß man gelinder verfährt.

II. Argument. Die Angeklagten sind gewöhnlich in diesen letzten Augenblicken ihres Lebens sehr erregt und erschüttert, weil ihnen diejenigen, die sie denunziert haben, oder die Ermahnungen über ihr Seelenheil sehr zugesetzt haben. So erklären die Richter gleichfalls nach dem Delrio, und das kommt auf dasselbe heraus wie das erste Argument.

Ich entgegne jedoch: Ich muß die Behauptungen dieses Arguments bestreiten. Denn erstens, woher sollen die Denunzierten wissen, daß sie grade von diesem Angeklagten beschuldigt worden sind, um ihn zum Widerruf drängen zu können? Sämtliche Denunziationen sind ja nur in den Akten enthalten, die noch stets geheimgehalten werden. Woher sollen sie also davon erfahren? Wenn nun aber jemand ein schlechtes Gewissen hat und fürchtet, denunziert zu sein, so kann ich auch da den Gegnern nicht zustimmen, wenn sie meinen, der werde den Angeklagten bestürmen. Denn er wird sich — wie es nun einmal mit einem schlechten Gewissen ist — vielmehr gewiß hüten, in diesem Augenblicke dem Angeklagten unter die Augen zu kommen und sich bemerkbar zu machen. Er würde damit ja vielleicht nur bei dem Richter und anderen Personen Verdacht erregen oder bei dem Angeklagten Erinnerungen wecken, und so könnte es kommen, daß ihn der Angeklagte, wenn er es noch nicht getan haben sollte, nun noch vor seinem Tode, von Reue getrieben, denunziert. Aber vielleicht wollte Delrio hier nur andeuten, was heutzutage ganz gebräuchlich und meines Wissens noch von keiner Obrigkeit bestraft worden ist: Nämlich, daß diejenigen, die dem Verhör der Angeklagten beigewohnt haben, alsbald sämtliche Denunziationen vor allem Volke ausplaudern. So ist es dann wohl möglich, daß die Denunzierten davon erfahren, daß sie beschuldigt worden sind. Doch wie dem auch sei; es muß nach wie vor bestritten werden, daß die Denunzierten, die wissen, sie sind beschuldigt worden, die Angeklagten vor dem Tode beunruhigen und erregen. Es wird ja nach Empfang des Urteils niemand zu den Angeklagten gelassen außer dem Priester und dem Henker. Sofern also diese nicht selbst Denunzierte oder von solchen angestiftet sind, können schlechterdings keine Denunzierten die Angeklagten belästigen. Wenn sodann weiter behauptet wird, die Angeklagten seien in der Regel durch die ungestümen Ermahnungen, an ihr Seelenheil zu denken, sehr aufgeregt, so spricht das nicht gegen sondern für uns. Denn falls sie wirklich sehr in Aufregung über ihr Seelenheil sind, dann werden sie gewiß umso besorgter um dies ihr Seelenheil sein und, weil sie doch sterben müssen, es nicht noch durch Lügen in Fage stellen. Überdies ist es den ungestümen Seelsorgern gewöhnlich nicht darum zu tun, ernstlich die Wahrheit zu erfahren und die Angeklagten zum Widerruf zu ermahnen, falls sie etwa, von Folterqualen überwältigt, gelogen haben sollten. Vielmehr haben sie es darauf abgesehen, daß sie sich, wie es auch stehen möge, nur schuldig bekennen sollen. Denn diese unwissenden Leute sind — wie oben, bei der 19. Frage, dargestellt — von vornherein der Ansicht, es könne gar nicht anders sein, als daß jeder schuldig sei, den man anklagen und gefangensetzen konnte und der auf der Folter ein Geständnis abgelegt habe. Wird daher vor dem Tode ein Widerruf erklärt, so ist das keinesfalls auf das Drängen der Seelsorger zurückzuführen.

III. Argument. Ein solcher Widerruf ist nicht unter den Förmlichkeiten erfolgt, die bei dem anfänglichen Geständnis beobachtet worden sind, darum hat das frühere Geständnis größere Bedeutung. Es kommt hinzu, daß der Widerruf außergerichtlich, das Geständnis aber vor Gericht erklärt ist. So heißt es ebenfalls im Delrio.

Ich entgegne jedoch: Ich will gar nicht behaupten, man müsse diesem Widerruf sogleich den Vorzug vor dem früheren Geständnis geben und den Angeklagten alsbald freilassen; dann würde ja jeder Angeklagte im letzten Moment widerrufen. Ich behaupte vielmehr dies: Wenn das frühere Geständnis auch unter Beobachtung der gesetzlichen Förmlichkeiten abgelegt ist, so muß es doch nicht schon deswegen der Wahrheit entsprechen. Man kann sogar in diesen Zeiten mit einiger Vernunft nicht einmal eine Vermutung dafür aufstellen, daß es der Wahrheit gemäß sei. Einmal wegen der Unzuverlässigkeit der heute gebräuchlichen Indizien und ferner wegen der ungeheuren Gefahr, die — wie bereits mehrfach gezeigt — die Tortur mit sich bringt. Deshalb darf man auch, falls ein zum Sterben wohl vorbereiteter Angeklagter im Angesicht des Todes widerruft, diesen Widerruf nicht gänzlich unberücksichtigt lassen und mißachten. Er muß vielmehr sorgfältig überlegt, die Indizien müssen nochmals durchgesehen und aufmerksam geprüft werden, und es muß, wie die Peinliche Gerichtsordnung Kaiser Karls V. es verlangt, der Rat der Rechtsgelehrten eingeholt werden. Und das vor allem, wenn es sich um ein Verbrechen der Hexerei handelt, das als Sonderverbrechen nicht bloß keine geringere sondern sogar noch größere Sorgfalt und Aufmerksamkeit erfordert — wie oben bei der 8. Frage nachgewiesen. Aber welcher Richter im Deutschen Reich hat das schon einmal so gemacht? Wenn ein gottesfürchtiger Mann es auch nur unternehmen wollte, die Richter in diesen und ähnlichen Fragen zu warnen, dann finden sich schon Leute, die sich entrüsten und ihn anfahren, was uns Geistliche das angehe? Sie kennten ihre Rechte und Gesetze, wir hätten die nicht studiert; gerade so als ob das ganz geheime Heiligtümer wären, in die noch nie jemand einen Blick habe werfen können außer ihnen allein, deren Beruf sie dahin geführt habe. Gewiß, wenn es so wäre, daß von der ersten Berührung mit den Hexenprozessen an eine vortreffliche Urteilskraft und ein empfindliches Gewissen sie vor der Gefahr eines Irrtums behütete, dann bedürften wir keiner Warnung und Sorge. Aber die Dinge liegen nun einmal anders, und ich sehe, wie man im Gegenteil es nur dahin kommen läßt, daß letzten Endes nicht so sehr die Wahrheit wie die Scheiterhaufen in Deutschland leuchten.

IV. Argument. Nach allgemeiner, von der Praxis übernommener Ansicht ist die Aussage eines Sterbenden kein Zeugnis, das hinreichend wäre, einen anderen der Tortur zu unterwerfen, weder im Falle eines Mordes noch wenn ein Richter erklärt, ein falsches Urteil gefällt zu haben, weder bei einem Diebstahl noch in irgendeinem anderen Falle. So erklären wiederum die Richter nach dem Delrio. Folglich kann in gleicher Weise die Aussage eines Sterbenden nicht tauglich sein, ein früheres Geständnis aufzuheben, usw.

Ich entgegne jedoch: Diese Lehre beruht auf l. si gravi § 1 ff. ad SC. Syllanianum. Dort ist gesagt, daß einem Verletzten nicht zu glauben ist, wenn er kurz vor seinem Tode angibt, Titius habe ihn erstochen, sofern das nicht noch in anderer Weise zu beweisen ist. Zu dieser Textstelle nimmt Bartolus weitläuftig Stellung. Gesetzt also, das sei richtig (ich halte es nämlich nicht für unsere Aufgabe, das hier zu erörtern), so ist damit noch nicht ausgemacht, daß die Aussage eines Sterbenden nicht eine gewisse Vermutung begründe, ein Indiz schaffe, woraufhin die Sache eingehender zu prüfen ist, wie wir es wollen und mit uns die Peinliche Gerichtsordnung Kaiser Karls V. Sie bestimmt nämlich im Art. 25, daß die Bekundung eines Sterbenden ein Indiz schafft. Binsfeld zieht (S. 277) gleichfalls diese Gesetzesstelle an, wie ferner den Stephanus Bertrandus und andere, — was uns genügen soll. Jedenfalls muß Binsfeld selbst auf S. 275 zum Schlusse zugeben, daß zwar ein solcher Widerruf vor dem irdischen Gericht ein früheres Geständnis nicht entkräften kann, daß es aber desungeachtet von allergrößter Bedeutung vor Gott und den Menschen sei, wenn ein Angeklagter im Angesicht des Todes diejenigen rechtfertigt und von aller Schuld freispricht, die er vorher beschuldigt hatte. Da mögen nun die Richter zusehen, was sie tun, da sie sich nicht weniger darum sorgen sollten, wie sie vor dem inneren Richter bestehen können, als vor dem äußeren. Möchten sie sich ihren Grundsatz ins Gedächtnis zurückrufen, daß es besser ist, zwanzig Schuldige laufen zu lassen als auch nur einen Unschuldigen hinzurichten.

V. Argument. Der Angeklagte würde ja sein auf der Folter abgelegtes Geständnis, wenn es wirklich falsch war, nicht aufrechterhalten haben, als man vor der Gerichtsbank (wie sie es nennen) das Urteil sprach. Er würde sich doch da wenigstens eröffnet und erklärt haben, daß er auf der Folter gelogen habe.

Ich entgegne aber: Das ist viel leichter gesagt als getan. Wehe ihm, wenn er das vor der Gerichtsbank gesagt hätte; er hätte in die gleichen Folterqualen zurückgemußt und nur das davon gehabt, daß er unter weiteren entsetzlichen Schmerzen Lüge auf Lüge häufte. Darum sind alle die sehr weise, die ihre Lüge auch vor der Gerichtsbank bestätigen und erst dann endlich widerrufen, wenn sie schon zum Tode schreiten und vor der Tortur sicher sind. Dagegen ist es gar zu einfältig und eine arge Dummheit, wenn so mancher, der — wie ich es erst kürzlich beobachten konnte — vor der Gerichtsbank zwei-, dreimal vom Richter aufgefordert wurde, frei und ungehindert die Wahrheit herauszusagen, dann auch erklärte, er habe auf der Folter gelogen. Er wird sogleich wieder zur Tortur geführt und macht nur die Erfahrung, daß keine Folterung grausamer ist als diejenige, die auf diese Erlaubnis folgt, ungehindert die Wahrheit zu sagen. Und viele Inquisitoren sind auch dann nicht zufrieden, wenn die Angeklagten, sobald sie etwas von einer Wiederholung der Folter hören, gleich ihre Offenheit verwünschen, ihr früheres Geständnis bestätigen und den Widerruf bereuen und ungeschehen machen wollen. Gleichwohl bleiben diese Inquisitoren bei dem Befehl, sie zur Folter zurückzubringen und bei der Aufforderung, dann endlich „ganz frei und unbeeinflußt" auszusagen (das ist ihr Ausdruck dafür, und der Leser kann nun sehen, was er bedeutet), — ich wollte sagen, ganz frei und ungehindert auszusagen, daß sie schuldig sind. Man unterläßt dann auch nicht, vor dem Volke viel Aufhebens davon zu machen, wie groß die Bosheit der Zauberer sei, die zuletzt ganz offenbar schuldig befunden worden seien und doch vorher das Gericht in dieser Weise zum Besten gehabt haben. Danach müßte man ja wahrhaftig ganz von Sinnen sein, um es zu wagen, vor der Gerichtsbank etwas anderes auszusagen als was die Richter gerne hören wollen.

Ein wirklich allerliebstes, geistreiches Verfahren hat da ein Inquisitor, den ich aber nicht nennen will. Er ließ zuweilen den Angeklagten am Tage, ehe sie ihre Strafe erhalten sollten, ankündigen, sogar durch den Beichtiger, falls sie vor Gericht oder auf dem Richtplatz in ihrer Aussage schwankend werden und hernach, gefoltert, wiederum ein Geständnis ablegen sollten, dann dürften sie nur wissen, daß schon Leitern bereit lägen; man werde sie daran binden und lebendig auf den Scheiterhaufen werfen. Daß das gewiß keine leeren Drohungen von ihm waren, hat erst kürzlich in einigen Fällen der Ausgang gezeigt. Derselbe Mensch hat es gewagt, sogar den Beichtigern als seinen Befehl sagen zu lassen, wenn eine Hexe, die sie auf dem Richtplatz im Sakrament mit Gott zu versöhnen hätten, ihre Schuld leugnen sollte, so dürften sie sie schlechtweg nicht absolvieren und sollten sie ohne geistlichen Beistand dem Feuertode überlassen. Es haben sich auch Beichtväter gefunden, die klingendem Lohn zuliebe nicht nur ihre Pflicht sondern auch ihre kirchliche Würde hintangesetzt und sich nicht geschämt haben, auf die Weisung dieses schlechten Menschen etwas Unwürdiges zu tun. In stehenden Redensarten pflegen solche Beichtiger hartherzig den Angeklagten zu verkündigen, sie könnten keinesfalls selig werden, wenn sie nicht die auf der Folter erklärten Geständnisse und Denunziationen bis zuletzt standhaft aufrechterhielten. Wehe, was ist das für eine Art, und wie wird Gott die Obrigkeit bestrafen, die solche Beamte hat? Das ist doch unbedingt ein schweres Verbrechen, und dennoch heißt das Recht, treibt man die Obrigkeiten dazu an, und die frommen Eiferer loben sie deshalb!

Du willst einwenden, die Obrigkeiten wissen davon nichts, und deshalb trifft sie auch keine Schuld. Wenn sie es wüßten, dann würden sie gewiß mit schweren Strafen dagegen einschreiten.

Ich erwidere, daß sie es nicht wissen, das gebe ich zu, und das ist es auch, worüber ich Klage führe. Aber daß sie keine Schuld trifft, das bestreite ich ganz und gar. Sie hätten all das und Ähnliches wissen können, wenn sie nur gewollt hätten; warum wußten sie es da nicht? Und daß sie es wirklich gekonnt hätten, das beweise ich folgendermaßen ganz klar.

Sie alle, die Obrigkeiten und ihre Beamten, machen ein großes Geschrei, wie die Hexerei ein ganz heimliches Verbrechen sei und im Verborgenen umherschleiche. Und doch ist dieses ganz heimliche Verbrechen bisher den Obrigkeiten so wenig verborgen geblieben, daß sie täglich zahllose Schuldige ans Tageslicht zu ziehen meinen; sie kennen und erzählen ganze Iliaden von Verbrechen und Bubenstücken, die die Hexen auf ihren geheimen Zusammenkünften getrieben haben sollen. Wenn sie also dergleichen nach ihrer Ansicht so verborgene Dinge gleichwohl wissen können, wie ist es möglich, daß sie nicht wissen, was ganz öffentlich vor den Augen der Leute geschieht?

Und so werden sie vor Gott nicht bestehen können, ja, nicht einmal vor den Menschen, denn es ist nicht leicht, sich hinter dem Mantel einer so erheuchelten Unkenntnis zu verbergen. Ich habe das nur so nebenbei gesagt, weil die Gelegenheit es ergab, es sollte aber doch bedacht werden, und es dürfte hiernach auch etwas weniger unerklärlich erscheinen, woher es so viele Hexen in Deutschland gibt. Die anderen Richter aber mögen sich den geschilderten glänzenden Kunstgriff jenes Inquisitors merken und ihn nachahmen. Sie erreichen damit, daß ihnen künftig kein Angeklagter mit Widerrufen Schwierigkeiten macht. So wird dann überhaupt unsere

Erörterung überflüssig werden, ob dem Widerruf irgendein Gewicht beizumessen ist.

Haben sie aber eine Angeklagte hingerichtet, von der die Menge meint, sie sei unschuldig gewesen, und möchten sie gern eine andere Krieglist dieses Inquisitors kennenlernen, mit der sie den Leuten ihre Ansicht glänzend austreiben können, so will ich mich nicht weigern, sie auch das zu lehren. Sie müssen es eben so machen: Immer, wenn sie andere Angeklagte auf die Folter spannen lassen, müssen sie mit etwas Geschicklichkeit das Verhör so lenken, daß sie ihnen die Tote in Erinnerung bringen. Die Gefolterten werden dann gewiß nicht ungern, um sich aus der Qual zu befreien, die Tote beschuldigen (übrigens pflegen sie auch für gewöhnlich schon Verstorbene zu nennen, wie noch unten zu zeigen), und so hat man sein Ziel erreicht. Denn man braucht das nur gleich zu verbreiten und dafür zu sorgen, daß vor Gericht aus dem Protokoll vorgelesen werde, wie jetzt alle Tage immer neue und andere Anklagen gegen diese ganz verworfene Person herauskommen. Man kann dann auch hinzusetzen, es sei gut für sie, daß sie schon damals so bestraft worden sei, sonst würde man sie jetzt, wenn sie noch am Leben wäre, lebendig verbrennen müssen.

NB Sollte anderseits aber den Obrigkeiten Deutschlands etwas daran gelegen sein, die Bubenstücke und Vergehen vieler ihrer Beamten zu erfahren und zu bestrafen, so schlage ich folgenden Weg vor. Sie mögen einmal deutlich erkennen lassen, daß sie es nicht ungnädig aufnehmen würden, wenn ganz unparteiisch eine Liste derartiger Verstöße zusammengestellt würde. Es werden sich alsdann Leute finden, die diese Aufstellung in wenig Tagen machen und zeigen werden, wie schändlich alles unter dem Vorwand der Gerechtigkeit verwüstet wird. Ich selbst habe nicht eingehender nachforschen mögen.

41. FRAGE

*Was man von den Angeklagten halten soll,
die im Kerker tot aufgefunden werden?*

Ich antworte, wird eine der Hexerei beschuldigte Angeklagte, die noch nicht gesetzmäßig gestanden hat oder überführt ist, tot im Gefängnis gefunden, so muß man vermuten, daß sie eines natürlichen, ehrlichen Todes gestorben ist, es sei denn, daß das Gegenteil aus sicheren Anzeichen mit genügender Wahrscheinlichkeit zu entnehmen ist. Das steht im Widerspruch zu der Gewohnheit vieler Dummköpfe, die, sobald sie nur hören, es sei eine Angeklagte im Gefängnis verstorben, sogleich erklären, sie sei vom Teufel erwürgt, und sie unter den Galgen hinausbringen lassen — wie ich selbst es mehr als einmal gesehen habe. Gleichwohl ist unsere Antwort die einzig richtige. Und zwar aus den folgenden Gründen.

I. Grund. Es ist ein dem Naturrecht selbst entnommener, bei Theologen und Juristen gleichmäßig anerkannter Grundsatz, daß man jeden solange für gut zu halten hat, bis hinreichend bewiesen wird, er sei schlecht. Folglich muß in gleicher Weise ein natürlicher Tod vermutet werden, bis eine andere Todesart genügend dargetan ist.

II. Grund. Wird einer tot im Gefängnis aufgefunden, so besteht nach dem Gesetz nicht eine Vermutung gegen den Toten, sondern gegen den Vorsteher des Kerkers, daß der Gefangene schlecht behandelt worden ist. Vgl. dazu Damhauderus prax. crim. cap. 11 und die von ihm angeführten Gesetzesstellen.

III. Grund. Es gibt hier stets Gründe, die für einen natürlichen, ehrlichen Tod sprechen:

1. Der Gefangenen waren die Glieder in der Tortur zerbrochen worden. Augustinus sagt davon: „Richtet man sie auch nicht hin, so sterben sie doch meistens während oder nach der Folter." (Lib. 19 de Civit. cap. 6.)

2. Sie ist mit Fußfesseln und Ketten gequält worden.

3. Sie war vom Schmutz und Schrecken des Kerkers geschwächt.

4. Sie war zermürbt von Kummer und Trübsal, die, wenn sie nach dem Zeugnis der heiligen Schrift sogar die Gebeine eines Mannes ausdörrt, noch viel mehr eines Weibes Gebeine ausdörren konnte.

5. Es fehlte ihr an allem Trost. Der Priester, von dem sie ihn hätte erhoffen dürfen, hat sie womöglich noch mehr als der Henker selbst gepeinigt.

Wird sie also tot aufgefunden, und sind keine genügenden Anzeichen für das Gegenteil vorhanden, so muß man dafürhalten, daß sie aus den genannten Gründen verstorben sei. Es sei denn, wir wären so unwissend und böswillig, zu glauben, soviel Beschwernis auf einmal sei nicht ausreichend, ein schwaches Gefäß zu zerbrechen, d. h. die Seele aus dem schwachen, verbrauchten Leibe eines Weibes herauszupressen. Ich will hier einfügen, was ich auf diesem Gebiet vor ungefähr zwei Jahren auf einem fürstlichen Schloß, das ich nicht nennen will, selbst erlebt habe. Ich saß bei dem Amtmann des Ortes, meinem guten Freunde, am Tisch, und es war gerade auch noch ein sowohl in seiner eigenen Wissenschaft als in der Mathematik ungewöhnlich bewanderter Arzt zugegen. Aus irgendeinem Anlaß kamen wir mit ihm in ein weitläuftiges Gespräch über die Hexen und waren durchweg einer und derselben Meinung. Unterdessen geht der Gefängnisaufseher in den Kerker, den Gefangenen ihr Mittagsmahl zu bringen, kommt zu uns hereingestürzt und meldet dem Amtmann, in der Nacht sei einer von denen, die man als Zauberer gefangen hielt, umgekommen, und zwar vom Teufel erdrosselt worden. Der Arzt und ich sahen einander an, der Amtmann aber schüttelte ärgerlich den Kopf und sagte, ,,Verkehrte, verrückte Anschauungen der Leute! Dieser Unglückliche ist in den letzten Tagen schon auf der Folter zerrissen und mit Ruten gepeitscht worden, daß es allen gegraust hat. Gestern lag er ganz matt und entkräftet zwischen Leben und Tod im Gefängnis. Nichts ist natürlicher, als daß er an diesen furchtbaren Martern

Bild 6

gestorben ist, und nichts ist glaubhafter. Und doch wird niemand es glauben, niemand wird das sagen; alle werden sie erklären, er sei vom Teufel erwürgt, und das wie einen apollinischen Orakelspruch verkünden. Seltsam! Wie viele sind nun schon im ganzen deutschen Reich in den Kerkern verstorben, und doch nicht einer an der Tortur oder dem Elend des Gefängnisses. Denn wer hat je so etwas gehört? Alle hat der Teufel geholt, er hat allen das Genick gebrochen. Und wie beweist man es? Wer war dabei? Wer hat es gesehen? Der Henker sagt es. Freilich, derjenige, der sich nicht nachsagen lassen will, er habe die Folter über das Maß angewendet, ein ehrloser und in den meisten Fällen schlechter Mensch, der allein Zeuge sein kann, weil er allein mit dem Leichnam zu schaffen hat und ihn untersucht. Auf dieses einen Menschen Aussage fußt der ganze Glaube. Und wenn du noch soviel fragst, so wird doch zuletzt als einziger und letzter Beweis nichts weiter als des Henkers Angabe wiederholt. Dabei ist es wirklich merkwürdig, wie in anderen Fragen so leicht keiner solche Autorität besitzt, daß nicht doch immer wieder Raum für Zweifel bliebe, und allein der Henker in einer sehr bedeutsamen Frage eine derart jeden Zweifel ausschließende Autorität besitzt, daß alles, was er sagt, für unbedingt wahr angesehen wird, gerade so, als ob Jupiter selbst gesprochen hätte." Da das nun recht nach meinem Sinne war und ich diesen Gegenstand gern weiter verfolgt hätte, wandte ich mich zu dem Amtmann und sagte: ,,Um Genaueres über diese Dinge zu erfahren, die wir so freundschaftlich erörtern, bitte ich, hier aus unserer Tafelrunde Zeugen hinzuschicken, die sich die Sache selbst ansehen und uns die unzweifelhafte Wahrheit berichten mögen. Und wenn der Henker zur Hand ist, daß womöglich der Leichnam gleich untersucht werden kann, so mögen sie mitgehen und ihn sorgfältig besichtigen. Auf diese Weise werden wir sicherer erfahren, was an der Sache daran ist." Dieser Vorschlag gefiel dem Amtmann so gut, daß er selbst an der Besichtigung teilzunehmen wünschte. Sie gehen also und kommen nach kurzer Zeit mit der Erklärung zurück: „Wahrhaftig, es ist so. Der Teufel hat ihm das Genick gebrochen; der Hals ist ganz zerschmettert, schlaff und kraftlos, sodaß der Kopf nach allen Seiten hin schwankt und fällt. Die übrigen Gliedmaßen sind unbeschädigt und fest. So hat es der Henker uns, die wir dicht dabei standen, damit er uns nichts vormachen konnte, deutlich sehen lassen." Der Amtmann meinte: „So habe ich selbst es mit diesen meinen Augen gesehen, ich selbst bin Zeuge, auf daß diese Ansicht nicht auf der Angabe allein des Henkers fußt." Im gleichen Sinne sprachen sich auch die übrigen aus, und weil nun alle Zweifel behoben waren, wandte sich jeder wieder seinem Mittagessen zu. Ich hielt ein wenig an mich, tat einen Zug aus meinem Glase und fragte dann: „Darf ich hier unter Freunden beim Glase Wein einmal etwas offener reden?" „Gewiß", antwortete der Amtmann, und ich fuhr fort: „Wenn wir so folgern müssen, wie wir es eben getan haben, dann fürchte ich sehr, daß auch unseren Eltern, von denen wir meinen, sie seien mit allen Ehren in ihren Betten verstorben, irgendein böser Geist das Genick gebrochen hat. Ist denn nicht noch jedes Menschen Leichnam zwar ganz starr und kalt, der Kopf aber ganz schlaff und nach allen Seiten beweglich gewesen, daß wir davon nichts wissen? Hat denn noch keiner von uns mit einer Leiche zu schaffen gehabt? Haben wir noch nicht andere an einem Leichnam hantieren, ihn ankleiden und in den Sarg legen sehen, daß wir etwas so Auffälliges noch nicht wußten? Köstlich! Welch ein einleuchtender, glänzender Beweis dafür, daß ihm das Genick gebrochen ist. Wenn jener Henker sich regelmäßig dieses Beweises bedient hat, wie auch andere weit und breit (so darf man wohl annehmen, ja, ich bin bereits davon überzeugt), und wenn einfältige Beichtiger das glauben — wieviele, frage ich, sind dann in wenigen Jahren unverdientermaßen öffentlicher Schande preisgegeben worden?" Nach diesen Worten stand ich auf und ging hinaus. Die Leiche ist dann, wie ich hörte, in den nächsten Tagen unter dem Galgen verscharrt worden. Die Richter aber und alle, die es angeht, mögen einmal sehen, wie schön sie sich von den Henkersknechten an der Nase herumführen lassen und wie es um ihr Seelenheil bestellt sein muß, da sie alles zu wissen meinen und es an der besonderen äußersten Behutsamkeit und Sorgfalt fehlen lassen, die ich oben gerade in den Hexenprozessen für erforderlich erklärt habe. Es häufen sich in diesem Falle zahlreiche Verstöße, die der nachlässige Richter vor dem ewigen Richter wird verantworten müssen.

I. Der Tote hat noch kein gesetzmäßiges Geständnis abgelegt, noch ist er eines Verbrechens überführt, noch ist auch rechtmäßig bewiesen, daß ihn der Teufel oder er selbst sich gewaltsam umgebracht hat. Daraus ergibt sich, daß es eine Todsünde ist (vgl. Delrio lib. 6 sect. 19), ihm das kirchliche Begräbnis zu versagen; und doch tut man es.

II. Man versagt ihm auch nicht nur das gebührende Begräbnis, sondern tut ihm noch überdies die Schmach eines entehrenden Begräbnisses an. Er wird vom Henker unter den Galgen geschleppt und dort eingescharrt.

III. Eben dadurch, daß man ihm den Henker zum Totengräber und den Galgen zum Grabdenkmal gibt, verurteilt man ihn wie durch einen regelrechten Urteilsspruch, sodaß niemand an seiner Schuld zweifelt.

IV. Die gleiche Schande tut man seiner Familie und seinen Nachkommen an. Und das muß man für umso schlimmer erachten, je angesehener das Geschlecht ist. Da nun schon jeder einzelne dieser Verstöße für sich allein sehr schwerwiegend ist und vor dem Gewissen wie vor dem äußeren Richter Genugtuung fordert, so ist kaum zu ermessen, in welche Schuld sich alle die verstricken, die auf so haltlose Gründe hin ganz unbekümmert gleichsam über das Andenken des Verstorbenen herfallen. Denn es kann sich derjenige nicht hinter dem Vorwande der Unwissenheit verkriechen, den sein Amt verpflichtete, mit aller Kraft dafür Sorge zu tragen, daß er nicht unwissend sei.

42. FRAGE

*Wann man mit gutem Gewissen annehmen darf,
ein im Kerker aufgefundener Toter sei von
eigener Hand oder vom Teufel erdrosselt?*

Ich antworte, das kann man auf folgende Anzeichen hin annehmen:

1. Wenn ein Strick um den Hals geschlungen ist.

2. Wenn der Kopf herumgedreht ist, und zwar ganz auf den Rücken. Es genügt — was zu beachten ist — nämlich nicht, wenn er nur bis zu der einen Schulter gewendet ist.

3. Wenn sich an der Kehle Streifen zeigen, die am Tage vorher noch nicht da waren. Hier muß jedoch der Arzt entscheiden.

4. Wenn — was nicht ohne Anwendung großer Kraft durch eine andere Person möglich ist — der oberste Halswirbel ausgerenkt ist, sodaß er hinten herausragt. Dann endlich darf man mit gutem Grund vermuten, daß der Tote erdrosselt sei, und darf die Leiche unter den Galgen schleppen lassen, sofern nicht anderseits (wie oben gesagt) offenbar ein Verdacht gegen den Gefängniswärter besteht. Finden sich aber diese oder andere deutliche Anzeichen nicht, so muß man das Beste von dem Toten annehmen. Es ist freilich möglich, daß jemand vom Teufel erwürgt wird und gleichwohl kein Anzeichen zurückbleibt, aber wir können nicht feststellen, daß es der Fall ist, wenn wir keine Anzeichen sehen. Ach, wenn doch so manche geistlichen Oberen ihre Leute besser über diese Dinge unterrichten wollten, wenn sie sie hinausschicken. Oder wenn sie doch den Unverständigen den Mund stopfen wollten, damit sie nicht auf solchen Beweis, wie den oben geschilderten hin, sowie sie erfahren, es habe jemand im Gefängnis sein Ende gefunden, womöglich selbst auch noch als allererste das Geschrei erheben und unter dem Volke verbreiten, es sei ihm das Genick gebrochen. Als neulich eine Gefangene, die auf die bejammernswerteste Weise gefoltert worden war und trotzdem erneut zur

Tortur geschleppt werden sollte, unter den Händen der Henkersknechte tot zusammengebrochen war, hat in der Tat als erster von allen ein Geistlicher, der Beichtiger der Angeklagten, ausgerufen, der Teufel habe dieser schändlichen Hexe das Genick umgedreht. Dieses Märchen hat (da er hinzusetzte, er habe mit eigenen Augen gesehen, daß ihr Hals völlig zerschmettert war) jeder geglaubt, und das umso fester, je weniger man den Argwohn hegt, es könne ein Geistlicher eine Lüge oder ein so ungeheuer leichtfertiges Urteil aussprechen. Will denn niemand auf zahllose derartige Dinge acht geben? Wenn heute diejenigen, die es angeht, von den Richtern Rechenschaft fordern wollten über alle die Toten, die sie bis jetzt als vom Teufel erwürgt unter dem Galgen haben verscharren lassen, wenn sie sich ferner die Anzeichen vortragen ließen, auf die hin sie sich davon überzeugt und die Familien entehrt haben, dann werden sie nicht besser bestehen als jeder, der nach etwas gefragt wird, woran er bis dahin noch mit keinem Gedanken gedacht hat.

43. FRAGE

Von den Hexenmalen, ob sie ein Indiz zur Folterung und zur Verurteilung abgeben?

Damit der Leser versteht, es handelt sich um Folgendes. Man behauptet, es fänden sich an den Leibern der Hexen gewisse Stellen, in denen kein Gefühl und kein Blut ist, sodaß man eine Nadel oder einen Pfriem tief hineinstoßen kann, ohne daß ein Schmerzgefühl erregt wird oder Blut herauskommt. Weiter erzählt man, diese Stellen seien zuweilen überdies an einer Art von Fleck oder Mal kenntlich, daher man sie auch ein Kennzeichen oder Hexenmal heißt, das der Teufel seinen Anhängern (wenn auch, wie man erzählt, nicht allen) einbrennt, so wie ein jeder sein Eigentum, Hausrat, ein Schaf, das Vieh, einen Sklaven mit einem Brand zu bezeichnen pflegt. (Vgl. Binsfeld S. 626, Remigius daemonolatria lib. 1 cap. 5.)

An manchen Orten entkleiden daher die Henkersknechte jede Gefangene und suchen ebenso aufmerksam wie schamlos nach solchen Malen. Und gewiß werden sie umso leichter welche finden, je mehr ihnen daran gelegen ist. Manche Richter versteifen sich so hartnäckig darauf, daß sie sehr böse werden, wenn man diesen Punkt auch nur ein klein wenig zu erörtern und zu prüfen unternimmt. Letzthin traf es sich, daß ich der Unterhaltung eines gelehrten Priesters und eines Richters beiwohnte, die von eben diesen Hexenmalen sprachen. Der Richter wußte da viel zu erzählen, aber der Priester wollte es nicht glauben und setzte hinzu, er wundere sich, daß verständige Männer sich bei der Feststellung solcher Merkmale auf die Ehrlichkeit eines einzigen Henkerknechts verließen. Diese, wie mir jedenfalls schien, gar nicht gehässige Bemerkung brachte den Richter derartig in Wallung, daß er ganz zornig die Unterhaltung abbrach und davonstürzte, nicht ohne Verleumdungen gegen die Geistlichkeit auszustoßen. Ich mußte lachen, und nachdem ich ihn zurückgeholt und ihm gut zugeredet hatte, bis der Sturm sich abgetobt hatte, habe ich dem Manne ganz ruhig gesagt: „Ich will Euch eine Frage stellen, die mir vielleicht niemand lösen kann. Es ist folgende: Wenn Ihr ja doch sogar gegen Geistliche, über die Ihr keine Gewalt habt, so leicht in Wut geratet und über alles Maß ausfällig werdet, wie sehr muß ich da billigerweise fürchten, auf welche Weise Ihr schließlich mit denen umgehen werdet, die Ihr gefesselt in der Gewalt Eurer Leidenschaft habt?" Wie soll aber, wer so rasch erregt ist, gleichwohl fähig sein, die heimlichsten Dinge in den Hexenprozessen zu erkennen? Wie werden diejenigen, die, wenn es sich um die Gefangenen handelt, bei der bloßen Erwähnung, sie könnten unschuldig sein, so wütend werden, für wirklich Unschuldige sorgen? Das mag beantworten, wer es kann. Doch zurück zu den Hexenmalen. Ich habe noch keine selbst gesehen, und werde auch nicht daran glauben, wenn ich sie nicht sehe. Ich sehe nur das alle Tage, daß die Betrügereien der

Menschen unendlich und oft selbst große Herren von beschämender Leichtgläubigkeit sind. Weil sie viel zu groß sind, solche Kleinigkeiten genau zu prüfen, darum machen sie sich fast jedes beliebige Märchen zu eigen, verzeichnen sie in ihren Lehrbüchern und führen so alle Welt hinters Licht. Indessen aber, weil ich es weder glauben noch ganz bestreiten kann, will ich meine Ansicht darüber sagen, bis es von scharfsinnigen, gelehrten Männern besser geprüft und gelehrt wird.

Und so antworte ich auf die vorangestellte Frage I: Es ist müßig, zu fragen, ob die Hexenmale Indizien für die Anwendung der Tortur sein können. Dies ist meine Begründung: Auch wenn ich zugeben wollte, man dürfe diese Male durch den Henker am entblößten Leibe der Angeklagten suchen lassen, dann würde ich doch das für eine unerläßliche Bedingung halten, daß man wenigstens schon einen halben Beweis habe. Denn da man ohne solchen nicht foltern darf, so wird man ohne das auch nicht ein Weib vor dem ehrlosen Wüstling entblößen dürfen, weil das für das weibliche Geschlecht noch schlimmer als die Tortur ist. Hat man aber bereits einen halben Beweis gegen die Angeklagte, was braucht es noch der Hexenmale als weiteres Indiz zur Folter?

Ich antworte II: Bevor auf die Hexenmale hin der Prozeß gemacht werden soll, müssen die Richter folgende Punkte gewissenhaft berücksichtigen, an die diese guten Leute noch nicht einmal zu denken scheinen.

I. Daß sie nicht dem Henker vertrauen, um dessen Verdienst es ja dabei geht; zudem sind viele von ihnen schlechte Menschen oder auch selbst Zauberer.

II. Daß sie nicht alles für ein Hexenmal halten, was irgendein ganz natürliches Mal ist, ein Fleck, eine Narbe, oder was aus anderer Ursache unempfindlich ist, wie schwammiges Fleisch usw.

III. Daß sie nicht nach Hexenmalen suchen lassen, während die Angeklagte in der Folter hängt, damit nicht womöglich vom Grauen der Tortur das Blut aus manchen

Körperteilen zurückgewichen oder vor Entsetzen erstarrt ist, wie es zuweilen stockt, auch wenn ihm durch Öffnen einer Ader der Weg aufgetan ist.

IV. Daß die Meinung des Arztes beachtet wird.

V. Daß eine gewitzte Persönlichkeit zugegen ist, die scharf auf die Hände des Henkers acht gibt; denn wenn sie aufmerkt, wird sie den Betrug bemerken. Und das ist vor allem zu beachten.

VI. Daß der Henker nicht einer Angeklagten das Fleisch unempfindlich macht, oder nur leicht mit seiner Nadel hineinsticht, oder gar, wie es kürzlich ein Gauner gemacht hat, nur so tut, als ob er hineinsteche und dabei ruft, er habe gefunden, was doch gar nicht vorhanden war. Da war es denn kein Wunder, wenn der Angeklagte nicht blutete, noch einen Schmerz verspürte.

VII. Daß der Henker nicht einen trügerischen Pfriem gebraucht, beispielsweise einen magischen, verzauberten, oder einen, der so eingerichtet ist, daß er eindringt, wenn der Henker es will, wenn er aber nicht will, nur scheinbar eindringt, da er in den Stiel zurückgleitet: wie die Messer der Gaukler eingerichtet sind.

VIII. Daß der Henker nicht Zauberformeln weiß oder Kunstgriffe, das Blut anzuhalten und so das Fleisch leblos zu machen. Ich höre, manche Bösewichte kennen solche, und es soll sich ein Scharfrichter gefunden haben, der so etwas gestanden hat und daraufhin hingerichtet worden ist. Da wundert es mich doch, daß wir immer noch nicht die Augen aufmachen.

IX. Daß die Richter vorerst einmal den Beweis ganz sicher in Händen halten, Gott werde niemals zulassen, daß die Bosheit des Teufels oder der Hexen Schuldlosen solche Male aufbrenne, und daß er es nur bei Schuldigen erlaube.

X. Dieser Beweis soll aber nicht so lauten: Wenn Gott das erlauben wollte, so würde Unheil daraus entstehen, weil man Unschuldige für Verbrecher halten und hinrichten würde. Denn ich bestreite, daß besonnene und erfahrene Leute das tun würden. Ja, es ist auch ein fehlerhafter Schluß: Man sagt, es würden Unschuldige hingerichtet werden, wenn Gott zuließe, daß der Teufel ihnen sein Kennzeichen aufdrückte. Damit wird also vorausgesetzt, daß derartig gekennzeichnete Personen von Rechts wegen als schuldig angesehen werden dürfen — während gerade dies in Frage steht. Darum bewegt sich dieser Beweis im Kreise: Weshalb dürfen Gekennzeichnete für schuldig gehalten und hingerichtet werden? Weil Gott nicht zulassen wird, daß Unschuldige so gekennzeichnet werden? Aber warum wird Gott das nicht zulassen? Weil Gekennzeichnete für schuldig gehalten und hingerichtet werden dürfen. Das ist genau das gleiche Verfahren, wie ich es in einer ähnlichen Angelegenheit unten bei der 48. Frage, VI. Argument, zeigen werde.

Ich antworte III: Wie dem auch sei, ich bin der Meinung, es darf dem Richter nicht gestattet werden, auf derartige Male hin zur Verurteilung zu schreiten, ehe nicht die ganze Frage von den Gelehrten besser durchdacht ist und die Obrigkeit etwas Festes bestimmt. Dies nur nebenbei, vorbehaltlich besserer Beurteilung. Es hat letzthin ein Rechtsgelehrter in Köln einiges hierüber geschrieben, woran ich nach der Lektüre viel zu wünschen übrig fand. Ich hatte mir deshalb vorgenommen, die Hauptgedanken des Buches herauszuschälen und zu widerlegen. Da man mir aber sagt, das sei schon von einem anderen*) getan worden, will ich es gut sein lassen. Ich betone nochmals, es steckt ein Betrug dahinter; wer klug ist, der forsche danach. Nur Augen, aber scharfe, sind dazu nötig. Der Teufel wäre doch gar zu dumm, wenn er seine Herde kennzeichnen wollte, auf daß man sie herauskennen und abschlachten kann. Aber wie es damit auch stehen mag, Delrio (lib. 5 sect. 4) und Binsfeld (S. 626), von denen die Richter immer behaupten, sie schätzten sie hoch und befolgten ihren Rat, lehnen jedenfalls dieses Indiz der Hexenmale ab.

*) Von Herrn P. Jordanaeus in Proba Stigmatica.

44. FRAGE

Ob beim Verbrechen der Hexerei auf die Denunziationen Mitschuldiger viel zu geben ist?

Binsfeld behandelt diese Frage eingehend in seinem Buche de confessionibus maleficorum S. 238 ff., ebenso Tanner in seiner Theologia tom. 2 disp. 4 de Justitia, quaest. 5 dub. 2. Wir schließen uns der Meinung Tanners an und wollen die Sache in unserem Sinne darstellen und die Gründe, die Binsfeld für die entgegengesetzte Ansicht anführt, widerlegen.

Und so antworte ich: Allerdings mißt man heute gemäß der allgemeinen Praxis den Denunziationen Mitschuldiger allergrößten Wert bei, sodaß man in der Regel drei, vier Denunziationen für genügend hält, um daraufhin zur Gefangennahme und Folterung zu schreiten. Und zwar — nach etlicher Autoren Meinung — sogar gegenüber sonst wohlbeleumundeten Personen, wozu auch Binsfeld, Delrio und andere ihre Zustimmung erklären. Trotzdem lehnen wir derartige Denunziationen, auch wenn es sehr viele wären, ab als durchaus wertlos, trügerisch, irreführend und bei vernünftiger Beurteilung billigerweise stark verdächtig. Wir bestreiten ferner, daß sie ausreichend sind, daraufhin jemanden festzunehmen und zu foltern, ganz gleich ob er nun einen guten oder schlechten Leumund hat, wenn nicht andere, schwerere Indizien hinzukommen. Unsere Gründe dafür sind folgende.

I. Grund. Diese unsere Ansicht wird gestützt durch die Autorität der meisten und besten Gelehrten. Es entscheiden nämlich bei Sonderverbrechen (jedenfalls soweit es sich um Leute mit sonst gutem Ruf handelt) in unserem Sinne Ancharanus, Alexander, Andreas de Isernia, Bartolus, Bertazzolus, Bursatus, Cornelius, Cravetta, Felinus, Gomezius, Grammaticus, Marsilius, Menochius, Paris, Raphael Cumanus, Rolandus à Valle, Socinus Junior, Vincentius Ondedus und andere, die man alle bei Tanner (a. a. O. Nr. 31 ff.) zitiert finden kann, der daraufhin zu dem Schlusse kommt, diese Meinung sei nicht bloß nicht neu, sondern überdies auch die herrschende.

II. Grund. In der Peinlichen Gerichtsordnung Kaiser Karls V., die im Reich zu beobachten ist, wird, wo die Indizien der Zauberei aufgezählt sind, nicht auch die Denunziation von seiten zweier oder mehrerer Mittäter mitaufgeführt, was doch hätte geschehen müssen, wenn der Kaiser ihr irgendeine Bedeutung für die Frage der Folterung beigemessen hätte.

III. Grund. Wollte man die Ansicht der Gegner gutheißen, so würde es in der Macht und im Belieben ehrloser Bösewichte stehen, guten Namen, Ruf und Persönlichkeit rechtschaffener Leute anzugreifen und anzuschwärzen. Das ist absurd und eine Gefahr für alle Unschuldigen, wie man aus dem Folgenden deutlich ersehen kann.

IV. Grund. Diejenigen Angeklagten, die andere denunzieren, sind entweder wirklich Hexen oder sie sind es nicht. Sind sie es nicht, was können sie dann schon von Mitschuldigen wissen, die sie gar nicht haben? Sie sagen eben über sich und andere Falsches aus, nur um aus der Tortur loszukommen. Derartige Denunziationen sind also ohne allen Wert, wenn die Denunziantinnen unschuldig sind. Sind sie aber schuldig, d. h. wirklich Hexen, so haben auch dann ihre Denunziationen keinerlei Wert. Denn man muß voraussetzen, daß sie, die den Teufel zum Lehrmeister gehabt haben, von Grund auf Lügner sind. Sie besitzen daher keine Glaubwürdigkeit, und folglich hat alles das keine Beweiskraft, was sich auf ihre Glaubwürdigkeit stützt. Das ist aber bei einer Denunziation der Fall, da sie ihre Beweiskraft nur von der Autorität, der Glaubwürdigkeit des Sprechers herleitet. Also. Sogar die Verfasser des Malleus, die doch sonst unnachsichtig sind, erkennen das an (S. 512). Nachdem sie nämlich gesagt haben, man könne ein paar Oberhexen behalten, damit sie behexten Leuten hülfen und Zauberinnen entlarvten, setzen sie hinzu: „Doch soll man sich mit ihrer Anzeige nicht begnügen, weil der Teufel ein Lügner ist; es sei denn, daß sich noch andere entsprechende, von Zeugen bekräftigte Schuldindizien finden."

V. Grund. Nach einhelliger Ansicht aller Gelehrten darf man den Denunziationen oder Bekundungen verrufener Zeugen keinen Glauben schenken. Sämtliche Hexen aber sind, eben weil sie Hexen sind, im höchsten Grade verrufen.

Du willst einwenden, gestützt auf Binsfeld de confessione maleficorum S. 264 und 266 und auf Delrio lib. 5 sect. 3: Die Verrufenheit wird nach übereinstimmender Meinung der Juristen durch die Tortur ausgeräumt. Sie haben darum entschieden, daß einem Mittäter nur dann geglaubt werden darf, wenn er seine Denunziation auf der Folter erklärt hat. Hat also eine verrufene Hexe eine Denunziation, wie es sich gehört, auf der Folter gemacht, so ist ihre Verrufenheit ausgeräumt, sie kann ihrer Aussage demnach nicht mehr entgegengehalten werden. Damit der Leser das versteht, muß er wissen, daß die Richter heute erklären, eine verrufene Person dürfe nicht zur Zeugenaussage zugelassen werden; und da jemand, der auf der Folter sich eines Verbrechens schuldig bekannt hat, eben darum verrufen ist, so dürfe man seinen Angaben über seine Mitschuldigen nur dann Glauben schenken, wenn er in einer neuen Folterung, die jene Verrufenheit ausräumt, danach gefragt wird. Darum muß, damit diese Bedingung erfüllt sei, der Angeklagte um der Benennung seiner Mittäter willen eine neuerliche Folterung über sich ergehen lassen, gleichgültig ob er auch schon ohne Tortur zur Aussage bereit ist. So ist heute die richterliche Praxis. In der Peinlichen Gerichtsordnung Kaiser Karls V. habe ich jedoch von solchem Ausräumen der Verrufenheit nichts finden können. Sodann kann ich auch nicht recht begreifen, auf welche Weise denn letzten Endes die Tortur die Verrufenheit auslöschen soll. Der Grund der Verrufenheit, er sei was er wolle, wird doch keinesfalls durch die Folter aufgehoben, demnach also auch die Verrufenheit selbst nicht. Zum Beispiel: Gaja ist verrufen dadurch oder aus dem Grunde, daß sie als Hexe entlarvt und geständig ist. Ist sie etwa, wenn man sie foltert, keine Hexe mehr? Doch! Also hört sie nun auch nicht auf, verrufen zu sein, denn solange die Ursache bleibt, bleibt auch die Wirkung bestehen. Das wäre ja auch eine schöne Reinigung, wenn man so leicht mit der Tortur jemanden von jeglicher Verrufenheit reinigen könnte. Ich habe darum, bis man mich eines anderen belehrt, meine Bedenken, ob jener von allen Juristen vertretene Satz wirklich stichhaltig ist. Simanchas erklärt jedenfalls, die Verfechter dieser Lehre hätten weder Gesetz noch Vernunft auf ihrer Seite. Man könnte aber auch folgendermaßen lehren wollen: Den Angaben eines Verrufenen über seine Mittäter glaubt man deshalb nicht, weil man fürchtet, er könnte lügen. Die Tortur wird also zu dem Zwecke angewandt, daß er nicht lügen kann. Und da die Tortur die Möglichkeit des Lügens aufhebt, darum kann man mit Recht sagen, sie hebe die Verrufenheit auf, weil sie bewirkt, daß man dem Zeugen, auch wenn er verrufen ist, gleichwohl Glauben schenken kann.

Darauf entgegne ich: Auch so läßt sich die Schwierigkeit nicht lösen. Denn gesetzt, du folterst eine Hexe, damit sie nicht lügt; wirst du darum gleich zum Ziele gelangen? Wird sie nicht nach der Tortur genau so lügen wie vorher, und wie willst du sie dann der Lüge überführen? Ja, gerade wenn du ihr nach der Folter glaubst, so wird sie um so mehr lügen wollen. Sie wäre ja töricht, wenn sie nicht diese Gelegenheit benutzte, lieber ein fremdes Reich als ihr eigenes zu verderben. Denn du wirst dich doch bei ihrer Aussage zufrieden geben, ob sie nun Schuldige oder Unschuldige nennt, weil du ja der Überzeugung bist, sie sage nach der Tortur die Wahrheit — wie sie gewiß von ihrem Meister erfahren wird.

Du willst einwenden II, gleichfalls nach Delrio S. 306: Daß verrufene Zeugen nicht zur Aussage zugelassen werden, beruht auf einem Verbot nur des positiven Rechtes; das bezeugen nämlich Philippus Corneus, Philippus

Francus, Petrus de Ancharano, Andreas Barbatius, und auch die Vernunft spricht dafür. Folglich hat eben dieses Gesetz für den Notfall, damit die Wahrheit nicht zum Nachteil vieler verborgen bleibe, gestatten können, daß bei Sonderverbrechen verrufene Zeugen zugelassen werden usw. Das ist es, was Binsfeld sagt.

Ich entgegne: Ich bestreite den Vordersatz, denn die Vernunft spricht nicht für die Behauptung Binsfelds sondern für das Gegenteil. Den angeführten Autoren aber oder noch anderen können wir uns nur soweit anschließen, als sie auch etwas zum Beweise anzuführen wissen. Und so sage ich, die Vorschrift, daß das Zeugnis eines Verrufenen abzulehnen sei, ist ein Satz des natürlichen, nicht bloß des positiven Rechts. Indessen will ich, um das einleuchtender zu machen, unterscheiden und sage, es kann zweierlei Arten von verrufenen Menschen geben. Einmal solche, deren Lebenswandel, deren Betragen verrufen ist, d. h. gewöhnliche Verbrecher; solche Verrufenen meinen die Schriftsteller, wenn sie sagen, es sei ein Satz des positiven Rechts, daß verrufene Zeugen abzulehnen sind. Ferner gibt es solche, deren Autorität verrufen ist, die also wegen Lügenhaftigkeit verschrien oder verdächtigt und meineidig sind. Die Zulassung verrufener Zeugen der ersten Art ist nur vom positiven Recht verboten; darum dürfen sie, wenn es geboten erscheint, bei Sonderverbrechen und sonst schwer nachweisbaren Vergehen gehört werden, da es nicht widersinnig ist, einen gewöhnlichen Verbrecher für glaubwürdig zu halten. Was aber die Verrufenen der zweiten Art angeht, so erkläre ich, sie sind grundsätzlich, auch bei geheimen und Sonderverbrechen, als Zeugen abzulehnen, weil das nicht bloß das positive sondern auch das natürliche Recht ein für allemal gebietet. Denn die Autorität derartig verrufener Personen steht auch abgesehen von allen Bestimmungen des positiven Rechts auf schwachen Füßen oder muß wenigstens für zweifelhaft erachtet werden. Steht aber die Autorität nicht fest, so steht auch das nicht fest, was auf sie gestützt ist. Das ist nun aber bei einer Zeugenaussage der Fall, da sie ihre Beweiskraft nur von der Autorität des Zeugen erhält. Folglich ist auch das Zeugnis derartiger verrufener Personen von zweifelhaftem Wert. Ist das aber der Fall, so muß es von Rechts wegen in einer schwerwiegenden Sache, wo es um den Kopf eines Menschen geht, unberücksichtigt bleiben. Das gebietet die gesunde Vernunft, nicht nur das positive Recht. Es widerspricht ja schlechterdings der Natur der Sache und durchaus aller Vernunft, einen Beweis auf die Autorität, die Glaubwürdigkeit einer Person zu gründen, deren Autorität man für zweifelhaft erklärt. Nun ist weiter nach der Natur der Sache und übereinstimmender Meinung aller keine Klasse von Menschen verrufener, der Lügenhaftigkeit verdächtiger als diejenigen, die man als Hexen erkannt hat, d. h. als Schülerinnen des Vaters aller Lüge. Und es folgt daraus, daß sie nach der Natur der Sache von allen Verrufenen am allerwenigsten als Zeugen angehört werden dürfen. Es wundert mich nur, daß Binsfeld darauf nicht geachtet hat. Wenn aber schon dieser bedeutende Mann nicht darauf geachtet hat, was werden da erst unsere Inquisitoren tun?

VI. Grund. Das positive Recht verwirft auch das Zeugnis verachteter, armer Leute. Ferner das Kanonische Recht in Kriminalprozessen das Zeugnis von Frauen, wegen des schwachen Verstandes und des Wankelmuts des weiblichen Geschlechts (cap. forum 10 sub finem de verborum signif. & cap. 16 mulierum 33 q. 5). Ferner verwirft alles positive und natürliche Recht das Zeugnis Verrückter, Schwachsinniger usw. Das alles aber kommt bei den Hexen zusammen, folglich ... usw. Sie sind ja meistens verachtete Leute, ungebildete, wankelmütige, zuweilen halbschwachsinnige Weiber. Man darf ihnen also vernünftigerweise keinen Glauben schenken, besonders, wenn man die Anwendung der Folter beschließen will, die — wie oben gelehrt, — auch bei Sonderverbrechen einleuchtende und so gut wie sichere Beweise erfordert.

VII. Grund. Alle Juristen und Theologen lehren, man dürfe bei keinem Verbrechen, und wenn es noch so sehr zu den Sonderverbrechen gehört, das Zeugnis eines Gegners, eines Feindes, will sagen Todfeindes, berücksichtigen oder auch nur hören. Das ergibt sich aus dem Naturrecht; denn weil er feindlich gesonnen ist, muß man vermuten, daß er dem andern schaden und zu diesem Zwecke lügen will. Ich sehe davon ab, hierfür Autoren anzuführen, um nicht bei einer von niemandem bezweifelten Frage meine Seiten mit Überflüssigem anzufüllen. Nun ist aber nicht zu bestreiten, daß diejenigen, die wirkliche Hexen sind, geschworene Todfeinde der Menschheit und der Unschuld sind, die jedermann übelwollen und Schaden zu stiften suchen, wo es in ihrer Macht steht. So ist es nur recht und billig, ihre Denunziationen als höchst verdächtig außer acht zu lassen. In geistreichen Worten trägt Tanner diesen Gedanken vor, wenn er sagt: ,,Nach natürlichem Recht entkräftet und beseitigt doch eine nachgewiesene oder vom Gesetz vermutete feindselige Einstellung eines Anklägers oder Zeugen Denunziationen und Indizien. Warum soll da nicht auch jene vermutlich feindselige Einstellung gegen jedermann, die den Hexen in der Seele verwurzelt ist, und von der sie offenbar in Deutschland den Namen ,,Unholde" erhalten haben, nicht wenigstens soweit abschwächend wirken, daß nicht schon eine bloße Denunziation ausreicht, die denunzierte Person foltern zu lassen?"

Ich kann daher nicht recht sehen, von welchen Überlegungen Binsfeld sich hat leiten lassen. Denn zunächst lehrt er irgendwo ausdrücklich, das Zeugnis eines Todfeindes dürfe grundsätzlich, auch bei Sonderverbrechen, nicht gehört werden, und gibt die Lehre des Ancharanus, Francus und Barbatius wieder, auch der Papst selbst könne keinen Dispens von dem Verbot erteilen, daß ein Feind als Zeuge auftrete, weil das ein Satz des Naturrechts sei. Hernach gibt er an noch anderer Stelle nicht bloß zu, sondern beweist sogar einleuchtend, daß alle Hexen ganz gefährliche Todfeinde der Menschheit sind. Schließlich jedoch setzt er sich an einer weiteren Stelle wieder mit solchem Nachdruck dafür ein, daß man sie als Zeugen hören solle, als ob es um alles ginge, was ihm heilig ist. Das mag sich zusammenreimen, wer es kann.

VIII. Grund. Falls ein Mitschuldiger, der den anderen denunziert, mehrere Mängel hat, ist er z. B. nicht bloß verrufen sondern zugleich auch noch verachtet, gemein, eidbrüchig, ein Spieler usf., so schafft nach einhelliger Ansicht seine Beschuldigung selbst bei Sonderverbrechen kein Indiz für die Tortur, ja, nicht einmal für die Gefangennahme, auch nicht für eine besondere Untersuchung. Und das mit Recht. Denn wenn jemand schon wegen eines einzigen dieser Mängel nicht als Zeuge gehört wird, um wieviel mehr muß sein Zeugnis verworfen werden, wenn sich mehrere Ablehnungsgründe in seiner Person vereinigen? Wer wüßte nun aber nicht, daß bei den Hexen, wenn es wirklich welche sind, denkbar viele solcher Ablehnungsgründe zusammenkommen? Denn sie sind gleichzeitig von zweifelhafter Autorität, sind meineidig, haben Gott die Treue gebrochen, sind gemeine, verdorbene Weiber, Buhlen des Teufels, Feinde der Menschheit, Mörderinnen, Ketzer, Götzendiener, Heuchler und sind schließlich jedem nur denkbaren Laster mit Haut und Haaren ergeben.

Du willst einwenden I. Diesen Schwierigkeiten kann man dadurch abhelfen, daß man die Denunziantin desto öfter oder schärfer foltert; denn wie nach den früheren Ausführungen durch einmalige Folterung die Verrufenheit ausgeräumt wird, so werden auch durch wiederholtes oder einmaliges umso schärferes Foltern die übrigen Mängel aufgehoben. Diese Lehre soll Delrio (in appendice 2 lib. 5 q. 17) aufstellen. Ich habe diese Appendix nicht zur Hand, um sie einsehen zu können, doch mag das schon darin stehen.

Ich entgegne: Einmal weiß ich nicht, was das für ein Gemetzel geben soll, wenn man die Folterungen vervielfachen oder entsprechend der Schlechtigkeit der Hexen verschärfen will; es schaudert mich, daran zu denken. Sodann aber habe ich bereits früher gesagt, ich könne nicht recht begreifen, wie die Tortur alle diese Mängel ausräumen und, wie es heißt, die Zeugenaussagen der Hexen, die vorher für unglaubhaft erachtet wurden, glaubhafter machen soll. Wenn die Hexen die Unwahrheit sagen und Schuldlose verderben wollen, wie man doch von Todfeinden der Unschuld annehmen muß, so wollen sie das genau so nach wie vor der Tortur. Denn sie werden bei der Frage nach ihren Mitschuldigen ganz genau so gefoltert werden müssen, und die Richter werden sich nach dieser Folterung genau so zufriedengeben, ob sie nun ihre wirklichen oder nur erfundene Mittäter anschuldigen. Ja, wenn man vor der Tortur annahm, sie wollten und könnten zum Schaden Unschuldiger lügen, um sie zu verderben, so muß man noch viel mehr damit rechnen, daß sie das nach der Tortur tun werden, da sie wissen, daß man ihnen dann glauben und jedes ihrer Worte wie einen Orakelspruch ansehen wird. Was sind wir doch blind, das nicht zu bedenken?

Du willst einwenden II. Wenn es heißt, das Zeugnis eines Mittäters sei gänzlich abzulehnen, falls er mit mehreren Mängeln oder Verbrechen belastet sei, so sind darunter solche Mängel zu verstehen, die nicht regelmäßig miteinander verbunden und verknüpft sind. Denn wenn sich diese Verbrechen regelmäßig vereinigt finden, dann darf man das Zeugnis eines solchen Mittäters nicht einfach verwerfen sondern kann es anhören.

Diese Unterscheidung oder Auslegung führt der Rintelner Professor Goehausen in seinem kürzlich erschienenen Buch ,,Processus juridicus contra Sagas" auf S. 99 und 100 an und sagt, sie stamme von den Freiburger Gelehrten. Er zieht daraus den Schluß, man brauche die Bekundungen der Hexen nicht deswegen zu verwerfen, weil sie mit vielfachen Mängeln behaftet seien, denn das seien solche, die regelmäßig mit der Hexerei verbunden sind.

Ich entgegne: Von wem auch diese Unterscheidung letzten Endes herstammen mag, sie ist lächerlich, denn

I. fehlt es ihr an einer Begründung; oder wenn das nicht der Fall ist, so mag man sie mitteilen, und ich will's zufrieden sein.

II. Warum einer, dessen Glaubwürdigkeit zweifelhaft ist, ein feindlich Gesinnter, ein Halbschwachsinniger, Verachteter, Verbrecher kein tauglicher Zeuge ist, das hat jedes für sich seinen Grund entweder in der Natur der Sache oder einer gesetzlichen Bestimmung. Fallen aber etwa diese Gründe weg, wenn einige dieser Mängel regelmäßig miteinander verknüpft sind? Das bitte ich mir zu beweisen. Fallen sie jedoch nicht weg, so taugt diese Unterscheidung nicht viel.

III. Nehmen wir einmal folgendes Beispiel: Der Staat verdammt die Abgötterei, die Ketzerei, den Raub, die Sodomie usw. und gewiß noch mehr den Menschen, in dessen Person alle diese Verbrechen zugleich zusammentreffen. Soll er aber eine Hexe weniger verdammen, weil bei ihr diese Verbrechen nicht nur zuweilen einmal sondern stets und regelmäßig zusammenzutreffen pflegen? Nein, er muß sie umso mehr verurteilen. Daraus mag man selbst die Nutzanwendung ziehen.

IV. Ich gebe noch ein anderes Beispiel. Das Gesetz befiehlt, jeden aus der Stadt zu verweisen, der sich des Raubes schuldig gemacht hat. Ebenso wer Sodomie begangen hat, und ebenso wer der Abgötterei huldigt. Hieraus ergibt sich gegen Titius, daß man ihn unbedingt aus der Stadt jagen muß, weil er all das zugleich getan hat. Das gibst du zu. Trotzdem bestreitest du, daß man eine Hexe vertreiben muß, denn man müsse, obwohl sie auch alle diese Verbrechen begangen hat, gleichwohl eine Ausnahme machen, weil diese Vergehen regelmäßig mit der Hexerei verbunden zu sein pflegen. Das führe einmal durch und sieh, wie unsinnig es ist.

Du wirst sagen: Nein, jene Unterscheidung von nicht regelmäßig und von regelmäßig verbundenen Verbrechen muß unbedingt Geltung haben, und zwar aus folgendem, von dem schon genannten Professor Goehausen angegebenen Grunde. Er sagt da: „Man muß diese Unterscheidung machen, weil sich nämlich die Zauberer stets der ersteren Art von Verbrechen, d. h. solcher, die ständig mit der Hexerei verbunden sind, schuldig gemacht haben.

Folglich würde es keinen tauglichen Zeugen geben, wenn es nötig wäre, daß Zauberer und Mitschuldige, um Zeugen sein zu können, von allen anderen Verbrechen und gerade auch von denen, die mit der Hexerei verbunden sind, rein wären. Dann hätte das Gesetz umsonst zugelassen, daß bei Sonderverbrechen Verbrecher und Verrufene Zeugnis ablegen, es wäre müßig, bei der Hexerei nach Mittätern zu fragen usw."

Ich entgegne: Diese Begründung ist noch lächerlicher. Denn sie besagt soviel, wie wenn man kurz und bündig erklären wollte: Diese meine Unterscheidung muß gut sein, denn wäre sie das nicht, so hätte ich unrecht und mein Gegner hätte recht, wenn er sagt, man dürfe den Hexen niemals Glauben schenken. Ausgezeichnet! Was weiter noch vom Gesetz gesagt ist, darauf werde ich unten (49. Frage, I. und III. Argument) noch zu reden kommen. Es bleibt dabei, bei den Hexen trifft alles das auf einmal zusammen, was nach Naturrecht und positivem Recht einen Zeugen untauglich macht, und es trifft regelmäßig und immer zusammen. Darum müssen ihre Zeugenaussagen gänzlich verworfen werden, und zwar regelmäßig und immer. Und deshalb ist es nicht bloß müßig sondern auch gefährlich, die Feindinnen der Unschuld, halbblöde, verachtete, verrufene und verlogene Weiber usf. nach Mittätern auszufragen.

IX. Grund. Wenn man auf die Denunziationen soviel gibt, wie es heutzutage geschieht, so bekommt der Feind der Menschheit freie Bahn, unendliches Verderben unter den Unschuldigen anzurichten. Denn es wird in seine und der Seinigen Macht gegeben, jede beliebige Person, und sei sie noch so unschuldig, mit Denunziationen zu überschütten und sie, wann sie nur wollen, ungehindert der Gefangenschaft und der furchtbarsten Tortur, die nur die allerwenigsten überstehen.können, auszuliefern. Was sollte sie denn daran hindern? Schon sind in ganz Deutschland die Kerker voller Gefangener; nehmen wir einmal an, sie seien alle wirklich Hexen: Man wird sie in Bälde auf die Folter spannen, damit sie ihre Mittäter bekennen;

ihr Meister weiß, daß alle, die sie nennen werden, auch zur Folter geschleppt werden, weshalb sollte da er, der von Anfang an ein Menschenmörder war, nicht dafür sorgen, daß sie diejenigen nennen, deren Untergang er am heftigsten begehrt? Könnte er sich wohl selbst einen bequemeren Weg ersinnen, Schaden anzurichten und in ganz Deutschland zu wüten? Ich muß immer wieder über die Einfalt vieler heutiger Richter lachen. Wenn sie nämlich einen Geistlichen für die Gefangenen brauchen und ihn nach ihrem Sinne beeinflussen wollen, dann warnen sie ihn häufig zu allererst, belehren ihn und schärfen ihm immer wieder ein, wie groß die Bosheit der Gefangenen sei, wie sie buchstäblich tausend Hinterlisten stets zur Hand hätten, wie geläufig ihnen die Worte zu jeder Lüge und Tücke von der Zunge gingen. Er solle sich hüten, ihnen zu glauben, solle sich nicht mit erheuchelter Frömmigkeit täuschen lassen. Den Teufelsknechten sei es ein Geringes, sogar das Sakrament mit einer Lüge zu entweihen; ein Erzbetrüger sei ihr Lehrmeister, der auch die klügsten, vorsichtigsten Leute hinters Licht führe und dergleichen mehr. Das zielt darauf hin, daß den Gefangenen aller Glaube versagt wird, falls sie etwa dem Beichtvater etwas anvertrauen sollten, was ihn der Unschuld des einen oder anderen auf die Spur bringen könnte. Darum sind sie so lange Lügnerinnen, Meineidige, Betrügerinnen und Heuchlerinnen, denen man keinesfalls glauben darf. Ist man aber erst einmal soweit gekommen, daß sie auf der Tortur ihre Mittäter angeben sollen, — schon streifen diese selben Hexen gleich ihr ganzes Wesen ab, schon sind sie unversehens ihrer Listen überdrüssig und werden aus Lügnern zu wahrheitsliebenden Menschen, ganz ehrlich, aufrichtig und ohne Falsch, die nur wirkliche Hexen angeben und von den Unschuldigen ablassen wollen. Wirklich allerliebst und artig! Jetzt brauchen wir keinen Betrug mehr zu fürchten, hier gibt es keine Gefahr, jetzt können sie nicht mehr lügen: Der Mohr ist weiß geworden. Fahrt nur so fort, ihr Inquisitoren, fangt die Denunzierten, es ist kein Zweifel, daß sie schuldig sind, führt sie zur Folter und streckt sie, bis sie gestehen; wollen sie das nicht, so verbrennt sie als verstockte Sünder bei lebendigem Leibe, denn sie sind ja schuldig: Der Teufel hat es gesagt, und er hat es auf der Folter gesagt. O Deutschland, was tust du? Die Richter fürchten, die Geistlichen, die sogar über Engel richten sollen, könnten sich von den Hexen täuschen lassen, daß sie aber selbst sich täuschen lassen könnten, das fürchten sie nicht. Sie behaupten, diese verworfenen Heuchlerinnen lügen sogar im Sakrament selbst, in der Tortur aber sagen sie jedenfalls die Wahrheit, da können sie nicht betrügen. Wie verrückt und lächerlich ist das doch? Mich wundert, daß die Obrigkeiten Deutschlands das noch nicht bemerkt haben, die von soviel Ratgebern und klugen Männern umgeben sind. Wie sollte da nicht der Teufel tun können, was ihm beliebt, jeden verderben können, den er nur mag? Da sieht man auch wieder einmal, woher unsere vielen Hexen kommen!

Du wendest ein I. Die Richter machen heute den Prozeß nicht bloß auf Denunziationen hin sondern nur dann, wenn noch andere Indizien hinzukommen.

Ich entgegne: Das ist nicht wahr. Denn meistens oder jedenfalls sehr häufig wird heute der Prozeß allein auf Grund von Denunziationen durchgeführt. Folgende Überlegung zum Beweise. In den allermeisten Fällen prozessiert man auf Grund von Denunziationen und Gerüchten: Folglich nur auf Grund von Denunziationen. Der Vordersatz ist klar, da alles voll von Beispielen dafür ist. Es bleibt also nur die Schlußfolgerung zu beweisen, und das tue ich so: Bereits oben, bei der 34. Frage, habe ich dargelegt, wie heutzutage das Gerücht nichts als ein unverantwortliches Geschwätz und überdies fast nie rechtmäßig vor Gericht nachgewiesen ist, und daß es deshalb ohne weiteres nach positivem und natürlichem Recht ein wertloses, nichtiges Indiz ist. Ist dies Indiz aber nichtig und gründen die Richter darauf und auf die Denunziationen den Prozeß, so gründen sie ihn folglich ausschließlich nur auf die Denunziationen. Aber abgesehen davon; gesetzt auch, wir gäben das zu, das Gerücht wäre heute nicht gänzlich nichtig sondern würde stets rechtmäßig vor Gericht nachgewiesen, — so frage ich doch die Richter, was sie eigentlich glauben? Etwa, daß alle diejenigen schuldig sind, die allein durch dieses Indiz eines üblen Leumunds oder irgendein ähnliches belastet sind? Das wollen sie auch nicht sagen; was also? Sobald aber die Autorität des Teufels hinzukommt, d. h. auf der Autorität und Glaubwürdigkeit des Teufels und seiner Knechte fußende Beweise sich anbringen lassen, werden sie es dann glauben? Werden sie dann ihrer Schuld so gut wie sicher sein? So sicher, daß die Denunzierten um jeden Preis schuldig sein müssen, sie mögen noch so viele Folterungen überstehen, noch so viel zu ihrer Verteidigung vorbringen, standhaft leugnen usw.? Denn so ist heute die Praxis. Darum komme ich zu der Überzeugung, daß es der Teufel nun auf diese Weise in der Hand hat, zumindest diejenigen, die ins Gerede der Leute kommen oder durch ein anderes, ähnlich unzureichendes Indiz in Verdacht geraten konnten, sogleich durch Denunziationen seiner Anhänger ins Verderben zu reißen. Es ist deshalb leicht zu ermessen, was uns der Teufel jetzt für vielfältiges Unheil anrichten kann. Er wäre ja ein Faulpelz, wenn er sich diese Gelegenheit ungenutzt entgehen ließe.

Du wendest ein II. Wenn aber die Denunziantinnen sich zu Gott bekehren, so sind jedenfalls dann ihre Denunziationen nicht unberücksichtigt zu lassen, und man braucht jene Gefahren nicht zu fürchten.

Ich entgegne: Auch in solchem Falle muß man diese Gefahren befürchten und darf der Denunziationen nicht achten, — wie ich bei der folgenden Frage ausführlicher darlegen will.

45. FRAGE

Ob man den Denunziationen nicht wenigstens um der Reue der Denunziantinnen willen glauben soll?

Ich antworte: Das pflegen manche den in der vorigen Frage angestellten Überlegungen entgegenzuhalten, doch es ist umsonst. Meine Gründe sind die folgenden.

I. Grund. Die Denunziationen werden heutzutage gemacht und in den Akten vermerkt, noch ehe überhaupt mit den Denunzianten von Bekehrung und Reue gesprochen worden ist. Denn die heutige Praxis handhabt das so, daß schwerlich einmal ein Geistlicher Zutritt zu den Gefangenen erhält, ehe nicht das Verhör vor dem weltlichen Gericht beendet ist. Es hat darum keinen Sinn, sich auf die Reue der Hexen zu berufen, um nicht ihre Denunziationen unbeachtet lassen zu müssen, da sämtliche Denunziationen der Reue zeitlich vorausgehen. Ich wünschte freilich, man forderte die Hexen erst nachdem sie aufrichtig zu Gott zurückgefunden haben auf, ihre Mitschuldigen anzugeben, und zwar nicht diejenigen, deren Namen ihnen die Folter abpreßt, sondern die, die ihnen ihr Gewissen nennt. Dann würde vielleicht auch ich etwas auf die Denunziationen geben, und ich müßte mich sehr täuschen, wenn wir dann nicht in kurzer Zeit ganz wenig Hexen hätten. Ich weiß, was ich sage, wenn auch zur Zeit noch vieles verschwiegen werden muß. So habe ich immer die Klugheit des Theologen Tanner bewundert, der unter den Mitteln, die Hexen auszurotten, ganz kurz auch das folgende mit anführt: Die Angeklagten sollen nur nach Empfang ihres Todesurteils, nach vorheriger reuiger Beichte und durch den Beichtvater wohl zum Tode vorbereitet nach Mitschuldigen ausgefragt werden. So lehrt Tanner in disp. 4 de Justitia q. 5 dub. 6 num. 131. Doch wozu dies Mittel? Die Inquisitoren werden es niemals anwenden noch die Obrigkeiten es anempfehlen. Die Inquisitoren werden es nicht anwenden, denn sie schmälern ihren Gewinn, wenn sie weniger Angeklagte haben. Die Obrigkeiten werden es nicht anempfehlen, denn niemand wird es ihnen anraten und selbst werden sie dies nicht lesen.

II. Grund. Es ist aber nicht bloß tatsächlich wahr, was ich sage, daß man heute die Denunziationen stets anhört und in die Akten einträgt, noch ehe die Angeklagten bereut haben, sondern die Richter wollen darüber hinaus allein nur Denunziationen von solchen Angeklagten gelten lassen, die noch nicht bereut haben. Falls sie nämlich später, wenn der Beichtvater sie für wirklich reuig und zum Tode wohl vorbereitet erklärt hat, etwas über ihre Mittäter aussagen, so wird das von den Richtern nur soweit geglaubt oder verworfen, als es mit den vor der reuigen Beichte gemachten Denunziationen übereinstimmt oder nicht. Die schlauen Leute machen sogar an diesen in noch unbußfertigem Zustande gemachten Denunziationen wie an einem Probierstein die Probe, ob die Angeklagte hernach wirklich bereut oder sich nur so stellt. Heißt nämlich beispielsweise Titia ihre noch in unbußfertigem Zustande gemachten Denunziationen nach empfangenem Sakrament der Beichte gut und bestätigt sie sie, dann ist ihnen das ein Zeichen wirklicher Bekehrung: Dann ist Titias Reue nicht erheuchelt. Widerruft sie aber und erklärt, sie habe, von der Folter gezwungen, gelogen: Dann hat sie sich verstellt, hat den Beichtvater getäuscht; ihre Reue ist erheuchelt, oder sie ist vor Todesfurcht ihrer Sinne nicht mächtig, und deshalb muß man an ihren früheren Denunziationen festhalten. Wirklich geistreich! Denn wie es auch kommen mag, ob Titia ihre Denunziationen nach dem Sakrament der Beichte bestätigt oder widerruft, immer können die Richter das erreichen, was sie wünschen. Bestätigt sie, dann war ihre frühere Denunziation richtig, weil sie sie voll wirklicher Reue bestätigt hat. Widerruft sie, so schadet das auch nichts, weil sie eben nicht wirklich bereut hat. Das ist es, was sie sagen. Sie sehen jedoch leider nicht, daß sie damit in keinem von beiden Fällen bestehen können. Denn

1. drehen sie sich, indem sie zugeben, Titia habe wirklich bereut, wenn sie ihre frühere Denunziation bestätigt, im Kreise herum. Sie erklären nämlich, die Denunziation sei wahr gewesen, weil die Reue, in der sie bestätigt wurde, ehrlich war. Daß aber diese Reue ehrlich war, das folgern sie daraus, daß Titia die wahre Denunziation bestätigt hat. So macht die Denunziation die Reue und die Reue die Denunziation glaubwürdig, und das ist eben ein Zirkelschluß.

2. Mit der gleichen Berechtigung und Einfachheit, mit der sie sagen, Titias Reue sei erlogen, wenn sie ihre frühere Denunziation widerruft, hingegen ehrlich, wenn sie sie bestätigt, kann ich das Gegenteil sagen, also Titias Reue sei erlogen, wenn sie nun ihre frühere, in unbußfertigem Zustande gemachte Denunziation bestätigt, ehrlich hingegen, wenn sie sie widerruft. Überhaupt ist es ganz lächerlich, daß die Richter, falls ein Angeklagter nach reuiger Beichte sagt, was ihnen angenehm ist, alsbald rufen, seine Reue sei ehrlich, sagt er, was ihnen nicht angenehm ist, sie alsbald rufen, seine Reue sei erheuchelt. Muß das nicht jeden Verständigen empören? Das ist doch einfach eine Narrheit.

3. Wenn sie auch erklären, Titia habe nicht wirklich bereut, falls sie ihre frühere Denunziation widerruft, so nützt ihnen das doch nicht viel. Denn sie war ja auch nicht reuig, als sie die Denunziation zuerst machte. Das genügt für mich, denn es bleibt bei dem, was ich feststellen wollte; die Denunziationen werden von noch unbekehrten Hexen erstattet und sind darum einstweilen als vom Teufel eingegeben und trügerisch zu verwerfen.

III. Grund. Ja, selbst wenn es (was niemals der Fall sein wird) gebräuchlich wäre, die Denunziationen gemäß dem Rat Tanners erst nach reuiger Beichte und nach Empfang des Urteils aufzunehmen, wenn es auch ferner heute weitverbreitete Gewohnheit wäre, es nur dann bei den Denunziationen bewenden zu lassen, wenn sie nach reuiger Beichte bestätigt werden, — so behaupte ich gleichwohl, verständige Männer müssen billigerweise diese Denunziationen zurückweisen. Es dürfte doch jeder, der seinen Verstand zu gebrauchen gewohnt ist, mit gutem Grund Zweifel haben, ob diese Reue nicht vorgetäuscht sei. Denn

1. machen die Richter ein großes Geschrei, der Teufel ermuntere von Anfang an seine Knechte aufs eifrigste gerade zu den entsetzlichsten, noch nie dagewesenen Verbrechen. Wenn das wahr ist (wovon ein andermal), sollte es da verwunderlich oder unglaublich sein,

wenn er sie auch veranlaßt, eine reuige Beichte vorzutäuschen?

2. Es ist ganz alltäglich, daß — wie schon kurz zuvor geschildert — die Richter, sooft eine Angeklagte ein auf der Folter abgelegtes Geständnis widerruft, behaupten, sie habe den Beichtvater getäuscht, ihre Reue sei bloße Verstellung. Sie sind also selbst durchaus der Überzeugung, daß diese Angeklagten in hohem Maße zu Lug und Trug geneigt sind. Einen derartigen Verdacht wird mit Fug und Recht jeder Verständige auch dann haben, wenn sie nach reuiger Beichte Denunziationen erstatten oder bestätigen.

3. Dem wird auch nicht entgegenstehen, daß beispielsweise der Beichtiger erklärt, Titias Reue sei echt. Denn wie gerade die Richter ganz offen bekennen, hat man in dieser zur Seelsorge gehörigen Frage den Beichtvater nicht zu hören. Wenn nämlich Titia widerruft, was sie in der Tortur gestanden hat, so erklären sie doch (wie wir sahen), auch wenn der Beichtiger sagt, sie bereue wirklich, er habe sich täuschen lassen; der Teufel sei ein ganz verschlagener Tausendkünstler; man dürfe den Heuchlern nicht glauben. Genau dasselbe werden also auch die Verständigen sagen, wenn Titia ihre Denunziationen bestätigt, und werden es mit dem gleichen Recht zu ihrem eigenen Zwecke gebrauchen, wie jene zu dem ihrigen. Letztlich wird es unmöglich sein, jemals sicher zu wissen, ob Titias Reue ehrlich oder erheuchelt war. Denn wer soll hier Richter sein? Der Beichtvater? Aber ihm erlauben es, wie gesagt, die Richter nicht. Also sie selbst? Aber ihnen wird es gewiß die Kirche hier nicht erlauben.

4. Es fehlt nicht an triftigen Gründen, warum Titia zum Heucheln und der Teufel sie dazu anzutreiben geneigt sein sollte. Titia sieht, daß es zwar um sie geschehen ist, daß sie aber auf mildere Strafe hoffen darf, wenn sie Reue heuchelt. Sie sieht auch, daß sie Unschuldige ins Verderben reißen kann (was ihr genau so wie dem Teufel am Herzen liegt) und daß sie die Möglichkeit hat, sich gründlich zu rächen, indem sie nämlich ihre Denunzia-

tionen durch solche scheinbare Reue gleichsam besiegelt und bekräftigt, damit sie die Richter in Sicherheit wiegt und umso sicherer den Eifer der Fürsten auf Schuldlose zu deren Verderben hinlenkt. Diese Feinde der Menschheit werden also ihre Gelegenheit wahrnehmen und mit der gleichen Schadenfreude Unschuldige zu denunzieren und ihre Denunziationen, um sie recht zuverlässig erscheinen zu lassen, mit erheuchelter Frömmigkeit zu verbrämen suchen. Letztlich ist von alledem stets dies das Fazit: Die Prozesse jener Richter sind gegründet auf die Autorität, die Glaubwürdigkeit des Teufels und sind nur insoweit nicht trügerisch, als er, der in den heiligen Büchern als Meister jeden Lugs und Trugs geschildert ist, nicht betrügen kann.

IV. Grund. Ja, auch wenn ich — was der Fall ist — zugebe, daß manche Hexen sich wirklich zu Gott bekehrt haben und ehrlich bereuen, so würde ich auch da in einer so gefährlichen Frage nicht wagen, den Denunziationen zu trauen. Auch dann kann die Denunziantin die Unwahrheit sprechen, entweder weil sie nichts anderes zu sagen wagt, oder weil sie es nicht besser versteht. Das werde ich bei der folgenden Frage auseinandersetzen.

46. FRAGE
Ob man den Denunziationen wenigstens dann glauben soll, wenn es unfehlbar sicher ist, daß die Denunziantinnen sich ehrlich bekehrt haben und die Wahrheit sagen wollen?

Ich antworte: Es könnte ja schließlich so scheinen, aber diesem Anscheine darf ich genau so wenig wie jeder vernünftige Mann trauen, der die Frage sorgfältiger bedenken wollte. Und zwar aus folgenden Gründen.

I. Grund. Wenn die Angeklagten ihre früheren Denunziationen widerrufen, so schicken die Richter sie stets wieder auf die Folter. Und die Henker drohen ihnen damit — was sehr zu beachten ist — immer von neuem und rufen es ihnen in ihrem rühmlichen Eifer, das Unkraut auszurotten, emsig ins Gedächtnis, damit sie es nur ja genau wissen. Wenn darum zum Beispiel Titia auch aufrichtig bekehrt wäre und ernstlich bereut hätte, so würde sie doch nicht wagen, ihre früheren Denunziationen nicht zu bestätigen. Woraus sich weiter ergibt, daß, falls sie sie bestätigt, damit noch nicht ohne weiteres dargetan ist, daß sie demnach wahr sind. Denn auch ein wirklich reuiger Mensch kann Angst vor so entsetzlichen Qualen empfinden und aus Furcht vor ihnen weiterlügen; die menschliche Schwäche ist ja groß.

Es ist kaum zu glauben, wieviel Beispiele es hierfür gibt, und wieviel Schuldlose durch solche falschen, mit der Tortur erpreßten Anschuldigungen zugrunde gehen, die alsdann unwiderrufen bleiben. Wer die Folter nicht gefühlt hat, der weiß nicht, wie diejenigen, die sie zu fühlen bekommen haben, sie über alles Maß fürchten. Diese Angst bewirkt es, daß nur wenige sich dazu bewegen lassen, ihre unwahren Denunziationen — jedenfalls alle — standhaft zu widerrufen. Sie widerrufen also höchstens einige, um so ihr Gewissen soweit als möglich zu entlasten und doch zugleich einer Wiederholung der Folter aus dem Wege zu gehen. Das gelänge ihnen nicht, wenn sie nicht auf alle Fälle die eine oder andere noch so geringe Denunziation unwiderrufen ließen. Wieviel Unheil dann doch wieder gerade durch diese übrigbleibenden angerichtet wird, wird der Leser leicht ermessen können. Denn die Richter kommen gerade dadurch allenthalben zu dem Schlusse, diese oder jene Hexe, die nicht mit den übrigen wieder für schuldlos erklärt worden ist, sei umso gewisser schuldig, und folglich müsse man umso schärfer gegen sie vorgehen, falls sie leugne. In der Tat, wie man es auch drehen und wenden mag, die Sache ist voller Gefahren. Ich möchte das nicht noch weiter darlegen, sofern nur dies klar ist, daß Titia wirklich reuig sein und doch desungeachtet eine etwa früher gemachte unwahre Denunziation aus Furcht vor einer Wiederholung der Tortur unwiderrufen lassen kann. Wehe, wie werden sie alle es büßen müssen, nicht nur die Richter, nein, auch ihre

Beichtväter, die hier nicht achtgeben und trotz meiner ausdrücklichen Warnung sich noch immer nicht daran machen, nachzuforschen, ja sogar noch zornig sind, daß man sie unterrichtet!

II. Grund. Eine Hexe mag aber auch noch so reuig bei ihrer Denunziation sein, das könnte unfehlbar sicher sein, und sie mag auch nur die Absicht haben, wahrheitsgemäß zu denunzieren, — gleichwohl würden die Denunziationen um nichts weniger trügerisch sein, wegen der Gefahr einer Täuschung der Hexen selbst. Es steht nämlich fest und wird sogar von den Gegnern zugegeben, daß die Hexen nicht immer wirklich zu ihren Sabbaten und Tänzen fahren sondern sich das häufig nur einbilden. Und zwar beeinflußt der Teufel ihre Phantasie mit oder ohne Anwendung von Arzneimitteln in mancherlei Weise, sodaß sie meinen, sie wären dort gewesen und hätten gesehen und getan, was nirgends gesehen noch getan worden ist. Es geht ihnen so wie jemandem, den nicht wirkliche Dinge sondern deren Trugbilder im Schlafe narren. Es ließen sich Beispiele hierfür anführen, die wir jedoch, da sie überall verbreitet und bekannt sind, um der Kürze willen übergehen. Tanner lehrt sogar in seiner Theologia (tom. 1 disput. 5 quaest 6 dub. 7), es sei sehr wahrscheinlich, daß die Hexen weit häufiger an derart eingebildeten Fahrten und Hexensabbaten teilnähmen als an wirklichen. Wer sieht unter solchen Umständen nicht ein, daß die Denunziationen notwendig trügerisch sein müssen, mögen auch die Denunziantinnen noch so sehr bekehrt sein und nicht lügen wollen. Denn woher soll der Richter wissen, ob diese oder jene Denunziantin nicht zu denjenigen Hexen gehört, die sich vom Teufel mit bloßen Trugbildern zum besten halten lassen und darum glauben, sie seien gewesen, wo sie gar nicht waren, und hätten gesehen, was sie doch nicht gesehen haben. Sie können jedenfalls selbst nicht genügend zwischen Trugbildern und wirklichen Dingen unterscheiden. Sie schwören, gewesen zu sein, wo sie nicht waren: Man kennt Beispiele, wo Leute, die diese Fragen erforschen wollten, mit Zeugen zugegen waren und derart eingeschläferte Hexen, denen man überdies noch Prügel angedeihen ließ, im Auge behalten haben; und doch versicherten die Hexen, sobald sie ausgeschlafen hatten, sie seien auf ihrem Sabbat gewesen und hätten dort wundersame Dinge getrieben. So hielten sie für Wirklichkeit, was sie doch nur in der Phantasie erlebt hatten. Über einen solchen, von ihm selbst gemachten Versuch berichtet Baptista Porta Neapolitanus (in magia naturali, editione prima). Man könnte nun vielleicht sagen, es sei merkwürdig und nicht zu glauben, daß jemand nicht zu unterscheiden wüßte zwischen dem, was er wirklich und dem, was er nur in der Einbildung erlebt habe. Denn wir meinen zwar zuweilen, wenn wir träumen, wach zu sein, obwohl wir doch gerade schlafen; aber wir können doch, wenn wir hernach erwachen, klar genug erkennen, daß wir nur geträumt haben. Darauf antworte ich, allerdings geht es uns gewöhnlich so, daß wir wachend Schlafen von Wachen unterscheiden können. Dennoch bestreite ich, daß es unglaubhaft sei, daß es auch einmal anders sein könne und es bei den Hexen nicht vorkomme, daß der Teufel, dieser Tausendkünstler, seine Knechte so verwirrt macht, daß sie nicht zwischen Wirklichem und Unwirklichem zu unterscheiden wissen. Besonders, da die meisten von ihnen schon vorher wahnsinnige Weiber sind oder den Anlagen ihres Geschlechts nach zum Wahnsinn neigen, sodaß dieser Zauberkünstler an so geeignetem Material umso leichter seine Schandtaten ausführen kann. Doch wie es immer damit bestellt sei, ich rate den Fürsten dringend, ihre Richter auszufragen und sich die Anzeichen nennen zu lassen, mittels deren sie sich davon versichert haben, daß alle Hexen, die sie seither hingerichtet und nach ihren Mittätern ausgefragt haben, zu denen gehören, die nicht nur in ihrer Phantasie zum Hexensabbat gefahren sind. Denn wenn sie sich nicht über diese grundlegende Frage Gewißheit verschafft haben, dann durften sie in so gewichtiger Sache auch keinen Prozeß darauf gründen. Haben sie es doch getan, dann war es ein ganz fehlerhafter, den Geboten der Vernunft widersprechender

Prozeß. Da kann man denn auch sehen, wie es um die Rechtlichkeit unserer Richter bestellt ist! Es wird ja davon nicht bloß kein Wort in den Protokollen vermerkt, sondern nicht einmal mit einem Gedanken wird daran gedacht, es sei denn, daß jemand es uns vorhält. Und wenn das einer tut, so sieht man es auch nur sehr ungerne ein.

III. Grund. Ja, gesetzt auch, der Richter wisse bestimmt, daß seine Denunziantinnen zu denen gehören, die wirklich, nicht nur eingebildetermaßen, zu den Hexensabbaten fahren, so kann er sich trotzdem auch dann vernünftigerweise noch nicht auf die Denunziationen verlassen. Denn um das zu können, muß er nicht nur genau wissen, daß beispielsweise Titia nicht lügt, wenn sie sagt, sie habe Gaja auf dem Hexensabbat gesehen, sondern er muß, was mehr ist, wissen, daß das auch wahr ist, weil folgender Schluß unfehlbar richtig ist: Titia hat Gaja auf dem Hexensabbat gesehen, demnach war Gaja wirklich dort. Denn woher will er wissen, ob nicht vielleicht der Teufel Gajas Anwesenheit dort nur vorgespiegelt hat, daß man sie für gegenwärtig hielt, die doch unendlich weit entfernt war? Es soll hiervon, da es Schwierigkeiten bereiten kann, weitläuftiger bei der folgenden Frage gehandelt werden.

47. FRAGE

Ob der Teufel die Anwesenheit Unschuldiger auf den Hexensabbaten vorspiegeln kann?

Ich antworte, ja, es scheint so, und zwar kann er sie nicht bloß — was von vielen Seiten bereitwilliger zugegeben wird — als untätige Gestalten sondern sogar mit den übrigen tanzend erscheinen lassen. Folgendes sind die Gründe dafür.

I. Grund. Daß es geschehen ist, lehren Beispiele: Folglich ist es möglich. Ich weiß von einem Kloster, wo sich folgendes zutrug und in den Akten verzeichnet wurde: Ein Mönch dieses Klosters war von zahlreichen Hexen beschuldigt, er sei auf dem Hexensabbat gesehen worden. Sie nannten auch die Person, mit der er getanzt haben sollte, und besiegelten all das mit einem reuevollen Tode — während doch desungeachtet durch Zeugnis des ganzen Konvents feststand, daß er zu ebenderselben Zeit, wo man ihn gesehen haben wollte, mit den übrigen Mönchen im Chore gewesen war und gerade dem Gottesdienst folgte. Demnach hatten die Denunziantinnen — was ich für das Gewöhnliche halte — gelogen, sei es infolge der übermächtigen Folterqualen, wie es die Unschuldigen, sei es aus Bosheit, wie es die Schuldigen zu tun pflegen. Oder aber, wenn sie nicht gelogen haben, — was die Richter annehmen — dann haben sie ein Trugbild für Wirklichkeit angesehen. Ich kann auch andere, heute noch unter den Lebenden weilende fromme Männer, ja selbst Fürsten nennen, von denen schon viele Hexen gestanden haben, sie hätten sie bei ihren Tänzen gesehen. Man erzählt sich noch weitere Beispiele, die ich übergehe, weil sie bekannt sind und hier nur unnütz Raum einnehmen würden, wo gleichfalls Personen auf den Hexentänzen gesehen sein sollen, die zu der Zeit nicht bloß an einem anderen Ort waren, sondern überdies von dazu bestimmten Zeugen bewacht wurden, daß sie sich nicht entfernen konnten.

II. Grund. Der Teufel kann sich in einen Engel des Lichts verwandeln, wie sogar die Heilige Schrift bezeugt und allenthalben Beispiele in den Lebensgeschichten der Heiligen vorkommen. Folglich kann er auch Unschuldige als gegenwärtig erscheinen lassen, zumal es durchaus glaubhaft ist, daß Gott ihm viel gestattet.

III. Grund. Die Argumente der gegnerischen Meinung erbringen keinen hinreichend sicheren Beweis, daß der dem unsrigen entgegengesetzte Standpunkt richtig ist, folglich muß man gemäß Billigkeit und Vernunft unserer Ansicht folgen und der anderen wenig trauen. Dazu ist zu beachten, daß ich, der ich bejahe, der Teufel könne Unschuldige erscheinen lassen, nicht verpflichtet bin, meine Meinung schulgerecht zu beweisen. Das liegt vielmehr in diesem Falle den Gegnern ob, die es verneinen.

Das hat darin seinen Grund, daß es für mich ja wenig darauf ankommt, ob der Teufel es kann oder nicht. Ich will nämlich aus keiner der beiden Behauptungen etwas gegen irgend jemanden herleiten, sondern mache mir die Mühe des Beweisens nur, weil es mir Freude macht und weil mir daran gelegen ist, andere zu warnen. Wenn ich dabei kein Glück habe und mein Beweis nicht stichhaltig ist, so bringt das für niemanden Gefahr oder Nachteile mit sich. Die Gegner jedoch machen ihre Ansicht gleichsam zu einem Fundament, von dem ausgehend sie es unternehmen, über Menschenleben zu urteilen. Darum müssen sie, wenn sie nicht leichtfertig an so schwierige Dinge herangegangen sein wollen, dies Fundament sicher gelegt haben, und deshalb können sie mit ihrem Gewissen keinesfalls bestehen, wenn sie diese Grundlage nicht mit stichhaltigen Gründen bewiesen haben. Ja, nicht nur nach einer Gewissenspflicht, auch nach den Regeln der Dialektik trifft hier denjenigen, der verneint, daß der Teufel das könne, die Beweispflicht. Allerdings heißt es gewöhnlich, derjenige, der etwas bejaht, nicht der es verneint, habe zu beweisen. Jedoch ist (wie der Leser bei dieser Gelegenheit erfahren mag) unter „bejahen" hier „voraussetzen" zu verstehen, und deshalb ist jeder, der einen Satz, ob bejahend oder verneinend, als grundlegende Wahrheit für irgend etwas voraussetzt, worauf er nun ein Weiteres aufbauen will, genötigt, diesen Satz zu beweisen. Und da die Gegner den verneinenden Satz, der Teufel könne keine Unschuldigen erscheinen lassen, zuerst voraussetzen und dann ihren Prozeß auf ihn gründen, darum haben sie diese Verneinung zu beweisen, da sie in diesem Falle etwas bejahen, das heißt voraussetzen oder behaupten. Andernfalls handeln sie widerrechtlich, wenn sie sich auf dieses Fundament stützen, das sie nicht sicher gelegt haben. Uns genügt es, Gründe angeführt zu haben, die die Sache zweifelhaft erscheinen lassen, und ferner zu wissen, daß auf der Welt Leute, die in den Wissenschaften nicht ganz unerfahren sind, ernstlich fürchten, der Teufel könne und tue es mit Gottes Erlaubnis. Und es genügt uns auch, die Richter darauf hinzuweisen. Wollen sie trotz alledem in einem Prozeß über Leben und Tod gegen jedermann mit den grausamsten Folterqualen vorgehen, so haben sie nun jenes ihr Fundament mit Argumenten zu beweisen, die eines besonnenen Mannes würdig sind; tun sie das nicht, so gibt es keine Rechtfertigung für sie. Sehen wir uns also an, wie sie es beweisen, wie stichhaltig ihre Gründe sind.

48. FRAGE

Welches die Argumente derer sind, die zu beweisen suchen, daß der Teufel auf dem Hexensabbat keine Unschuldigen erscheinen lassen könne noch wolle?

Ich antworte, Binsfeld hat diese Argumente zusammengetragen, und auf ihn verweist auch Delrio. Mir ist darum recht zweifelhaft, wieviel man der Zuverlässigkeit der ganzen Forschung über das Hexenwesen trauen soll, da wir auf Binsfelds Argumente verwiesen werden, von denen ich noch keines jemals habe stichhaltig finden können, wie sogleich aus deren Widerlegung ersichtlich sein wird. Ich werde also die betreffenden Argumente aus dem Binsfeld der Reihe nach aufzählen, nur das erste entnehme ich dem Delrio.

I. Argument. Es ist nicht zu beschreiben, wie kürzlich ein gewisser, auch sonst nicht gerade besonders kluger Hexenbeichtiger mit Delrios Worten geprahlt hat, indem er dessen Buch herbeiholen ließ und daraus die folgende Stelle vorlas, wo Delrio sagt: „Die Dämonen könnten wohl die Gestalt unschuldiger Menschen annehmen und so auf ihrem Hexensabbat erscheinen, wenn Gott es nicht verhinderte. Aber ich habe bei der Hexerei noch nichts davon gelesen oder gehört, daß er es schon einmal erlaubt hätte" (lib. 2 quaest. 12 num. 5). Und kurz darauf ebenda: „Wenn Gott es zuläßt, dann deckt er die Täuschung bald auf und gestattet es, um andere Sünden büßen zu lassen, oder um größeres Verdienst und Ruhm um der Leiden willen erwerben zu lassen." Daraufhin meinte dieser Beichtvater: „Seht ihr, wie Delrio selbst nichts davon gelesen und gehört hat? Wer wollte da glauben, daß es geschehen sei?"

Ich entgegne I. Dies Argument beweist zuviel und folglich gar nichts. Es beweist nämlich, daß zahllose andere Dinge, die tatsächlich geschehen sind, nicht geschehen sind, weil Delrio nichts davon gelesen und gehört hat. Ich jedenfalls habe, und viele mit mir, davon gelesen und gehört.

Ich entgegne II. Die Inquisitoren pressen heute alle Tage mit neuen Foltermitteln neue, bis dahin unerhörte Anschläge und Verbrechen aus den Hexen heraus und machen davon vor Fürst und Volk mächtig viel Aufhebens. Wollte ich mir nun dieses Argument zunutze machen und das alles bestreiten, weil Delrio davon nichts gelesen und gehört habe, was würden sie da wohl sagen? Sie werden empört sein und versichern, Gott gestatte alle Tage neue Dinge. Warum wollen sie mir da nicht zugeben, daß unter soviel Ungelesenem und Ungehörtem, das Gott dem Teufel auf dem Hexensabbat gestattet, auch solches Vorspiegeln der Gegenwart Unschuldiger sei? Ich sage eben, das sei auch eines dieser neuen Dinge.

Ich entgegne III. Werden Leute denunziert, auf dem Hexensabbat gesehen worden zu sein, so nimmt man es für sicher, daß sie schuldig und wirklich leiblich dort gewesen sind. Mithin foltert man sie solange, bis sie gestehen, und wenn einige die Folter aushalten und nichts gestehen, dann werden sie doch alsbald als hartnäckig verstockt bei lebendigem Leibe verbrannt, denn sie müssen ganz einfach sämtlich schuldig sein. Ist es da verwunderlich, wenn Delrio nichts davon gelesen und gehört hat, daß Unschuldige auf dem Hexensabbat erschienen wären?

Ich entgegne IV. Willst du einwenden, es werde nicht so gemacht, wie ich es eben beschrieben habe, sondern diejenigen, die in der Tortur nichts gestanden hätten, würden dem Gesetz entsprechend freigelassen und nicht verbrannt, so kommt auch das wiederum mir zustatten.

Denn diejenigen, die freigelassen worden sind, hat man also als unschuldig erkannt, und mithin ist es gar nicht einmal wahr, daß man noch nichts davon gelesen und gehört hat, daß Unschuldige auf dem Hexensabbat erschienen sind. Folglich beweist jedenfalls dieses Argument gar nichts.

II. Argument. Der Teufel trägt gar kein Verlangen danach, so die Anwesenheit Unschuldiger vorzuspiegeln, folglich ... Der Vordersatz wird dadurch glaublich, daß der Teufel ja aus der Heiligen Schrift weiß, daß Gott seine Auserwählten nicht betrüben oder versuchen läßt, es sei denn, damit sie sich ein Verdienst erwerben, erprobt werden, oder daß es zu ihrem Besten dient. Dies die Lehre Binsfelds.

Ich entgegne I. Dies Argument beweist zuviel und folglich gar nichts. Denn mit ganz genau denselben Worten müßte man beweisen können, daß der Teufel Hiob nicht vom Scheitel bis zur Sohle geschlagen hat und er nicht schließlich mit seinen Künsten an den ausgesuchten Marterqualen und dem Tode der Märtyrer schuld gewesen ist. Ich könnte ja ebensogut sagen: „Der Teufel trägt gar kein Verlangen nach solchen Taten. Er weiß aus der Heiligen Schrift, daß Gott seine Auserwählten nicht betrüben oder versuchen läßt, es sei denn, damit sie sich ein Verdienst erwerben, erprobt werden, oder daß es zu ihrem Besten dient."

Ich entgegne II. Vielleicht sind nicht alle, die der Teufel erscheinen läßt, Auserwählte Gottes, einige mögen Übeltäter und Bösewichte sein, in Todsünden verstrickt, wenn sie auch mit der Hexerei nichts zu tun haben und insofern jedenfalls unschuldig sind. Wenn der Teufel auch aus jenem Grunde kein Verlangen tragen sollte, Auserwählte Gottes erscheinen zu lassen, so ist damit noch nicht ohne weiteres erwiesen, daß er keine Unschuldigen erscheinen lassen möchte. Also beweist auch dieses Argument nichts.

III. Argument. Binsfeld sagt, vor allem bekräftige das ruhige Gewissen der Unschuldigen die Lehre, daß der Teufel Unschuldige nicht erscheinen lassen könne. Denn welcher Unschuldige wird von Angst und Sorge geplagt, der Teufel werde ihn unter Zauberern und Hexen erscheinen lassen? Andernfalls, wenn der Teufel das vermöchte, würden wir alle stets mit Recht in Furcht und Schrecken schweben, in Blendwerk und Teufelsspuk hineingezogen zu werden, wo Leib und Seele in Gefahr gerieten. Aber ein gutes Gewissen fürchtet sich ganz und gar nicht, folglich ...

Ich entgegne I. Dies Argument beweist allzuviel und folglich gar nichts. Denn mit den gleichen Worten müßte man beweisen können, daß ein Unschuldiger nicht von den Hexen verzaubert oder durch Hexerei für sein ganzes Leben unglücklich gemacht werden könne und daß das niemals vorkomme. Beweis: Welcher Unschuldige wird denn, wenn er morgens aufsteht, von Angst und Sorge geplagt, an diesem Tage von Hexen verzaubert zu werden? Andernfalls, wenn die Hexen das vermöchten, dann würden wir mit Recht stets alle in Furcht und Schrecken schweben, daß uns ein Zauber angeblasen werde, der uns fürs ganze Leben unglücklich machen könnte. Aber ein gutes Gewissen fürchtet sich nicht, folglich ...

Ich entgegne II. Unschuldige sind ruhig und furchtlos, nicht weil sie alle glaubten, der Teufel könne sie nicht erscheinen lassen oder tue es nicht zuweilen, sondern weil sie des Glaubens sind, daß es ihnen, auch falls es geschehen sollte, nicht nachteilig sein werde. Sie rechnen ja niemals damit, daß so unvorsichtige, urteilslose Richter im Gericht sitzen werden, die auf Denunziationen von dem Teufel verfallenen Menschen hin einen Prozeß anstrengen und den verworfenen Teufelsknechten mehr Glauben schenken als ihrer Sittenreinheit, die sie freispricht.

Ich entgegne III. Ich muß bestreiten, daß dort, wo man die Hexeninquisition mit Feuereifer betreibt und die Richter Binsfelds Meinung folgen, man müsse auf derartige Flausen hin den Prozeß beginnen, die Unschuldigen sich nicht fürchten sollten. Das ist ganz unzutreffend. Ich weiß sehr viele ausgezeichnete, gewissenhafte Leute, die große Angst haben, manche so sehr, daß sie in andere

Gegenden gezogen sind. Ich weiß noch andere, die mich gerade deswegen um Rat gebeten haben. Ich weiß von Leuten, die in eine benachbarte Stadt eilten, um sich Rat zu holen und eine Generalbeichte abzulegen, und, als sie am nächsten Tage zurückkehrten, gerade deswegen festgenommen wurden, als ob es ein Indiz sei, daß sie die Flucht ergriffen hätten und doch nicht hätten entfliehen können, weil ihnen Gott aus Rache die Sinne verwirrt und sie zurückgeholt hätte. Als sie dann beweisen wollten, daß das nicht so sei, hat man es ihnen nicht erlaubt. Ich weiß, daß manche sich schon längst überlegt haben, was sie für Erzählungen erfinden wollen, wenn sie gefangen und durch die Qualen der Folter gezwungen würden, sich schuldig zu erklären, damit ihre Lügen wahrscheinlich klängen und sie nicht bei irgendeinem Widerspruch zur Folter zurückgeschleppt würden. Ich weiß auch wohl, wie ich vielen Auskunft in derartigen Gewissensfragen gegeben habe, wieweit man, ohne eine Todsünde zu begehen, in der Tortur sich und andere fälschlich belasten dürfe und wieweit nicht; — wie in der Tat an vielen Orten zahlreiche gute Menschen in ungeheurer Angst leben. Und so ist dieses Argument Binsfelds zu nichts nütze, es sei denn dazu, mir gegen ihn zu helfen. Denn hiermit will ich zum Ende kommen: Wenn Binsfeld in diesen Dingen so wenig Erfahrung und Kenntnis gesammelt hat, daß er so gar nichts von dem weiß, was überall bekannt ist, was soll man da ihm und ähnlichen Gelehrten hierbei trauen? Sie mögen ruhig in ihren Studierstuben sitzenbleiben und, wie sie es bisher so nutzbringend taten, ihre theologischen Tüfteleien auf uns loslassen. Dann aber bitte ich darum, daß Männer, die so große Autorität besitzen, die Prozesse aus dem Spiele lassen, es sei denn, sie neigten ihre Autorität wenigstens irgendeinmal den Gefangenen näher zu und bekämen den Schmutz des Kerkers genügend zu spüren, ehe sie davongingen. Ich weiß aus Erfahrung, daß das Geist und Vorstellungskraft stets anregt, nur weit milderen Gedanken nachzuhängen.

IV. Argument. Was noch niemals geschehen ist und nach dem gewöhnlichen Verlauf der Dinge nicht geschieht, davon muß man annehmen, daß es überhaupt nicht geschehen kann, falls daraus Unheil entstehen könnte. Niemals aber oder nur sehr selten hat man aus standhaft und dauernd aufrechterhaltenen Geständnissen gehört, daß der Teufel Unschuldige auf dem Hexensabbat hat erscheinen lassen. Vielmehr hat die Erfahrung stets gezeigt, daß nur diejenigen dort erschienen sind, die der Hexerei schuldig waren. Soweit Binsfeld.

Ich entgegne: Die letztere Behauptung muß ich bestreiten. Woher weiß denn Binsfeld, daß niemals ein Unschuldiger auf dem Hexensabbat erschienen und dann angeklagt und verurteilt worden ist? Woher weiß er, daß alle, die dort erschienen und verurteilt worden sind, der Hexerei schuldig waren? Etwa, wie er behauptet, aus standhaft aufrechterhaltenen Geständnissen? Woher weiß er aber, daß alle diese Geständnisse wahrheitsgetreu waren und nicht durch Furcht oder Folter erpreßt? Es ist ja längst ausgemachte Sache, daß es sehr viele Angeklagte gibt, die sich fälschlich belasten; woher weiß er, daß diejenigen, auf deren ständig aufrechterhaltene Geständnisse er sich beruft, nicht zu denen gehörten, die gelogen haben? Wehe dem, der einmal den Fuß in die Folterkammer gesetzt hat; er wird ihn niemals zurückziehen können, ohne alles zu gestehen, was man sich nur ausdenken kann. Hierher paßt auch die oben auf das erste Argument gegebene dritte Entgegnung, die man sich nochmals vergegenwärtige. Ich pflege mir darum oft zu sagen, daß wir nicht allesamt Zauberer sind, hat nur den einen Grund, daß wir noch nicht mit der Folter in Berührung gekommen sind. So hat sich neulich der Inquisitor einen mächtigen Fürsten selbst beim Trunk mit vollem Recht zu rühmen gewagt, und wenn der Papst selbst ihm unter seine Hände und Folterwerkzeuge geriete, so würde er auch am Ende gestehen, ein Hexenmeister zu sein. Genau so würde es Binsfeld gehen und allen übrigen desgleichen, ganz wenige besonders Widerstandsfähige ausgenommen. Also beweist auch dieses Argument gar nichts. Jedoch vergegenwärtige man sich — wie gesagt — nochmals die oben auf das I. Argument gegebene dritte Entgegnung.

V. Argument. Wenn der Teufel auf dem Hexensabbat Unschuldige erscheinen lassen kann, dann muß er auch Unschuldige als Mörder, Ehebrecher und Hurer erscheinen lassen können, da es doch sein größtes Verlangen ist, alle Schuldlosen zu vernichten. So könnte es sein, daß jemand wegen Mordes, Raubes, Diebstahls, Ehebruchs angeklagt würde und sich damit herausredete, daß er sagt, er sei schuldlos, der Teufel habe seine Gestalt angenommen und die Tat begangen, usw.

Von diesem Argument sagt Binsfeld, niemand werde seinen Knoten lösen können, den Leidenschaft und heftige Wünsche blind machen.

Ich entgegne, es fehlt an jeder Grundlage dafür, daß Binsfeld die Anhänger unserer Meinung so ausnahmslos tadeln dürfte, weil sie sich von Leidenschaften und heftigen Wünschen blind machen ließen. Indessen, wenn derjenige den Knoten nicht zu lösen vermag, der sich von Gefühlen irreleiten läßt, so ist das bei uns jedenfalls nicht der Fall, denn wir wissen ihn zu lösen. Wir erklären nämlich, das, was Binsfeld vorbringt, ist mit unserem Falle gar nicht zu vergleichen, und das beweise ich folgendermaßen. Der Leser gebe gut acht, so wird er es einsehen.

Angenommen, es gäbe einen Ort, an welchem zu bestimmten, festgesetzten Zeiten und Stunden mancherlei Gespenster regelmäßig zu erscheinen und dort merkwürdige Kurzweil zu treiben und verschiedene menschliche Taten nachzuahmen pflegen; und angenommen, Sempronius beschuldigte dann den Gracchus, er habe ihn gerade zu der betreffenden Zeit und Stunde dort einen Mord begehen sehen, so hätte billigerweise jeder besonnene Richter Grund genug, Zweifel zu hegen, ob das vielleicht gar nicht wirklich Gracchus, sondern an seiner Statt ein leeres Trugbild gewesen sei. Ganz töricht aber wäre es, wenn er allein auf diese Beschuldigung hin, ohne weitere

Indizien zu haben, den Gracchus foltern ließe. Genau so ist es nun in unserem Falle. Die Gegner versichern ja seit längst, der Teufel habe bestimmte Orte und Zeiten, an denen er seine Feste, Sabbate und Tänze mit den Hexen begehe. Sie versichern auch, er täusche dort in mancherlei Erscheinungen und Gestalten, bald dieser, bald jener, die Augen seiner Anhängerschar, in Gestalt eines Mannes, einer Frau, eines Soldaten, einer Jungfrau, eines jungen Burschen, eines Ziegenbocks, eines Löwen usw. Sind welche von ihnen nicht beim Tanze, so tritt er — wie die Gegner zugeben — selbst an ihrer Stelle auf. Vieles wird dort wirklich, noch mehr aber nur scheinbar getan. Die Hexen vermeinen, vorzüglich zu essen und zu trinken, in elfenbeinernen Betten zu schlafen, während sie doch nur Aas verzehren, Kammerlauge trinken und unter dem Galgen rasten. Dabei lasse ich alles übrige Blendwerk unerwähnt, das bei derartigen Festen so gebräuchlich ist, daß es den Anschein hat, als ob der höllische Gaukler dort nichts so sehr treibe wie sich dem Ersinnen wesenloser Larven, Schemen und Trugbilder hinzugeben. Da nun alle meine Gegner erklären, das sei wirklich so (denn was ich selbst von derartigen Hexensabbaten halte, werde ich ein andermal kundtun), so wird jeder an dieses Richters Stelle vernünftigerweise starke Bedenken haben müssen, ob nicht die Macht des Teufels, Trugbilder aller Art herbeizuzaubern, so weit geht, auch noch andere Menschen, besonders solche, die in Todsünde befangen sind, erscheinen zu lassen. Und wenn der Richter vorsichtig ist, so wird er, falls es von jemandem heißt, er sei zu der betreffenden Zeit an jenem Ort gesehen worden, zweifeln, ob er das wirklich selbst war oder ob man nur eine leere Larve erblickt hat. Daraus folgt aber nicht im geringsten, daß ich auch dann argwöhnen müßte, von einem Trugbild getäuscht zu sein, wenn jemand an irgendeinem anderen, nicht für solche Gaukeleien und Gespenstererscheinungen bekannten Ort beim Rauben, Stehlen, Ehebrechen usw. gesehen worden ist. Das ist doch ganz etwas anderes. Hieraus ergibt sich bereits ganz klar, daß an diesem Argument Binsfelds, das er selbst für so gut wie unwiderleglich hält, überhaupt nichts daran ist, und wie unbegründet es ist, wenn er uns blind schilt; das ist es ja, was er behauptet, weil wir das nicht sähen, was er mit diesem Argument zu sehen meint. Man könnte auch noch auf andere Weise entgegnen. Aber das, was ich hier entgegnet habe, genügt bereits und entkräftet das Argument vollständig genug.

VI. Argument. Gott wird dem Teufel niemals gestatten, Unschuldige erscheinen zu lassen, folglich kann der es auch nicht tun.

Ich entgegne: Den Vordersatz muß ich bestreiten. Woher haben die Gegner die Gewißheit, daß Gott das nicht gestatten wird? Gott läßt, wie wir oben dargelegt haben, noch viele andere, schlimmere Dinge zu, die Tötung der Märtyrer, daß man kleine Kinder umbringt, die heiligen Hostien mit Füßen tritt und ähnlich Entsetzliches. Zudem läßt Gott zu, daß der Teufel die Bilder der verschiedensten Personen in Spiegeln, Wasser, Öl und anderswo sichtbar werden läßt, wenn hier und da Wißbegierige zu Wahrsagern und Hellsehern gehen und wissen wollen, wer einen im Hause geschehenen Diebstahl begangen hat, wer ihr Vieh behext hat, wen die Tochter des Hauses heiraten wird, wer von der Familie zuerst sterben wird und anderes derart, was leider sehr gebräuchlich und bekannt ist. Freilich betrügt der Teufel oft genug dabei und belastet, wie man weiß, auch Unschuldige mit falschen Verdächtigungen. Ich selbst kenne einen ehrenwerten, gelehrten Geistlichen, einen sehr schönen Mann, zu dem ein begehrliches Weib, auch eine Hexe, eine rasende Liebesglut gefaßt hatte. Da sie auf keine der verschiedenen Weisen, die sie versuchte, ihre Begierde stillen konnte, da befriedigte sie sich, so gut es gehen wollte, damit, daß sie den Teufel immer in jenes Geistlichen Gestalt verwandelt als Buhlen empfing, wie sie ihm hernach selbst gestanden hat, — sofern sie nicht auch ihm gegenüber Betrug geübt hat. Warum soll also der Teufel nur gerade auf seinen Hexensabbaten und regelmäßigen

Festen nicht tun können, was er anderswo kann: Unschuldige erscheinen lassen?

Du wirst einwenden: Wenn es dem Teufel gestattet wäre, Unschuldige erscheinen zu lassen, so würde das unbeteiligten Dritten zum Nachteil gereichen (wie mir kürzlich jemand sagte), und es würde dadurch dem Staat ungeheurer Schaden entstehen.

Ich erwidere I: Gesetzt, das sei so; woher weißt du aber, daß Gott nichts zuläßt, was unbeteiligten Dritten zum Nachteil gereicht und woraus dem Staat großer Schaden entsteht? Gott gestattet dem Teufel, die Hexen von Ort zu Ort fahren zu lassen, ihnen Zaubertränke zu ihrer Hexerei zu verschaffen, wie keiner der Gegner bestreitet. Entsteht daraus etwa kein Unheil? Sofern also nicht auf andere Weise nachgewiesen ist, Gott erlaube nicht, daß der Teufel Unschuldige auf seinen Festen erscheinen läßt, ist es vergebens und unverständig, es zu bestreiten.

Ich erwidere II: Ich bestreite, daß die Voraussetzung richtig ist. Denn welcher Schaden, so frage ich, wird aus solchem Erscheinenlassen Unschuldiger für den Staat entstehen? Etwa der, daß Schuldlose notwendig für schuldig gehalten, gefoltert werden usw.? Darauf antworte ich jedoch: Daß kluge besonnene Richter sie für schuldig halten und foltern werden, das bestreite ich. Daß unvorsichtige, törichte es tun werden, das gebe ich zu. Im übrigen ist die Beweisführung der Gegner recht fehlerhaft. Sie erklären, die Unschuldigen, die der Teufel habe erscheinen lassen, treffe der Nachteil, daß man sie für schuldig halten und foltern wird. Sie setzen also voraus, daß jeder, dem der Teufel das angetan hat, notwendig für schuldig gehalten werden wird. Dabei ist hier doch gerade die Frage die, ob jemand, den der Teufel so hat erscheinen lassen, für schuldig anzusehen ist. Das ist demnach ein Zirkelschluß: Warum wird man verdientermaßen diejenigen für schuldig halten müssen, die beim Hexentanz gesehen worden sind? Weil Gott nicht zulassen wird, daß der Teufel Unschuldige dort erscheinen läßt. Warum aber wird Gott das nicht zulassen? Weil Unheil daraus entsteht, denn wer dort gesehen worden ist, wird notwendig für schuldig gehalten werden. Da sieht man, wie wenig heute die Gegner die Regeln der Dialektik be- NB achten! A wegen B, und B wegen A. Hat denn bisher noch niemand diesen Zirkel entdeckt? Und es finden sich wirklich noch immer Gelehrte, selbst geistlichen Standes, die solche Zirkelschlüsse verwenden, Obrigkeiten und Fürsten in die Irre führen und sie dann aber niemals auf den rechten Weg zurückführen noch von ihren Oberen, die genau so wenig von dem allen verstehen, dazu angehalten werden? Wenn ferner Binsfeld meint, es sei ein Vorrecht der Kinder Gottes, daß so etwas nicht zugelassen werde, so ist das bereits oben bei der 10. Frage widerlegt worden, wo man es nochmals nachlesen mag. Zu dem ganzen muß ich hier etwas erzählen, was sich kürzlich an einem wohlbekannten Orte Deutschlands zugetragen hat, wo schon fast alles zu Asche zerfallen ist. Ein Fürst hatte zwei Geistliche zu seiner Tafel geladen, wegen ihrer Rechtschaffenheit und Gelehrsamkeit angesehene Männer. Da sagte der Fürst während des Mahles zu dem einen von ihnen: „Vater, haltet Ihr es für recht und billig, daß wir seither jeden foltern lassen, der von zehn, zwölf Hexen denunziert ist, er sei auf dem Hexensabbat erschienen? Ich fürchte sehr, der Teufel, dieser Tausendkünstler, könnte seine Anhängerschar zum besten halten, und der Weg, den uns derartige Denunziationen führen, möchte nicht recht sicher sein. Und das besonders, weil hier und da selbst ernste, gelehrte Männer, und zwar nicht wenige, zu widerraten und unser Gewissen zu rühren beginnen. Sagt mir also, was haltet Ihr davon?" Darauf erwiderte jener mit dem Übereifer derjenigen, ihre Philosophie nur hinter dem Ofen aufbauen: „Was soll denn hier für ein Unheil drohen, das uns ängstigen und das Gewissen bedrücken kann, nachdem wir durch soviel Zeugen Gewißheit gewonnen haben? Es hieße an Gott zweifeln, zu glauben, er werde jemals zulassen, daß die Masken Unschuldiger auf den Hexensabbat gebracht würden. Es ist keinerlei Anlaß vorhanden, warum der

Richter angesichts so vieler Denunziationen zweifeln dürfte, ob er sicher gehe." Darauf entgegnete der Fürst wiederum, und es wurde für die beiden Ansichten viel hin und her gestritten. Da nun der Geistliche durchaus recht behalten zu wollen schien, machte der Fürst dem Streit schließlich damit ein Ende, daß er sagte: „Das tut mir aber leid für Euch, Vater, da Ihr Euch selbst das Todesurteil gesprochen habt und darum nicht widersprechen könnt, wenn ich auch Euch gefangensetzen lasse. Nicht weniger als fünfzehn Hexen haben ausgesagt, sie hätten Euch auf ihrem Hexensabbat gesehen. Und damit Ihr nicht meint, es sei ein Scherz, kann ich sogleich die Akten herbeiholen lassen, daß Ihr selbst lest, wie Ihr von mehr Zeugen überführt seid als nach Eurer eigenen Meinung erforderlich sind." Da war der gute Mann ganz starr und wußte nach seinem reichen Redefluß nichts dagegen vorzubringen als mit gesenktem Blick verwirrt zu schweigen. Ich erzähle da kein Märchen, die Geschichte hat sich zugetragen, so wie ich sie berichtet habe, ich brauche den Ort und die Namen der Personen gar nicht zu nennen. Nur dies eine ist verwunderlich, warum sich der Teufel, um den Leib zu verderben, nicht in einen unschuldigen Menschen sollte verwandeln können, da doch selbst die Heilige Schrift erzählt und die Gegner zugeben, er könne sich, um die Seele zu verderben, in einen Engel verwandeln; ja, der Apostel sagt (2. Korinther 11), daß er es tatsächlich tut. Demnach beweist auch dieses Argument nichts. Prüfen wir nun das letzte noch übrige.

VII. und letztes Argument. Binsfeld sagt, diese Ansicht, die richtige Lehre, daß der Teufel keinen Unschuldigen auf dem Hexensabbat erscheinen lassen könne, wird — abgesehen davon, daß unsere Zauberer es bezeugen — von allen Gelehrten vertreten, von den Verfassern des Malleus wie auch von Jaquerius, Spinaeus und Loyerius. (Binsfeld S. 360.)

Ich entgegne: Unsere Meinung werden, wenn erst einmal die Erörterung über sie eröffnet sein wird, noch viel mehr Gelehrte vertreten. Und wir wollen ihre Richtigkeit lieber mit Vernunftgründen als mit Autoritäten beweisen. Darum beweist auch dieses Argument nicht das geringste. Daß aber Binsfeld zunächst von der Autorität der Hexen ausgeht, das ist gar zu lächerlich. Das heißt soviel, als wenn man sagen wollte: Diese Lehre ist wahr, weil die Schülerinnen des Vaters aller Lüge sie vertreten. Ein hübscher Beweis! Mit ihrem eigenen Zeugnis bekräftigen die Hexen ihre Autorität. Christus sagt im Evangelium: Wenn ich von mir selbst Zeugnis gäbe, so wäre mein Zeugnis nicht wahr. Jenes Argument sagt: Wenn der Satan von sich selbst zeugt, so ist sein Zeugnis wahr. Ich sehe wirklich mit Staunen, wohin wir es haben kommen lassen! Indessen, wenn ich meine Meinung restlos sagen soll, so bin ich (wie auch schon früher angedeutet) ganz davon überzeugt, daß die Angeklagten, von der Folter gezwungen, lügen, wenn sie sagen, sie hätten diese und jene Person auf dem Hexensabbat gesehen; denn ich halte die meisten von ihnen für schuldlos. Mir ist jedenfalls deutlich, daß, wenn nur ein paar Unschuldige zusammen mit den übrigen in die Hexenprozesse hineinverwickelt worden sind, alsbald eine weitere, ungeheure Menge Unschuldiger ihnen nachfolgen muß. Denn unter dem Drucke der Folter beschuldigt eine Schuldlose die andere, von der sie doch nichts weiß, und zieht sie so mit sich. Man will nicht die Wahrheit hören, sondern daß ganz einfach alle sich schuldig bekennen. Das muß unbedingt letzten Endes erreicht werden, was auch geschehen mag. Darum ist es mir zunächst freilich niemals in den Sinn gekommen, zu bezweifeln, daß es viele Hexen auf der Welt gebe; nun aber, da ich die Tätigkeit der Gerichte näher betrachte, sehe ich mich nach und nach dahin gebracht, zu zweifeln, ob es überhaupt welche gibt. Hinsichtlich der Hexensabbate oder Hexentänze jedenfalls kann man sehr zweifeln, ob sie jemals leiblich begangen werden. Ich wünschte, es würde das jemand einmal genau untersuchen. Mit diesem Buche wollte ich jetzt nur die Gelehrten anregen, sich an eine etwas eingehendere Erörterung der mit den Hexenprozessen zusammenhängenden Fragen zu machen. Alle Tage sehe ich, wie sich eine große Zahl von ihnen von blindem, unbedachtem Eifer fortreißen läßt. Mir gefallen die Geister, die nicht immer alles für unzweifelhaft wahr halten, woran das gemeine Volk glaubt. Aber wie es auch stehen mag, die Fürsten mögen achtgeben, daß sie sich nicht bei einer so ernsten Sache eine Unbedachtsamkeit zuschulden kommen lassen, für die sie einmal Genugtuung zu leisten haben werden.

49. FRAGE

Welches die Argumente derer sind, die meinen, man müsse den Denunziationen der Hexen Glauben schenken, und behaupten, sie seien ausreichend, die Denunzierten daraufhin zu foltern?

Es werden da viele Argumente vorgebracht, aber sie sind alle nicht stichhaltig. Wir werden sie der Reihe nach aufzählen und widerlegen.

I. Argument. Der Richter ist verpflichtet, die angeklagten Zauberer und Hexen nach anderen Schuldigen auszufragen, und sie sind verpflichtet, über andere auszusagen. Folglich muß man ihnen glauben und ihren Denunziationen vertrauen. Beweis: Wenn man ihnen keinen Glauben schenken dürfte, dann wäre es zwecklos, den Richter zur Frage und die Angeklagten zur Aussage zu verpflichten. (Binsfeld S. 248.)

Ich entgegne I: Wir, die wir der Ansicht sind, man dürfe den Denunziationen keinen Glauben beimessen, bestreiten infolgedessen auch, daß der Richter verpflichtet sei, sich um solche Denunziationen zu kümmern und einen Angeklagten danach zu fragen.

Ich entgegne II: Gesetzt auch, wir wollten zugeben, der Richter sei verpflichtet, den angeklagten Zauberer nach Mitschuldigen zu fragen, — so folgt daraus doch noch nicht, daß man ihm (wie jene wollen) alsbald zu glauben hat, wenn er sagt, er habe auf dem Hexensabbat Mittäter gesehen, oder dergleichen, was anderweit nicht zu beweisen ist. Denn die Verpflichtung des Richters zur Frage würde dann nur darum bestehen, weil ja einzelne Angeklagte weitere Aussagen mit Angabe von Einzelheiten und Beweisen machen könnten, die durchaus dartun, daß diese oder jene Denunzianten hier im Augenblick gerade nicht lügen — und wer bezweifelt, daß das zuweilen einmal vorkommen kann? Der Richter mag also fragen, ich kann das nicht verbieten. Glauben soll er aber nur, wenn solche Beweise beigebracht werden, die es völlig dartun, daß die Denunziantin die Wahrheit spricht. Aussagen über den Hexensabbat jedoch, daß jemand dort gesehen worden sei usw., soll er aus den oben erwähnten Gründen keinen Glauben schenken. Ich habe oben auch — um das bei der Gelegenheit hier noch einzuflechten — aus der Peinlichen Gerichtsordnung Kaiser Karls V. gelehrt, man dürfe den auf der Folter abgelegten Geständnissen nur dann glauben, wenn Dinge ausgesagt werden, die ,,keyn vnschuldiger also sagen vnnd wissen kundt". Warum, so frage ich, nimmt heute niemand Einblick in die Protokolle und prüft nach, ob nicht alles, was dort von der Mehrzahl der Angeklagten ausgesagt worden ist, auch von Unschuldigen gesagt werden könnte? Und was zögern die Fürsten, strenge gegen diese Richter einzuschreiten, die ihren Kopf verwirkt haben, da sie in einem Prozeß, bei dem es um Tod und Leben geht, entgegen der ausdrücklichen Vorschrift der kaiserlichen peinlichen Gerichtsordnung so leichtfertig geglaubt haben?

II. Argument. Nach dem Urteil aller, Theologen wie Canonisten und Legisten, ist es anerkannt, daß ein Angeklagter, der sich schuldig bekannt hat, nicht über anderer Personen Schuld vernommen werden darf, und wenn es doch geschieht, so darf nach den Bestimmungen des Gesetzes daraufhin kein Prozeßverfahren eingeleitet und ihm nicht geglaubt werden. Gleichwohl schließt diese Regel nicht aus, daß bei den Verbrechen, die man Sonderverbrechen heißt, eine Ausnahme gemacht wird; bei ihnen muß nach Mittätern gefragt und den Angeklagten geglaubt werden. Folglich schaffen ihre Geständnisse Glauben, sonst gäbe es gar keinen Unterschied zwischen Sonderverbrechen und gewöhnlichen Verbrechen. (Binsfeld S. 252.)

Ich entgegne I: Es ist nicht richtig, daß es andernfalls keinen Unterschied zwischen Sonderverbrechen und gewöhnlichen Verbrechen geben würde. Der Unterschied zwischen beiden ist nämlich der, daß es bei Sonderverbrechen nicht erforderlich ist, unter allen Umständen das vom Gesetz für andere Verbrechen vorgeschriebene Prozeßverfahren zu beobachten. Daß man aber Teilnehmern einer Tat, **die ihrem innersten Wesen nach lügenhaft sind**, nicht glauben darf, sofern nicht andere Umstände und Beweismittel überzeugend dartun, sie lügen nicht, das ist nicht bloß von der Rechtsordnung vorgeschrieben sondern von der Natur, deren Gesetz keine Ausnahme zuläßt.

Ich entgegne II: Es gibt mehr Sonderverbrechen als nur die Hexerei; bei diesen anderen mag es denn zutreffend sein, was man mir entgegenhält. Und wenn die Gegner es wollen, so mögen sie dort den Denunziationen der Teilnehmer glauben. Bei der Hexerei allein aber kann ich dem nicht zustimmen, eben um jener besonderen — oben genannten — Gründe willen, die sich bei den anderen Sonderverbrechen nicht in dieser Weise finden.

III. Argument. Man muß solange der Regel vertrauen und sich an sie halten, als nicht das Vorliegen einer Ausnahme oder ihr Versagen nachgewiesen ist. Die Gesetze aber, auf die wir uns als solche Regel stützen, vertreten den Standpunkt, daß man den Denunziationen der Zauberer zu vertrauen hat, folglich ... Letzteres ist zu beweisen aus L. fin. Cod. de maleficis et mathematicis, wo bestimmt ist, daß die Zauberer gefoltert werden sollen, damit sie ihre Mitschuldigen nennen. Der Gesetzgeber ist also auch der Ansicht, man müsse ihren Denunziationen vertrauen. Vom Wortlaut des Gesetzes, von der Vernunft und gemeinen Meinung abzuweichen aber ist im höchsten Grade unverantwortlich. (Binsfeld S. 253.)

Ich entgegne I: Es ist richtig, daß man solange der Regel vertrauen und sich an sie halten muß, als nicht das Vorliegen einer Ausnahme oder ihr Versagen nachgewiesen ist. Es ist auch richtig, daß es unverantwortlich ist, vom Wortlaut des Gesetzes und von der gemeinen Meinung abzuweichen, wenn es ohne vernünftigen Grund geschieht. Wir erklären ja aber, daß wir von der Regel, dem Wortlaut des Gesetzes und der gemeinen Meinung mit gutem Grunde abweichen und indem wir das Versagen der Regel nachweisen. Das haben wir oben mehr als genug getan. Der Leser mag es sich nur wieder ins Gedächtnis zurückrufen.

Ich entgegne II: Man kann den Zauberern zweierlei Arten von Fragen über andere Schuldige stellen.

I. Nach Mitschuldigen, ob sie welche beim Ermorden von Menschen, Umbringen von Tieren, Schadenstiften und dergleichen Verbrechen gehabt haben.

II. Nach Mitschuldigen ihrer Sabbate und Spiele, die zauberische Künste geübt haben, dort gesehen worden sind usw. Demnach sage ich, die Gesetze meinen nur die Fragen der ersten Art. Wir geben auch zu — wenn die Gegner nur dies wollen —, daß man bei Fragen der ersten Art den Zauberern einigen Glauben schenken darf, ganz besonders, wenn sie noch Einzelheiten angeben, die dazu stimmen und aus denen sich solche Indizien für die Richtigkeit der Denunziation entnehmen lassen, die einen klugen, besonnenen Mann zufriedenstellen können. Das heißt, wenn — nach den Worten der Peinlichen Gerichtsordnung Kaiser Karls V. — etwas ausgesagt wird, was „keyn vnschuldiger also sagen vnnd wissen kundt", wie ich schon einige Male betont habe. Bei Fragen der zweiten Art jedoch darf man ihnen nicht glauben, weil sie — auch falls sie hier die Wahrheit sagen wollen — es nicht immer können, aus den oben genannten, auf der Gefahr einer Täuschung über die Vorgänge auf dem Hexensabbat beruhenden Gründen.

Du wirst sagen, Binsfeld hat diese Unterscheidung gänzlich verworfen, da es ihr an jeder Grundlage fehle und sie es mit sich bringe, daß man nichts von den Verbrechen erfahre, die auf dem Hexensabbat begangen werden. Er behauptet nämlich, man begehe auf dem Hexensabbat Majestätsbeleidigungen Gottes und dergleichen Verbrechen, die sämtlich viel schlimmer seien als jede Tötung und Schädigung von Menschen und Tieren. Daraus zieht er folgenden Schluß: Wenn man schon den Denunziationen der Hexen glauben und an ihnen festhalten soll, soweit es um Tötung und Schädigung von Mensch oder Tier geht, was ja alles geringfügigere Vergehen sind, so muß man sich noch viel mehr an die Denunziationen halten, wenn es sich um Hexensabbate handelt, die schlimmere Verbrechen mit sich bringen.

Ich erwidere jedoch: Umsonst sucht Binsfeld diese Unterscheidung zu verwerfen.

Denn I. stützt er sich auf Voraussetzungen, die nicht stichhaltig sind. Grundlegend ist bei ihm der Gedanke, daß man einer Denunziation desto mehr trauen müsse, je größer das in Frage stehende Verbrechen sei. Diese Grundlage ist jedoch unvernünftig, wie wir bereits oben (37. Frage VI. Grund) dargetan haben, indem wir lehrten, daß die Beweiskraft einer Zeugenaussage nicht von ihrem Gegenstande, sondern von der Person des Zeugen selbst abhängig sei.

II. Wir haben schon oben die wiederholt angeführten Gründe mitgeteilt, warum man den Angeklagten zwar bei anderen Verbrechen über ihre Mittäter glauben dürfe, nicht aber bei der Hexerei, wenn sie vom Hexensabbat aussagen. Man überdenke sich diese Gründe nochmals, damit werden wir dann allen Fragen vollauf Genüge getan haben.

IV. Argument. Die Zauberer sind Mörder und mehr als das, sind mit dem Teufel verschworen, haben die allerhöchste Majestät beleidigt, sind Gotteslästerer, Vaterlandsverräter, Ketzer usw. Mördern, Verschwörern, Majestätsverbrechern, Vaterlandsverrätern, Ketzern usw. darf man aber gegen ihre Mitschuldigen glauben, folglich auch den Zauberern. (Ebenfalls Binsfeld S. 254ff.)

Ich entgegne: Zauberer und andere Verbrecher sind nicht dasselbe. Es sind ja oben schon die besonderen Gründe angegeben worden, weshalb man zwar anderen Übeltätern glauben darf, nicht aber den Hexen. Nämlich um ihrer vorzugsweisen Bosheit willen, ihrer eingefleischten Lügenhaftigkeit und des diesem Verbrechen eigentümlichen Verdachts einer Irreführung durch mancherlei Trugbilder und Ungewißheiten. Man darf darum nicht von anderen Verbrechern auf die Hexen schließen, und Binsfeld ereifert sich vergebens, wenn er keine stichhaltigeren Gründe anzuführen weiß.

V. Argument. Wer die Wahrheit spricht, dem muß man auch glauben, sonst gäbe es gar kein Vertrauen unter den Menschen mehr. Gewöhnlich aber sagen bei der Hexerei die Angeklagten, die ihre Mittäter denunzieren, die Wahrheit; das lehrt die Erfahrung mit den Prozessen gegen die Hexen, folglich ... (Gleichfalls Binsfeld S. 257.)

Ich entgegne: Ersteres gebe ich zu, letzteres bestreite ich als vollkommen unrichtig. Zudem ist gerade dies im Augenblick fraglich und strittig, man darf es darum nicht als richtig annehmen sondern muß es beweisen. Wenn Binsfeld aber sagt, das wisse man aus der Erfahrung mit den Prozessen gegen die Hexen, so bestreite ich das ganz genau so. Man vergegenwärtige sich, was ich bei der letztvorhergegangenen Frage, I. Argument, Entgegnung III, und IV. Argument, ausgeführt habe, und auch dies Argument wird zusammenbrechen.

VI. Argument. Wenn Zeugen, die nicht vernommen werden dürfen, trotzdem vernommen worden sind, so begründet ihre Aussage einige Wahrscheinlichkeit, weil sie, wie die Gelehrten sagen, eine Art von Indiz schafft usw. Folglich muß man einem Zeugen, der von Rechts wegen vernommen werden mußte, noch mehr glauben, weil er größere Wahrscheinlichkeit begründet. Ein geständiger Zauberer aber muß nach Gesetz und einhelliger Ansicht über seine Mittäter vernommen werden. Also ist ihm umso mehr Glauben zu schenken. (Gleichfalls Binsfeld S. 259.)

Ich entgegne, dieses Argument kommt auf dasselbe heraus wie das erste. Es ist demnach schon dort abgetan, wie der Leser bemerken wird; wer will, mag es nochmals nachlesen.

VII. Argument. Es ist in der Praxis der Kirche überliefert, daß man den Hexen glauben soll. Denn die Richter haben zu allen Zeiten auf derartige Denunziationen hin die Inquisition gegen die Denunzierten eingeleitet. (Gleichfalls Binsfeld S. 259.)

Ich entgegne I: Wenn das auch die Praxis vieler Richter war, so ist sie doch nicht von allen befolgt worden. Ich habe ja oben gezeigt, daß es unserer Meinung auch nicht an gelehrten Autoritäten fehlt.

Ich entgegne II: Gesetzt auch, unsere Meinung wiche vollkommen von der übereinstimmenden Ansicht und Praxis aller anderen Gelehrten und Richter ab, so wäre sie doch nicht schon deswegen ohne weiteres zu verdammen, solange es ihr nicht an guten Gründen fehlt. Daran aber fehlt es nicht, wie oben bereits erwiesen. Folglich.

Ich entgegne III: Man kann die Praxis der Richter nicht ohne weiteres als die der Kirche bezeichnen. Das klingt ja so, als ob es sich um eine Frage des Glaubens drehte. Indessen ist gar nicht daran zu denken, daß die Kirche jede allgemein gebräuchliche Praxis guthieße und als die ihre bezeichnet wissen wollte, da viele von ihnen unvernünftig und schlecht sind. Wie lange haben da beispielsweise überall in der Welt die Richter die sogenannte Wasserprobe der Hexen durchgeführt? Sollen wir etwa auch das als kirchliche Praxis bezeichnen? Vergebens sucht uns also Binsfeld mit einem glänzenden Namen einzuschüchtern.

VIII. Argument. Zahlreiche Hexen sagen in ihren Denunziationen übereinstimmend über ein und dieselbe Person aus. Das ist demnach ein Zeichen, daß sie nicht lügen, und folglich muß man ihnen glauben.

Ich entgegne: Daß zahlreiche Hexen übereinstimmend über ein und dieselbe Person aussagen, ist kein Wunder.

Das kann auch ihnen allen zusammen keine Glaubwürdigkeit verschaffen, wenn sie sie einzeln sonst nicht besitzen. Denn das kann auf vielerlei Gründen beruhen, wie ich aufzeigen werde. Die Denunziantinnen waren doch entweder wirklich Hexen, oder sie waren Unschuldige, die, von der Folter gezwungen, andere angegeben haben, um sich der Tortur zu entziehen. In beiden Fällen ist eine derartige Übereinstimmung der Aussage nicht verwunderlich. Denn

wenn sie wirklich Hexen waren, dann ist es möglich, daß

1. mehrere sich gegen irgendeine Person niederträchtigerweise verschworen haben, sie mit sich ins Verderben zu reißen und übereinstimmend zu den Einzelheiten der Anschuldigung auszusagen, falls sie selbst in die Hände der Obrigkeit fallen sollten. Es werden nicht wenig Beispiele dieser Art erzählt, die ich der Kürze halber übergehe.

2. Es ist möglich, daß der Teufel — wie oben gesagt — einen Unschuldigen auf dem Hexensabbat hat erscheinen lassen; da dort viele zusammenkommen, wie sie selbst behaupten, ist es möglich, daß er von vielen Hexen gesehen und mit den gleichen Einzelheiten über Ort, Zeit und alles übrige angezeigt worden ist.

3. Es ist möglich, daß der Teufel die Hexen einzeln beeinflußt, angestiftet und beauftragt hat, die betreffenden zu beschuldigen, die er wünscht, und die entsprechenden Einzelheiten dabei anzugeben.

Wenn sie wirklich keine Hexen waren, so ist auch dann die Übereinstimmung in ihren Denunziationen nicht verwunderlich. Denn

1. wo viele Angeklagte gefoltert und verhört werden, was kann da leichter geschehen, als daß einige von ihnen zufällig auf ein und dieselbe Person verfallen? Und ganz besonders, wenn im Dorfe nur noch wenig Leute übrig sind, die noch nicht denunziert und verbrannt worden sind.

2. Da sie keine Mitschuldigen wissen, pflegen die meisten diejenigen zu nennen, über die schon vorher das allge-

meine Gerede geht, die schon einmal unter der Beschuldigung der Hexerei eingekerkert waren oder verbrannt worden sind.

3. Es geschieht heute — wie wir alle Tage sehen und Tanner richtig bemerkt hat — in den meisten Fällen, daß die Beamten es nicht geheimhalten und es unter dem Volke verbreiten, wenn jemand angegeben worden ist. Daraufhin nennen dann alle, die danach gefoltert werden, diese Denunzierten, um sich aus der Qual zu befreien.

Und hier wird es für die Obrigkeiten gewiß keine Entlastung von der Gewissensschuld geben können, daß sie nicht Abhilfe schaffen. Schon weiß man, wo ich mich nur hinwende, fast in der ganzen Stadt von mehreren, die letzthin von verschiedenen Angeklagten denunziert worden sind. Das geht für jetzt so hin, bis das Gerücht zunimmt, nach Jahresfrist aber wird auf dieses Gerücht hin der Prozeß angestrengt werden! O, was sind das für Zeiten! Das ist also Deutschlands frommer Eifer!

4. Manche böswilligen Richter fragen aber auch — wie oben dargestellt — während der Tortur mit Namen nach bestimmten Personen. Wie ist es da verwunderlich, wenn viele Angeklagte diejenigen beschuldigen, deren Namen ihnen so in den Mund gelegt werden? Man rufe sich ins Gedächtnis zurück, was ich oben hierzu ausgeführt habe.

IX. Argument. Es zeigen die Strafprozesse, daß in der Mehrzahl der Fälle alle diejenigen, die von anderen denunziert worden sind, wirklich Hexen waren, da sie es hernach selbst auf der Folter eingestanden haben. Daraus folgt, daß die Denunzianten die Wahrheit gesprochen haben und man also den Denunziationen den Glauben nicht versagen darf.

Ich entgegne: Daß die Mehrzahl der Denunzierten wirklich Hexen gewesen sind, ist mit ihren späteren Geständnissen nicht genügend bewiesen. Es ist ja mehr als unstreitig, wie schwankend die durch die Tortur gewonnene Gewißheit ist, und nach dem oben von uns Vorgebrachten liegt es klar zutage. Wäre doch eine Denunzierte, die sich nicht schuldig bekennen wollte, eine Närrin, denn man wird sie mit endlosen Folterqualen zwingen, sodaß sie schließlich unterliegt, und wenn sie das nicht tut, dann wird man sie als verstockte Hexe lebendig verbrennen. Man erinnere sich, was oben hierzu gesagt worden ist. Sie wissen gewiß alle nicht, wie furchtbar die Gewalt der Folter ist, die in Ruhe und Muße ihren Hirngespinsten nachhängen und harten, grausamen Sinnes niemals eine Vorstellung gewonnen haben, was für Schmerzen die Folterwerkzeuge verursachen. Nicht aus böser Absicht, nur aus aufrichtigster christlicher Liebe zu ihrem eigenen Besten und zum Heil ihrer Seelen wünschte ich, es käme ihnen in den Sinn, nur für ein halbes Viertelstündchen die Folter ein wenig versuchen zu wollen und sozusagen einen Vorgeschmack von ihr zu bekommen, ehe sie sich daran machen, diese widerwärtigen Streitigkeiten über das Verhalten der Angeklagten auf der Folter zu erörtern. Ich will ja gar nicht so hartherzig sein, wie jener Fürst — ich weiß nicht, wer es war — gewesen sein soll, der jeden, den er zum Richter in Kriminalsachen machen wollte, vorher ungeachtet allen Sträubens eine halbe Stunde lang foltern ließ, damit er den Schmerz ein wenig gespürt hätte und seine Macht genauer kannte. Er meinte dadurch erreichen zu können, daß durch die nicht übermäßig ausgedehnte Folterung eines einzigen Menschen nicht bloß die Folterung, nein, auch die Tötung vieler anderer Menschen vermieden würde. Und deshalb war er der festen Überzeugung, er dürfe das mit gutem Gewissen zum Nutzen des Staates tun, und der Richter müsse aus demselben Grunde es dulden.

Ich will darüber kein Urteil abgeben; Gott gebe, daß wir ihn alle lieben und durch dies Zeitliche so hindurchgehen, daß wir das Ewige nicht verlieren.

Du wirst einwenden, die Denunzierten bekennen sich jedoch nicht bloß schuldig, sondern nennen auch die gleichen Umstände und Einzelheiten, die die Denunziantinnen über sie angegeben haben. Das ist mithin ein Anzeichen usw.

Ich entgegne: Das ist entweder nicht wahr, oder es

kommt auf die von mir oben (28. Frage IV. Argument) geschilderte Weise zustande. Man lese dort nach und man wird gewahr werden, daß alle diese Argumente vollkommen nichtig sind.

X. Argument. Um kein Argument unbeachtet zu lassen, das mir zu Gesicht kommt, füge ich den obigen Argumenten Binsfelds ein weiteres des auch oben bereits zitierten Rintelner Professors Goehausen hinzu. Sein Gedankengang ist wörtlich folgender:

„Es ist bekannt, daß man die Hexen nur mit größter Mühe zu diesen Denunziationen bewegen kann. Der Teufel verbietet nämlich das Denunzieren, auf daß nicht sein Reich durch Hinrichtung treuer Untertanen geschwächt werde und andere durch derartige Beispiele von diesem Verbrechen abgeschreckt würden.

Demnach darf man umso sicherer annehmen, daß jene Denunziationen richtig sind, da wir wissen, daß sie ganz gegen den Willen des Teufels mit der Folter herausgepreßt sind. Darum nennen die Hexen auch nur bereits verstorbene Personen." (Goehausen S. 152.)

Ich entgegne: Dieses Argument beweist gar zuviel und folglich gar nichts. Daß es zuviel beweist, will ich zeigen: Es beweist ja auch das, was wir wollen, und zwar viel eher als das, was Goehausen will. Ich kann nämlich aus seinen eigenen Worten folgende Schlüsse bilden:

I. Der Teufel will es durchaus nicht haben, daß seine Anhänger ihre wahren Mitschuldigen verraten. Indessen ist es nicht gegen seinen Wunsch, kann es gar nicht sein, es ist ihm vielmehr sehr erwünscht, wenn sie Schuldlose angeben und ins Verderben stürzen. Folglich ist anzunehmen, daß sie eher dem Wunsche ihres Herrn entsprechend Unschuldige, als ganz gegen seinen Willen Schuldige nennen werden.

II. Der Teufel verbietet den Hexen, sich gegenseitig anzugeben, ja, er läßt sie sogar — wie der gleiche Verfasser an anderer Stelle gesagt hat — auf dem Hexensabbat schwören, es nicht zu tun. Niemals aber verbietet oder sucht er durch eidliche Verpflichtungen zu verhindern, daß sie Unschuldige angeben. Warum sollen also seine untertänigen Dienerinnen eher solche nennen, bei denen er es verbietet, als solche, bei denen er es nicht verbietet?

III. Wenn sie ihre wirklichen Mitschuldigen angeben, dann wird das Reich des Teufels geschwächt. Nennen sie andere, so ist das nicht der Fall. Warum sollten sie also lieber jene als diese nennen wollen? Das wären mir ja zuverlässige Untertanen eines Reiches, die unter sich so uneinig sind!

IV. Wenn sie sich gegenseitig angeben, dann werden die noch überlebenden Hexen abgeschreckt, da sie die Hinrichtungen der Ihren sehen. Nennen sie andere, so werden die Hexen gewiß nicht abgeschreckt sondern eher ermutigt werden, da sie sehen, daß das Verhängnis nicht die eigne sondern die feindliche Schar verheert. Kann man da noch fragen, warum sie lieber Fremde als ihre Gefährten beschuldigen? Dieses Argument beweist also gar zu viel, da es sogar für unsere Ansicht spricht. Indessen will ich es nicht verhehlen sondern vielmehr meinen Gegnern gegen mich selbst beistehen: Dieses Argument kann folgendermaßen verteidigt werden.

Du kannst einwenden, die Bedeutung dieses Arguments wird ja ganz ins Gegenteil verkehrt. Sie ist eine ganz andere, und zwar folgende, die ich aus meiner Entgegnung selbst schmiede: Wenn die Hexen Unschuldige angeben, dann tun sie ja auch etwas, das der Teufel wünscht, schwächen sein Reich nicht, ermutigen die übrigen Hexen und befreien sich selbst aus den Qualen der Tortur. Sie werden also gewiß geneigt und gewillt sein, Unschuldige zu nennen, und können es ungehindert tun. So ist es aber bei ihren Denunziationen nicht, sie müssen vielmehr mit großer Mühe und durch die Folter dazu gezwungen werden. Folglich sind diejenigen, die sie angeben, nicht Unschuldige sondern Schuldige. Kürzer ausgedrückt: Wenn die Hexen Unschuldige angäben, dann würden sie es bereitwillig tun. Sie machen ihre Anzeigen jedoch nicht bereitwillig, folglich sind es keine Unschuldigen, die sie angeben. Das ist ein strenger Syllogismus auf hypothetischer Grundlage.

Ich erwidere I: Zum ersten Teil dieses Syllogismus. Die Hexen werden ja gewiß bereit sein, Unschuldige anzuzeigen, und werden es nicht erst unter dem Zwange der Folter tun, wenn das nur möglich wäre und von ihnen allein abhinge, andernfalls nicht. Nun ist es aber nicht möglich, daß sie jemals freiwillig jemanden denunzieren, sondern jede ihrer Beschuldigungen muß unbedingt erzwungen und nur mit der Tortur herausgepreßt sein. Darum ist jede Denunziation, ob sie Unschuldige oder Schuldige betrifft, stets eine erzwungene, beide treten im gleichen Gewande auf. Die Strafrichter haben sich nämlich fest darauf versteift, daß eine Angeklagte, die sich schuldig bekannt hat und dann, ohne daß sie noch mit der Folter dazu gezwungen worden wäre, ihre Mitschuldigen anzeigen will, mit dieser Anzeige nicht gehört werden darf. Sie foltern sie vielmehr, ob sie aussagen will oder nicht, damit so das Geständnis über die Mittäter durch eine neue, nur hierzu bestimmte Folterung herausgepreßt wird, die zugleich die Verrufenheit der Hexe ausräumen soll, wie sie sagen, und wie wir oben (44. Frage V. Grund) erwähnt haben. Darum suchen sich die Rechtsgelehrten vergeblich auf dieses Argument zu berufen. Sie machen es aber auch wirklich allerliebst. Denn sie selbst sorgen dafür, daß ein für allemale jede Mittäteranzeige unter dem Druck der Folter und demnach gezwungenermaßen erfolgt. Und dann ziehen sie gleichwohl Schlüsse daraus, daß die Anzeige keine freiwillige sondern eine erzwungene sei. Mir will diese Art, zu folgern, nicht einleuchten. Mag der Leser es sich einmal überlegen; wenn er sieht, was ich meine, wird er erstaunt sein.

Ich erwidere II: Zum zweiten Teil des obigen Syllogismus. Die Angeklagten, die andere anzeigen müssen, sind entweder wahrhaftige, wirkliche Hexen, oder sie sind es nicht, sondern sozusagen nur dem Namen nach Hexen, die nämlich unter dem Zwange der Tortur das Verbrechen auf sich genommen haben, dessen sie nicht schuldig waren. Sind es wirkliche Hexen, so bestreite ich den zweiten Teil des Syllogismus. Dann werden sie nämlich aus den vorher genannten Gründen mit aller Bereitwilligkeit gern und ungehindert Unschuldige anzeigen. Da nun aber die Angeklagten überall nur mit großer Mühe und mit Anwendung der Folter zur Anzeige gezwungen werden müssen, so möchte ich daraus vollends viel eher schließen, daß es demnach keine wirklichen sondern nur dem Namen nach Hexen sind. Ich wende nämlich überhaupt jenes Argument Goehausens folgendermaßen ins Gegenteil:

Würde man wirkliche Hexen zur Denunziation zwingen, so würden sie, wie der Gegner zugibt, zur Anzeige bereit sein, jedenfalls zur Anzeige Unschuldiger. Nun sind aber die Denunziantinnen nirgends bereit, auch nur irgend jemanden anzuzeigen, wie der Gegner gleichfalls zugeben wird. Folglich sind alle diejenigen, die allenthalben Denunziationen machen, keine wirklichen Hexen. Das ist ein ganz zwingender Schluß.

Daraus ergibt sich dann folgerichtig die Erklärung für das, was oben in jenem Argument gesagt wurde: „Darum nennen die Hexen auch nur bereits verstorbene Personen."

Die Fürsten mögen bei dieser wichtigen Frage aufmerken, was ich zu sagen habe. Es steht damit nämlich folgendermaßen.

Die Mehrzahl aller unwissenden, sorglosen Richter, auch viele habsüchtige und niederträchtige, schreiten auf haltlose Indizien hin zur Festnahme und Folterung. Die Gewalt der Folterqualen schafft Hexen, die es gar nicht sind, weil sie es gleichwohl sein müssen. Sie müssen auch ihre Lehrmeisterinnen, Schülerinnen und Gefährten angeben, die sie doch nicht haben. Weil ihnen das Gewissensqualen bereitet, leisten sie solange Widerstand, bis sie durch die Folter oder die bloße Furcht vor ihr gezwungen werden. Da sie den Schmerzen nicht gewachsen sind, nennen sie schließlich solche Personen, bei denen es glaubwürdig erscheint und wo sie so wenig Schaden als möglich anrichten: Sie nennen, sage ich, solche, die bereits verstorben, als Hexen verbrannt worden sind. Drängt man sie weiter, so nennen sie noch am Leben befindliche Personen, und zwar zunächst solche, von denen sie früher gehört haben, daß sie verschrieen, auch von andern denunziert oder irgendwann einmal wegen Hexerei festgenommen worden seien usw. So ist es überall, und wenn ich nicht die Wahrheit spreche, dann

„Mag der allmächtige Vater mich mit dem Blitzstrahl erschlagen."

Aber ich weiß, was ich sage, und woher ich es weiß, werde ich bei jenem letzten Gericht über die Lebendigen und die Toten diesen Obrigkeiten kundtun, die es hätten wissen sollen. Mit Recht rufen all diese Unschuldigen sie zu jenem Tage vor den Richterstuhl, und auch ich tue es.

XI. Argument. Will man den Denunziationen nicht glauben, so gibt es kein Mittel mehr, die Hexen zu entdecken und auszurotten, sodaß man den Staat nicht von den Übeltätern säubern kann. Folglich muß man den Denunziationen Glauben schenken. Das ist das Argument der Richter und aller derjenigen, vor denen ich sage, man müsse die Denunziationen als trügerisch verwerfen. Mit besonders großem Eifer jedoch berufen sich — zu meinem stets neuen Erstaunen — Binsfeld und andere, sonst wohlunterrichtete Männer darauf. So will ich denn zeigen, wie wenig sie sich ihren Einwand überlegt haben.

Ich entgegne nämlich I: Ich bestreite, daß es keine anderen Mittel geben würde, die Schuldigen zu entdecken. Es gibt sonstige Indizien, die genügen, um mit der Inquisition zu beginnen. Tanner und Delrio zählen etliche auf, die ich nicht abschreiben mag. Mögen diejenigen darüber nachlesen, die es angeht.

Du wirst einwenden, wenn sich wohl auch Indizien finden ließen, die gewöhnlichen Hexen zu entdecken, so gibt es doch noch keine für die Rädelsführer, die Lehrmeister der Hexen. Binsfeld sagt: „Wann hat man denn jemals die Rädelsführer dieses Verbrechens dabei gesehen, wie sie den Besen aufrichten, um Regen herbeizuzaubern, oder ihn unter jemandes Stalltür verstecken, Drohungen ausgestoßen oder Unfrieden unter den Leuten gestiftet oder andere sichtbare Zauberstücke ausgeführt haben, die als Indizien zum Beweise dienen könnten? Das tun nämlich nur gewöhnliche, geringe Leute, die auf dem Lande wohnen und sich unter der einfachen Landbevölkerung bewegen. Dort kann man diese und dergleichen Indizien zuweilen einmal sehen."

Damit will er beweisen und verteidigt eifrig die Meinung, daß man den Denunziationen stattgeben müsse, da es kein anderes Mittel gebe, zumindest um die Rädelsführer der Hexen ans Licht zu bringen.

Ich entgegne darum II: Gesetzt auch, es sei wahr, daß es sonst keinen Weg gibt, die Hexen und ihre Rädelsführer zu entdecken, was dann weiter? Dürfte ich darum den — wie oben dargetan — unbrauchbaren, gefahrvollen Weg gehen, den mich die Denunziationen führen? Hier muß man sich entscheiden: Entweder die Gegner haben sichere und gute Wege, die Hexen zu entdecken, oder sie haben sie nicht. Haben sie welche, gut, dann sollen sie sie benutzen; haben sie keine, dann sollen sie es sein lassen und nichts zu entdecken suchen, was sie doch nicht entdecken können. Wer zwingt sie, ein Unkraut auszujäten, das sie nicht kennen? Warum quälen und sorgen sie sich vergebens und beruhigen sich nicht bei dem Gebot des Evangeliums, beides miteinander wachsen zu lassen bis zur Ernte? Sollte etwa der himmlische Hausvater diese Dinge nicht vorausgesehen haben, als er jenes Gebot gab? Oder sind wir klüger als Gottes Sohn?

Ich entgegne III: Es wundert mich indessen, was denn das überhaupt für ein Beweis sein soll: Es gibt keinen anderen Weg, die Hexen zu entdecken, also ist dieser Weg der Denunziationen gut. Gerade so, als ob ein Pfarrer, der das Hochamt zelebrieren will und keinen Wein sondern nur Essig findet, folgendermaßen folgern wollte: Es ist nichts anderes für die Feier da, folglich ist dieses gut.

Du wirst sagen, das heißt die Hexen in Schutz nehmen.

Ich erwidere jedoch: Das höre ich nicht zum erstenmal und weise es auch nicht zum erstenmal mit Geringschätzung zurück. Ich pflege mich mit Vernunftgründen, nicht mit Narrheiten abzugeben. Gleichwohl gibt Tanner eine schöne Antwort darauf, da er sagt: „Das heißt nicht die Hexen sondern vielmehr die Unschuldigen gegen die Hexen, die ihnen tückisch nach dem Leben trachten, in Schutz nehmen, sie beschützen, damit die Hexen, die es außerhalb des Gerichts nur unter gleichzeitiger eigner Gefahr für Leben und Besitz tun können, ihnen nicht innerhalb des Gerichts, von Gefahr und Angst befreit, je ungehinderter desto nachhaltiger an Leben, Ehre und Vermögen Schaden tun können."

Ich entgegne IV: Was streite ich überhaupt? Mag es denn wahr sein, was jenes Argument annahm, daß es kein Mittel mehr gebe, die Hexen zu entdecken und auszurotten, wenn man den Denunziationen keinen Glauben schenken darf. Ich will es den Gegnern zugeben, mag es so sein: Es ist nämlich tatsächlich richtig. Doch seht, das spricht ja für mich und bestärkt mich in meiner Ansicht, daß es nur ganz wenig Hexen gibt. Denn ich sage mir immer folgendes.

I. Jedermann versichert, es sei alles voller Hexen; ich frage, woher sie das denn wissen? Wie haben sie die Hexen entdeckt? Sie sagen, es gebe keinen andern Weg, sie zu entdecken, wenn man den Denunziationen nicht glaube. Ich habe jedoch kurz vorher nachgewiesen, daß sie im höchsten Grade trügerisch sind. Also ist deswegen alles voller Hexen, weil man ein ganz trügerisches Mittel angewandt hat. Sie sagen selbst, wenn sie dies nicht gebrauchen, haben sie kein anderes. Was soll man dazu sagen?

II. Alles ist voller Hexen, das ist so sicher, so unbestritten, daß jeder, der daran zweifelt, in üblen Ruf gerät, ausgepfiffen wird, nicht angehört werden darf. Um es kurz zu sagen: Es ist vollkommen gewiß. Nun frage ich, wo leitet sich denn diese große Gewißheit her? Sie sagen, von den Bekundungen der Hexen, von der Autorität des Teufels. Köstlich! Sie schafft also eine ganz gewisse Kenntnis und ist darum ein untrügliches Credo? Von einer trügerischen Autorität kann doch niemals ein sicheres Wissen hergeleitet werden, wie alle Theologen und Dialektiker und das Licht der Vernunft selbst uns lehren.

III. Was sind doch die Gegner untereinander uneins? Manche versichern, sie hätten viele schwere, höchst dringende Indizien dafür, daß beispielsweise Titia eine Hexe sei. Nun versichern Binsfeld und andere, sie hätten außer den Denunziationen keine sonstigen Indizien, wenn sie denen nicht glaubten, könnten sie keine Prozesse führen.

IV. Wie ich höre, haben letzthin einige Inquisitoren erklärt, sie folgten der allgemeinen Praxis, sie könnten gar nicht irren. Genau dasselbe erklären andere, wenn nicht mit Worten, so doch mit Taten, denn sie sind so unbefangen, als ob sie unfehlbar wären. Auch das einfache Volk ist der Meinung, alle Strafgerichtshöfe hätten wer weiß was Heiliges, Unantastbares, sodaß jedes Urteil, daß dort gesprochen sei, schon deshalb gerecht sei. Ich frage nun, wie ist das alles möglich? Weil die Richter sich auf das Zeugnis des Teufels stützen; wenn sie das nicht hätten, sagt Binsfeld, könnten sie keine Prozesse führen.

V. Ich halte das jedoch für eine ungeheuerliche Schurkerei und meine, man kann dem deutschen Volk keine größere Schmach antun, als zu sagen, unsere Obrigkeiten hätten noch bis zur Stunde unnachsichtig Prozesse geführt und konnten dabei nur prozessieren, wenn sie sich letztlich auf das Zeugnis des Satans stützten. Das mag sich der Leser einmal klarmachen.

VI. Noch viel schmählicher wird es sein, wenn man davon hören wird, wie diese Bekundungen des Teufels bei den Deutschen soviel Gewicht haben, daß man sie selbst gegen geistliche Personen gelten läßt und damit die katholische Religion der tiefsten Verachtung der

Ketzer preisgibt. Und doch ist das sogar unter geistlichen Fürsten geschehen.

NB VII. Ich habe hier meine Zweifel hinsichtlich eines Falles, wo ein katholischer Priester, der auf derartige Zeugenaussagen hin der Zauberei angeklagt war, sich durch Überstehen einer zwei-, drei-, viermaligen grausamsten Folterung gereinigt hatte; ob er gleichwohl zum Lebendigverbrennen hätte verurteilt werden dürfen? Ob man ihn mit Recht als verstockt und unbußfertig hätte bezeichnen dürfen, weil er so gewichtigen Zeugenaussagen widersprach? Und wie, wenn er am Tage seines Todes, nach dem Urteil seines Beichtvaters wirklich in bußfertigem Zustande, angesichts des hochwürdigen Altarsakraments mit großer Feierlichkeit seine Unschuld beteuerte? Wie, wenn er sich auf den allgegenwärtigen und einstmals kommenden Richter aus dessen Wort und Evangelium beriefe? Wie, wenn er ihn zum Zeugen anriefe, daß er diese sonst unerträglichen Folterqualen nur habe aushalten können, um nicht den priesterlichen Namen zu beflecken? Wie, wenn er vor der Gerichtsbank, wo er sein Urteil anhören soll, feierlich die gleiche Erklärung wiederholte und den Richtern nachdrücklich ins Gewissen redete, nicht zu ungeheurer Schmach der Religion einem Priester Gottes den Prozeß zu machen, der weder überführt noch des Verbrechens geständig sei? Wie, wenn er all das auf dem Richtplatz vor dem Volke wiederholte, mit dem fühlbaren Ernst, der Macht und Eindringlichkeit der Rede, die jedermann, auch etwa anwesende Ketzer, zu Seufzern und Tränen rühren? Sollten auch dann noch all dieser Bedenken ungeachtet jene so gewichtigen Zeugenaussagen ihre Wirksamkeit und Kraft behalten können? Und wie, wenn er zwar bestritten hätte, der Hexerei schuldig zu sein, gleichwohl aber unter dem Drucke der Folter andere Verbrechen gestanden hätte? Könnte er dann wenigstens um derentwillen verurteilt werden, obwohl er nicht vorher angeklagt und darum nicht rechtmäßig verhört worden war noch ein rechtmäßiges Geständnis abgelegt hatte?

Es könnten immerhin die Zustände einmal so werden, daß es auf alle Fälle gut wäre, zu wissen, was man in solchem Falle für richtig halten soll. Doch davon vielleicht ein andermal.

Es bleibt für jetzt dabei, daß es mir lächerlich erscheint, wenn wir uns einbilden, es gebe derartig viele Hexen in Deutschland, während wir in dieser Weise den Prozeß führen wollen. Und das zumal selbst unter den Richtern viele auf wiederholte Denunziationen von Hexen hin nicht bloß zur Gefangennahme und Tortur sondern auch zur Verurteilung geschritten sind. Dabei sind sie natürlich den von Delrio angeführten Schriftstellern gefolgt, die die Meinung verfochten haben, eine Menge solcher Denunziationen stellten einen vollen Beweis dar. Ja, es haben sich sogar, wie ich höre, Leute gefunden, die auf das Zeugnis Besessener hin zur Festnahme und Folterung kommen wollten.

Welche Zeugenaussagen werden wir dann am Ende ausschließen können? Wo werden wir noch hingeraten? Ist das nicht ganz offensichtlich ein Strafgericht über uns? Und was soll ich erst zu den Bettelbuben als Zeugen sagen, die, von Böswilligen gedungen oder — wie man derartige Jugend leicht irremachen kann — durch einiges Geschick beim Verhör und verfängliche Fragen umgarnt oder auch freiwillig, von Essen und Trinken verlockt, zugeben, sie seien von Hexen verführt worden. Und wie man sie wunders was fragt, so erzählen sie auch Wunderdinge, was sie alles auf dem Hexensabbat gesehen haben wollen, was dort getan worden sei, wer dabei war und dergleichen. Werden sie hernach von geistlichen, klügeren Männern danach gefragt, dann wissen sie nichts davon und widerrufen alles.

Als darum — wie ich zum Vergnügen einfüge — kürzlich einmal eine Ziege abhanden gekommen war (ein Soldat hatte sie weggeführt), da war auch sie auf dem Hexensabbat von diesem und jenem, ich weiß nicht, ob sie bereits hingerichtet oder erst verurteilt sind, verzehrt worden. Es gibt eine Menge solcher Beispiele, die ich jedoch übergehe, um rasch zum Ende zu kommen. Ein andermal tragen wir sie vielleicht alle zusammen.

Die Obrigkeit soll jedenfalls wissen, daß sie sich von ihren Beamten in erstaunlicher, beklagenswerter Weise zum besten halten läßt.

50. FRAGE

Ob ein Richter sich unbesorgt eine der beiden Meinungen zu eigen machen kann, die unsrige, die die Denunziationen mißachtet, oder die der anderen, die ihnen großen Wert beimißt?

Ich antworte: Die Meinung der Gegner kann er sich nicht unbedenklich zu eigen machen. Folgendes sind die Gründe dafür.

I. Grund. In zweifelhalten Fragen muß man den gefahrloseren Weg wählen. Wenn diese Regel auch sonst die Bedeutung nur eines Ratschlags hat, so erlangt sie doch diejenige eines Gebots dann, wenn Gefahr droht, daß einem unserer Nächsten Unrecht geschehe; so lehren die Casuisten, und ich habe das auch schon oben (8. Frage am Ende) dargelegt.

II. Grund. Ich habe mit guten Beweisgründen dargetan, daß die Meinung der Gegner nicht wirklich stichhaltig ist. Der Richter muß ihr also eine Begründung finden, indem er neue Argumente anführt, und muß die unsrigen widerlegen, andernfalls ist er verpflichtet, sich unserer Meinung anzuschließen.

III. Grund. Das Recht verlangt, daß man in Zweifelsfällen eher dem Angeklagten als dem Ankläger geneigt sein soll (gemäß reg. 11 iur. in 6).

IV. Grund. Der Richter muß der gefahrloseren Auslegung folgen (gemäß cap. ad audientiam, und c. significasti 2. de Homicidio).

Du wirst einwenden I: Binsfeld versichert aber, daß auf diese Weise der Staat nicht gesäubert werden könne.

Ich entgegne: Es ist sinnlos, das zu versichern. Du wirst ja aus dem bisher Gesagten leicht ersehen, daß, wenn Anklagen nur auf dem Wege der Denunziationen erhoben werden, das Gegenteil eintreten, eher der Weizen als das Unkraut gefährdet sein wird. Heißt das etwa den Staat säubern, wenn man auf so gefährlichen Wegen an die Vertilgung der Schuldigen herangeht, daß selbst der Unschuldigste kaum mehr sicher ist?

Die Inquisitoren machen alle ein großes Geschrei, die Hexerei sei das allerverborgenste Verbrechen. Ich frage aber, wie kann es so sehr verborgen sein, wenn es so leicht zu entdecken ist, daß es kein anderes Verbrechen auf der ganzen Welt gibt, um dessentwillen so viele Schuldige ans Licht hervorgezogen worden sind und es noch täglich werden, wie die Gegner meinen?

Du wirst einwenden II: Die Meinung, die der Denunziationen nicht achtet, ist freilich günstiger für den Denunzierten; die andere jedoch ist nützlicher vom Standpunkt des Staates und des öffentlichen Wohles, weil dadurch die Arbeit der Gerichte gefördert und die Möglichkeit, zur Hinrichtung zu gelangen, vereinfacht wird. So lehrt der oben angeführte Rintelner Professor Goehausen in seinem Buch De Processibus contra Sagas S. 151.

Ich erwidere jedoch: Zunächst einmal ist unsere Ansicht günstiger und nützlicher sowohl vom Standpunkt des Denunzierten als dem des Denunzianten und auch dem des Staates. Sie befreit nämlich den Denunzierten aus einer Gefahr, sie beugt dem bösen Willen, der Schädigungsabsicht des Denunzianten vor und verhindert die Verwüstung des Staates, indem sie wenige Schuldige hingehen läßt, um nicht viele Unschuldige der Gefahr der Vernichtung auszusetzen. Sodann beweist der zugunsten der gegnerischen Meinung erhobene Einwand, es werde dadurch die Arbeit der Gerichte gefördert usw., keineswegs, daß diese Meinung nützlicher für den Staat sei, sondern daß sie im Gegenteil unheilvoll ist. Denn die Tätigkeit der Gerichte zu fördern, so traurige Hinrichtungen auf Grund der wertlosesten Indizien, nämlich höchst trügerischer, auf der Glaubwürdigkeit lügenhafter Hexen beruhender Zeugenaussagen, zu erleichtern — das ist in dem Maße unheilvoll für den Staat, als jene Nachteile schwerwiegend sind, die aus leichtfertiger Führung der Hexenprozesse entstehen können, und wie ich es oben, 8. Frage III. Grund, ausgeführt habe.

Du wirst einwenden III: Ein Richter, der die Übeltäter verschont, schadet stets den Guten. Es ist eine Grausamkeit, zuzulassen, daß viele umgebracht werden, um einen einzigen zu schonen usw. So derselbe Rintelner Professor S. 153.

Ich erwidere indessen: Das ist richtig, tut aber nichts zur Sache. Denn erstens, wer die Übeltäter nur aus trügerischen Denunziationen von Übeltätern kennenlernen will, der wird viel eher die Bösen verschonen und die Guten vertilgen und wird so den Guten zwiefachen Schaden zufügen. Zweitens ist es grausam, um einen einzigen Bösen zu vernichten, sich nicht darum zu kümmern, ob auch zugleich viele Gute mit zugrunde gehen. Drittens endlich wird nicht nur ein einziger verschont, wenn man die Denunzierten schont; es werden viele verschont und das mit Recht, weil gegen sie noch kein hinreichender Schuldverdacht besteht. Gehst du aber davon aus, daß sie schuldbeladene Missetäter sind, die man nicht schonen dürfe, so nimmst du gerade das an, was hier in Frage steht, ob man es annehmen darf. Denn das ist es, was wir untersuchen wollten, ob man jeden für einen schuldigen Missetäter halten muß, den ein lügenhaftes Weib als solchen bezeichnet. Wenn also Binsfeld (S. 292) eifrig die Obrigkeit beschwört und Gerechtigkeit fordert und gleichwohl sagt, man könne nur vermittels dieser Satansdenunziationen prozessieren, so ist sein Eifer recht unbesonnen.

51. FRAGE

Wie eine kurze Übersicht des heutzutage bei vielen im Hexenprozesse gebräuchlichen Verfahrens aussieht, die es wert wäre, daß der verehrungswürdige Kaiser sie kennenlernte und das deutsche Volk sie sorgfältig betrachtete?

Ich antworte: Eine solche Übersicht hat jeder Leser selbst aus diesem Buche gewinnen können. Da es jedoch für mich noch leichter zu machen war, will ich sie hier anfügen, freilich unter Auslassung vieler Dinge, die sich nicht gut einfügen ließen. Für sie ziehe man das im Voraufgehenden Gesagte zu Rate, wie auch für das, was im Folgenden angeführt ist, sofern man sich über die einzelnen Fragen eingehender unterrichten will. Folgendes ist also diese Übersicht.

1. Es ist kaum zu glauben, was es bei den Deutschen und besonders (es ist beschämend, auszusprechen) bei den Katholiken unter dem Volke für Aberglauben, Mißgunst, Verleumdung, Ehrabschneiderei, heimliches Gerede und dergleichen gibt. Die Obrigkeit bestraft diese Dinge nicht, und die Prediger rügen sie nicht. Sie sind es, die zu allererst den Verdacht der Hexerei in die Welt setzen. Alle göttlichen Strafen, die Gott in der Heiligen Schrift angedroht hat, stammen von den Hexen her. Gott und die Natur tun jetzt gar nichts mehr sondern alles machen die Hexen.

2. So kommt es, daß alle Welt schreit, die Obrigkeit solle nun die Inquisition gegen die Hexen einleiten, die man in dieser Unmenge doch nur mit den eignen Zungen geschaffen hat.

3. Also befehlen die Fürsten ihren Richtern und Räten, mit dem Prozeß gegen die Hexen zu beginnen.

4. Die wissen zuerst nicht, wo sie anfangen sollen, weil sie keine Indizien und Beweise haben und doch aus Gewissensbedenken nicht wagen, hier etwas ins Blaue hinein zu unternehmen.

5. Derweil werden sie zwei, drei Male ermahnt, den

Prozeß anzufangen. Das gemeine Volk schreit, dies Zögern sei nicht unverdächtig; und etwa das gleiche reden sich die Fürsten, von wer weiß wem unterrichtet, ein.

6. Den Unwillen der Fürsten zu erregen und ihnen nicht auf der Stelle zu gehorchen, das ist in Deutschland gefährlich; fast alle, selbst Geistliche, loben regelmäßig über die Maßen, was nur den Fürsten beliebt hat. Dabei beachten sie gar nicht, von wem die Fürsten, mögen sie persönlich noch so vortrefflich sein, sich häufig antreiben lassen.

7. Endlich weichen die Richter also doch dem Willen der Fürsten und finden irgendwie einen Anfang für ihre Prozesse.

8. Andernfalls, wenn sie noch immer zögern und sich fürchten, sich an etwas so Gefährliches heranzumachen, dann wird ein besonders damit beauftragter Inquisitor geschickt. Bringt der nun etwas Unerfahrenheit und ungestümes Wesen mit, wie das eben menschlich ist, so gewinnen diese Dinge hier ein anderes Aussehen, einen anderen Namen und sind nichts als Rechtlichkeit und frommer Eifer. Diesen Eigenschaften ist dann die Aussicht auf Gewinn durchaus nicht abträglich, namentlich, wenn der Inquisitor ein ärmlicher, habgieriger Mann mit vielen Kindern ist und für den Kopf jedes einzelnen zum Feuertode Verurteilten eine Belohnung von etlichen Talern ausgesetzt ist; abgesehen von den gelegentlichen Sammlungen und Zuschüssen, die die Inquisitoren, wie oben geschildert, unbeschränkt von den Bauern fordern dürfen.

9. Belastet dann irgendein Wort eines Besessenen oder eine der heute im Schwange gehenden böswilligen, nicht nachprüfbaren Redereien (ein rechtmäßig bewiesenes Gerücht ist es ja niemals) eine armselige, mißachtete Gaja ernstlich: So ist sie die erste.

10. Damit es jedoch nicht den Anschein hat, als ob der Prozeß nur auf dieses Gerücht hin, ohne weitere Indizien, wie man sagt, angestrengt worden wäre, siehe, da ist gleich ein Indiz zur Hand, da man der Gaja aus allem einen Strick dreht. Ihr Lebenswandel war ja entweder schlecht und sündhaft oder gut und rechtschaffen. War

er schlecht, so sagt man, das sei ein starkes Indiz, denn von einer Schlechtigkeit darf man getrost auf die andere schließen. War ihr Lebenswandel indessen gut, so ist auch das kein geringes Indiz: Denn auf diese Weise, sagt man, pflegen die Hexen sich zu verstecken und wollen besonders tugendhaft erscheinen.

11. Es wird also angeordnet, Gaja ins Gefängnis zu schleppen, und seht, da hat man abermals ein neues Indiz, da man ihr ja aus allem einen Strick zu drehen weiß. Denn sie zeigt dann entweder Furcht oder sie tut es nicht. Zeigt sie Furcht (weil sie davon gehört hat, was für entsetzliche Folterqualen man in der Regel im Verfahren wegen Hexerei zur Anwendung bringt), so ist das alsbald ein Indiz, denn man sagt, sie habe ein schlechtes Gewissen. Zeigt sie keine Furcht (weil sie nämlich auf ihre Unschuld vertraut), so ist auch das sogleich ein Indiz: Denn das, sagt man, sei überhaupt eine besondere Eigentümlichkeit der Hexen, daß sie sich ganz unschuldig stellen und den Kopf nicht sinken lassen.

12. Damit man aber immer noch mehr Indizien gegen sie habe, hat der Inquisitor seine Leute an der Hand, oft verworfene, übel beleumdete Burschen, die Gajas ganzes bisheriges Leben durchforschen müssen. Da kann es ja gar nicht ausbleiben, daß man auf irgendein Wort oder eine Tat stößt, die eine abwegige, böswillige Auslegung mit Leichtigkeit zu einem Schuldbeweis der Magie verdrehen und wenden könnte.

13. Gibt es dann aber auch noch Leute, die ihr schon längst übel gesinnt waren, so haben die die schönste Gelegenheit, ihr Schaden zuzufügen; weil sie es gerne möchten, finden sie leicht etwas, was sie vorbringen können. Und an allen Enden zetert man, Gaja sei durch starke Indizien belastet.

14. Daraufhin wird sie schleunigst zur Folter geschleppt, sofern sie nicht, wie es häufig geschieht, noch am gleichen Tage, an dem sie gefangen wurde, gefoltert worden ist.

15. Es wird nämlich niemandem ein Advokat und eine unbeschränkte Verteidigung bewilligt, da man schreit, es

sei ein Sonderverbrechen, und da jeder, der die Verteidigung übernehmen, als Rechtsbeistand auftreten wollte, selbst des Verbrechens verdächtigt wird. Gerade so geht es ja auch jedermann, der zu diesen Prozessen etwas sagen und die Richter zur Vorsicht mahnen will, denn sogleich heißt man ihn Beschützer der Hexen. So ist allen der Mund verschlossen und die Feder stumpf gemacht, auf daß sie nichts reden oder schreiben mögen.

16. Meistens jedoch, damit es nicht so aussieht, als ob Gajas Verteidigung nicht wenigstens irgendwie zugelassen worden wäre, wird sie vorerst zum Schein vor Gericht geführt; es werden ihr zunächst die Indizien vorgelesen, und sie wird darüber verhört, sofern man das allerdings ein Verhör nennen kann.

17. Wenn sie da auch diese Indizien widerlegt und zu den einzelnen Punkten vollkommen befriedigende Aufklärungen gibt, so wird das doch nicht beachtet noch aufgeschrieben. Die Indizien behalten sämtlich ihre Kraft und Bedeutung, wie sehr sie auch in vorzüglicher Entgegnung entkräftet sein mögen. Man befiehlt lediglich, die Angeschuldigte in den Kerker zurückzuführen, damit sie sich besser überlege, ob sie verstockt bleiben wolle, denn schon jetzt ist sie, da sie sich rechtfertigt, verstockt. Ja, wenn sie sich vollkommen zu rechtfertigen weiß, dann ist das sogar ein neues Indiz, denn man sagt, wenn sie keine Hexe wäre, würde sie nicht so beredt sein.

18. Wenn sie es sich hat überlegen können, wird sie andern Tages wieder vorgeführt, und man liest ihr den Beschluß vor, sie foltern zu lassen; gerade so, als ob sie nicht schon früher etwas auf die Beschuldigungen entgegnet und nichts widerlegt hätte.

19. Ehe sie jedoch gefoltert wird, wird sie vom Henker beiseite geführt und, damit sie sich nicht mit Zaubermittelchen gegen den Schmerz gefeit macht, nach solchen abgesucht, indem er ihr am ganzen Körper die Haare abschert und sie selbst dort, wo man ihr Geschlecht erkennen kann, schamlos beschaut — obschon man bisher noch niemals etwas Derartiges gefunden hat.

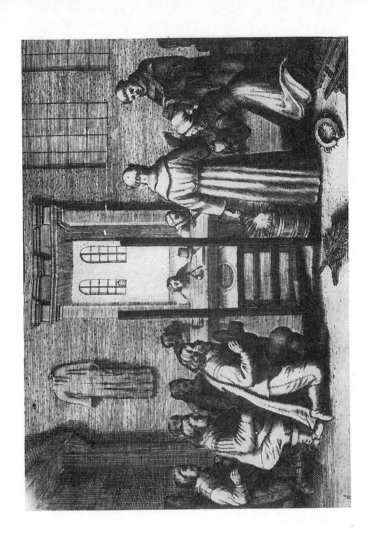

Bild 7

20. Freilich, warum sollte man das bei einem Weibe nicht tun? Es wird ja doch auch mit geweihten Priestern gemacht, und zwar auf Anordnung von Inquisitoren und geistlichen Beamten geistlicher Fürsten. Die deutschen Richter sehen ja die Blitze nicht für gefährlich an, die in der Abendmahlsbulle auf diejenigen geschleudert werden, die ohne besondere, ausdrückliche Genehmigung des Heiligen Stuhles Klerikern den Prozeß machen. Daß die frommen, dem römischen Stuhl gehorsamen Fürsten nichts davon erfahren und daraufhin die Prozesse einschränken, dafür treffen die Inquisitoren schon Vorsorge.

21. Hierauf, wenn Gaja in dieser Weise beguckt und geschoren ist, wird sie gefoltert, damit sie die Wahrheit kundtue, das heißt, damit sie sich schlechtweg für schuldig erklärt. Alles, was sie anderes sagt, ist nicht die Wahrheit, kann es nicht sein.

22. Jedoch wird sie nur mit dem ersten, das heißt leichteren, Grade der Tortur gefoltert. Das ist so zu verstehen, daß dieser freilich schon ganz fürchterlich ist, jedoch im Vergleich mit den anderen, folgenden Graden immer noch leichter ist. Darum behaupten und verbreiten die Richter, wenn Gaja gesteht, sie habe ohne Tortur gestanden.

23. Wer von den Fürsten und anderen Leuten sollte da, wenn er das hört, nicht glauben, Gaja sei ganz gewiß schuldig, weil sie sich so aus freien Stücken ohne Tortur schuldig bekannt hat?

24. So wird sie also nach diesem Geständnis ohne Bedenken hingerichtet. Freilich wird sie, auch wenn sie nichts gestanden hätte, nichtsdestoweniger hingerichtet werden. Denn wo erst einmal mit der Tortur der Anfang gemacht ist, da ist der Würfel bereits gefallen. Sie kann nicht mehr entkommen, muß sterben.

25. Und so gesteht sie oder sie gesteht nicht. In jedem Falle ist es um sie geschehen. Gesteht sie, dann ist es ja klar, sie wird selbstverständlich hingerichtet, wie schon gesagt. Alles Widerrufen ist umsonst; wir haben es oben geschildert. Gesteht sie nicht, so wird die Folter zwei,

drei, vier Male wiederholt. Hier ist alles erlaubt, was man haben möchte: Es gibt ja bei einem Sonderverbrechen keinerlei Vorschrift über Dauer, Schärfe noch Wiederholung der Tortur. Die Richter sind sich hier keiner Schuld bewußt, die sie vor ihrem Gewissen zu verantworten hätten.

26. Ob dann die Gaja auf der Folter vor Schmerz die Augen verdreht oder sie starr auf einen Fleck heftet: Das sind neue Indizien. Verdreht sie die Augen, so heißt es: Seht ihr, wie sie ihren Buhlen sucht? Heftet sie sie starr auf einen Fleck, so sagt man: Schaut, sie hat ihn schon gefunden, sie sieht ihn bereits. Bricht sie jedoch trotz mehrmaliger Folterung immer noch nicht ihr Schweigen, verzerrt sie im Ankämpfen gegen die Schmerzen ihr Gesicht, erleidet sie eine Ohnmacht usw., dann schreien sie, sie lache, sie schlafe in der Tortur, sie gebrauche einen Schweigezauber und sei nun umso mehr schuldig, sie gehörte deshalb lebendig verbrannt zu werden. So ist es auch erst kürzlich einigen Angeklagten gegangen, die trotz mehrmaligen Folterns kein Geständnis hatten ablegen wollen.

27. Und das heißen dann selbst die Beichtväter, selbst Geistliche verstockt und unbußfertig gestorben. Da sagen sie, sie habe sich nicht bekehren, nicht von ihrem Buhlen lassen sondern habe ihm die Treue halten wollen.

28. Geschieht es aber, daß irgendeine Angeklagte unter solchen Folterqualen den Geist aufgibt, dann behaupten sie, der Teufel habe ihr das Genick gebrochen. Zum Beweis dafür kommen sie mit einem unwiderleglichen Argument; willst du das verwenden, so wird dir am Ende der Beweis gelingen, daß es keinen einzigen Menschen gibt, dem nicht zuletzt so vom Teufel das Genick gebrochen wird, wie oben dargelegt.

29. Darum wird, wie billig und selbstverständlich, der Leichnam vom Henker unter den Galgen hinausgeschleppt und dort begraben.

30. Stirbt die Gaja aber nicht und wagen ängstliche Richter nicht, sie ohne neue Indizien weiter zu foltern noch sie ohne Geständnis zu verbrennen, dann wird sie

im Kerker festgehalten, in festere Ketten gelegt, um dort bis zu einem vollen Jahr mürbe gemacht zu werden, solange bis sie unterliegt.

31. Sie kann sich ja niemals, wie die Gesetze es haben wollten, durch Überstehen der Tortur reinigen und das ihr einmal angehängte Verbrechen abschütteln. Es wäre beschämend für die Inquisitoren, eine einmal gefangene Person so wieder herauszulassen. Wen sie erst einmal gefangen haben, der muß um jeden Preis schuldig sein.

32. Inzwischen wie auch nachher und schon vorher schickt man ihr unwissende, ungestüme Priester, die noch unleidlicher als die Henkersknechte selbst sind. Ihre Aufgabe ist es, die Unglückliche auf jede Weise zu peinigen, bis sie sich zu guter Letzt schuldig bekennt, ob sie es wirklich ist oder nicht. Wenn sie das nicht tue, versichern sie, gebe es schlechtweg keine Rettung für ihre Seele, könne sie nicht mit den Sakramenten versehen werden.

33. Daß aber nicht ruhigere, unterrichtetere Priester Zutritt erhalten, die ein wenig Haar auf den Zähnen haben, dafür ist die äußerste Vorsorge getroffen. Desgleichen auch dafür, daß kein Unbeteiligter ins Gefängnis gelassen wird, der den Angeklagten Rechtsbeistand leisten oder die Fürsten unterrichten könnte. Viele Richter und Inquisitoren fürchten nämlich nichts mehr, als daß sich etwa irgendwie etwas zeigen könnte, durch das die Unschuld der Gefangenen ans Licht käme. Darum behandeln manche fürstlichen Inquisitoren solche Männer, denen die Fürsten selbst nicht nur die Sorge für die Jugend ihrer Reiche, sondern auch für ihr eigenes Seelenheil anvertrauen möchten, derart, daß sie sie von der Seelsorge der Gefangenen fernhalten, wie sehr sie auch nach ihnen verlangen mögen. Und, was noch mehr ist, es haben letzthin einige an der Tafel vornehmer Herren zu äußern gewagt, sie müßten als Störer der Rechtspflege aus dem Lande gejagt werden.

34. Mittlerweile aber, während die Gaja, wie geschildert, noch immer im Gefängnis zurückgehalten und von denjenigen gepeinigt wird, die es am allerwenigsten tun

dürften, — da gebricht es den gewissenhaften Richtern nicht an schönen Kunstgriffen, mit denen sie nicht bloß neue Indizien gegen Gaja finden, sondern ihr (so die Götter wollen) ihre Schuld derart ins Gesicht beweisen können, daß sie jedenfalls dann durch den Spruch der Gelehrten einer Akademie zum Feuertode verurteilt werden wird. Das ist weiter oben geschildert worden.

35. Manche jedoch lassen die Gaja zum Überfluß noch exorzieren, sie an einen anderen Ort bringen und danach abermals foltern, ob vielleicht durch diese Ortsveränderung und Entsühnung der Schweigezauber gebrochen werden könnte. Kommt man aber auch damit nicht voran, so lassen sie sie endlich lebendig ins Feuer werfen. Wenn sie so umkommen muß, ob sie ein Geständnis abgelegt hat oder nicht, dann möchte ich um der Liebe Gottes willen wissen, wie hier irgend jemand, er sei noch so unschuldig, soll entrinnen können? Unglückliche, was hast du gehofft? Warum hast du dich nicht gleich beim ersten Betreten des Kerkers für schuldig erklärt? Törichtes, verblendetes Weib, warum willst du den Tod so viele Male erleiden, wo du es nur einmal zu tun brauchtest? Nimm meinen Rat an, erkläre dich noch vor aller Marter für schuldig und stirb. Entrinnen wirst du nicht. Das ist letzten Endes die unselige Folge des frommen Eifers Deutschlands.

36. Hat sich also erst einmal eine Angeklagte, von der Gewalt der Schmerzen getrieben, fälschlich beschuldigt, so richtet das unsagbares Unheil an, denn fast niemals gibt es ein Mittel, zu entkommen. Sie wird gezwungen werden, noch andere, von denen sie gar nichts weiß, zu beschuldigen, deren Namen ihr nicht selten die Verhörrichter in den Mund legen, der Henker ihr einbläst, oder solche, von denen es schon vorher bekannt war, daß sie verschrieen, denunziert oder bereits einmal gefangen und wieder losgelassen worden seien. Die müssen dann wieder andere, und diese ebenfalls andere anzeigen, und so immer fort. Wer sieht nicht, daß das unendlich weitergehen muß?

37. Darum bleibt den Richtern selbst gar nichts anderes übrig, als die Prozesse abzubrechen und ihr eigenes Ver-

fahren zu verurteilen, sonst müssen sie schließlich auch ihre eigenen Angehörigen, sich selbst und alle Welt verbrennen lassen. Denn zuletzt werden die falschen Denunziationen jeden erreichen, und wenn ihnen nur die Tortur nachfolgt, dann wird sie ihn als Missetäter erweisen.

38. So werden am Ende auch diejenigen mit hineingerissen, die am meisten geschrien haben, man solle die Scheiterhaufen ständig schüren. Die Toren haben es ja nicht vorausgesehen, daß notwendig auch an sie selbst die Reihe kommen wird. Sie freilich trifft es als gerechtes Urteil Gottes, weil sie mit ihren giftigen Zungen uns soviel Zauberer geschaffen und damit soviel Unschuldige zum Scheiterhaufen verdammt haben.

39. Viele von den Besonneneren und Aufgeklärteren beginnen das freilich schon einzusehen, wie aus einem tiefen Schlaf erweckt die Augen zu öffnen und ihre Wut zu dämpfen und zu zügeln.

40. Es ist auch nichts daran, wenn die Richter bestreiten, daß sie auf bloße Denunziationen hin zur Tortur schritten. Ich habe ja oben nachgewiesen, daß sie es tatsächlich tun und also mit ihrem Bestreiten ihre vortrefflichen Fürsten irreführen. Denn auch das Gerücht, das sie in der Regel zu den Denunziationen hinzunehmen, ist stets wertlos und nichtig, da es niemals gesetzmäßig bewiesen wird. Und was sie von den Hexenmalen faseln, so wundert es mich, daß die Scharfsinnigen noch nicht bemerkt haben, wie sie fast stets nur eine Täuschung der Henkersknechte sind.

41. Unterdessen aber, während die Prozesse mit solchem Feuereifer betrieben werden und die Gefolterten, von den grausamsten Martern gezwungen, unermüdlich neue denunzieren, sickert es durch, wie dieser und jener denunziert worden ist. So hüten diejenigen, die dem Verhör beiwohnen, das Geheimnis. Und das hat auch seinen Vorteil, da man dadurch sogleich Indizien gegen die Denunzierten bekommen kann, auf Grund folgenden Dilemmas: Erfährt nämlich, was natürlich geschieht, jemand, er sei denunziert, so entzieht er sich entweder

der Festnahme durch die Flucht, oder er bleibt getrost da. Ergreift er die Flucht, so erklären sie sogleich, das sei ein außerordentlich starkes Indiz dafür, daß er schuldig sei, ein schlechtes Gewissen habe. Bleibt er indessen da, so ist auch das ein Indiz; der Teufel, sagen sie, hält ihn fest, daß er nicht fort kann. Das habe ich zu meinem Bedauern mehr als einmal in der letzten Zeit hören müssen.

42. Geht überdies jemand zu den Verhörrichtern und erkundigt sich, ob es wahr sei, daß er verschrieen sei, um sich beizeiten zu verteidigen und auf gerichtlichem Wege dem drohenden Unheil entgegenzutreten, so gilt auch dies schon als Indiz, als ob sein böses Gewissen und seine Schuld ihn trieben, gegen den doch von den Inquisitoren noch gar nichts unternommen worden war.

43. Was er aber auch tun mag, er heftet das Gerücht an seine Fersen. Nach ein bis zwei Jahren ist es groß genug geworden und kann in Verbindung mit Denunziationen zur Tortur hinreichend sein, mag es auch selbst zunächst aus Denunziationen entstanden sein. Auch derartige Fälle habe ich gesehen.

44. Ganz ähnlich geht es jedem, der von irgendeinem Böswilligen verleumdet wird. Denn er wird sich entweder gerichtlich zur Wehr setzen, oder er wird sich nicht wehren. Tut er es nicht, so ist das ein Schuldindiz, daß er stille schweigt. Setzt er sich jedoch zur Wehr, so wird die Verleumdung noch weiter herumgetragen, es wird bei Leuten, die vorher gar nichts davon wußten, Verdacht und Neugier erregt, und bald greift das Gerücht dermaßen um sich, daß es sich hernach gar nicht unterdrücken läßt.

45. So liegt nichts näher, als daß diejenigen, die unterdes gefoltert und gezwungen werden, jemanden anzuzeigen, unbedenklich auch solche zu nennen pflegen, denen es in dieser Weise gegangen ist.

46. Daraus ist denn auch ein Ergebnis abzuleiten, das man rot anstreichen sollte: Wenn nur die Prozesse unablässig und eifrig betrieben werden, dann ist heute

niemand, gleich welchen Geschlechtes, in welcher Vermögenslage, Stellung und Würde er sei, mehr sicher genug, sofern er nur einen verleumderischen Feind hat, der ihn verdächtigt und in den Ruf bringt, ein Zauberer zu sein. So steuern wahrhaftig, wohin ich mich nur wende, die Verhältnisse auf ein entsetzliches Unglück hinaus, sofern nicht anderweit Vorsorge getroffen wird. Ich habe es schon oben gesagt und wiederhole es hier ganz kurz: Mit Feuerbränden kann man diese Hexenplage, was es mit ihr auch auf sich haben mag, nicht vertilgen, wohl aber auf eine andere Weise, fast ganz ohne Blutvergießen und mit dem nachhaltigsten Erfolge. Aber wer will davon erfahren? Ich hatte noch mehr sagen wollen, aber der Schmerz übermannt mich, sodaß ich diese zusammenfassende Übersicht nicht sorgfältig und vollständig zu Ende führen noch, was sonst recht nutzbringend sein würde, eine deutsche Übersetzung ins Auge fassen kann. Vielleicht werden einmal Männer kommen, die dem Vaterland und der Unschuld zuliebe das Werk ganz vollenden. Um dies eine endlich beschwöre ich alle gebildeten, frommen, klugen und besonnenen Beurteiler (denn die übrigen sind mir gleichgültig) um des Gerichts des allmächtigen Richters willen, daß sie das, was wir in diesem Buche niedergeschrieben haben, recht aufmerksam studieren und bedenken. Das Seelenheil aller Obrigkeiten und Fürsten ist in großer Gefahr, wenn sie nicht sehr aufmerksam sein wollen. Sie mögen sich nicht wundern, wenn ich sie zuweilen heftig und leidenschaftlich ermahne; es gebührt mir nicht, unter denen zu sein, die der Prophet stumme Hunde heißt, die nicht zu bellen wissen. NB

Sie mögen auf sich und ihre ganze Herde
achtgeben, die GOTT einstmals strenge
aus ihrer Hand zurück-
fordern wird.

ANHANG

WAS FOLTER UND DENUNZIATIONEN VERMÖGEN?

Sie vermögen nahezu alles. Aus diesem Grunde hat letzthin jemand recht geistreich die Folter allmächtig genannt. Es werden auch wahrlich nicht wenig Beispiele erzählt von Leuten, die, von der Tortur überwältigt, ganz falsche Geständnisse abgelegt haben und hingerichtet worden sind wegen Mordes an Menschen, die man hernach noch am Leben fand, und dergleichen mehr. Ich wollte aber in meinem Buche nirgends derartige Beispiele verwenden, teils um die Seiten nicht mit Erzählungen anzufüllen, was schließlich jeder kann, und teils damit nicht jemand auf den Verdacht käme, solche Dinge seien, weil ich sie einzeln berichte, selten und kämen nicht alle Tage vor. Ein Beispiel jedoch möchte ich anfügen, das gleich von einer außerordentlich großen Menge Menschen handelt und zu meiner Verwunderung noch nicht mehr beachtet worden ist. Es ist folgendes:

DENKWÜRDIGES BEISPIEL

Unter dem Kaiser Nero brannte einstmals die Stadt Rom. Ob der Brand auf einen Unglücksfall oder auf einen Befehl dieses Fürsten zurückzuführen ist, ist zweifelhaft. Man lese die Geschichtsschreiber Tacitus, Suetonius, Dio, Sulpitius, Baronius und andere. Jedenfalls schob ein hartnäckig sich behauptendes Gerücht dem Fürsten die Schuld zu, doch er verstand sie alsbald auf die Christen abzuwälzen. Da sie beim Volke in dem üblen Rufe stan-

Bild 8

den, Verbrecher und zu jeder Schandtat fähig zu sein, ließ er zunächst einmal ein paar von ihnen ergreifen und foltern. Diese bekannten sich denn auch, von der Tortur überwältigt, schuldig und zeigten hernach auch noch andere an, das heißt, denunzierten sie. So kam es, daß vermöge ihrer Folterung und ihrer Denunziationen rasch eine ungeheure Menge von Christen überführt war, nicht nur an dem Brande schuld sondern, was mehr war, Feinde der ganzen Menschheit zu sein. Deshalb wurden sie sodann als Brandstifter und wütende Menschenfeinde auf die verschiedenste Weise hingerichtet. Manche wurden, in Raubtierfelle gehüllt, von Hunden zerrissen, manche wurden ans Kreuz geschlagen und manche verbrannt. Sie wurden, da es dunkelte, als nächtliche Leuchte in Brand gesteckt. Man hatte sie, an Pfähle gebunden, durch das Amphitheater verteilt und dann mit Pech und Harz übergossen und umhüllt. So angezündet verbrannten sie als Fackeln. Hierauf spielt Juvenalis an, wenn er in der 1. Satire sagt:

„Reize indes Tigellin; als Fackel wirst du dann leuchten,
Wo mit durchschnittener Kehl' Brennende stehen und qualmen..."

Cornelius Tacitus, ein zuverlässiger Geschichtsschreiber, beschreibt den ganzen Hergang anschaulich, wo er (Annales lib. 15) sagt:

„Also schob Nero, um das Gerücht zu unterdrücken, andere Schuldige vor und ließ diese Leute, die wegen ihrer Schandtaten verhaßt waren und vom Volke Christen genannt wurden, mit den ausgesuchtesten Martern peinigen usw. So wurden zunächst diejenigen angeklagt, die ein Geständnis ablegten. Sodann wurde auf deren Anzeige hin eine gewaltige Menge Menschen weniger der Brandstiftung als vor allem*) des Menschenhasses schuldig befunden. Den zum Tode Verurteilten wurde dann noch allerhand Schmach angetan, daß sie in Raubtierfelle gehüllt unter den Bissen der Hunde oder am Kreuze sterben oder mit Brennstoff übergossen beim Anbruch der Dunkelheit als nächtliche Leuchte brennen

---

*) Daher vielleicht der deutsche Name „Unholden".

mußten." Bei diesem Beispiel mag der Leser die folgenden Punkte beachten und bedenken.

Erstens. Neros Prozeß gegen diese ungeheure Menge Menschen war auf folgende Indizien und Beweismittel gestützt: 1. Auf das Gerücht, nach dem die Christen als Übeltäter galten. 2. Auf ihr eigenes, mit der Folter herausgepreßtes Geständnis. 3. Auf die Denunziationen der Geständigen. Tatsächlich sind auf diese Weise vollkommen unschuldige Menschen zu guter Letzt der Brandstiftung und des Menschenhasses schuldig befunden worden.

Zweitens. Gott hat es zugelassen, daß man nicht nur einige wenige sondern eine ungeheure Menge Menschen derart verurteilt und hingerichtet hat.

Drittens. Alle diese, die so als überführte Verbrecher hingerichtet worden sind, verehrt die Kirche deshalb als Märtyrer und feiert ihr Gedächtnis am 23. Juni, da denn das Martyrologium Romanum von ihnen folgendermaßen spricht: ,,Sie alle waren Schüler der Apostel und die ersten Märtyrerfrüchte, die die Römische Kirche als ein fruchtbares Märtyrerfeld noch vor der Tötung der Apostel zum Herrn sandte."

Viertens. Ihrem Märtyrertum tat es auch keinen Eintrag, daß sie, von den Qualen der Folter überwältigt, sich selbst und andere beschuldigt haben. Denn das Martyrologium nennt sie alle schlechtweg Märtyrer. Du kannst auch ganz leicht erkennen, daß das Martyrologium nicht von anderen Personen spricht als Tacitus sondern durchaus von denselben, wenn du im Martyrologium nachliesest, das des Tacitus eigene Worte wiedergibt. Wenn man will, mag man auch des Baronius Annalen für das Jahr 66 nach Christus sowie Sulpitius Severus (histor. lib. 2) vergleichen.

Fünftens. Es stand also nicht einmal den Märtyrern, den Schülern der Apostel, die mit dem leidenschaftlichen Feuer des allerersten Christentums kämpften, jene Standhaftigkeit zu Gebote, die über Folterqualen und Denunziationen zu siegen vermocht hätte.

Sechstens. Es war Neros Absicht bei der Anwendung der Folter, daß die Gefolterten sich schuldig bekennen sollten. Und wenn das nicht auch heute mit der Tortur erreicht werden soll, was kann man denn, um Himmels willen, erreichen wollen? Man halte sich vor Augen, was wir oben an verschiedenen Stellen gesagt haben. Will man jedoch tatsächlich etwas anderes erreichen, so soll es mich freuen, dann ist es ja gut.

Siebentens. Gesetzt aber, die Richter heutzutage wollen etwas anderes erreichen als Nero, gesetzt auch, sie haben mehr Indizien, wenn sie zur Tortur schreiten — das hindert doch nicht, daß heutigentags die Macht der Folter die gleiche ist, wie sie es vor Zeiten gewesen ist. Wie also damals Folter und Denunziationen auch den Schuldlosesten zum Verbrecher machen konnten, so werden sie es heute ebenfalls zuwege bringen. Und wenn heute alle diejenigen wirklich Verbrecher sind, die als solche denunziert werden, dann müssen auch damals wirklich Verbrecher gewesen sein, die als solche denunziert waren. Gewiß bezweckten die Richter Neros nicht dasselbe wie er, und trotzdem sind durch ihren Spruch die Märtyrer verurteilt worden.

Achtens. Als Nero mit Hilfe der Folter und der Denunziationen jene ungeheure Menge so frommer Menschen zu Verbrechern stempelte, da hätte er, wenn er weiter hätte fortfahren wollen, unzweifelhaft niemals ein Ende mit Schuldigen gefunden. Denn ganz genau wie bereits so viele überführt waren, so hätten auch alle übrigen überführt werden können. Und darum wird man auch heute niemals zu einem Ende kommen können, wo wir immer weiter an den Denunziationen festhalten.

Du wirst zu diesem Beispiel sagen, Baronius ist der Ansicht, Tacitus habe gelogen, wenn er sagt, viele unter den Christen hätten, von den Qualen der Tortur überwältigt, sich und andere fälschlich beschuldigt.

Ich entgegne: Andere, die eine etwas gründlichere Vorstellung von der Macht der Folter besitzen, sind der Meinung, Tacitus habe nicht gelogen. Und in der Tat, da diese Verhöre Neros vor Gericht durchgeführt worden sind, ist es nicht wahrscheinlich, daß man die Angeklagten bestraft haben sollte, solange sie noch kein Geständnis abgelegt hatten und leugneten. Das würde ja die Absicht Neros völlig durchkreuzt haben. Er würde doch damit das gegen ihn umlaufende Gerede verstärkt, nicht unterdrückt haben. Auch ist Tacitus jedenfalls in dieser Frage den Christen nicht weniger günstig gesonnen als dem Nero. Er ist vielmehr auf ihrer Seite und läßt, wenn man aufmerksam liest, deutlich durchblicken, daß die Christen unschuldig waren und eher Nero der Schuldige war. Baronius brauchte sich jedoch gar nicht darüber zu wundern, daß selbst Heilige im Anfang so ausgesuchten Martern nachgegeben, dann bereut und vergeblich widerrufen und gleichwohl die Märtyrerkrone erhalten haben. Denn wenn heutigentags die Allerfrömmsten der bei uns gebräuchlichen Folter unterworfen würden, so würden auch sie unterliegen. Ich habe bisher noch niemanden gehört, der sich Standhaftigkeit zutraute, wenn er nur einmal etwas näheren Einblick in diese Folterqualen gewonnen hatte.

Doch das wird einstmals vor Gottes Richterstuhl deutlicher offenbar werden. Lebe nun wohl, mein Leser, laß dir dies Beispiel durch den Kopf gehen und fürchte das göttliche Walten.

ENDE

FEIERLICHE ERKLÄRUNG.

Wenn ich etwas geschrieben habe, was der heiligen Römischen Kirche mißfällt, so soll es nichtig sein; ich verdamme und verfluche es. Ebenso alles, was jemanden unrechterweise kränken sollte, usw.

ANHANG ZUR TASCHENBUCHAUSGABE

ANMERKUNGEN DES ÜBERSETZERS

Ich habe eine möglichst wortgetreue Übertragung zu geben versucht. Bibelzitate sind in der Textgestaltung der Vulgata-Übersetzung von Dr. Joseph Franz Allioli (Regensburg, New York, Cincinnati 1894) wiedergegeben. Das gilt auch für diejenigen Zitate, die mehr oder weniger geringe Abweichungen vom Text der Vulgata aufweisen. Die Textvarianten scheinen mir darin ihre Erklärungen zu finden, daß es sich um Anführungen aus dem Gedächtnis handelt. Für diese Annahme spricht auch die wiederholte teilweise oder völlige Weglassung der Fundstellen. Zwei als „in psalmis" enthalten angegebene Stellen blieben mir unauffindbar; sie sind selbständig übersetzt worden.

Die Zitate aus der Peinlichen Halsgerichtsordnung Kaiser Karls V. bringe ich im Text der Zoepflschen Carolina-Ausgabe: Die Peinliche Gerichtsordnung Kaiser Karls V. nebst der Bamberger und der Brandenburger Halsgerichtsordnung sämmtlich nach den ältesten Drucken herausgegeben von Heinrich Zoepfl. III. Ausgabe, Leipzig und Heidelberg 1883.

Alle Bezeichnungen von zitierten Autoren und Gesetzesstellen wurden in der Gestalt des lateinischen Textes übernommen.

Die offenbar auf Spee selbst zurückgehenden gedruckten Randbemerkungen der Editio II. sind sämtlich an ihrem Platze angegeben.

Alle Hervorhebungen des lateinischen Druckes, soweit die andersartigen Drucktypen nicht lediglich ein Zitat anzeigen, sind durch gesperrten Druck wiedergegeben; eine Ausnahme von dieser Regel habe ich nur dort gelten lassen, wo die abweichende Druckweise entweder offensichtlich auf einem Versehen des Setzers beruht oder nur der äußeren Übersichtlichkeit dient oder schließlich der Verehrung Gottes Ausdruck verleihen soll.

Offenbare Druckfehler des lateinischen Textes, auch soweit sie nicht in der Erratenberichtigung vor pag. 1 der Editio II. erwähnt sind, habe ich in meiner Übersetzung stillschweigend richtiggestellt. Nur wenige dieser Korrekturen ließen eine besondere Rechtfertigung nötig erscheinen; sie ist unter den folgenden, nach den zugehörigen Seiten der Übersetzung geordneten Bemerkungen zu suchen.

Titelseite: ‚Cautio Criminalis oder Rechtliches Bedenken wegen der Hexenprozesse'.

Die freie Verschiebung des „seu" = oder (ein Gedanke, für den ich Herrn Professor Dr. Neuß, Bonn, zu Dank verpflichtet bin) ermöglichte die Beibehaltung der in der Literatur geläufigen Worte ‚Cautio Criminalis' unter gleichzeitiger deutscher Wiedergabe des vollen Titels. Die Übertragung jener beiden Worte scheint schon bald nach dem Erscheinen des Werkes Schwierigkeiten bereitet zu haben; die zeitgenössischen Übersetzungen haben hier: Bremen 1647: ‚Gewissensbuch: von Prozessen gegen ...'; Frankfurt 1649 (unter gleichzeitiger Wiedergabe des lateinischen Titels): ‚... das ist peinliche Warschawung von Anstell- und Führung ...'; Lyon 1660: ‚Advis aux Criminalistes sur les abus, qui se glissent ...'. Ich habe meine ebenfalls freie Fassung in Anlehnung an mancherlei ähnlich lautende Buchtitel der Zeit gewählt.

S. 1. „1. Frage."

Im Text steht durchgehend „Dubium". Die zeitgenössischen Übersetzungen bringen: Frankfurt: „Dubium Primum. Die erste Frage." (S. 1), dann lediglich „Die II. Frage." (S. 2) usw. Bremen: „Streit = Rede." Lyon: „Doubte." Ich habe mir die Form der Frankfurter Übersetzung zu eigen gemacht, die sich noch hinreichend mit dem lateinischen „dubium" zu decken scheint. Zudem werden in der lateinischen Bezeichnung des „Index Dubiorum seu quaestionum huius Libri" (pag. A 4) „dubium" und „quaestio" = Frage offenbar als Synonyma verwandt.

S. 65ff. „Welche Ergebnisse ..."

Der Text hat (pag. 103ff.) „Corollarium" = Kränzchen, etwas, das obenauf sitzt, Zusatz. Frankfurt (S. 49) hat „Corollaria und Zusätze". Das Wort hat vielfach die Bedeutung thesenartiger Sätze, die nur losen Zusammenhang mit der voraufgehenden Abhandlung haben. Hier jedoch werden die corollaria als unmittelbar sich ergebende Folgerung eingeführt; vgl. pag. 103. „Quae corollaria ex proxime dictis colligantur?" und pag. 450. „Unde ... Corollarium ... consequitur ..." Ich setze daher „Ergebnis". Daß die corollaria der 18. Frage teilweise mehr als bloße Schlußfolgerung aus den vorangehenden Ausführungen sind, hängt mit der Methode der Argumentation zusammen, die – auch wo sie neue, selbständige Gedanken bringt – den Anschein erwecken soll, als ob sie diese lediglich analytisch aus dem bereits Feststehenden ableite.

S. 66. „Peinliche Gerichtsordnung Kaiser Karls V. Art. 14. ..."

Der Text führt Art. 4 an (pag. 105). Dieser Artikel hat jedoch nichts mit dem Besuch im Gefängnis zu tun, wohl aber Art. 14, der über seinen eigentlichen Wortlaut, „. . . soll gegunt werden, daß die leut, so sie zu bürgschafft oder beweisung . . . gebrauchen wollen zu vnd von jm wandeln mögen" hinaus auch auf das Besuchsrecht des die Verteidigung führenden Advokaten bezogen wurde. Vgl. Caroli Quinti Romanorum Imperatoris Invictissimi Constitutiones Criminales, vulgo Peinliche Halsgerichts-Ordnung, cum notis practicis Jac. Friderici Ludowici (Halle 1716) S. 25. Nota „Wandeln mögen" zu Art. 14. „. . . hinc provido judici incumbit ut quoties captivus cum suo advocato, fidejussore aut testibus producendis loquitur, toties hoc semper in praesentia personae judicialis fiat."

S. 133. „Hernach erklärte der Inquisitor dem Pfarrer, der sie zum Richtplatze hinausgeleitet hatte, . . ., indem er ihm ihre unzweifelhafte Schuld aus den Indizien nachwies . . ."

Statt „Ait . . . Inquisitor Sacerdoti, qui eame duxerat . . . quique penitus nocentem ex indiciis ostendebat . . ." (pag. 208) lese ich „. . . cuique . . . ostendebat . . ." Anders erscheint der Sinn wenig zwingend. Frankfurt (S. 101) hat indessen: „Nach der Hand hat der Richter zum Priester, welcher diese Persohn hinauß zur Gerichtsstatt geführet, einem gelährten frommen und Gottseligen Mann, welcher auß den vorhandenen Anzeigungen anderst nicht Urtheilen können, gesprochen . . ." Lyon wiederum gibt für „nocentem": „innocente".

S. 221. „Daß verrufene Zeugen nicht zur Aussage zugelassen werden, beruht auf einem Verbot . . ."

In dem Text (pag. 344) „. . . ut testes infames ad testimonium admittantur inductum est . . ." ergänze ich eine Negation. Diese fordert der Zusammenhang. Die Notwendigkeit einer solchen Einfügung ergibt sich ferner aus den beiden Stellen (pag. 345), die auf den fraglichen Satz Bezug haben: „Itaque ut testimonium infamis reiiciatur, Naturalis juris est, non Positivi tantum." und „Et de his infamibus intelligendi sunt Autores, cum dicunt, juris esse positivi, ut reiiciantur testes infames." Auch Frankfurt (S. 165) hat: „. . . daß diese regula, welche da will, daß man beschreyeten Persohnen über andere nicht glauben solle . . ."

S. 224. „Hernach gibt er an noch anderer Stelle nicht bloß zu, sondern beweist sogar einleuchtend . . ."

Im Text (pag. 349) „Deinde quoque alio in loco non modo non concedit, sed evincit . . ." eliminiere ich das zweite non. Die doppelte Negation würde den Sinn in das Gegenteil des nach dem Zusammenhang offenbar Gewollten verkehren. Allenfalls wäre die doppelte Negation als verstärkte Negation aufzufassen. Frankfurt (S. 168) hat ebenfalls: „An einem andern Orth gestehet er es nicht allein, sondern bewehrets auch ..."

S. 229. „... ihr Meister weiß, daß alle, die sie nennen werden, ..."

Statt „... scit eorum Magister quas nominaverit ..." (pag. 355) lese ich den Pluralis „nominaverint", da das Verb sich auf das „captivae" des ersten Halbsatzes bezieht. Auch Frankfurt (S. 171) gibt: „... vnnd weiß der Teuffel wohl, daß alle diejenige, welche sie besagen werden ..."

ZU DEN BILDTAFELN

Die in diese Ausgabe aufgenommenen acht Kupferstiche sind dem illustrierten Exemplar der „Editio Secunda" entnommen, das in der Universitätsbibliothek Bonn (unter der Signatur Il 827 rara) aufbewahrt wird. Die in die ‚Cautio' eingebundenen neun Stiche – nur acht waren befriedigend reproduzierbar – weisen auf Matthäus Merians Stil und Schule hin und unterstreichen bildlich Spees Kritik an den Hexenprozessen, wenn sie auch wahrscheinlich nicht für die ‚Cautio' geschaffen worden sind. Die Bilder haben in der Originalausgabe keine Legenden. Mit Ausnahme von Bild 1, das unmittelbar auf das Seneca-Zitat Seite XLV folgte, wurde die Plazierung des Bonner Exemplars beibehalten. Im Exemplar von Edinburgh sind die Kupferstiche an anderen Stellen eingefügt worden.

Bild 1: Allegorie des Inhalts der ‚Cautio Criminalis': Die Unschuld wird im Namen Gottes vor geistlichen und weltlichen Gerichtsherrn gerechtfertigt gegen die Helfer des Unrechts, gegen Habgier, Falschheit, Lüge, Neid und Folter (Matth. 5, 10).

Bild 2: Vernehmung einer Beschuldigten; der unvermeidliche Ausgang des Verfahrens ist im Hintergrund angedeutet.

Bild 3: Folterungen: Im Vordergrund das Anlegen von „Beinschienen", im Hintergrund die Tortur des „Streckens".

Bild 4: Bekenntnis unter der Folter; im Hintergrund tafelnde Richter.

Bild 5: Folterung: Peitschen mit nassen Ruten.

Bild 6: „Der Teufel hat ihm das Genick gebrochen", stellen erstaunt und befriedigt die Richter fest.

Bild 7: Exorzismus.

Bild 8: Hexenverbrennung in einer Strohhütte.

DAS GEHEIMNIS UM DEN DRUCK DER
CAUTIO CRIMINALIS IN KÖLN 1632

von Gunther Franz

Die erste Ausgabe wurde 1631 vom Universitätsdrucker Petrus Lucius in Rinteln an der Weser hergestellt, ohne Nennung des Autors, da nach dem im Deutschen Reich geltenden Recht alle von Jesuiten verfaßten Bücher vor dem Druck die Zensur ihres Ordens durchlaufen mußten.*) Umgekehrt konnte man davon ausgehen, daß ein mit Genehmigung veröffentlichtes Buch eines Jesuitenpaters die offizielle Meinung des Ordens enthielt. In der Frage der Hexenprozesse war man sich aber im Jesuitenorden keineswegs einig. Auch hätten die Fürsten Spees Angriff gegen die von ihnen durchgeführten Prozesse als Beleidigung auffassen und den Jesuiten ihre Unterstützung entziehen können. Das galt besonders für den Kölner Erzbischof und Kurfürsten Ferdinand von Bayern, der mehrere weitere Bistümer in Norddeutschland innehatte und zusammen mit den Jesuiten für die Gegenreformation und katholische Reform wirkte.

So stand auf Titelblättern der Rintelner Erstausgabe nur allgemein *Auctore incerto theologo romano* (Von einem unbekannten römisch-katholischen Theologen) oder bei einem Teil der Auflage *Auctore incerto theologo orthod(oxo)* (Von einem unbekannten rechtgläubigen Theologen).

Dennoch erfuhr man in kirchlichen Kreisen schnell, daß Spee der Autor war. Er rechtfertigte sich damit, daß er einem Freund das Manuskript zum Lesen gegeben und dieser es ohne Wissen des Autors zum Druck befördert habe. Manche Forscher haben angenommen, daß ein Verwandter von Friedrich Spee als Prior der Benediktinerabtei Corvey dabei

---

*) Zum folgenden Gunther Franz: Die Druckgeschichte der Cautio Criminalis. In: Friedrich Spee: Cautio Criminalis. Hrsg. von Theo G. M. van Oorschot. Tübingen u. Basel 1992 (Spee: Sämtliche Schriften 3), S. 497–548. – G. Franz: Friedrich Spee und die Bücherzensur. In: Friedrich Spee zum 400. Geburtstag. Kolloquium der Friedrich-Spee-Gesellschaft Trier. Paderborn 1995, S. 67–100.

geholfen habe.*) Spees etwas durchsichtige Entschuldigung wurde sogar vom General des Jesuitenordens in Rom, Mutius Vitelleschi, akzeptiert. Es sei zu überlegen, ob nicht eine gereinigte zweite Auflage, in der die unvorsichtige Passagen weggelassen sind, mit einer Erklärung des Verfassers herausgebracht werden könne. Vitelleschi schrieb am 2. August 1631 an Spee, er habe dem Provinzial Goswin Nickel mitgeteilt, daß dieser – wenn nichts anderes vorliege – ihn zu den letzten Gelübden zulassen solle. Es war Spee ein Herzensanliegen, endlich als Vollmitglied in dem Orden anerkannt zu werden.

Da folgte unerwartet ein Paukenschlag. 1632 erschien eine zweite Auflage der *Cautio Criminalis,* in der die scharfe Kritik an der Prozeßpraxis und an den kirchlichen und weltlichen Obrigkeiten nicht etwa – dem Vorschlag des Generals entsprechend – abgemildert, sondern sogar an verschiedenen Stellen noch verschärft und zugespitzt worden war. Nach dem Druckvermerk auf dem Titelblatt (Impressum) und der Vorrede ist diese Ausgabe in Frankfurt am Main auf Kosten eines österreichischen Juristen, Johannes Gronaeus, gedruckt worden. Weil alle Exemplare der ersten Auflage innerhalb weniger Monate verkauft worden seien, habe Gronaeus, um die Wünsche weiter Kreise zu befriedigen, eine Neuauflage veranstaltet unter Zugrundelegung eines ihm in Marburg von einem Freunde übergebenen Manuskripts. Was sollte Spee dafür können, wenn ein Jurist in der evangelischen Universitätsstadt Marburg ein Manuskript an einen Kollegen in der Messestadt Frankfurt gegeben hat? In Köln und in Rom wußte man, daß Spee am Druck dieser zweiten Ausgabe beteiligt war. Wahrscheinlich hat nicht nur der Provinzial Nickel, sondern haben auch Spees Gegner im Jesuitenorden, die für die Hexenprozesse eintraten und die *Cautio Criminalis* am liebsten auf dem Index der verbotenen Bücher gesehen hätten, von Köln nach Rom berichtet. „Der neue Rektor Pater Horn triumphierte vor

---

*) Karl-Jürgen Miesen: Friedrich Spee. Pater, Dichter, Hexen-Anwalt. Düsseldorf 1987, S. 198–202 („Der Vetter aus Corvey").

Rachsucht und Bosheit, er hatte ja schon immer gewußt, was vom Charakter des Pater Spee zu halten sei; mit Horn jubelten die alten Feinde Mohr und Roestius und heuchelten Abscheu und Entsetzen."*) Der Ordensgeneral mußte glauben, daß man ihn hinters Licht geführt habe, und forderte verärgert dreimal, Spee wegen Ungehorsams aus dem Jesuitenorden zu werfen. Am 28. August 1632 schrieb Vitelleschi an Nickel über Spee (aus dem Lateinischen übersetzt, gekürzt):

„Der gute Mann ist im Umgang mit seinen Oberen unaufrichtig. Wir haben allen Grund, von einem Menschen mit einer solchen Gesinnung in Zukunft noch Schlimmeres zu befürchten. Es muß ein Mittel gesucht werden, ihn so straff zu zügeln, daß er durch seine Unklugheit und Unbesonnenheit unserer Gesellschaft möglichst wenig schadet. Wenn die Gesellschaft von diesem Pater nicht befreit werden kann ..."**) Der Ausschluß wäre eine aufsehenerregende Maßnahme gewesen, die auch Ärger mit Friedrich Spees adliger Verwandtschaft und Bekanntschaft gebracht hätte. Auch wäre Spee dann eher der Rache der Hexenjäger ausgesetzt gewesen, sei es der Kölner Kurfürst, der die Kritik an seinen Prozessen als Beleidigung auffassen konnte, oder seien es Fanatiker, die behaupteten, daß jeder, der den Teufel und seinen Anhang, die Zauberer und Hexen, verteidige, selber mit dem Teufel im Bunde sein müsse. Dreimal hat – wie gesagt – der Ordensgeneral den Ausschluß von Spee gefordert. Es herrschte aber keineswegs – wie man denken sollte – absoluter Zwang. Bei den großen Entfernungen zu Rom hatte ein Provinzial aufgrund seiner besseren Kenntnis der örtlichen Verhältnisse einen gewissen Entscheidungsspielraum und die Möglichkeit, Gegenvorstellungen anzubringen. Goswin Nickel hat Spee beschützt!

*) A. a. O., S. 223–224.
**) Theo G. M. van Oorschot: Friedrich Spees Schwierigkeiten im Jesuitenorden. Eine Ergänzung der von Bernhard Duhr publizierten Dokumente zu Spees Leben. In: Friedrich Spee. Dichter, Seelsorger, Bekämpfer des Hexenwahns. Hrsg. von Gunther Franz. 2. Aufl. Trier 1991 (Ausstellungskataloge Trierer Bibliotheken 10 A), S. 28–36, hier S. 34.

Neuere Forschungen haben den Grund für das erstaunliche Verhalten von Nickel zu Tage gefördert.*) Den Juristen Johannes Gronaeus hat es gar nicht gegeben, und er war ebenso wie der Druck in Frankfurt am Main fingiert. Vielmehr wurde die Neuauflage der *Cautio Criminalis* in Köln gedruckt und von dem Drucker und Buchhändler Cornelius ab Egmondt verlegt, wie der Eintrag im Leipziger Meßkatalog von 1632 beweist. In der Bibliographie der Jesuitenschriften *(Bibliotheca Scriptorum Societatis Jesu)*, die in Rom herausgegeben wurde, heißt es, daß die Neuauflage der *Cautio Criminalis* in Frankfurt und in Köln gedruckt worden sei (da hat man das Impressum auf dem Titelblatt mit der richtigen Angabe, die man aus den Akten kannte, verbunden).

Durch den Vergleich von Typen und Zierstücken mit anderen Kölner Drucken konnte man entdecken, daß der Druck wahrscheinlich bei dem Kölner Drucker Johannes Kinckius erfolgte. Aus seiner langen Wirksamkeit sind über 560 Drucke oder Verlagswerke bekannt, von denen viele im Auftrag der Kölner Jesuiten veröffentlicht worden sind. Die Folgerungen aus dieser druckgeschichtlichen Untersuchung sind von großer Bedeutung. Friedrich Spee war damals (1632) im Kölner Jesuitenkolleg und hat selber ein Druckexemplar der Erstausgabe mit Korrekturen und Verdeutlichungen versehen. Er hat wahrscheinlich die fingierte Vorrede verfaßt, in der behauptet wird, manche Nationen und Fürsten seien von der Lektüre der Erstausgabe so begeistert gewesen, daß sie nach sorgsamer Prüfung die Prozesse abgebrochen hätten. Da wurde in rhetorischer Form die erwünschte Wirkung des Buches bereits als vollendete Tatsache hingestellt, um die Wirkung beim Leser zu erhöhen! Wie hätte die sorgfältige Prüfung, die Abschaffung der Prozesse, die Nachricht darüber und der Neudruck des Buches innerhalb eines Jahres erfolgen können? Daß Juristen am Reichskammergericht in Speyer gegen die Hexenprozesse waren,

---

*) Franz, Druckgeschichte und Franz, Bücherzensur (wie Fußnote S. 303). – Walther Gose: Friedrich von Spees ‚Cautio Criminalis' von 1632. In: Jahrbuch des Kölnischen Geschichtsvereins 60 (1989), S. 77–82.

trifft zu. Die Rechtsprechung des Reichskammergerichts ist jetzt in einer Göttinger Dissertation detailliert erforscht worden*), während eine entsprechende Untersuchung über die Rechtsprechung des Reichshofrates in Wien in Hexenprozessen noch fehlt. Es ist nicht bekannt, ob Spee bei seinem zweiten Aufenthalt in Speyer 1626 Juristen kennengelernt hat. Grundsätzlich ist wenig wahrscheinlich, daß die höchsten Juristen des Reichs ihre Zustimmung zum Erscheinen des Buches einen Kölner Jesuiten wissen ließen. Deswegen brauchte man den fiktiven Juristen aus Österreich.

Peter Arnold Heuser hat darauf hingewiesen, daß es tatsächlich einen Johannes Gronaeus gegeben hat, der Jesuitenpater in der Rheinischen Ordensprovinz war, später Rektor des Paderborner Kollegs und 1678 gestorben.**)

Der Name Johannes Gronaeus war also dem Provinzial und Spee gut bekannt. Haben beide bei der Besprechung über das Vorgehen beim Druck zur Fingierung den ersten Namen, der ihnen eingefallen ist, genommen?

Oder hat Gronaeus tatsächlich etwas mit dem Druck der *Cautio Criminalis* 1632 in Köln zu tun? Auf jeden Fall wird die These der Mitwisserschaft des Provinzials bestätigt.

Nicht nur Spee, sondern auch der Provinzial Nickel haben ihren Vorgesetzten die Unwahrheit gesagt. Ihnen ging es um die Rettung vieler unschuldig angeklagter und gefolterter Frauen und Männer, um die Bekämpfung größten Schadens für die Christenheit. Diese evangelisch erscheinende Betonung des Gewissens gegenüber dem Gehorsamsgelübde war im Jesuitenorden durchaus möglich. Im Namen des Kölner Erzbischofs und anderer geistlicher und weltlicher Autoritäten wurden tatsächlich massenhaft Justizmorde begangen.

Spee hat dabei sein eigenes Leben eingesetzt. Er hat aber

---

*) Peter Oestmann: Hexenprozesse am Reichskammergericht. Köln, Wien, Weimar 1997 (Quellen und Forschungen zur höchsten Gerichtsbarkeit im Alten Reich 31).
**) Peter Arnold Heuser: Rezension von Rainer Decker: Die Hexen und ihre Henker. In: Rheinisch-westfälische Zeitschrift für Volkskunde 40 (1995), S. 272–274.

das Martyrium nicht gesucht und war vorsichtig. „Seid klug wie die Schlangen und ohne Falsch wie die Tauben", heißt ein Jesu zugeschriebenes Wort im Matthäusevangelium (10,16). Die Gegner des Jesuitenordens inner- und außerhalb der katholischen Kirche haben diesem nur den ersten Teil des Bibelwortes als Motto zugetraut. Klug waren Nickel und Spee allemal. Die damals inszenierte Fiktion mit dem zweiten Druck der *Cautio Criminalis* in Frankfurt am Main auf Veranlassung von Gronaeus war so gut, daß sie die gesamte Forschung bis vor kurzem als historische Wahrheit geglaubt hat.

Nickel hat Spee nicht im Stich gelassen, sondern als Professor an die Universität Trier versetzt, keineswegs eine Strafe. Es ging nicht nur um „die große Probe seiner Freundschaft zu dem edlen Mann"*), sondern um den gemeinsamen Kampf gegen die Hexenprozesse.

Nickel wurde später sogar Ordensgeneral.

*) Miesen, S. 224.